Libro
de
Liturgia y Cántico

Augsburg Fortress
Minneapolis

Libro de Liturgia y Cántico

Desarrollado por y recomendado para uso en la Iglesia Evangélica Luterana en América.
Developed by and recommended for use in the Evangelical Lutheran Church in America.

◆CONTENIDO◆

PREFACIO

Al publicar el *Libro de Liturgia y Cántico* nos hacemos eco de lo expresado en el prefacio de *Culto Cristiano,* publicado en 1964 por la iglesia luterana de habla hispana, al señalar que el rito luterano es verdaderamente ecuménico; ya que en él no sólo se confiesa que la iglesia es una, santa, católica y apostólica, sino que también en nuestra liturgia se integran formas rituales que recogen una herencia de 20 siglos de cristianismo.

La adoración luterana se regocija, especialmente, en el uso de la antigua liturgia de la iglesia, la cual comparten otras comunidades eclesiales cuyas raíces se remontan a la época de los apóstoles. Durante su desarrollo, nuestra liturgia ha vencido diversas barreras lingüísticas que van desde el hebreo y el griego al latín hasta las lenguas vivas de nuestro siglo.

Luego de la publicación de *Culto Cristiano* surgió un gran interés en las iglesias de occidente, incluso en la Iglesia Católica Romana, por investigar los orígenes de la liturgia, tanto en el Nuevo Testamento como en la iglesia antigua. Como resultado de estas investigaciones, hubo grandes cambios litúrgicos en los libros de adoración de casi todas las iglesias occidentales durante las décadas del sesenta y setenta.

A partir del año 1983 aparecieron nuevos libros de origen luterano con la misma tendencia de renovación litúrgica. Uno de ellos fue *Liturgia Luterana,* una traducción de los ritos de mayor uso encontrados en *Lutheran Book of Worship* (1978), para uso provisional. Este trabajo, encabezado por Gary Marshall y Dimas Planas-Belfort, incluía el leccionario y los propios para el año litúrgico. Aunque tenía música para cantar la liturgia eucarística, no incluía himnos ni salmos.

Al año siguiente, 1984, apareció *Celebremos,* una publicación de la Iglesia Evangélica Luterana Unida de Argentina. Esta obra fue producida por la Comisión de Liturgia de esa iglesia, encabezada por Carlos Lisandro Orlov. Este manual, también de naturaleza provisional, incluía música para celebrar la eucaristía y las horas de oración diaria: maitines, vísperas y completas. También incluía cuarenta salmos para cantarse, algunas canciones nuevas, el leccionario y los propios litúrgicos.

En 1989 salió a la luz *El Pueblo de Dios Canta,* publicación también dirigida por Dimas Planas-Belfort. Este recurso contenía un número limitado de himnos y algunos cánticos litúrgicos. En *El Pueblo de Dios Canta* se comenzó a sentir el estilo latino en la música para uso congregacional.

En términos litúrgicos e históricos, la corriente céntrica de la presente obra, el *Libro de Liturgia y Cántico*, es congruente con la de la iglesia occidental. Esta corriente es a su vez la característica clave del pensamiento y práctica luteranas, lo que hace de esta obra una de verdadero sentido ecuménico.

Libro de Liturgia y Cántico es el resultado de cuatro años de gran esfuerzo y constancia de quienes reconocen la necesidad de tener un libro de adoración que responda a las necesidades del pueblo latino y a la vez sirva de recurso enriquecedor para los líderes y músicos de la iglesia de todas partes.

En el *Libro de Liturgia y Cántico* el pueblo de Dios encontrará un recurso litúrgico-musical fiel a la catolicidad de la iglesia y de pertinencia cultural para la gente de hoy. El libro contiene una variedad musical que tiene como finalidad el glorificar a Dios y fortalecer a su pueblo, incluyendo música de ritmos típicos representativos de todas las regiones de América Latina. Los acentos originales del texto con relación a la música se han preservado para honrar los regionalismos. Incluye alrededor de 100 cánticos nuevos compuestos expresamente para este libro o publicados por primera vez en un himnario mayor. También incluye la traducción al inglés de más de 70 himnos, salmos, y cantos litúrgicos para poder compartir nuestra música con los ministerios angloparlantes. No debe pasarse por alto que este recurso, reconociendo la riqueza de la tradición de la iglesia, incluye además un número de himnos tradicionales, de los que han servido bien a la iglesia luterana de habla hispana por muchos años.

Por razón de las dificultades que el idioma español presenta para poder hacer esta obra en idioma inclusivo de forma consistente en lo que se refiere al género, en los ritos litúrgicos el Comité Timón decidió escribir las porciones de las palabras susceptibles a este lenguaje en bastardilla *(italics)* de modo que el lector pueda hacer los ajustes que entienda necesarios. Lo mismo se hizo con las palabras susceptibles al número. Esto no fue posible aplicarlo en las rúbricas puesto que estas ya están escritas en bastardilla.

El uso limitado de la letra mayúscula en palabras que se refieren a Dios corresponde a la corriente actual en el uso ecuménico de este lenguaje en nuestro idioma.

Se hicieron todos los esfuerzos posibles para identificar a los compositores y autores de los materiales que se han utilizado en este libro. Si hubiera algún cántico o texto por el cual no se haya hecho el debido reconocimiento, o para cuyo uso no se haya obtenido el debido permiso, el Comité Timón siente profundamente la omisión. La casa publicadora Augsburg Fortress agradecerá la información para hacer los ajustes necesarios.

Este proyecto se ha desarrollado gracias a la ayuda financiera y al apoyo del personal de la Comisión para Ministerios Multiculturales (CMM, siglas en inglés) y de la División para Ministerios Congregacionales (DCM) de la Iglesia Evangélica Luterana en América (ELCA). Especialmente, agradecemos a la organización Lutheran Brotherhood Foundation por su compromiso a toda la comunidad latina luterana, y específicamente por apoyar este proyecto con fondos asignados para su desarrollo.

Agradecemos inmensamente a quienes han hecho esta obra posible, en especial, a Evelyn Soto, Directora de Programas Multilingües y Culturalmente Específicos en DCM; a Mary

Ann Moller-Gunderson, anterior Directora Ejecutiva de DCM, por su apoyo inicial a este proyecto, el cual fue decisivo en sus comienzos; a la presente directora, M. Wyvetta Bullock; a Ángel M. Mattos de Jesús, director del proyecto; al editor Gerhard Cartford; a la casa publicadora Augsburg Fortress Publishers y al director de su departamento de Worship, Music and Ecclesiastical Arts, Frank Stoldt; y al pueblo latino en general, que participó en los talleres aportando sus ideas y experiencias musicales.

Pero principalmente, le damos las gracias al Dios todopoderoso por su gloria, y por darnos los talentos que aquí le retornamos en adoración y alabanza. ¡A Dios sea toda la gloria!

Pedro Manuel Suárez
Presidente, Comité Timón

◆ Grupos de trabajo en el proyecto para el Libro de Liturgia y Cántico ◆

Comité timón
Ismael de la Tejera
Magaly Escamilla
Pablo Espinoza
Gilma Hernández
Pedro Suárez
Gregory Villalón

Subcomité de música
Esther E. Bertieaux
William Dexheimer-Pharris
Rudy Espinoza
Victor Jortack
Orlando Laureano
Velma Villa

Subcomité de liturgia
Áureo Andino
Eduardo Cabrera
Alberto Pereyra

Subcomité de teología
Lenier Gallardo
Ivis LaRiviere-Mestre
José D. Rodríguez, Sr.
Raymond Rosales

◆ Explicación de los símbolos ◆

En las liturgias de este libro hay algunos símbolos que sirven para identificar los roles de los diversos participantes en el rito. Son los siguientes:

P Quien preside la liturgia, una persona ordenada.

A Asistente—quien asiste al que preside la liturgia, preferiblemente una persona laica.

C Congregación

L Líder—quien dirige un rito o un cántico; puede ser una persona laica.

R Respuesta. Se usa dónde se requiere la respuesta de un individuo o un grupo.

I II Indican dónde el texto se divide para decirse o cantarse en forma antifonal.

✝ Indica dónde se puede hacer la señal de la cruz; también, dónde la gente puede persignarse.
   Significa que para este texto se encuentra música en la sección de Cánticos Litúrgicos.

CALENDARIO

EL CICLO NAVIDEÑO

Temporada de Adviento
Primer domingo en Adviento A/M*
Segundo domingo en Adviento A/M
Tercer domingo en Adviento A/M
Cuarto domingo en Adviento A/M

Temporada de Navidad
La Natividad de nuestro Señor B
> *Nochebuena*
> *Día de Navidad*

Primer domingo después de Navidad B
Segundo domingo después de Navidad B

Temporada de Epifanía
La Epifanía de nuestro Señor B
El Bautismo de nuestro Señor B
> *Primer domingo después de Epifanía*

Segundo domingo después de Epifanía V
Tercer domingo después de Epifanía V
Cuarto domingo después de Epifanía V
Quinto domingo después de Epifanía V
Sexto domingo después de Epifanía V
Séptimo domingo después de Epifanía V
Octavo domingo después de Epifanía V
La Transfiguración de nuestro Señor B
> *Último domingo después de Epifanía*

---

* Las letras rojas indican los colores sugeridos para los
paramentos, a saber: A, azul; M, morado; B, blanco;
V, verde; N, negro; E, escarlata; D, dorado; R, rojo.

EL CICLO PASCUAL

Temporada de Cuaresma
Miércoles de Ceniza N/M
Primer domingo en Cuaresma M
Segundo domingo en Cuaresma M
Tercer domingo en Cuaresma M
Cuarto domingo en Cuaresma M
Quinto domingo en Cuaresma M
Domingo de la Pasión E/M
> *Domingo de Ramos*

Lunes en Semana Santa E/M
Martes en Semana Santa E/M
Miércoles en Semana Santa E/M

Triduo Pascual
Jueves Santo E/B
Viernes Santo
Sábado en Semana Santa
La Resurrección de nuestro Señor
> *Vigilia Pascual* B
> *Día de Pascua* B/D
> *Anochecer de Pascua* B/D

Temporada de Pascua
La Resurrección de nuestro Señor B/D
Segundo domingo de Pascua B
Tercer domingo de Pascua B
Cuarto domingo de Pascua B
Quinto domingo de Pascua B
Sexto domingo de Pascua B
La Ascensión de nuestro Señor B
Séptimo domingo de Pascua B
Pentecostés R
> *Vigilia de Pentecostés*
> *Día de Pentecostés*

Temporada después de Pentecostés

La Santísima Trinidad B

Primer domingo después de Pentecostés

Segundo a vigesimoséptimo domingo
después de Pentecostés V

Cristo Rey B

Último domingo después de Pentecostés

✦ FIESTAS MENORES Y CONMEMORACIONES✦

ENERO

1   EL NOMBRE DE JESÚS* B
2   Johann Konrad Wilhelm Loehe, pastor, 1872 B
5   Kaj Munk, mártir, 1944 R
13 George Fox, renovador de la sociedad, 1691 B
14 Eivind Josef Berggrav, obispo de Oslo, 1959 B
15 Martin Luther King Jr., renovador de la sociedad, mártir, 1968 R
18 LA CONFESIÓN DE SAN PEDRO B
    comienzo de la Semana de Oración por la Unidad Cristiana
19 Henry, obispo de Uppsala, misionero evangelizador en Finlandia, mártir, 1156 R
25 LA CONVERSIÓN DE SAN PABLO B
    fin de la Semana de Oración por la Unidad Cristiana
26 Timoteo, Tito y Silas B
27 Lidia, Dorcas y Febe B

FEBRERO

2   LA PRESENTACIÓN DE NUESTRO SEÑOR B
3   Ansgar, arzobispo de Hamburgo, misionero evangelizador de Dinamarca y Suecia, 865 B
5   Los Mártires de Japón, 1597 R

14 Cirilo, monje, 869; Metodio, obispo, 885; misioneros evangelizadores de los eslavos B
18 Martín Lutero, renovador de la iglesia, 1546 B
20 Rasmus Jensen, el primer pastor luterano en Norteamérica, 1620 B
23 Policarpo, obispo de Esmirna, mártir, 156 R
    Bartolomaeus Ziegenbalg, misionero evangelizador en la India, 1719 B
24 SAN MATÍAS, APÓSTOL R
25 Elizabeth Fedde, diaconisa, 1921 B

MARZO

1   George Herbert, sacerdote, 1633 B
2   John Wesley, 1791; Charles Wesley, 1788; renovadores de la iglesia B
7   Perpetua y sus compañeras, mártires en Cartago, 202 R
    Tomás de Aquino, maestro, 1274 B
12 Gregorio Magno, obispo de Roma, 604 B
17 Patricio, obispo, misionero evangelizador en Irlanda, 461 B
19 José, custodio de nuestro Señor B
22 Jonathan Edwards, maestro, misionero evangelizador de los indios en Norteamérica, 1758 B
24 Oscar Arnulfo Romero, obispo de El Salvador, mártir, 1980 R
25 LA ANUNCIACIÓN DE NUESTRO SEÑOR B
29 Hans Nielsen Hauge, renovador de la iglesia, 1824 B
31 John Donne, sacerdote, 1631 B

* Las Fiestas Menores aparecen en letras mayúsculas; las fechas restantes son conmemoraciones.

ABRIL

6 Albrecht Dürer, pintor, 1528; Michelangelo Buonarroti, artista, 1564 B
9 Dietrich Bonhoeffer, maestro, 1945 R
10 Mikel Agricola, obispo de Turku, 1557 B
19 Olavus Petri, sacerdote, 1552; Laurentius Petri, arzobispo de Uppsala, 1573; renovadores de la iglesia B
21 Anselmo, arzobispo de Canterbury, 1109 B
22 Día de la Creación B
23 Toyohiko Kagawa, renovador de la sociedad, 1960 B
25 SAN MARCOS, EVANGELISTA R
29 Catalina de Siena, maestra, 1380 B

MAYO

1 SAN FELIPE Y SANTIAGO, APÓSTOLES R
2 Atanasio, obispo de Alejandría, 373 B
4 Mónica, madre de Agustín, 387 B
18 Erik, rey de Suecia, mártir, 1160 R
19 Dunstan, arzobispo de Canterbury, 988 B
21 John Eliot, misionero evangelizador de los indios en Norteamérica, 1690 B
23 Ludwig Nommensen, misionero evangelizador en Sumatra, 1918 B
24 Nicolás Copérnico, 1543; Leonard Euler, 1783; maestros B
27 Juan Calvino, renovador de la iglesia, 1564 B
29 Jiři Tranovský, himnólogo, 1637 B
31 LA VISITACIÓN B

JUNIO

1 Justino, mártir en Roma, c. 165 R
3 Juan XXIII, obispo de Roma, 1963 B
5 Bonifacio, arzobispo de Mainz, misionero evangelizador de Alemania, mártir, 754 R
7 Seattle, cacique de la Confederación Duwamish, 1866 B
9 Columba, 597; Aidan, 651; Beda, 735; confesores B

11 SAN BERNABÉ, APÓSTOL R
14 Basilio Magno, obispo de Cesarea, 379 B
Gregorio Nacianzeno, obispo de Constantinopla, c. 389 B
Gregorio, obispo de Nisa, c. 385 B
21 Onésimus Nesib, traductor y evangelizador, 1931 B
24 LA NATIVIDAD DE SAN JUAN BAUTISTA B
25 Presentación de la Confesión de Augsburgo, 1530 B
Felipe Melanchthon, renovador de la iglesia, 1560 B
28 Ireneo, obispo de Lyons, c. 202 B
29 SAN PEDRO Y SAN PABLO, APÓSTOLES R
30 Johan Olof Wallin, arzobispo de Uppsala, himnólogo, 1839 B

JULIO

1 Catherine Winkworth, 1878; John Mason Neale, 1866; himnólogos B
6 Juan Hus, mártir, 1415 R
11 Benito de Nursia, abad de Monte Cassino, c. 540 B
12 Nathan Søderblom, arzobispo de Uppsala, 1931 B
15 Vladimir, primer monarca cristiano de Rusia, 1015 B
Olga, confesora, 969 B
17 Bartolomé de Las Casas, misionero evangelizador en las Indias Occidentales, 1566 B
22 SANTA MARÍA MAGDALENA B
23 Birgitta de Suecia, 1373 B
25 SANTIAGO EL MAYOR, APÓSTOL R
28 Juan Sebastián Bach, 1750; Heinrich Schütz, 1672; Georg Friedrich Handel, 1759; músicos B
29 María, Marta y Lázaro de Betania B
Olaf, rey de Noruega, mártir, 1030 R

AGOSTO

8 Domingo de Guzmán, presbítero, predicador, fundador de la orden de los dominicos, España, 1221 B
10 Lorenzo, diácono, mártir, 258 R
13 Florence Nightingale, 1910; Clara Maass, 1901; renovadoras de la sociedad B
15 MARÍA, MADRE DE NUESTRO SEÑOR B
20 Bernardo, abad de Clairvaux, 1153 B
24 SAN BARTOLOMÉ, APÓSTOL R
28 Agustín, obispo de Hipona, 430 B
31 John Bunyan, maestro, 1688 B

SEPTIEMBRE

2 Nikolai Frederik Severin Grundtvig, obispo, renovador de la iglesia, 1872 B
4 Albert Schweitzer, misionero en Africa, 1965 B
9 Pedro de Claver, presbítero, misionero, Colombia, 1654 B
13 Juan Crisóstomo, obispo de Constantinopla, 407 B
14 DÍA DE LA SANTA CRUZ R
18 Dag Hammarskjöld, pacificador, 1961 B
21 SAN MATEO, APÓSTOL Y EVANGELISTA R
25 Sergio de Radonezh, abad del Convento de la Santísima Trinidad en Moscú, 1392 B
29 SAN MIGUEL Y TODOS LOS ANGELES B
30 Jerónimo, traductor, maestro, 420 B

OCTUBRE

4 Francisco de Asís, renovador de la iglesia, 1226 B
  Theodor Fliedner, renovador de la sociedad, 1864 B
6 William Tyndale, traductor, mártir, 1536 R
7 Henry Melchior Muhlenberg, misionero en América, 1787 B
15 Teresa de Jesús, maestra, renovadora de la iglesia, España, 1582 B
17 Ignacio, obispo de Antioquía, mártir, c. 115 R

18 San Lucas, evangelista R
23 Santiago de Jerusalén, mártir R
26 Philipp Nicolai, 1608; Johann Heermann, 1647; Paul Gerhardt, 1676; himnólogos B
28 SAN SIMÓN Y SAN JUDAS, APÓSTOLES R
31 DÍA DE LA REFORMA R

NOVIEMBRE

1 DÍA DE TODOS LOS SANTOS B
7 John Christian Frederick Heyer, misionero en la India, 1873 B
11 Martín, obispo de Tours, 397 B
  Søren Aabye Kierkegaard, maestro, 1855 B
17 Isabel de Turingia, princesa de Hungría, 1231 B
23 Clemente, obispo de Roma, c. 100 B
  Miguel Agustín Pro, presbítero, mártir, México, 1927 R
25 Isaac Watts, himnólogo, 1748 B
30 SAN ANDRÉS, APÓSTOL R

DICIEMBRE

3 Francisco Javier, misionero evangelizador en Asia, 1552 B
6 Nicolás, obispo de Mira, c. 342 B
7 Ambrosio, obispo de Milán, 397 B
11 Lars Olsen Skrefsrud, misionero evangelizador en India, 1910 B
14 Juan de la Cruz, renovador de la iglesia, 1591 B
16 Las Posadas, México A/M
21 SANTO TOMÁS, APÓSTOL R
26 SAN ESTEBAN, DIÁCONO, MÁRTIR R
27 SAN JUAN, APÓSTOL Y EVANGELISTA B
28 LOS SANTOS INOCENTES, MÁRTIRES R

PROPIOS

✦ ADVIENTO ✦

PRIMER DOMINGO EN ADVIENTO

Oración del día

Haz sentir tu poder y ven, oh Señor. Protégenos con tu fuerza y sálvanos de los peligros que por nuestros pecados nos amenazan, pues tú vives y reinas con el Padre y con el Espíritu Santo, un solo Dios, ahora y siempre.

A   Isaías 2:1-5
Salmo 122
Me alegré cuando me dijeron: Vamos a la casa del Señor. (v. 1)
Romanos 13:11-14
Mateo 24:36-44

B   Isaías 64:1-9
Salmo 80:1-7, 16-18
Haz resplandecer tu rostro y seremos salvos. (v. 7)
1 Corintios 1:3-9
Marcos 13:24-37

C   Jeremías 33:14-16
Salmo 25:1-9
A ti, oh Señor, levantaré mi alma. (v. 1)
1 Tesalonisenses 3:9-13
Lucas 21:25-36

Verso: Salmo 85:7
Ofertorio: Salmo 85:9, 12-13
Prefacio: Adviento
Color: Azul *o* morado

SEGUNDO DOMINGO EN ADVIENTO

Oración del día

Mueve nuestros corazones, oh Señor, a preparar el camino para tu único Hijo. Por su advenimiento concédenos fortaleza en nuestras adversidades e ilumina nuestros caminos a través de las tinieblas de este mundo; por tu Hijo, Jesucristo nuestro Señor, que vive y reina contigo y con el Espíritu Santo, un solo Dios, ahora y siempre.

A   Isaías 11:1-10
Salmo 72:1-7, 18-19
En aquel día florecerán los justos. (v. 7)
Romanos 15:4-13
Mateo 3:1-12

B   Isaías 40:1-11
Salmo 85:1-2, 8-13
La justicia y la paz irán delante del Señor. (v. 13)
2 Pedro 3:8-15a
Marcos 1:1-8

C   Malaquías 3:1-4 *o* Baruq 5:1-9
Lucas 1:68-79
Por la entrañable misericordia de nuestro Dios, nos visitará el sol que nace de lo alto. (v. 78)
Filipenses 1:3-11
Lucas 3:1-6

Verso: Lucas 3:4, 6
Ofertorio: Lucas 13:29; 14:15
Prefacio: Adviento
Color: Azul *o* morado

En los propios, la versificación de las citas bíblicas sigue la versión de la Biblia Reina Valera. La versificación de los salmos citados en los propios es tomada de El Libro de Oración Común, *la versión utilizada en este libro.*

Oración del día

Todopoderoso Dios: ya una vez llamaste a Juan el Bautista a dar testimonio del advenimiento de tu Hijo y a preparar su camino. Concede a nosotros, tu pueblo, la sabiduría de ver tu propósito hoy y la receptividad para escuchar tu voluntad, a fin de que podamos dar testimonio del advenimiento de Cristo y preparar su camino; por Jesucristo nuestro Señor, que vive y reina contigo y con el Espíritu Santo, un solo Dios, ahora y siempre.

o bien:

Escucha, Señor, nuestras oraciones y ven a nosotros, iluminando con tu luz las tinieblas de nuestros corazones; pues tú vives y reinas con el Padre y el Espíritu Santo, un solo Dios, ahora y siempre.

A   Isaías 35:1-10
Salmo 146:4-9 *o* Lucas 1:47-55
El Señor levanta a los caídos. (Sal. 146:7)
o *Se alegra mi espíritu en Dios mi Salvador. (Lucas 1:47)*
Santiago 5:7-10
Mateo 11:2-11

B   Isaías 61:1-4, 8-11
Salmo 126 *o* Lucas 1:47-55
Proezas ha hecho el Señor con nosotros. (Sal. 126:4) o *El Señor enaltece a los humildes. (Lucas 1:52)*
1 Tesalonisenses 5:16-24
Juan 1:6-8, 19-28

C   Sofonías 3:14-20
Isaías 12:2-6
Grande es en medio de ti el Santo de Israel. (v. 6)
Filipenses 4:4-7
Lucas 3:7-18

Verso: Mateo 11:10
Ofertorio: Ezequiel 37:26-27
Prefacio: Adviento
Color: Azul *o* morado

Oración del día

Haz sentir tu poder y ven, oh Señor. Quita el estorbo de nuestros pecados y prepáranos para la celebración de tu nacimiento, a fin de que te recibamos con gozo y te sirvamos siempre; pues tú vives y reinas con el Padre y con el Espíritu Santo, ahora y siempre.

A   Isaías 7:10-16
Salmo 80:1-7, 16-18
Haz resplandecer tu rostro y seremos salvos. (v. 7)
Romanos 1:1-7
Mateo 1:18-25

B   2 Samuel 7:1-11, 16
Lucas 1:47-55 *o* Salmo 89:1-4, 19-26
El Señor enaltece a los humildes. (Lucas 1:52) o *Tu amor, oh Señor, cantaré perpetuamente. (Sal. 89:1)*
Romanos 16:25-27
Luke 1:26-38

C   Miqueas 5:2-5a
Lucas 1:47-55 *o* Salmo 80:1-7
El Señor enaltece a los humildes. (Lucas 1:52) o *Haz resplandecer tu rostro y seremos salvos. (Sal. 80:7)*
Hebreos 10:5-10
Lucas 1:39-45 [46-55]

Verso: Mateo 1:23
Ofertorio: Sofonías 3:14, 17
Prefacio: Adviento
Color: Azul *o* morado

✦ NAVIDAD ✦

LA NATIVIDAD DE NUESTRO SEÑOR
Nochebuena I

Oración del día

Todopoderoso Dios: tú hiciste brillar esta santa noche con el esplendor de la Luz verdadera. Concede que aquí en la tierra podamos caminar en la luz de la presencia de Jesús y, en el día postrero, despertar a los destellos de su gloria; por tu único Hijo Jesucristo nuestro Señor, que vive y reina contigo y con el Espíritu Santo, un solo Dios, ahora y siempre.

A, B, C

Isaías 9:2-7
Salmo 96
Alégrense los cielos, y gócese la tierra. *(v. 11)*
Tito 2:11-14
Lucas 2:1-14 [15-20]

Verso: Lucas 2:11
Ofertorio: Isaías 9:2, 6
Prefacio: Navidad
Color: Blanco

La Natividad de nuestro Señor
Amanecer de Navidad II

Oración del día

Todopoderoso Dios: tú te has dado a conocer
en tu Hijo, Jesús, el redentor del mundo.
Rogamos que su nacimiento como niño
humano nos libere de la vieja esclavitud de
nuestro pecado; por Jesucristo nuestro Señor,
que vive y reina contigo y con el Espíritu
Santo, un solo Dios, ahora y siempre.

A, B, C

Isaías 62:6-12
Salmo 97
Brota la luz para el justo. *(v. 11)*
Tito 3:4-7
Lucas 2:[1-7] 8-20

Verso: Salmo 2:7
Ofertorio: Salmo 2:7; Salmo 110:3
Prefacio: Navidad
Color: Blanco

La Natividad de nuestro Señor
Día de Navidad III

Oración del día

Todopoderoso Dios: maravillosamente creaste
y aún más maravillosamente restauraste la dignidad de la naturaleza humana. Permítenos,
por tu misericordia, compartir la vida divina de
Jesucristo, quien vino a compartir nuestra
humanidad, y quien ahora vive y reina contigo
y con el Espíritu Santo, un solo Dios, ahora y
siempre.

A, B, C

Isaías 52:7-10
Salmo 98
*Los confines de la tierra han visto la vic-
toria de nuestro Dios.* *(v. 4)*

Hebreos 1:1-4 [5-12]
Juan 1:1-14

Verso: Gálatas 4:4
Ofertorio: Salmo 2:7-8
Prefacio: Navidad
Color: Blanco

Primer domingo
después de Navidad

Oración del día

Todopoderoso Dios, tú te has dado a conocer
en tu Hijo, Jesús, el redentor del mundo.
Rogamos que su nacimiento como niño
humano nos libere de la vieja esclavitud de
nuestro pecado; por Jesucristo nuestro Señor,
que vive y reina contigo y con el Espíritu
Santo, un solo Dios, ahora y siempre.
o bien:
Todopoderoso Dios: maravillosamente creaste
y aún más maravillosamente restauraste la dignidad de la naturaleza humana. Permítenos,
por tu misericordia, compartir la vida divina de
Jesucristo, quien vino a compartir nuestra
humanidad, y quien ahora vive y reina contigo
y con el Espíritu Santo, un solo Dios, ahora y
siempre.

A   Isaías 63:7-9
Salmo 148
*La gloria del Señor es sobre la tierra y
los cielos.* *(v. 13)*
Hebreos 2:10-18
Mateo 2:13-23

B   Isaías 61:10—62:3
Salmo 148
*La gloria del Señor es sobre la tierra y
los cielos.* *(v. 13)*
Gálatas 4:4-7
Lucas 2:22-40

C   1 Samuel 2:18-20, 26
Salmo 148
*La gloria del Señor es sobre la tierra y
los cielos.* *(v. 13)*
Colosenses 3:12-17
Lucas 2:41-52

Verso: Colosenses 3:15
Ofertorio: Juan 1:1, 14
Prefacio: Navidad
Color: Blanco

Segundo domingo después de Navidad

Oración del día

Todopoderoso Dios: tú nos has llenado con la nueva luz del Verbo que se hizo carne y habitó entre nosotros. Concede que la luz de nuestra fe brille en todo cuanto hacemos; por tu Hijo, Jesucristo nuestro Señor, que vive y reina contigo y con el Espíritu Santo, un solo Dios, ahora y siempre.

A, B, C

> Jeremías 31:7-14 *o* Eclesiástico 24:1-12
> Salmo 147:13-21 *o* Sabiduría 10:15-21
> *Glorifica al Señor, oh Jerusalén; alaba a tu Dios, oh Sión. (Sal. 147:13)* o *Cantamos, Señor, a tu santo nombre. (Sab. 10:20)*
> Efesios 1:3-14
> Juan 1:[1-9] 10-18

Verso: Salmo 98:4
Ofertorio: 1 Juan 1:5, 7
Prefacio: Navidad
Color: Blanco

◆ EPIFANIA ◆

La Epifanía de nuestro Señor
6 de enero

Oración del día

Señor Dios: en este día tú revelaste a tu Hijo a los pueblos por la guía de una estrella. Guíanos ahora por la fe a conocer su presencia en nuestras vidas, y llévanos al fin a la plena visión de tu gloria; por tu Hijo, Jesucristo nuestro Señor, que vive y reina contigo y con el Espíritu Santo, un solo Dios, ahora y siempre.

A, B, C

> Isaías 60:1-6
> Salmo 72:1-7, 10-14
> *Todos los reyes se postrarán delante de él. (v. 11)*
> Efesios 3:1-12
> Mateo 2:1-12

Verso: Mateo 2:2
Ofertorio: Isaías 60:1,6; Mateo 2:2
Prefacio: Epifanía
Color: Blanco

El Bautismo de nuestro Señor
Primer domingo después de Epifanía

Oración del día

Padre celestial: en el bautismo de Jesús en el Río Jordán tú lo proclamaste tu Hijo amado y lo ungiste con el Espíritu Santo. Haz que todos los bautizados en Cristo sean fieles a su vocación de hijos tuyos, herederos con él de la vida eterna; por tu Hijo, Jesucristo nuestro Señor, que vive y reina contigo y con el Espíritu Santo, un solo Dios, ahora y siempre.

A

> Isaías 42:1-9
> Salmo 29
> *La voz del Señor sobre las aguas. (v. 3)*
> Hechos 10:34-43
> Mateo 3:13-17

B

> Génesis 1:1-5
> Salmo 29
> *La voz del Señor sobre las aguas. (v. 3)*
> Hechos 19:1-7
> Marcos 1:4-11

C

> Isaías 43:1-7
> Salmo 29
> *La voz del Señor sobre las aguas. (v. 3)*
> Hechos 8:14-17
> Lucas 3:15-17, 21-22

Verso: Marcos 1:11
Ofertorio: Salmo 29:2-4
Prefacio: Epifanía
Color: Blanco

Segundo domingo después de Epifanía

Oración del día

Señor Dios: mostraste tu gloria y condujiste a muchos a la fe por las obras de tu Hijo. Así como él trajo alegría y sanidad a su pueblo, concédenos estos mismos dones y condúcenos también a la fe perfecta en él, Jesucristo nuestro Señor.

A

> Isaías 49:1-7
> Salmo 40:1-12
> *El hacer tu voluntad, Dios mío, me ha agradado. (v. 9)*
> 1 Corintios 1:1-9
> Juan 1:29-42

B 1 Samuel 3:1-10 [11-20]
Salmo 139:1-5, 12-17
Tú me has probado y conocido. (v. 1)
1 Corintios 6:12-20
Juan 1:43-51

C Isaías 62:1-5
Salmo 36:5-10
*Festejamos la abundancia de tu casa, oh
Señor. (v. 8)*
1 Corintios 12:1-11
Juan 2:1-11

Verso: Isaías 49:3
Ofertorio: Juan 2:11, 10
Prefacio: Epifanía
Color: Verde

TERCER DOMINGO
DESPUÉS DE EPIFANÍA

Oración del día

Todopoderoso Dios: tú enviaste a tu Hijo a
proclamar tu reino y a enseñar con autoridad.
Úngenos con el poder de tu Espíritu, a fin de
que nosotros también podamos llevar las buenas nuevas a los afligidos, sanar los corazones
destrozados, y proclamar libertad al cautivo;
por tu Hijo, Jesucristo nuestro Señor.

A Isaías 9:1-4
Salmo 27:1, 5-13
El Señor es mi luz y mi salvación. (v. 1)
1 Corintios 1:10-18
Mateo 4:12-23

B Jonás 3:1-5, 10
Salmo 62:6-14
En Dios está mi salvación y mi gloria. (v. 8)
1 Corintios 7:29-31
Marcos 1:14-20

C Nehemías 8:1-3, 5-6, 8-10
Salmo 19
La ley del Señor aviva el alma. (v. 7)
1 Corintios 12:12-31a
Lucas 4:14-21

Verso: Mateo 4:23
Ofertorio: Salmo 34:4-6
Prefacio: Epifanía
Color: Verde

CUARTO DOMINGO
DESPUÉS DE EPIFANÍA

Oración del día

Oh Dios: tu sabes que no podemos soportar
los peligros que nos rodean. Fortalécenos cor-
poral y espiritualmente a fin de que, con tu
ayuda, podamos sobreponernos a la debilidad
que nuestro pecado nos ha infligido; por
Jesucristo, tu Hijo nuestro Señor.

A Miqueas 6:1-8
Salmo 15
Señor, ¿quién morará en tu santo monte? (v. 1)
1 Corintios 1:18-31
Mateo 5:1-12

B Deuteronomio 18:15-20
Salmo 111
*Principio de la sabiduría es el temor del
Señor. (v. 10)*
1 Corintios 8:1-13
Marcos 1:21-28

C Jeremías 1:4-10
Salmo 71:1-6
*Desde el seno de mi madre has sido mi
vigor. (v. 6)*
1 Corintios 13:1-13
Lucas 4:21-30

Verso: Lucas 4:18
Ofertorio: Salmo 31:16, 19
Prefacio: Epifanía
Color: Verde

QUINTO DOMINGO
DESPUÉS DE EPIFANÍA

Oración del día

Todopoderoso Dios: tú enviaste a tu único
Hijo como la Palabra de vida para que nues-
tros ojos vean y nuestros oídos oigan.
Ayúdanos a creer gozosamente lo que las
escrituras proclaman; por Jesucristo nuestro
Señor.

A Isaías 58:1-9a [9b-12]
Salmo 112:1-9 [10]
*La luz resplandece en las tinieblas para
los rectos. (v. 4)*
1 Corintios 2:1-12 [13-16]
Mateo 5:13-20

B   Isaías 40:21-31
    Salmo 147:1-12, 21c
    *El Señor sana a los quebrantados de
    corazón. (v. 3)*
    1 Corintios 9:16-23
    Marcos 1:29-39

C   Isaías 6:1-8 [9-13]
    Salmo 138
    Me postraré hacia tu santo templo. (v. 2)
    1 Corintios 15:1-11
    Lucas 5:1-11

Verso: Juan 8:12
Ofertorio: Mateo 5:3, 5-6
Prefacio: Epifanía
Color: Verde

SEXTO DOMINGO DESPUÉS DE EPIFANÍA
Propio 1

Oración del día

Señor Dios: recibe misericordiosamente las
oraciones de tu pueblo. Ayúdanos a ver y a
comprender las cosas que debemos hacer y
danos gracia y poder para hecerlas; por tu
Hijo, Jesucristo nuestro Señor.

A   Deuteronomio 30:15-20 *o* Eclesiástico
    15:15-20
    Salmo 119:1-8
    *Dichosos los que andan en la ley del
    Señor. (v. 1)*
    1 Corintios 3:1-9
    Mateo 5:21-37

B   2 Reyes 5:1-14
    Salmo 30
    Dios mío, a ti clamé, y tú me sanaste. (v. 2)
    1 Corintios 9:24-27
    Marcos 1:40-45

C   Jeremías 17:5-10
    Salmo 1
    *Será como el árbol plantado junto a co-
    rrientes de aguas. (v. 3)*
    1 Corintios 15:12-20
    Lucas 6:17-26

Verso: Juan 6:68
Ofertorio: Salmo 54:4, 6-7
Prefacio: Epifanía
Color: Verde

SEPTIMO DOMINGO DESPUÉS DE EPIFANÍA
Propio 2

Oración del día

Dios de compasión: recuérdanos siempre el
amor que has revelado en tu Hijo, quien oró
hasta por sus enemigos; en nuestras palabras y
obras ayúdanos a ser como él por quien
oramos, Jesucristo nuestro Señor.
o bien (año B):
Señor Dios: te pedimos que conserves tu
familia, la iglesia, siempre fiel a tí, a fin de
que todos lo que se apoyan en la esperanza de
tus promesas puedan alcanzar fortaleza del
poder de tu amor; por tu Hijo, Jesucristo nuestro Señor.

A   Levítico 19:1-2, 9-18
    Salmo 119:33-40
    *Enséñame, oh Señor, el camino de tus
    estatutos. (v. 33)*
    1 Corintios 3:10-11, 16-23
    Mateo 5:38-48

B   Isaías 43:18-25
    Salmo 41
    Sáname, porque contra ti he pecado. (v. 4)
    2 Corintios 1:18-22
    Marcos 2:1-12

C   Génesis 45:3-11, 15
    Salmo 37:1-12, 41-42
    *Los mansos heredarán la tierra, y se
    recrearán con abundancia de paz. (v. 12)*
    1 Corintios 15:35-38, 42-50
    Lucas 6:27-38

Verso: Juan 17:17
Ofertorio: Romanos 12:1
Prefacio: Epifanía
Color: Verde

OCTAVO DOMINGO DESPUÉS DE EPIFANÍA
Propio 3

Oración del día

Todopoderoso y eterno Dios, soberano de
cielo y tierra: escucha nuestra oración y danos
tu paz ahora y siempre; por tu Hijo, Jesucristo
nuestro Señor.

A   Isaías 49:8-16a
Salmo 131
Como un niño en brazos de su madre, mi alma está calmada dentro de mí. (v. 3)
1 Corintios 4:1-5
Mateo 6:24-34

B   Oseas 2:14-20
Salmo 103:1-13, 22
Misericordioso y compasivo es el Señor. (v. 8)
2 Corintios 3:1-6
Marcos 2:13-22

C   Isaías 55:10-13 *o* Eclesiástico 27:4-7
Salmo 92:1-4, 11-14
Los justos florecerán como palmera. (v. 11)
1 Corintios 15:51-58
Lucas 6:39-49

Verso: Lamentaciones 3:22
Ofertorio: Salmo 13:5-6
Prefacio: Epifanía
Color: Verde

La Transfiguración de nuestro Señor
Último domingo después de Epifanía

Oración del día

Todopoderoso Dios: en la montaña mostraste tu gloria en la transfiguración de tu Hijo. Danos la visión de ver más allá de la confusión de nuestro mundo y alcanzar a ver el rey en toda su gloria; por tu Hijo, Jesucristo nuestro Señor, que vive y reina contigo y con el Espíritu Santo, un solo Dios, ahora y siempre.

o bien:

Oh Dios: en la transfiguración de tu Hijo, confirmaste los misterios de la fe con el testimonio de Moisés y de Elías y, en la voz emanada de la nube resplandeciente, prefiguraste nuestra adopción como hijos tuyos. Haznos con el rey, herederos de tu gloria y tráenos a disfrutar su plenitud; por Jesucristo nuestro Señor, que vive y reina contigo y con el Espíritu Santo, un solo Dios, ahora y siempre.

A   Éxodo 24:12-18
Salmo 2 *o* Salmo 99
Mi hijo eres tú; yo te engendré hoy. (Sal. 2:7) o Proclamen la grandeza del Señor; adórenle sobre el santo monte de Dios. (Sal. 99:9)

2 Pedro 1:16-21
Mateo 17:1-9

B   2 Reyes 2:1-12
Salmo 50:1-6
De Sión, perfección de hermosura, Dios ha resplandecido. (v. 2)
2 Corintios 4:3-6
Marcos 9:2-9

C   Éxodo 34:29-35
Salmo 99
Proclamen la grandeza del Señor; adórenle sobre el santo monte de Dios. (v. 9)
2 Corintios 3:12—4:2
Lucas 9:28-36 [37-43]

Verso: Salmo 45:2
Ofertorio: 1 Juan 3:2-3
Prefacio: Epifanía
Color: Blanco

◆ CUARESMA ◆

Miércoles de Ceniza

Oración del día

Todopoderoso y eternos Dios: tú no aborreces nada de cuanto has hecho y perdonas los pecados de cuantos se arrepienten. Crea en nosotros nuevos y sinceros corazones, a fin de que, arrepentidos sinceramente de nuestros pecados, obtengamos de tí, el Dios de toda misericordia, pleno perdón y absolución; por tu Hijo, Jesucristo nuestro Señor, que vive y reina contigo y con el Espíritu Santo, un solo Dios, ahora y siempre.

A, B, C
Joel 2:1-2, 12-17 *o* Isaías 58:1-12
Salmo 51:1-18
Ten misericordia de mí, oh Dios, conforme a tu bondad. (v. 1)
2 Corintios 5:20b—6:10
Mateo 6:1-6, 16-21

Verso: Joel 2:13
Ofertorio: Salmo 51:10-12
Prefacio: Cuaresma
Color: Negro *o* morado

Oración del día

Oh Señor Dios: tú condujiste a tu antiguo pueblo por el desierto y lo llevaste a la tierra prometida. Guía ahora a tu pueblo, la iglesia, a fin de que, siguiendo a nuestro Salvador, podamos caminar a través del desierto de este mundo hacia la gloria del mundo por venir; por tu Hijo, Jesucristo nuestro Señor, que vive y reina contigo y con el Espíritu Santo, un solo Dios, ahora y siempre.

o bien:

Señor Dios, nuestra fortaleza, la batalla entre el bien y el mal se libra dentro y en torno a nosotros, y nuestro antiguo adversario nos tienta con sus engaños y sus promesas vanas. Sosténnos firmes en tu palabra y, cuando caigamos, levántanos nuevamente y restáuranos por tu Hijo, Jesucristo nuestro Señor, que vive y reina contigo y con el Espíritu Santo, un solo Dios, ahora y siempre.

A   Génesis 2:15-17; 3:1-7
    Salmo 32
    Mas a los que esperan en el Señor, los abraza la misericordia. (v. 11)
    Romanos 5:12-19
    Mateo 4:1-11

B   Génesis 9:8-17
    Salmo 25:1-9
    Tus sendas son amor y fidelidad, para los que guardan tu pacto. (v. 9)
    1 Pedro 3:18-22
    Marcos 1:9-15

C   Deuteronomio 26:1-11
    Salmo 91:1-2, 9-16
    Pues a sus ángeles mandará cerca de ti, que te guarden en todos tus caminos. (v. 11)
    Romanos 10:8b-13
    Lucas 4:1-13

Verso: Mateo 4:4
Ofertorio: Ezequiel 18:30-32
Prefacio: Cuaresma
Color: Morado

Oración del día

Dios eterno: tu gloria consiste en siempre tener misericordia. Trae nuevamente a todos los que errantes se han extraviado de tus caminos; condúcelos nuevamente a abrazar en fe la verdad de tu palabra y asirse fuertemente a ella; por Jesucristo nuestro Señor, que vive y reina contigo y con el Espíritu Santo, un solo Dios, ahora y siempre.

A   Génesis 12:1-4a
    Salmo 121
    El Señor es tu guardián. (v. 5)
    Romanos 4:1-5, 13-17
    Juan 3:1-17

B   Génesis 17:1-7, 15-16
    Salmo 22:22-30
    Se acordarán y se volverán al Señor todos los confines de la tierra. (v. 26)
    Romanos 4:13-25
    Marcos 8:31-38

C   Génesis 15:1-12, 17-18
    Salmo 27
    El Señor me esconderá en su tabernáculo en el día del mal. (v. 7)
    Filipenses 3:17—4:1
    Lucas 13:31-35

Verso: Juan 3:16
Ofertorio: Salmo 116:10-12, 16-17
Prefacio: Cuaresma
Color: Morado

Oración del día

Señor eterno: tu reino ha irrumpido en nuestro mundo atribulado por medio de la vida, muerte y resurrección de tu Hijo. Ayúdanos a escuchar tu palabra y a obedecerla, de modo que lleguemos a ser instrumentos de tu amor redentor; por tu Hijo, Jesucristo nuestro Señor, que vive y reina contigo y con el Espíritu Santo, un solo Dios, ahora y siempre.

o bien:

Todopoderoso Dios: tu Hijo recibió en una ocasión a una mujer rechazada en atención a su fe. Danos una fe como la de ella, a fin de que nosotros también confiemos sólo en tu amor por nosotros y podamos aceptarnos los unos a los otros como hemos sido aceptados por ti; por tu Hijo, Jesucristo nuestro Señor, que vive y reina contigo y con el Espíritu Santo, un solo Dios, ahora y siempre.

A   Éxodo 17:1-7
Salmo 95
Aclamemos con júbilo a la roca que nos salva. (v. 1)
Romanos 5:1-11
Juan 4:5-42

B   Éxodo 20:1-17
Salmo 19
El precepto del Señor es claro, que alumbra los ojos. (v. 8)
1 Corintios 1:18-25
Juan 2:13-22

C   Isaías 55:1-9
Salmo 63:1-8
Oh Dios, ardientemente te busco; mi alma tiene sed de ti. (v. 1)
1 Corintios 10:1-13
Lucas 13:1-9

Verso: Filipenses 2:8
Ofertorio: Jeremías 50:4-5
Prefacio: Cuaresma
Color: Morado

CUARTO DOMINGO EN CUARESMA

Oración del día

Dios de toda misericordia: generosamente límpianos de todo pecado y fortalécenos, por tu poder sanador y perdonador; por tu Hijo, Jesucristo nuestro Señor, que vive y reina contigo y con el Espíritu Santo, un solo Dios, ahora y siempre.

A   1 Samuel 16:1-13
Salmo 23
Unges mi cabeza con óleo. (v. 5)
Efesios 5:8-14
Juan 9:1-41

B   Números 21:4-9
Salmo 107:1-3, 17-22

El Señor los libró de su aflicción. (v. 19)
Efesios 2:1-10
Juan 3:14-21

C   Josué 5:9-12
Salmo 32
Alégrense en el Señor y gócense, justos. (v. 12)
2 Corintios 5:16-21
Lucas 15:1-3, 11b-32

Verso: Juan 3:14-15
Ofertorio: Oseas 6:1-2
Prefacio: Cuaresma
Color: Morado

QUINTO DOMINGO EN CUARESMA

Oración del día

Todopoderoso Dios, redentor nuestro: en nuestra debilidad no hemos sido tus mensajeros de perdón y esperanza en el mundo. Renuévanos por tu Espíritu Santo, a fin de que sigamos tus mandamientos y proclamemos tu reino de amor; por tu Hijo, Jesucristo nuestro Señor, que vive y reina contigo y con el Espíritu Santo, un solo Dios, ahora y siempre.

A   Ezequiel 37:1-14
Salmo 130
En el Señor hay misericordia y abundante redención. (v. 6-7)
Romanos 8:6-11
Juan 11:1-45

B   Jeremías 31:31-34
Salmo 51:1-13 *o* Salmo 119:9-16
Creo en mí, oh Dios, un corazón limpio. (Sal. 51:11) o En mi corazón atesoro tu promesa. (Sal. 119:11)
Hebreos 5:5-10
Juan 12:20-33

C   Isaías 43:16-21
Salmo 126
Los que sembraron con lágrimas, con gritos de alegría segarán. (v. 6)
Filipenses 3:4b-14
Juan 12:1-8

Verso: Marcos 10:45
Ofertorio: 2 Timoteo 2:8, 11-13
Prefacio: Cuaresma
Color: Morado

Domingo de la Pasión
Domingo de Ramos

Liturgia de las Palmas

A Mateo 21:1-11
B Marcos 11:1-11 *o* Juan 12:12-16
C Lucas 19:28-40

    Salmo 118:1-2, 19-29
    Bendito el que viene en nombre del
    Señor. (v. 26)

Liturgia de la Pasión

Oración del día

Todopoderoso Dios: enviaste a tu Hijo, nuestro Salvador Jesucristo, para llevar nuestras cargas y sufrir muerte de cruz. Concede que compartamos en su obediencia a tu voluntad y en la gloriosa victoria de su resurrección; por tu Hijo, Jesucristo nuestro Señor, que vive y reina contigo y con el Espíritu Santo, un solo Dios, ahora y siempre.

A, B, C

    Isaías 50:4-9a
    Salmo 31:9-16
    En tus manos encomiendo mi espíritu. (v. 5)
    Filipenses 2:5-11

    A Mateo 26:14—27:66 *o* Mateo 27:11-54
    B Marcos 14:1-15:47
       o Marcos 15:1-39 [40-47]
    C Lucas 22:14—23:56 *o* Lucas 23:1-49

Verso: Juan 12:23
Ofertorio: Juan 12:24, 26
Prefacio: Pasión
Color: Escarlata *o* morado

Lunes en Semana Santa

Oración del día

Oh Dios: tu Hijo escogió la senda que lo condujo al dolor antes del gozo y a la cruz antes de la gloria. Pon su cruz en nuestros corazones a fin de que, en su poder y amor, podamos al fin llegar a gozo y gloria; por tu Hijo, Jesucristo nuestro Señor.

A, B, C

    Isaías 42:1-9
    Salmo 36:5-11
    Mortales e inmortales se acogen bajo la
    sombra de tus alas. (v. 7)

    Hebreos 9:11-15
    Juan 12:1-11

Verso: Gálatas 6:14
Ofertorio: Gálatas 2:20
Prefacio: Pasión
Color: Escarlata *o* morado

Martes en Semana Santa

Oración del día

Señor Jesús: tú nos has llamado a seguirte. Concede que nuestro amor no se enfríe en tu servicio y que no te defraudemos o neguemos en la hora de la prueba.

A, B, C

    Isaías 49:1-7
    Salmo 71:1-14
    Desde el seno de mi madre has sido mi
    vigor. (v. 6)
    1 Corintios 1:18-31
    Juan 12:20-36

Verso: Gálatas 6:14
Ofertorio: Gálatas 2:20
Prefacio: Pasión
Color: Escarlata *o* morado

Miércoles en Semana Santa

Oración del día

Todopoderoso Dios: tu Hijo, nuestro Salvador, padeció en manos de los hombres y soportó la vergüenza de la cruz. Concede que podamos caminar por la senda de su cruz y hallemos que esa senda es el camino a la vida y a la paz; por tu Hijo, Jesucristo nuestro Señor.

A, B, C

    Isaías 50:4-9a
    Salmo 70
    Dígnate, oh Dios, librarme. (v. 1)
    Hebreos 12:1-3
    Juan 13:21-32

Verso: Gálatas 6:14
Ofertorio: Gálatas 2:20
Prefacio: Pasión
Color: Escarlata *o* morado

◆ TRIDUO PASCUAL ◆

El Triduo Pascual (los Tres Días) comienza con la liturgia eucarística del Jueves Santo en la noche (la víspera del Viernes Santo) y continúa hasta el atardecer del Día de Pascua.

JUEVES SANTO

Oración del día

Santo Dios, fuente de todo amor: en la noche en que fue traicionado, Jesús dio a sus discípulos un mandamiento nuevo: Amarse los unos a los otros así como él los había amado. Por tu Espíritu Santo graba este mandamiento en nuestros corazones; por tu Hijo, Jesucristo nuestro Señor, que vive y reina contigo y con el Espíritu Santo, un solo Dios, ahora y siempre.

o bien:

Señor Dios: en un sacramento maravilloso nos has dejado un recuerdo de tu pasión y muerte. Concede que este sacramento de tu cuerpo y sangre obre en nosotros de tal modo que la manera en que vivimos pueda proclamar la redención que tú has traído; porque tú vives y reinas con el Padre y el Espíritu Santo, un solo Dios, ahora y siempre.

A, B, C

Éxodo 12:1-4 [5-10] 11-14
Salmo 116:1, 10-17
Alzaré la copa de la salvación e invocaré el nombre del Señor. (v. 11)
1 Corintios 11:23-26
Juan 13:1-17, 31b-35

Verso: 1 Corintios 11:26
Ofertorio: Éxodo 34:6-7
Prefacio: Pasión
Color: Escarlata *o* blanco

VIERNES SANTO

Oración del día

Dios todopoderoso: te suplicamos que contemples con misericordia a tu familia, por la cual nuestro Señor Jesucristo consintió ser traicionado y entregado en manos de pecadores y sufrir muerte en la cruz; quien ahora vive y reina contigo y con el Espíritu Santo, un solo Dios, por siempre jamás.

o bien:

Señor Jesús: tu llevaste nuestros pecados en tu cuerpo sobre el madero a fin de que pudiéramos tener vida. Concede que nosotros y todos los que conmemoran este día encontremos nueva vida en ti ahora y en el mundo venidero, donde tú vives y reinas con el Padre y el Espíritu Santo, ahora y siempre.

A, B, C

Isaías 52:13—53:12
Salmo 22
Dios mío, Dios mío, ¿por qué me has desamparado? (v. 1)
Hebreos 10:16-25 *o* Hebreos 4:14-16; 5:7-9
Juan 18:1—19:42

LA RESURRECCÍON DE NUESTRO SEÑOR
Vigilia Pascual

Oración del día

Oh Dios, que hiciste resplandecer esta noche santísima con la gloria de la resurrección del Señor: aviva en tu iglesia aquel Espíritu de adopción que nos es dado en el bautismo, para que nosotros, siendo renovados tanto en cuerpo como en mente, te adoremos en sinceridad y verdad; por Jesucristo nuestro Señor, que vive y reina contigo, en la unidad del Espíritu Santo, un solo Dios, ahora y siempre.

Lecturas

Historia de la creación
Génesis 1:1—2:4a
Cántico: Salmo 136:1-9, 23-26
Para siempre es la misericordia de Dios. (v. 1)

Diluvio
Génesis 7:1-5, 11-18; 8:6-18; 9:8-13
Cántico: Salmo 46
El Señor de las huestes está con nosotros; nuestro refugio es el Dios de Jacob. (v. 4)

Prueba de Abraham
Génesis 22:1-18
Cántico: Salmo 16
Me mostrarás la senda de la vida. (v. 11)

Liberación de Israel
Éxodo 14:10-31; 15:20-21
Cántico: Éxodo 15:1b-2, 6, 11-13, 17-18
Cantaré al Señor, porque es excelso y sublime. (v. 1)

Salvación ofrecida a todos
Isaías 55:1-11
Cántico: Isaías 12:2-6
Sacarán ustedes aguas con júbilo de las fuentes de salvación. (v. 3)

Sabiduría de Dios
Proverbios 8:1-8, 19-21; 9:4b-6 *o* Baruc 3:9-15, 32—4:4
Cántico: Salmo 19
Los mandamientos del Señor son rectos, que alegran el corazón. (v. 8)

Un corazón nuevo y un espíritu nuevo
Ezequiel 36:24-28
Cántico: Salmos 42 y 43
Mi alma tiene sed del Dios vivo. (v. 2)

Valle de los huesos secos
Ezequiel 37:1-14
Cántico: Salmo 143
Por amor de tu nombre, vivifícame. (v. 11)

Congregación del pueblo de Dios
Sofonías 3:14-20
Cántico: Salmo 98
Levanten la voz, gócense y canten. (v. 5)

Liberación de Nínive
Jonás 3:1-10
Cántico: Jonás 2:2-3 [4-6] 7-9
La salvación viene del Señor. (v. 9)

Canto de Moisés
Deuteronomio 31:19-30
Cántico: Deuteronomio 32:1-4, 7, 36a, 43a
El Señor hará justicia a su pueblo. (v. 36)

Horno de fuego
Daniel 3:1-29
Cántico: Daniel 3 (dc): 57-87
Alábenlo y ensálcenlo eternamente. (v. 57)

Lectura nuevo testamento:
Romanos 6:3-11
Salmo 114
Tiembla, oh tierra, a la presencia de mi Soberano. (v. 7)

Evangelio
A   Mateo 28:1-10
B   Marcos 16:1-8
C   Lucas 24:1-12

Verso: Romanos 6:9; Éxodo 15:1
Ofertorio: 1 Corintios 5:7-8
Prefacio: Pascua
Color: Blanco *o* dorado

◆PASCUA◆

LA RESURRECCIÓN
DE NUESTRO SEÑOR
Día de Pascua

Oración del día
Oh Dios: tú entregaste a tu único Hijo a la muerte en la cruz para nuestra redención y por su gloriosa resurrección nos liberaste del poder de la muerte. Haznos morir diariamente al pecado, a fin de que podamos vivir con él eternamente en el gozo de la resurrección; por Jesucristo nuestro Señor, que vive y reina contigo y con el Espíritu Santo, un solo Dios, ahora y siempre.

o bien:

Todopoderoso Dios: por tu único Hijo venciste a la muerte y nos abriste las puertas de la vida eterna. Danos tu ayuda continuamente; pon buenos deseos en nuestras mentes y haz que esos deseos fructifiquen; por Jesucristo nuestro Señor, que vive y reina contigo y con el Espíritu Santo, un solo Dios, ahora y siempre.

A   Hechos 10:34-43 *o* Jeremías 31:1-6
     Salmo 118:1-2, 14-24
     Este es el día en que actuó el Señor; regocijémonos y alegrémonos en él. (v. 24)
     Colosenses 3:1-4 *o* Hechos 10:34-43
     Juan 20:1-18 *o* Mateo 28:1-10

B   Hechos 10:34-43 *o* Isaías 25:6-9
     Salmo 118:1-2,14-24
     Este es el día en que actuó el Señor; regocijémonos y alegrémonos en él. (v. 24)
     1 Corintios 15:1-11 *o* Hechos 10:34-43
     Juan 20:1-18 *o* Marcos 16:1-8

C   Hechos 10:34-43 *o* Isaías 65:17-25
     Salmo 118:1-2, 14-24
     Este es el día en que actuó el Señor; regocijémonos y alegrémonos en él. (v. 24)
     1 Corintios 15:19-26 *o* Hechos 10:34-43
     Juan 20:1-18 *o* Lucas 24:1-12

Verso: Romanos 6:9; Salmo 118:24
Ofertorio: 1 Corintios 5:7-8
Prefacio: Pascua
Color: Blanco *o* dorado

La Resurrección de nuestro Señor
Anochecer de Pascua
Oración del día

Todopoderoso Dios: tú nos concedes el gozo de celebrar la resurrección de nuestro Señor. Concédenos también los gozos de la vida en tu servicio y llévanos, finalmente, al pleno gozo de la vida eterna; por tu Hijo, Jesucristo nuestro Señor, que vive y reina contigo y con el Espíritu Santo, un solo Dios, ahora y siempre.

A, B, C
> Isaías 25:6-9
> Salmo 114
> *¡Aleluya! (v. 1)*
> 1 Corintios 5:6b-8
> Lucas 24:13-49

Verso: Romanos 6:9; Lucas 24:27
Ofertorio: Lucas 24:34-35
Prefacio: Pascua
Color: Blanco

Segundo domingo de Pascua
Oración del día

Todopoderoso Dios: con gozo celebramos la fiesta de la resurrección de nuestro Señor. Bondadosamente, ayúdanos a mostrar el poder de la resurrección en todo cuanto decimos y hacemos; por tu Hijo, Jesucristo nuestro Señor, que vive y reina contigo y con el Espíritu Santo, un solo Dios, ahora y siempre.

A   Hechos 2:14a, 22-32
> Salmo 16
> *En tu presencia hay plenitud de gozo. (v. 11)*
> 1 Pedro 1:3-9
> Juan 20:19-31

B   Hechos 4:32-35
> Salmo 133
> *Cuán bueno y agradable es convivir los hermanos en unidad. (v. 1)*
> 1 Juan 1:1—2:2
> Juan 20:19-31

C   Hechos 5:27-32
> Salmo 118:14-29 o Salmo 150
> *Esto es lo que ha hecho el Señor, y es maravilloso a nuestros ojos. (Sal. 118:23) o Todo lo que respira, alabe al Señor. (Sal. 150:6)*

Apocalipsis 1:4-8
Juan 20:19-31

Verso: Romanos 6:9; Juan 20:29
Ofertorio: 1 Pedro 2:1-3
Prefacio: Pascua
Color: Blanco

Tercer domingo de Pascua
Oración del día

Oh Dios: por la humillación de tu Hijo, levantaste este mundo caído, rescatándonos de la desesperación de la muerte. Concede a tu pueblo fiel compartir los gozos que son eternos; por tu Hijo, Jesucristo nuestro Señor, que vive y reina contigo y con el Espíritu Santo, un solo Dios, ahora y siempre.

A   Hechos 2:14a, 36-41
> Salmo 116:1-3, 10-17
> *Invocaré el nombre del Señor. (v. 11)*
> 1 Pedro 1:17-23
> Lucas 24:13-35

B   Hechos 3:12-19
> Salmo 4
> *El Señor ha escogido a los fieles para sí. (v. 3)*
> 1 Juan 3:1-7
> Lucas 24:36b-48

C   Hechos 9:1-6 [7-20]
> Salmo 30
> *Has cambiado mi lamento en danzas. (v. 12)*
> Apocalipsis 5:11-14
> Juan 21:1-19

Verso: Romanos 6:9; Lucas 24:32
Ofertorio: Colosenses 1:15-20
Prefacio: Pascua
Color: Blanco

Cuarto domingo de Pascua
Oración del día

Dios de todo poder: tú llamaste de la muerte a nuestro Señor Jesús, el gran pastor de las ovejas. Envíanos como pastores a rescatar a los perdidos, a sanar a los heridos y a alimentarnos unos a otros con conocimiento y entendimiento; por tu Hijo, Jesucristo nuestro Señor, que vive y reina contigo y con el Espíritu Santo, un solo Dios, ahora y siempre.

A   Hechos 2:42-47
    Salmo 23
    El Señor es mi pastor; nada me faltará. (v. 1)
    1 Pedro 2:19-25
    Juan 10:1-10

B   Hechos 4:5-12
    Salmo 23
    El Señor es mi pastor; nada me faltará. (v. 1)
    1 Juan 3:16-24
    Juan 10:11-18

C   Hechos 9:36-43
    Salmo 23
    El Señor es mi pastor; nada me faltará. (v. 1)
    Apocalipsis 7:9-17
    Juan 10:22-30

Verso: Romanos 6:9; Juan 10:14
Ofertorio: Ezequiel 34:11-13
Prefacio: Pascua
Color: Blanco

QUINTO DOMINGO DE PASCUA

Oración del día

Oh Dios, moldea las mentes de tu pueblo fiel
en una sola voluntad. Haznos amar lo que tú
mandas y desear lo que prometes, a fin de que,
aún con todos los cambios en este mundo,
nuestros corazones estén fijos en donde hay
verdadero gozo; por tu Hijo, Jesucristo nuestro
Señor, que vive y reina contigo y con el
Espíritu Santo, un solo Dios, ahora y siempre.

A   Hechos 7:55-60
    Salmo 31:1-5, 15-16
    En tus manos encomiendo mi espíritu. (v. 5)
    1 Pedro 2:2-10
    Juan 14:1-14

B   Hechos 8:26-40
    Salmo 22:24-30
    *Se acordarán y se volverán al Señor
    todos los confines de la tierra. (v. 26)*
    1 Juan 4:7-21
    Juan 15:1-8

C   Hechos 11:1-18
    Salmo 148
    *La gloria del Señor es sobre la tierra y
    los cielos. (v. 13)*
    Apocalipsis 21:1-6
    Juan 13:31-35

Verso: Romanos 6:9; Juan 14:16
Ofertorio: Isaías 12:4-6
Prefacio: Pascua
Color: Blanco

SEXTO DOMINGO DE PASCUA

Oración del día

Oh Dios, de quien proceden todas las cosas
buenas: condúcenos por la inspiración de tu
Espíritu a buscar lo recto y, por tu bondad, ayú-
danos a hacerlo; por tu Hijo, Jesucristo nuestro
Señor, que vive y reina contigo y con el Espíritu
Santo, un solo Dios, ahora y siempre.

A   Hechos 17:22-31
    Salmo 66:7-18
    Aclamen a Dios, toda la tierra. (v. 1)
    1 Pedro 3:13-22
    Juan 14:15-21

B   Hechos 10:44-48
    Salmo 98
    *Aclamen con júbilo al Señor, pueblos
    todos. (v. 5)*
    1 Juan 5:1-6
    Juan 15:9-17

C   Hechos 16:9-15
    Salmo 67
    *Alégrense las naciones y aclamen con
    júbilo. (v. 4)*
    Apocalipsis 21:10, 22—22:5
    Juan 14:23-29 *o* Juan 5:1-9

Verso: Romanos 6:9; Juan 14:23
Ofertorio: Juan 14:12-14
Prefacio: Pascua
Color: Blanco

LA ASCENCIÓN
DE NUESTRO SEÑOR

Oración del día

Todopoderoso Dios: tu único Hijo fue llevado
al cielo y poderosamente intercede por
nosotros. Concede que nosotros también
vayamos a tu presencia y vivamos por siempre
en tu gloria; por tu Hijo, Jesucristo nuestro
Señor, que vive y reina contigo y con el
Espíritu Santo, un solo Dios, ahora y siempre.

A, B, C
    Hechos 1:1-11

Salmo 47 *o* Salmo 93
Ascendió Dios entre gritos de júbilo (Sal.
47:5) o *Firme es tu trono desde siempre;*
tú eres eternamente. (Sal. 93:3)
Efesios 1:15-23
Lucas 24:44-53

Verso: Romanos 6:9; Mateo 28:20
Ofertorio: Daniel 7:13-14
Prefacio: Ascensión
Color: Blanco

SÉPTIMO DOMINGO DE PASCUA

Oración del día

Todopoderoso y eternos Dios: tu Hijo nuestro
Salvador está contigo en gloria eterna. Danos fe
para ver que, fiel a su promesa, está aún entre
nosotros y estará con nosotros hasta el fin de
este mundo; que vive y reina contigo y con el
Espíritu Santo, un solo Dios, ahora y siempre.
o bien:
Dios, nuestro creador y redentor: tu Hijo Jesús
oró que sus discípulos fueran uno. Haz a
todos los cristianos uno con él, así como él es
uno contigo, a fin de que en paz y armonía,
podamos llevar al mundo el mensaje de tu
amor; por tu Hijo, Jesucristo nuestro Señor,
que vive y reina contigo y con el Espíritu
Santo, un solo Dios, ahora y siempre.

A   Hechos 1:6-14
Salmo 68:1-10, 33-36
Canten a Dios, que cabalga sobre los
cielos. (v. 4)
1 Pedro 4:12-14, 5:6-11
Juan 17:1-11

B   Hechos 1:15-17, 21-26
Salmo 1
El Señor conoce el camino de los justos. (v. 6)
1 Juan 5:9-13
Juan 17:6-19

C   Hechos 16:16-34
Salmo 97
Alégrense, justos, en el Señor. (v. 12)
Apocalipsis 22:12-14, 16-17, 20-21
Juan 17:20-26

Verso: Romanos 6:9; Juan 14:18
Ofertorio: Mateo 7:7, 9, 11
Prefacio: Ascensión
Color: Blanco

VIGILIA DE PENTECOSTÉS

Oración del día

Todopoderoso y eternos Dios: tú has cumplido
la promesa de la Pascua al enviar a tu Santo
Espíritu para unir las razas y los pueblos de la
tierra y así proclamar tu gloria. He aquí tu
pueblo está reunido en oración, abierto para
recibir la llama del Espíritu. Permite que ella
venga a reposar en nuestros corazones y sane
las divisiones de palabra y lengua, para que con
una sóla voz y canción alabemos tu nombre con
gozo y acción de gracias; por tu Hijo, Jesucristo
nuestro Señor, que vive y reina contigo y con el
Espíritu Santo, un solo Dios, ahora y siempre.

A, B, C
   Éxodo 19:1-9 *o* Hechos 2:1-11
Salmo 33:12-22 *o* Salmo 130
Nuestra ayuda y nuestro escudo es el Señor.
(Sal. 33:20) o *En ti hay perdón. (Sal. 130:3)*
Romanos 8:14-17, 22-27
Juan 7:37-39a

Verso: *¡Aleluya! Ven, Espíritu Santo, llena los*
corazones de tus fieles y enciende en ellos el
fuego de tu amor. ¡Aleluya!
Ofertorio: Efesios 5:15, 18-20
Prefacio: Pentecostés
Color: Rojo

DÍA DE PENTECOSTÉS

Oración del día

Dios, Padre de nuestro Señor Jesucristo: así
como enviaste sobre tus discípulos el prometido don del Espíritu Santo, contempla a tu iglesia y abre nuestros corazones al poder de tu
Espíritu. Enciende en nosotros el fuego de tu
amor y fortalece nuestras vidas para servir en
tu reino, por tu Hijo, Jesucristo nuestro Señor,
que vive y reina contigo y con el Espíritu
Santo, un solo Dios, ahora y siempre.
o bien:
Dios nuestro creador: aunque hay muchas
lenguas en la tierra, tu evangelio proclama tu
amor a todos los pueblos con un solo lenguaje
celestial. Haznos mensajeros de las buenas
nuevas, a fin de que, por el poder de tu Espíritu,
todo el mundo unido, eleve una sola canción de
alabanza, por tu Hijo, Jesucristo nuestro Señor,
que vive y reina contigo y con el Espíritu Santo,
un solo Dios, ahora y siempre.

A   Hechos 2:1-21 *o* Números 11:24-30
Salmo 104:25-35, 37
¡Aleluya! (Sal. 104:37) o *Envías tu Espíritu
y renuevas la faz de la tierra. (Sal. 104:31)*
1 Corintios 12:3b-13 *o* Hechos 2:1-21
Juan 20:19-23 *o* Juan 7:37-39

B   Hechos 2:1-21 *o* Ezequiel 37:1-14
Salmo 104:25-35, 37
¡Aleluya! (Sal. 104:37) o *Envías tu Espíritu
y renuevas la faz de la tierra. (Sal. 104:31)*
Romanos 8:22-27 *o* Hechos 2:1-21
Juan 15:26-27; 16:4b-15

C   Hechos 2:1-21 *o* Génesis 11:1-9
Salmo 104:25-35, 37
¡Aleluya! (Sal. 104:37) o *Envías tu Espíritu
y renuevas la faz de la tierra. (Sal. 104:31)*
Romanos 8:14-17 *o* Hechos 2:1-21
Juan 14:8-17 [25-27]

Verso: *¡Aleluya! Ven, Espíritu Santo, llena los
corazones de tus fieles y enciende en ellos el
fuego de tu amor. ¡Aleluya!*
Ofertorio: Efesios 5:15, 18-20
Prefacio: Pentecostés
Color: Rojo

◆ DOMINGOS DESPUES DE PENTECOSTES ◆

LA SANTÍSIMA TRINIDAD
Primer domingo después de
Pentecostés

Oración del día
Todopoderoso Dios nuestro Padre, que existes
en majestad y en misterio, que renuevas y per-
feccionas tu creación por tu Espíritu eterno y
que revelas tu gloria por nuestro Señor
Jesucristo: límpianos de toda duda y temor y
capacítanos para alabarte, con tu Hijo y con el
Espíritu Santo, un solo Dios, que vives y
reinas, ahora y siempre.

o bien:

Todopoderoso y eternos Dios: por la confesión de la verdadera fe, tú nos has concedido
la gracia de reconocer la gloria de la eterna
Trinidad y, en el poder de tu divina majestad,
adorar la unidad. Sosténnos firmes en esta fe

y adoración, y llévanos al fin a verte en tu
gloria eterna, un solo Dios, ahora y siempre.

A   Génesis 1:1—2:4a
Salmo 8
*¡Cuán glorioso es tu nombre en toda la
tierra! (v. 1)*
2 Corintios 13:11-13
Mateo 28:16-20

B   Isaías 6:1-8
Salmo 29
*Adoren al Señor en la hermosura de la
santidad. (v. 2)*
Romanos 8:12-17
Juan 3:1-17

C   Proverbios 8:1-4, 22-31
Salmo 8
Alabada es tu gloria sobre los cielos. (v. 2)
Romanos 5:1-5
Juan 16:12-15

Verso: Isaías 6:3
Ofertorio: Apocalipsis 15:3-4
Prefacio: Santísima Trinidad
Color: Blanco

PROPIO 3
Domingo entro mayo 24 y 28
(si después del domingo de la Trinidad)

Oración del día
Todopoderoso y eterno Dios, soberano de
cielo y tierra: escucha nuestra oración y
danos tu paz ahora y siempre por tu Hijo,
Jesucristo nuestro Señor.

A   Isaías 49:8-16a
Salmo 131
*Como un niño en brazos de su madre, mi
alma está calmada dentro de mí. (v. 3)*
1 Corintios 4:1-5
Mateo 6:24-34

B   Oseas 2:14-20
Salmo 103:1-13, 22
Misericordioso y compasivo es el Señor. (v. 8)
2 Corintios 3:1-6
Marcos 2:13-22

C   Isaías 55:10-13 *o* Eclesiástico 27:4-7
Salmo 92:1-4, 11-14
Los justos florecerán como palmera. (v. 11)
1 Corintios 15:51-58
Lucas 6:39-49

Verso: Lamentaciones 3:22
Ofertorio: Salmo 13:5-6
Prefacio: Domingos después de Pentecostés
Color: Verde

PROPIO 4
Domingo entro mayo 29 y junio 4
(si despúes del domingo de la Trinidad)

Oración del día

Señor Dios de todas las naciones: tú has revelado tu voluntad a tu pueblo y has prometido
tu ayuda a todos nosotros. Ayúdanos a ver y a
hacer lo que tú ordenas, a fin de que las
tinieblas sean disipadas por el poder de tu luz:
por tu Hijo, Jesucristo nuestro Señor.

A   Deuteronomio 11:18-21, 26-28
     Salmo 31:1-5, 19-24
     *Sé tú mi roca fuerte, y fortaleza para sal-
     varme. (v. 3)*
     Romanos 1:16-17; 3:22b-28 [29-31]
     Mateo 7:21-29

B   Deuteronomio 5:12-15
     Salmo 81:1-10
     Al Dios de Jacob aclamen con júbilo. (v. 1)
     2 Corintios 4:5-12
     Marcos 2:23—3:6

C   1 Reyes 8:22-23, 41-43
     Salmo 96:1-9
     *Pregonen entre las naciones la gloria del
     Señor. (v. 3)*
     Gálatas 1:1-12
     Lucas 7:1-10

Verso: Salmo 119:105
Ofertorio: Lamentaciones 3:22-24
Prefacio: Domingos después de Pentecostés
Color: Verde

PROPIO 5
Domingo entre junio 5 y 11
(si después del domingo de la Trinidad)

Oración del día

Oh Dios, fortaleza de aquellos que en ti esperan: sé con nosotros y escucha nuestras oraciones; y, puesto que en la debilidad de nuestra
naturaleza mortal no podemos hacer nada
bueno sin ti, concédenos la ayuda de tu gracia,
a fin de que, obedeciendo tus mandamientos,

podamos agradarte en pensamiento y obra; por
tu Hijo, Jesucristo nuestro Señor.

A   Oseas 5:15—6:6
     Salmo 50:7-15
     *A los que guardan mi camino les haré
     ver la salvación de Dios. (v. 24)*
     Romanos 4:13-25
     Mateo 9:9-13, 18-26

B   Génesis 3:8-15
     Salmo 130
     *Con el Señor hay misericordia y abun-
     dante redención. (v. 7)*
     2 Corintios 4:13—5:1
     Marcos 3:20-35

C   1 Reyes 17:17-24
     Salmo 30
     Dios mío, a ti clamé, y tú me sanaste. (v. 2)
     Gálatas 1:11-24
     Lucas 7:11-17

Verso: 2 Corintios 5:19
Ofertorio: Hechos 2:42, 46
Prefacio: Domingos después de Pentecostés
Color: Verde

PROPIO 6
Domingo entre junio 12 y 18
(si después del domingo de la Trinidad)

Oración del día

Dios, hacedor y redentor nuestro: tú nos has
hecho un nuevo linaje de sacerdotes para dar
testimonio del evangelio. Concédenos ser fiel
a nuestra vocación de dar a conocer tus
promesas a todo el mundo; por tu Hijo,
Jesucristo nuestro Señor.

A   Éxodo 19:2-8a
     Salmo 100
     *Somos el pueblo de Dios y ovejas de su
     rebaño. (v. 2)*
     Romanos 5:1-8
     Mateo 9:35—10:8 [9-23]

B   Ezequiel 17:22-24
     Salmo 92:1-4, 11-14
     *Los justos alzarán como cedros del
     Líbano. (v. 11)*
     2 Corintios 5:6-10 [11-13] 14-17
     Marcos 4:26-34

C 2 Samuel 11:26—12:10, 13-15
   Salmo 32
   Luego tú perdonaste la culpa de mi
   pecado. (v. 6)
   Gálatas 2:15-21
   Lucas 7:36—8:3

Verso: Salmo 132:9
Ofertorio: 1 Pedro 2:9-10
Prefacio: Domingos después de Pentecostés
Color: Verde

PROPIO 7
Domingo entre junio 19 y 25
(si después del domingo de la Trinidad)

Oración del día
Oh Dios nuestro defensor: en torno a nosotros
se agitan las tormentas y nos hacen temer.
Rescata a tu pueblo de la desesperación, libra
a tus hijos del temor y presérvanos a todos de
la incredulidad; por tu Hijo, Jesucristo nuestro
Señor.

A Jeremías 20:7-13
   Salmo 69:8-11 [12-17] 18-20
   Respóndeme, oh Señor, porque benigna
   es tu misericordia. (v. 18)
   Romanos 6:1b-11
   Mateo 10:24-39

B Job 38:1-11
   Salmo 107:1-3, 23-32
   Calmó la tempestad en susurro,
   y apaciguó las olas del mar. (v. 29)
   2 Corintios 6:1-13
   Marcos 4:35-41

C Isaías 65:1-9
   Salmo 22:18-27
   En medio de la congregación te alabaré. (v. 21)
   Gálatas 3:23-29
   Lucas 8:26-39

Verso: Gálatas 4:6
Ofertorio: Salmo 145:14-17
Prefacio: Domingos después de Pentecostés
Color: Verde

PROPIO 8
Domingo entre junio 26 y julio 2

Oración del día
Oh Dios: para los que te aman, tú has preparado
gozos más allá del entendimiento. Derrama en
nuestros corazones tal amor por ti que, amándote sobre todas las cosas, podamos alcanzar
tus promesas, que exceden todos nuestros
deseos; por tu Hijo, Jesucristo nuestro Señor.

A Jeremías 28:5-9
   Salmo 89:1-4, 15-18
   Tu amor, oh Señor, cantaré perpetua-
   mente. (v. 1)
   Romanos 6:12-23
   Mateo 10:40-42

B Lamentaciones 3:22-33
   o Sabiduría 1:13-15; 2:23-24
   Salmo 30
   Te ensalzaré, oh Señor, porque me has
   alzado. (v. 1)
   2 Corintios 8:7-15
   Marcos 5:21-43

C 1 Reyes 19:15-16, 19-21
   Salmo 16
   Al Señor he puesto siempre delante de
   mí. (v. 8)
   Gálatas 5:1, 13-25
   Lucas 9:51-62

Verso: Efesios 1:17
Ofertorio: Salmo 27:1, 17, 9
Prefacio: Domingos después de Pentecostés
Color: Verde

PROPIO 9
Domingo entre julio 3 y 9

Oración del día
Dios de gloria y amor: la paz sólo viene de ti.
Envíanos como pacificadores y testigos de tu
reino y llena nuestros corazones con gozo por
tus promesas de salvación; por tu Hijo,
Jesucristo nuestro Señor.

A Zacarías 9:9-12
   Salmo 145:8-15
   Clemente y compasivo es el Señor. (v. 8)
   Romanos 7:15-25a
   Mateo 11:16-19, 25-30

B Ezequiel 2:1-5
Salmo 123
Nuestros ojos miran a nuestro Dios, hasta que tenga misericordia de nosotros. (v. 3)
2 Corintios 12:2-10
Marcos 6:1-13

C Isaías 66:10-14
Salmo 66:1-8
Dios es quien preserva a nuestra alma en vida. (v. 8)
Gálatas 6:[1-6] 7-16
Lucas 10:1-11, 16-20

Verso: Lucas 8:15
Ofertorio: Mateo 11:28-30
Prefacio: Domingos después de Pentecostés
Color: Verde

PROPIO 10
Domingo entre julio 10 y 16
Oración del día
Todopoderoso Dios: te damos gracias por sembrar en nosotros la semilla de tu palabra. Por tu Espíritu Santo, ayúdanos a recibirla con gozo, vivir conforme a ella y crecer en fe, en esperanza y en amor; por tu Hijo, Jesucristo nuestro Señor.
o bien (año C):
Señor Dios: utiliza nuestras vidas para alcanzar al mundo con tu amor. Muévenos, por tu Espíritu, a ser prójimo de los necesitados, sirviéndoles con corazones dispuestos; por tu Hijo, Jesucristo nuestro Señor.

A Isaías 55:10-13
Salmo 65:[1-8] 9-14
Tus carriles rebosan con abundancia. (v. 12)
Romanos 8:1-11
Mateo 13:1-9, 18-23

B Amós 7:7-15
Salmo 85:8-13
Escucharé lo que dice el Señor Dios. (v. 8)
Efesios 1:3-14
Marcos 6:14-29

C Deuteronomio 30:9-14
Salmo 25:1-9
Muéstrame, oh Señor, tus caminos; enséñame tus sendas. (v. 3)
Colosenses 1:1-14
Lucas 10:25-37

Verso: Deuteronomio 30:14
Ofertorio: Marcos 12:29-31
Prefacio: Domingos después de Pentecostés
Color: Verde

PROPIO 11
Domingo entre julio 17 y 23
Oración del día
Derrama sobre nosotros, oh Señor, el espíritu de reflexión para pensar y hacer lo correcto, a fin de que nosotros, que no podemos siquiera existir sin ti, tengamos la fortaleza necesaria para vivir conforme a tu voluntad; por tu Hijo, Jesucristo nuestro Señor.
o bien (año C):
Oh Dios: tú ves cuán ocupados estamos en tantas cosas. Haznos atentos a tus enseñanzas y guíanos a escoger lo único que no nos será arrebatado, Jesucristo nuestro Señor.

A Isaías 44:6-8 *o* Sabiduría 12:13, 16-19
Salmo 86:11-17
Enséñame, oh Señor, tu camino, para que siga yo en tu verdad. (v. 11)
Romanos 8:12-25
Mateo 13:24-30, 36-43

B Jeremías 23:1-6
Salmo 23
El Señor es mi pastor; nada me faltará. (v. 1)
Efesios 2:11-22
Marcos 6:30-34, 53-56

C Génesis 18:1-10a
Salmo 15
Señor, ¿quién morará en tu santo monte? (v. 1)
Colosenses 1:15-28
Lucas 10:38-42

Verso: Isaías 55:11
Ofertorio: Salmo 26:6-8
Prefacio: Domingos después de Pentecostés
Color: Verde

PROPIO 12
Domingo entre julio 24 y 30

Oración del día

Oh Dios: tus oídos siempre están atentos a las oraciones de tus siervos. Abre nuestros corazones y nuestras mentes a ti, a fin de que podamos vivir en armonía con tu voluntad y recibir los dones de tu Espíritu; por tu Hijo, Jesucristo nuestro Señor.

A   1 Reyes 3:5-12
     Salmo 119:129-136
     La revelación de tu palabra ilumina;
     hace entender a los inocentes. (v. 130)
     Romanos 8:26-39
     Mateo 13:31-33, 44-52

B   2 Reyes 4:42-44
     Salmo 145:10-19
     Abres bien tu mano y sacias de favores a
     todo viviente. (v. 17)
     Efesios 3:14-21
     Juan 6:1-21

C   Génesis 18:20-32
     Salmo 138
     Tu misericordia, oh Señor, es para siempre;
     no desampares la obra de tus manos. (v. 9)
     Colosenses 2:6-15 [16-19]
     Lucas 11:1-13

Verso: Juan 6:68
Ofertorio: Salmo 84:2-3
Prefacio: Domingos después de Pentecostés
Color: Verde

PROPIO 13
Domingo entre julio 31 y agosto 6

Oración del día

Padre lleno de gracia: tu bendito Hijo descendió del cielo para ser el pan verdadero que da vida al mundo. Dános de este pan a fin de que él viva en nosotros y nosotros en él, Jesucristo nuestro Señor.

o bien (año C):

Todopoderoso Dios, juez de todos nosotros: tú has colocado en nuestras manos la riqueza que llamamos nuestra. Por tu Espíritu, dános tal sabiduría para que nuestras posesiones no lleguen a ser una maldición en nuestras vidas, sino instrumento de bendición; por tu Hijo, Jesucristo nuestro Señor.

A   Isaías 55:1-5
     Salmo 145:8-9, 15-22
     Abres bien tu mano y sacias de favores a
     todo viviente. (v. 17)
     Romanos 9:1-5
     Mateo 14:13-21

B   Éxodo 16:2-4, 9-15
     Salmo 78:23-29
     El Señor hizo llover sobre ellos maná
     para que comiesen. (v. 24)
     Efesios 4:1-16
     Juan 6:24-35

C   Eclesiastés 1:2, 12-14; 2:18-23
     Salmo 49:1-11
     Nadie puede redimirse a sí mismo, ni
     pagar a Dios su propio rescate. (v. 6)
     Colosenses 3:1-11
     Lucas 12:13-21

Verso: Juan 14:23
Ofertorio: Proverbios 3:9-10
Prefacio: Domingos después de Pentecostés
Color: Verde

PROPIO 14
Domingo entre agosto 7 y 13

Oración del día

Todopoderoso y eterno Dios: tú siempre estás más presto a escuchar que nosotros a orar; y a darnos más de lo que nosotros deseamos o merecemos. Derrama sobre nosotros la abundancia de tu misericordia, perdonándonos aquellas cosas que infunden temor a nuestra conciencia y dándonos aquellas cosas buenas que no somos dignos de pedir, salvo por los méritos de tu Hijo, Jesucristo nuestro Señor.

A   1 Reyes 19:9-18
     Salmo 85:8-13
     Escucharé lo que dice el Señor Dios. (v. 8)
     Romanos 10:5-15
     Mateo 14:22-33

B   1 Reyes 19:4-8
     Salmo 34:1-8
     Gusten y vean que es bueno el Señor. (v. 8)
     Efesios 4:25—5:2
     Juan 6:35, 41-51

C   Génesis 15:1-6
     Salmo 33:12-22

Sea tu misericordia, oh Señor, sobre nosotros, según ponemos nuestra confianza en ti. (v. 22)
Hebreos 11:1-3, 8-16
Lucas 12:32-40

Verso: Hebreos 11:1
Ofertorio: Salmo 104:13-15
Prefacio: Domingos después de Pentecostés
Color: Verde

PROPIO 15
Domingo entre agosto 14 y 20

Oración del día
Todopoderoso y eterno Dios: tú has dado grandes y preciosas promesas a aquellos que creen. Concédenos la fe perfecta que vence todas las dudas, por tu Hijo, Jesucristo nuestro Señor.

A Isaías 56:1, 6-8
Salmo 67
Te alaben los pueblos, oh Dios. (v. 3)
Romanos 11:1-2a, 29-32
Mateo 15:[10-20] 21-28

B Proverbios 9:1-6
Salmo 34:9-14
Los que buscan al Señor no tendrán falta de ningún bien. (v. 10)
Efesios 5:15-20
Juan 6:51-58

C Jeremías 23:23-29
Salmo 82
Levántate, oh Dios, y reina en la tierra. (v. 8)
Hebreos 11:29—12:2
Lucas 12:49-56

Verso: Hebreos 4:12
Ofertorio: 1 Crónicas 16:28-29, 34
Prefacio: Domingos después de Pentecostés
Color: Verde

PROPIO 16
Domingo entre agosto 21 y 27

Oración del día
Dios de toda la creación: tú extiendes tu mano para traer a tu reino a gente de todas las naciones. Cuando congregues discípulos de todo lugar, inclúyenos también a nosotros entre los que valientemente confiesan a tu Hijo Jesucristo como Señor.

A Isaías 51:1-6
Salmo 138
Tu misericordia, oh Señor, es para siempre. (v. 9)
Romanos 12:1-8
Mateo 16:13-20

B Josué 24:1-2a, 14-18
Salmo 34:15-22
Los ojos del Señor están sobre los justos. (v. 15)
Efesios 6:10-20
Juan 6:56-69

C Isaías 58:9b-14
Salmo 103:1-8
El Señor te corona de favor y misericordia. (v. 4)
Hebreos 12:18-29
Lucas 13:10-17

Verso: 2 Timoteo 1:10
Ofertorio: Mateo 6:31-33
Prefacio: Domingos después de Pentecostés
Color: Verde

PROPIO 17
Domingo entre agosto 28 y septiembre 3

Oración del día
Oh Dios, te damos gracias por tu Hijo que escogió la senda del sufrimiento por amor al mundo. Haznos humildes con su ejemplo, indícanos la senda de la obediencia, y dános fortaleza para seguir sus mandatos; por tu Hijo, Jesucristo nuestro Señor.

A Jeremías 15:15-21
Salmo 26:1-8
Tu amor está delante de mis ojos; he andado fielmente contigo. (v. 3)
Romanos 12:9-21
Mateo 16:21-28

B Deuteronomio 4:1-2, 6-9
Salmo 15
Señor, ¿quién habitará en tu tabernáculo? (v. 1)
Santiago 1:17-27
Marcos 7:1-8, 14-15, 21-23

C   Proverbios 25:6-7 *o* Eclesiástico 10:12-18
    Salmo 112
    Los justos son clementes y compasivos. (v. 4)
    Hebreos 13:1-8, 15-16
    Lucas 14:1, 7-14

Verso: Jeremías 15:16
Ofertorio: Juan 6:50-51
Prefacio: Domingos después de Pentecostés
Color: Verde

Propio 18
Domingo entre septiembre 4 y 10
Oración del día
Todopoderoso y eterno Dios: tú conoces nuestros problemas y nuestras debilidades mejor que nosotros mismos. En tu amor y por tu poder ayúdanos en nuestra confusión y, a pesar de nuestra debilidad, haznos firmes en la fe; por tu Hijo, Jesucristo nuestro Señor.

A   Ezequiel 33:7-11
    Salmo 119:33-40
    La senda de tus mandamientos es mi deseo. (v. 35)
    Romanos 13:8-14
    Mateo 18:15-20

B   Isaías 35:4-7a
    Salmo 146
    Alabaré al Señor mientras viva. (v. 1)
    Santiago 2:1-10 [11-13] 14-17
    Marcos 7:24-37

C   Deuteronomio 30:15-20
    Salmo 1
    En la ley del Señor está su delicia. (v. 2)
    Filemón 1-21
    Lucas 14:25-33

Verso: Filipenses 4:4
Ofertorio: Romanos 12:11-13
Prefacio: Domingos después de Pentecostés
Color: Verde

Propio 19
Domingo entre septiembre 11 y 17
Oración del día
Oh Dios: tú manifiestas tu absoluto poder principalmente en mostrar misericordia y clemencia. Concédenos la plenitud de tu gracia a fin de que, procurando lo que tú has prometido, podamos compartir tu gloria celestial; por tu Hijo, Jesucristo nuestro Señor.

A   Génesis 50:15-21
    Salmo 103: [1-7] 8-13
    Misericordioso y compasivo es el Señor. (v. 8)
    Romanos 14:1-12
    Mateo 18:21-35

B   Isaías 50:4-9a
    Salmo 116:1-8
    Caminaré en la presencia del Señor. (v. 8)
    Santiago 3:1-12
    Marcos 8:27-38

C   Éxodo 32:7-14
    Salmo 51:1-11
    Ten misericordia de mí, oh Dios, conforme a tu bondad. (v. 1)
    1 Timoteo 1:12-17
    Lucas 15:1-10

Verso: Romanos 15:4
Ofertorio: Romanos 14:6-8
Prefacio: Domingos después de Pentecostés
Color: Verde

Propio 20
Domingo entre septiembre 18 y 24
Oración del día
Señor Dios: tú nos llamas a trabajar en tu viña y no dejas a nadie desocupado. Fíjanos a nuestras tareas en la obra de tu reino y ayúdanos a ordenar nuestras vidas con tu sabiduría; por tu Hijo, Jesucristo nuestro Señor.

A   Jonás 3:10—4:11
    Salmo 145:1-8
    Lento para la ira y grande en misericordia es el Señor. (v. 8)
    Filipenses 1:21-30
    Mateo 20:1-16

B   Jeremías 11:18-20 *o* Sabiduría 1:16—2:1, 12-22
    Salmo 54
    Dios es el que me ayuda; es el Señor quien sostiene mi vida. (v. 4)
    Santiago 3:13—4:3, 7-8a
    Marcos 9:30-37

C   Amós 8:4-7
    Salmo 113
    El Señor levanta del polvo al desválido. (v. 6)
    1 Timoteo 2:1-7
    Lucas 16:1-13

Verso: Filipenses 1:27
Ofertorio: Juan 15:1, 4-5
Prefacio: Domingos después de Pentecostés
Color: Verde

PROPIO 21
Domingo entre septiembre 25 y octubre 1

Oración del día
Dios de amor: tú conoces nuestras flaquezas y nuestros fracasos. Concédenos tu gracia para sobreponernos a ellos; protégenos de aquellas cosas que nos hacen daño; y guíanos por el camino de la salvación; por tu Hijo, Jesucristo nuestro Señor.

A   Ezequiel 18:1-4, 25-32
    Salmo 25:1-8
    Acuérdate, oh Señor, de tus piedades y de tus misericordias. (v. 5)
    Filipenses 2:1-13
    Mateo 21:23-32

B   Números 11:4-6, 10-16, 24-29
    Salmo 19:7-14
    El precepto del Senór es claro, que alumbra los ojos. (v. 8)
    Santiago 5:13-20
    Marcos 9:38-50

C   Amós 6:1a, 4-7
    Salmo 146
    El Señor hace justicia a los oprimidos. (v. 6)
    1 Timoteo 6:6-19
    Lucas 16:19-31

Verso: Filipenses 2:10-11
Ofertorio: Apocalipsis 3:20-21
Prefacio: Domingos después de Pentecostés
Color: Verde

PROPIO 22
Domingo entre octubre 2 y 8

Oración del día
Jesús, Señor nuestro: tú has tolerado las dudas y preguntas necias de cada generación. Perdónanos por tratar de enjuiciarte y concédenos esa fe segura de reconocerte como Señor.

A   Isaías 5:1-7
    Salmo 80:7-14
    Mira desde el cielo, oh Dios; considera y visita esta viña. (v. 14)
    Filipenses 3:4b-14
    Mateo 21:33-46

B   Génesis 2:18-24
    Salmo 8
    Nos coronaste de gloria y honra. (v. 6)
    Hebreos 1:1-4; 2:5-12
    Marcos 10:2-16

C   Habacuc 1:1-4; 2:1-4
    Salmo 37:1-10
    Encomienda al Señor tu camino; confía en el Señor. (v. 5)
    2 Timoteo 1:1-14
    Lucas 17:5-10

Verso: Hebreos 2:12
Ofertorio: Salmo 34:8-10
Prefacio: Domingos después de Pentecostés
Color: Verde

PROPIO 23
Domingo entre octubre 9 y 15

Oración del día
Todopoderoso Dios, fuente de toda bendición: tu generosa bondad nos llega nueva cada día. Por la acción de tu Espíritu condúcenos a reconocer tu bondad, a dar gracias por tus beneficios y a servirte en pronta obediencia; por tu Hijo, Jesucristo nuestro Señor.

A   Isaías 25:1-9
    Salmo 23
    Aderezarás mesa delante de mí, y mi copa está rebosando. (v. 5)
    Filipenses 4:1-9
    Mateo 22:1-14

B   Amós 5:6-7, 10-15
Salmo 90:12-17
Enséñanos de tal modo a contar nuestros
días, que traigamos al corazón sabiduría.
(v. 12)
Hebreos 4:12-16
Marcos 10:17-31

C   2 Reyes 5:1-3, 7-15c
Salmo 111
Daré gracias al Señor de todo corazón. (v. 1)
2 Timoteo 2:8-15
Lucas 17:11-19

Verso: Isaías 25:9
Ofertorio: 1 Juan 2:1-2; 3:1
Prefacio: Domingos después de Pentecostés
Color: Verde

PROPIO 24
Domingo entre octubre 16 y 22

Oración del día

Todopoderoso y eterno Dios: en Cristo has
revelado tu gloria entre las naciones. Continúa
las obras de tu misericordia a fin de que, en
todo el mundo, la iglesia pueda perseverar,
con fe sólida, en la confesión de tu nombre;
por tu Hijo, Jesucristo nuestro Señor.

A   Isaías 45:1-7
Salmo 96:1-9 [10-13]
Rindan al Señor la honra y el poder. (v. 7)
1 Tesalonicenses 1:1-10
Mateo 22:15-22

B   Isaías 53:4-12
Salmo 91:9-16
Hiciste del Señor tu refugio, del Altísimo,
tu habitación. (v. 9)
Hebreos 5:1-10
Marcos 10:35-45

C   Génesis 32:22-31
Salmo 121
Mi socorro viene del Señor, que hizo los
cielos y la tierra. (v. 2)
2 Timoteo 3:14—4:5
Lucas 18:1-8

Verso: Santiago 1:18
Ofertorio: 1 Corintios 10:16-17
Prefacio: Domingos después de Pentecostés
Color: Verde

PROPIO 25
Domingo entre octubre 23 y 29

Oración del día

Todopoderoso y eterno Dios: aumenta en
nosotros los dones de la fe, la esperanza y la
caridad; y a fin de que obtengamos lo que tú
prometes, haznos amar lo que tú ordenas; por
tu Hijo, Jesucristo nuestro Señor.

A   Levítico 19:1-2, 15-18
Salmo 1
En la ley del Señor está su delicia. (v. 2)
1 Tesalonicenses 2:1-8
Mateo 22:34-46

B   Jeremías 31:7-9
Salmo 126
Los que sembraron con lágrimas, con
gritos de alegría segarán. (v. 6)
Hebreos 7:23-28
Marcos 10:46-52

C   Jeremías 14:7-10, 19-22
o Eclesiástico 35:12-17
Salmo 84:1-6
Dichosos los que en ti encuentran su
fuerza. (v. 4)
2 Timoteo 4:6-8, 16-18
Lucas 18:9-14

Verso: 2 Timoteo 4:18
Ofertorio: Apocalipsis 5:12-14
Prefacio: Domingos después de Pentecostés
Color: Verde

PROPIO 26
Domingo entre octubre 30 y noviembre 5

Oración del día

Anima, oh Señor, las voluntades de tu pueblo
fiel, a buscar con mayor diligencia la ayuda
que tú ofreces, a fin de que finalmente
puedan gozar de los frutos de salvación; por
Jesucristo nuestro Señor.

A   Miqueas 3:5-12
Salmo 43
Envía tu luz y tu verdad, que éstas me
guíen. (v. 3)
1 Tesalonicenses 2:9-13
Mateo 23:1-12

B Deuteronomio 6:1-9
   Salmo 119:1-8
   *Dichosos los que buscan al Señor de
   todo corazón.* (v. 2)
   Hebreos 9:11-14
   Marcos 12:28-34

C Isaías 1:10-18
   Salmo 32:1-8
   *Por ello orarán los fieles en tiempo de
   necesidad.* (v. 7)
   2 Tesalonicenses 1:1-4, 11-12
   Lucas 19:1-10

Verso: 2 Tesalonicenses 3:1, 3
Ofertorio: Apocalipsis 19:6-7, 9
Prefacio: Domingos después de Pentecostés
Color: Verde

Propio 27
Domingo entre noviembre 6 y 12

Oración del día
Señor: cuando venga el día de la ira, no tendremos otra esperanza que no sea tu gracia.
Haznos de tal manera estar atentos a los últimos días, que la consumación de nuestra
esperanza pueda ser el gozo del banquete nupcial de tu Hijo, Jesucristo nuestro Señor.

A Amós 5:18-24 *o* Sabiduría 6:12-16
   Salmo 70 *o* Sabiduría 6:17-20
   *Mi ayuda y mi libertador eres tú; no te
   tardes, oh Señor.* (Sal. 70: 6) *o El comienza
   de la sabiduría es un deseo de instrucción.* (Sab 6:17)
   1 Tesalonicenses 4:13-18
   Mateo 25:1-13

B 1 Reyes 17:8-16
   Salmo 146
   El Señor levanta a los caídos. (v. 7)
   Hebreos 9:24-28
   Marcos 12:38-44

C Job 19:23-27a
   Salmo 17:1-9
   *Guárdame como a la niña de tus ojos;
   escóndeme bajo la sombra de tus alas.* (v. 8)
   2 Tesalonicenses 2:1-5, 13-17
   Lucas 20:27-38

Verso: Mateo 24:42
Ofertorio: Apocalipsis 19:6-7, 9
Prefacio: Domingos después de Pentecostés
Color: Verde

Propio 28
Domingo entre noviembre 13 y 19

Oración del día
Señor Dios, rige y gobierna de tal manera
nuestros corazones y nuestras mentes por tu
Espíritu Santo que, recordando siempre el
final de todas las cosas y el día del juicio,
seamos movidos a la vida santa aquí y
podamos vivir eternamente contigo en el
mundo por venir; por tu Hijo, Jesucristo nuestro Señor.

o bien:

Todopoderoso y eterno Dios: antes de ser formada la tierra y aún después que deje de existir, tú eres Dios. Irrumpe en la brevedad de
nuestra vida y permítenos ver las señales de tu
voluntad final y tu propósito último, por tu
Hijo, Jesucristo nuestro Señor.

A Sofonías 1:7, 12-18
   Salmo 90:1-8 [9-11] 12
   *Enséñanos de tal modo a contar nuestros
   días, que traigamos al corazón sabiduría.*
   (v. 12)
   1 Tesalonicenses 5:1-11
   Mateo 25:14-30

B Daniel 12:1-3
   Salmo 16
   *Se alegra mi corazón y se goza mi espíritu;
   también mi carne reposará segura.* (v. 9)
   Hebreos 10:11-14 [15-18] 19-25
   Marcos 13:1-8

C Malaquías 4:1-2a
   Salmo 98
   Juzgará al mundo con justicia. (v. 10)
   2 Tesalonicenses 3:6-13
   Lucas 21:5-19

Verso: Apocalipsis 22:20
Ofertorio: Apocalipsis 11:17; 14:7
Prefacio: Domingos después de Pentecostés
Color: Verde

PROPIO 29
Cristo Rey
Último domingo después de
Pentecostés
Domingo entre noviembre 20 y 26

Oración del día

Todopoderoso y eterno Dios: cuya voluntad es
restituirle todas las cosas a tu Hijo amado, a
quien ungiste sacerdote eterno y rey de toda la
creación: concede que todos los pueblos de la
tierra, ahora divididos por el poder del pecado, sean reunidos bajo el reino glorioso y
apacible de tu Hijo, nuestro Señor Jesucristo
que vive y reina contigo y el Espíritu Santo,
un solo Dios, ahora y siempre.

A   Ezequiel 34:11-16, 20-24
     Salmo 95:1-7a
     Somos el pueblo de la dehesa de Dios y
     ovejas de su mano. (v. 7)
     Efesios 1:15-23
     Mateo 25:31-46

B   Daniel 7:9-10, 13-14
     Salmo 93
     Firme es tu trono desde siempre; tú eres
     eternamente. (v. 3)
     Apocalipsis 1:4b-8
     Juan 18:33-37

C   Jeremías 23:1-6
     Salmo 46
     Seré ensalzado entre las naciones. (v. 11)
     Colosenses 1:11-20
     Lucas 23:33-43

Verso: Apocalipsis 22:13
Ofertorio: 1 Juan 3:2-3
Prefacio: Domingos después de Pentecostés
Color: Blanco

◆ FIESTAS MENORES ◆ Y OCASIONES

SAN ANDRÉS, APÓSTOL
30 de noviembre

Oración del día

Todopoderoso Dios: como el apóstol Andrés
prontamente obedeció el llamado de Cristo y
lo siguió sin vacilación, concede que nosotros
podamos ofrecernos a tu servicio en grata
obediencia; por tu Hijo Jesucristo nuestro
Señor que vive y reina contigo y el Espíritu
Santo, un solo Dios, ahora y siempre.

A, B, C
     Ezequiel 3:16-21
     Salmo 19:1-6
     Por toda la tierra salió su sonido. (v. 4)
     Romanos 10:10-18
     Juan 1:35-42

Verso: Hechos 1:8
Ofertorio: Salmo 96:2-4, 6
Prefacio: Apóstoles
Color: Rojo

SANTO TOMÁS, APÓSTOL
21 de diciembre

Oración del día

Todopoderoso y eterno Dios: tú has dado
promesas grandes y preciosas a todos aquellos
que creen. Concédenos esa fe perfecta que
vence toda duda; por tu Hijo, Jesucristo nuestro
Señor, que vive y reina contigo y el Espíritu
Santo, un solo Dios, ahora y siempre.

A, B, C
     Jueces 6:36-40
     Salmo 136:1-4, 23-26
     Para siempre es la misericordia de Dios. (v. 1)
     Efesios 4:11-16
     Juan 14:1-7

Verso: Hechos 1:8
Ofertorio: Salmo 96:2-4, 6
Prefacio: Apóstoles
Color: Rojo

San Esteban, diácono y mártir
26 de diciembre

Oración del día

Concédenos gracia, oh Señor, para que, como Esteban, aprendamos a amar a nuestros enemigos y a buscar el perdón para aquellos que nos desean el mal; por tu Hijo, Jesucristo nuestro Señor, que vive y reina contigo y el Espíritu Santo, un solo Dios, ahora y siempre.

A, B, C

2 Crónicas 24:17-22
Salmo 17:1-9, 16
Yo te invoco, oh Dios, por cuanto tú me oirás. *(v. 6)*
Hechos 6:8—7:2a, 51-60
Mateo 23:34-39

Verso: Mateo 5:10
Ofertorio: Salmo 31:6-7, 16, 20
Prefacio: Navidad
Color: Rojo

San Juan, apóstol y evangelista
27 de diciembre

Oración del día

Misericordioso Señor: permite que el esplendor de tu luz brille sobre tu iglesia a fin de que todos, instruidos por las enseñanzas de Juan, tu apóstol y evangelista, podamos caminar a la luz de tu verdad y alcanzar la vida eterna: por tu Hijo, Jesucristo nuestro Señor, que vive y reina contigo y el Espíritu Santo, un solo Dios, ahora y siempre.

A, B, C

Génesis 1:1-5, 26-31
Salmo 116:10-17
Preciosa a los ojos del Señor, es la muerte de sus siervos. *(v. 13)*
1 Juan 1:1—2:2
Juan 21:20-25

Verso: 1 Corintios 1:18
Ofertorio: Efesios 4:11-13
Prefacio: Apóstoles *o* Navidad
Color: Blanco

Los Santos Inocentes, mártires
28 de diciembre

Oración del día

Recordamos hoy, oh Dios, la matanza de los santos inocentes de Belén por orden del Rey Herodes. Recibe, te rogamos, en los brazos de tu misericordia a todas las víctimas inocentes, y por tu gran poder frustra los designios de los tiranos malvados y establece tu reino de justicia, amor y paz; por tu Hijo, Jesucristo nuestro Señor, que vive y reina contigo y el Espíritu Santo, un solo Dios, ahora y siempre.

A, B, C

Jeremías 31:15-17
Salmo 124
Hemos escapado cual ave de la trampa del cazador. *(v. 7)*
1 Pedro 4:12-19
Mateo 2:13-18

Verso: Mateo 5:10
Ofertorio: Salmo 31:6-7, 16, 20
Prefacio: Navidad
Color: Rojo

El Nombre de Jesús
1 de enero

Oración del día

Padre eterno: tú pusiste el nombre de Jesús a tu Hijo como señal de nuestra salvación. Siembra en cada corazón el amor por el Salvador del mundo, Jesucristo nuestro Señor, que vive y reina contigo y con el Espíritu Santo, un solo Dios, ahora y siempre.

A, B, C

Números 6:22-27
Salmo 8
Cuán glorioso es tu nombre en toda la tierra. *(v. 1)*
Gálatas 4:4-7 *o* Filipenses 2:5-11
Lucas 2:15-21

Verso: Filipenses 2:10
Ofertorio: Salmo 50:14, 23
Prefacio: Navidad
Color: Blanco

La Confesión de San Pedro
18 de enero
Oración del día
Todopoderoso Dios: tú inspiraste a Simón Pedro a confesar que Jesús era el Mesías e Hijo del Dios viviente. Mantén a tu iglesia firme en la roca de esta fe, a fin de que, en unidad y paz, proclame una sola verdad y siga a un solo Señor, tu Hijo, Jesucristo nuestro Salvador, que vive y reina contigo y con el Espíritu Santo, un solo Dios, ahora y siempre.

A, B, C
> Hechos 4:8-13
> Salmo 18:1-7, 17-20
> *Dios mío, roca mía, eres digno de ser alabado. (v. 2)*
> 1 Corintios 10:1-5
> Mateo 16:13-19

Verso: Hechos 1:8
Ofertorio: Salmo 96:2-4, 6
Prefacio: Apóstoles
Color: Blanco

La Conversión de San Pablo
25 de enero
Oración del día
Señor Dios: por la predicación de tu apóstol Pablo tú estableciste una sola iglesia entre todas las naciones. Al celebrar su conversión, rogamos que podamos seguir su ejemplo y ser testigos de la verdad acerca de tu Hijo, Jesucristo nuestro Señor, que vive y reina contigo y con el Espíritu Santo, un solo Dios, ahora y siempre.

A, B, C
> Hechos 9:1-22
> Salmo 67
> *Te alaben los pueblos, oh Dios. (v. 3)*
> Gálatas 1:11-24
> Lucas 21:10-19

Verso: Hechos 2:32
Ofertorio: Salmo 96:2-4, 6
Prefacio: Apóstoles
Color: Blanco

La Presentación de nuestro Señor
2 de febrero
Oración del día
Bendito seas, oh Señor Dios nuestro, pues nos has enviado tu salvación. Inspíranos por tu Espíritu Santo a ver con nuestros propios ojos a aquél que es la gloria de Israel y la luz para todas las naciones, Jesucristo, tu Hijo nuestro Señor.

A, B, C
> Malaquías 3:1-4
> Salmo 84 *o* Salmo 24:7-10
> *Cuán amable tu morada, oh Señor. (Sal. 84:1)* o *Alcen, oh puertas, sus cabezas, y entrará el Rey de gloria. (Sal. 24:7)*
> Hebreos 2:14-18
> Lucas 2:22-40

Verso: Lucas 2:30
Ofertorio: Salmo 50:14, 23
Prefacio: Navidad
Color: Blanco

San Matías, apóstol
24 de febrero
Oración del día
Todopoderoso Dios: escogiste a tu fiel siervo Matías para ser uno de los Doce. Concede que tu iglesia, librada de apóstoles falsos, sea siempre instruída y guiada por pastores fieles y verdaderos; por tu Hijo, Jesucristo nuestro Señor, que vive y reina contigo y con el Espíritu Santo, un solo Dios, ahora y siempre.

A, B, C
> Isaías 66:1-2
> Salmo 56
> *Te debo, oh Dios, los votos que hice. (v. 11)*
> Hechos 1:15-26
> Lucas 6:12-16

Verso: Juan 12:26
Ofertorio: Salmo 23:3-6
Prefacio: Apóstoles
Color: Rojo

LA ANUNCIACIÓN DE NUESTRO SEÑOR
25 de marzo

Oración del día

Derrama tu gracia en nuestros corazones, oh Señor, para que los que hemos conocido la encarnación de tu Hijo Jesucristo, anunciada por un ángel, podamos, por su cruz y pasión, ser llevados a la gloria de su resurrección; que vive y reina contigo y con el Espíritu Santo, un solo Dios, ahora y siempre.

A, B, C

> Isaías 7:10-14
> Salmo 45 o Salmo 40:5-11
> *Haré perpetua la memoria de tu nombre, de generación en generación. (Sal. 45:18)* o
> *El hacer tu voluntad, Dios mío, me ha agradado. (Sal. 40:9)*
> Hebreos 10:4-10
> Lucas 1:26-38

Verso: Lucas 1:48-49
Ofertorio: Salmo 113:5-8
Prefacio: Navidad
Color: Blanco

SAN MARCO, EVANGELISTA
25 de abril

Oración del día

Todopoderoso Dios: tú has enriquecido a tu iglesia con la proclamación de Marcos en su Evangelio. Danos la gracia para creer firmemente en las buenas nuevas de salvación y para caminar diariamente en conformidad con ella; por tu Hijo, Jesucristo nuestro Señor, que vive y reina contigo y con el Espíritu Santo, un solo Dios, ahora y siempre.

A, B, C

> Isaías 52:7-10
> Salmo 57
> *Te confesaré entre los pueblos, oh Señor. (v. 9)*
> 2 Timoteo 4:6-11, 18
> Marcos 1:1-15

Verso: Hechos 2:32
Ofertorio: Salmo 96:2-4, 6
Prefacio: Todos los santos
Color: Rojo

SAN FELIPE Y SANTIAGO, APÓSTOLES
1 de mayo

Oración del día

Todopoderoso Dios: conocerte es tener vida eterna. Concédenos el conocer a tu Hijo como el camino, la verdad y la vida; y guía nuestros pasos por el camino de Jesucristo nuestro Señor, que vive y reina contigo y con el Espíritu Santo, un solo Dios, ahora y siempre.

A, B, C

> Isaías 30:18-21
> Salmo 44:1-3, 20-26
> *Redímenos por tu gran amor. (v. 26)*
> 2 Corintios 4:1-6
> Juan 14:8-14

Verso: Hechos 1:8
Ofertorio: Salmo 96:2-4, 6
Prefacio: Apóstoles
Color: Rojo

LA VISITACÍON
31 de mayo

Oración del día

Todopoderoso Dios: al escoger a la Virgen María para ser la madre de tu Hijo, manifestaste tu generoso amor a los pobres, a los humildes y a los despreciados. Concédenos la gracia de recibir tu Palabra en humildad y seamos así hechos uno con tu Hijo, Jesucristo nuestro Señor, que vive y reina contigo y con el Espíritu Santo, un solo Dios, ahora y siempre.

A, B, C

> 1 Samuel 2:1-10
> Salmo 113
> *Sea bendito el nombre del Señor, desde ahora y para siempre. (v. 2)*
> Romanos 12:9-16b
> Lucas 1:39-57

Verso: Lucas 2:30
Ofertorio: Salmo 50:14, 23
Prefacio: Navidad
Color: Blanco

San Bernabé, apóstol
11 de junio

Oración del día

Todopoderoso Dios: haz que sigamos el ejemplo de tu fiel siervo Bernabé, quien, desdeñando su propia fama y atendiendo al bien de tu iglesia, generosamente dio de su vida y hacienda para el alivio de los pobres y la difusión del evangelio; por Jesucristo nuestro Señor, que vive y reina contigo y con el Espíritu Santo, un solo Dios, ahora y siempre.

A, B, C

Isaías 42:5-12
Salmo 112
Dichosos los que temen a mi Soberano. (v. 1)
Hechos 11:19-30; 13:1-3
Mateo 10:7-16

Verso: Hechos 2:32
Ofertorio: Salmo 96:2-4, 6
Prefacio: Apóstoles
Color: Rojo

La Natividad de San Juan Bautista
24 de junio

Oración del día

Todopoderoso Dios: tú llamaste a Juan el Bautista para dar testimonio de la venida de tu Hijo y para preparar su camino. Concede a tu pueblo sabiduría para ver tu propósito y receptividad para escuchar tu voluntad, a fin de que nosotros también podamos ser testigos de la venida de Cristo y así preparar su camino; por tu Hijo, Jesucristo nuestro Señor, que vive y reina contigo y con el Espíritu Santo, un solo Dios, ahora y siempre.

A, B, C

Malaquías 3:1-4
Salmo 141
Mis ojos están vueltos a ti, Señor Dios. (v. 8)
Hechos 13:13-26
Lucas 1:57-67 [68-80]

Verso: Mateo 5:10
Ofertorio: Salmo 31:6-7, 16, 20
Prefacio: Adviento
Color: Blanco

San Pedro y San Pablo, apóstoles
29 de junio

Oración del día

Todopoderoso Dios, cuyos benditos apóstoles Pedro y Pablo te glorificaron con su martirio: concede que tu iglesia, instruída por sus enseñanzas y ejemplos y vinculada en unidad por tu Espíritu, se mantenga firme sobre la única fundación que es Jesucristo nuestro Señor, que vive y reina contigo y con el Espíritu Santo, un solo Dios, ahora y siempre.

A, B, C

Ezequiel 34:11-16
Salmo 87
De ti se dicen cosas gloriosas, oh ciudad de nuestro Dios. (v. 2)
1 Corintios 3:16-23
Marcos 8:27-35

Verso: Hechos 2:32
Ofertorio: Salmo 96:2-4, 6
Prefacio: Apóstoles
Color: Rojo

Santa María Magdalena
22 de julio

Oración del día

Todopoderoso Dios: tu Hijo Jesucristo le restituyó a María Magdalena la salud de cuerpo y alma y la llamó a ser testigo de su resurrección. Sánanos ahora en cuerpo y alma y llámanos a servirte en el poder de la resurrección de Jesucristo, que vive y reina contigo y con el Espíritu Santo, un solo Dios, ahora y siempre.

A, B, C

Rut 1:6-18 *o* Éxodo 2:1-10
Salmo 73:23-29
Hablaré de todas tus obras en las puertas de la ciudad de Sión. (v. 29)
Hechos 13:26-33a
Juan 20:1-2, 11-18

Verso: Juan 12:26
Ofertorio: Salmo 23:3-6
Prefacio: Todos los santos
Color: Blanco

Santiago el Mayor, apóstol
25 de julio

Oración del día

Oh Dios de gracia: ante tu presencia recordamos hoy a tu siervo y apóstol Santiago, el primero entre los Doce en sufrir el martirio por causa de Jesucristo. Derrama sobre el liderato de tu iglesia ese mismo espíritu abnegado de servicio que es el verdadero distintivo de la autoridad entre tu pueblo; por Jesucristo nuestro Señor, que vive y reina contigo y con el Espíritu Santo, un solo Dios, ahora y siempre.

A, B, C
  1 Reyes 19:9-18
  Salmo 7:1-11
  Mi escudo está en Dios. (v. 11)
  Hechos 11:27—12:3a
  Marcos 10:35-45

Verso: Mateo 5:10
Ofertorio: Salmo 31:6-7, 16, 20
Prefacio: Apóstoles
Color: Rojo

María, Madre de nuestro Señor
15 de agosto

Oración del día

Todopoderoso Dios: tú escogiste a la Virgen María para ser la madre de tu único Hijo. Concede que nosotros, redimidos por la sangre de él, podamos compartir con ella la gloria de tu reino eterno: por tu Hijo, Jesucristo nuestro Señor, que vive y reina contigo y con el Espíritu Santo, un solo Dios, ahora y siempre.

A, B, C
  Isaías 61:7-11
  Salmo 45:11-16
  Haré perpetua la memoria de tu nombre, de generación en generación. (v. 18)
  Gálatas 4:4-7
  Lucas 1:46-55

Verso: Lucas 1:48-49
Ofertorio: Salmo 113:5-8
Prefacio: Todos los santos
Color: Blanco

San Bartolomé, apóstol
24 de agosto

Oración del día

Todopoderoso y eterno Dios, que concediste a tu apóstol Bartolomé la gracia para creer fielmente y predicar tu palabra: concede que tu iglesia ame lo que él creyó y predique lo que él enseñó; por tu Hijo, Jesucristo nuestro Señor, que vive y reina contigo y con el Espíritu Santo, un solo Dios, ahora y siempre.

A, B, C
  Éxodo 19:1-6
  Salmo 12
  Las palabras del Señor son limpias. (v. 6)
  1 Corintios 12:27-31a
  Juan 1:43-51

Verso: Isaías 52:7
Ofertorio: Salmo 96:2-4, 6
Prefacio: Apóstoles
Color: Rojo

Día de la Santa Cruz
14 de septiembre

Oración del día

Todopoderoso Dios: tu Hijo Jesucristo fue alzado en una cruz a fin de que atrajera al mundo entero hacia él. Concede que nosotros, que nos gloriamos en su muerte por nuestra salvación, podamos también gloriarnos en su llamado a tomar nuestra propia cruz y seguirle; por su Hijo, Jesucristo nuestro Señor, que vive y reina contigo y con el Espíritu Santo, un solo Dios, ahora y siempre.

A, B, C
  Números 21:4b-9
  Salmo 98:1-5 *o* Salmo 78:1-2, 34-38
  El Señor ha hecho maravillas. (Sal. 98:1) o Dios era su roca, y el Dios altísimo, su redentor. (Sal. 78:35)
  1 Corintios 1:18-24
  Juan 3:13-17

Verso: Gálatas 6:14
Ofertorio: Filipenses 2:7-11
Prefacio: Pasión
Color: Rojo

San Mateo, apóstol y evangelista
21 de septiembre

Oración del día

Todopoderoso Dios: tu Hijo nuestro Salvador llamó a un despreciado recaudador de impuestos a ser uno de sus apóstoles. Ayúdanos a responder, como Mateo, a la llamada transformadora de tu Hijo, Jesucristo nuestro Señor, que vive y reina contigo y con el Espíritu Santo, un solo Dios, ahora y siempre.

A, B, C

Ezequiel 2:8—3:11
Salmo 119:33-40
Enséñame, oh Señor, el camino de tus estatutos. (v. 33)
Efesios 2:4-10
Mateo 9:9-13

Verso: Hechos 1:8
Ofertorio: Salmo 96:2-4, 6
Prefacio: Apóstoles
Color: Rojo

San Miguel y Todos los Ángeles
29 de septiembre

Oración del día

Dios eterno: tú has dispuesto y constituido los ministerios de los ángeles y los mortales en un orden maravilloso. Concede misericordiosamente que, como tus santos ángeles siempre te sirven y adoran en el cielo, asimismo, obedientes a tu mandato, nos ayuden y defiendan aquí en la tierra, por tu Hijo, Jesucristo nuestro Señor, que vive y reina contigo y con el Espíritu Santo, un solo Dios, ahora y siempre.

A, B, C

Daniel 10:10-14; 12:1-3
Salmo 103:1-5, 20-22
Bendigan al Señor, ustedes ángeles del Señor. (v. 20)
Apocalipsis 12:7-12
Lucas 10:17-20

Verso: Salmo 103:20
Ofertorio: Apocalipsis 5:11-12
Prefacio: Días en semana *o* Domingos después de Pentecostés
Color: Blanco

San Lucas, evangelista
18 de octubre

Oración del día

Todopoderoso Dios: tú inspiraste a tu siervo Lucas, el médico, a revelar en su Évangelio el amor y el poder sanador de tu Hijo. Da a tu iglesia el mismo amor y poder de sanar para la gloria de tu nombre; por tu Hijo, Jesucristo nuestro Señor, que vive y reina contigo y con el Espíritu Santo, un solo Dios, ahora y siempre.

A, B, C

Isaías 43:8-13 *o* Isaías 35:5-8
Salmo 124
Nuestro auxilio está en el nombre del Señor. (v. 8)
2 Timoteo 4:5-11
Lucas 1:1-4; 24:44-53

Verso: Isaías 52:7
Ofertorio: Salmo 96:2-4, 6
Prefacio: Todos los santos
Color: Rojo

San Simón y San Judas, apóstoles
28 de octubre

Oración del día

Oh Dios, te damos gracias por la gloriosa compañía de los apóstoles y, especialmente en este día, por Simón y Judas. Rogamos que, así como ellos fueron fieles y diligentes en su misión, también nosotros demos a conocer con ardiente devoción el amor y la misericordia de nuestro Señor y Salvador Jesucristo, que vive y reina contigo y con el Espíritu Santo, un solo Dios, ahora y siempre.

A, B, C

Jeremías 26:[1-6] 7-16
Salmo 11
En el Señor he confiado. (v. 1)
1 Juan 4:1-6
Juan 14:21-27

Verso: Hechos 1:8
Ofertorio: Salmo 96:2-4, 6
Prefacio: Apóstoles
Color: Rojo

DÍA DE LA REFORMA
31 de octubre

Oración del día

Todopoderosos Dios, Señor bondadoso: derrama tu Espíritu Santo sobre tu pueblo fiel. Manténlo firme en tu palabra, protégelo y consuélalo en todas las pruebas, defiéndelo contra todos sus enemigos y concede a la iglesia tu paz salvadora; por tu Hijo, Jesucristo nuestro Señor, que vive y reina contigo y con el Espíritu Santo, un solo Dios, ahora y siempre.

A, B, C

Jeremías 31:31-34
Salmo 46
El Señor de las huestes está con nosotros;
nuestro refugio es el Dios de Jacob. (v. 4)
Romanos 3:19-28
Juan 8:31-36

Verso: Juan 8:31-32
Ofertorio: Romanos 12:1-2
Prefacio: Días en semana *o* Domingos
después de Pentecostés
Color: Rojo

DÍA DE TODOS LOS SANTOS
1 de noviembre

Oración del día

Todopoderoso Dios, cuyo pueblo está congregado en una santa iglesia, el cuerpo de Cristo nuestro Señor: concédenos la gracia de seguir a tus bienaventurados santos en vidas de fe y dedicación y de conocer los gozos inefables que has preparado para los que te aman; por tu Hijo, Jesucristo nuestro Señor, que vive y reina contigo y con el Espíritu Santo, un solo Dios, ahora y siempre.

A   Apocalipsis 7:9-17
Salmo 34:1-10, 22
Teman al Señor, ustedes santos del Señor. (v. 9)
1 Juan 3:1-3
Mateo 5:1-12

B   Isaías 25:6-9 *o* Sabiduría 3:1-9
Salmo 24
Recibirá bendición del Dios de su salvación. (v. 5)
Apocalipsis 21:1-6a
Juan 11:32-44

C   Daniel 7:1-3, 15-18
Salmo 149
Canten la alabanza al Señor en la congregación de los fieles. (v. 1)
Efesios 1:11-23
Lucas 6:20-31

Verso: Apocalipsis 7:15
Ofertorio: Apocalipsis 19:7-8
Prefacio: Todos los santos
Color: Blanco

DEDICACIÓN Y ANIVERSARIO

Oración del día

Altísimo Dios, a quien los cielos no pueden contener: te damos gracias por los dones de los que han edificado esta casa de oración para gloria tuya; te alabamos por la comunión de los que, al usarla, *la harán / la han hecho* santa; y rogamos que todos los que aquí te busquen te encuentren y sean llenos de tu gozo y paz; por tu Hijo, Jesucristo nuestro Señor.

o bien:
Oh Dios: tú has prometido por tu Hijo estar con tu iglesia siempre. Te damos gracias por los que fundaron esta comunidad de fieles y por las señales de tu presencia en nuestra congregación. Aumenta en nosotros el espíritu de fe y de amor y haznos dignos de nuestra herencia. Vincúlanos en la comunidad de los santos y haz de nuestra comunidad un ejemplo para todos los fieles y para todas las naciones. Oramos por tu Hijo, Jesucristo nuestro Señor.

A, B, C

1 Reyes 8:22-30
Salmo 84
Sol y escudo es el Señor Dios. (v. 10)
1 Pedro 2:1-9
Juan 10:22-30
Verso: 2 Crónicas 7:16
Ofertorio: Salmo 122:1, 7-9
Prefacio: Días en semana
Color: Rojo

Mayordomia de la Creación

Oración del día

Todopoderoso Dios, Señor de cielo y tierra: humildemente rogamos que tu bondadosa providencia conceda y conserve para nuestro uso la abundancia de la tierra y de los mares, y bendiga a todos cuantos allí laboran, a fin de que los que constantemente recibimos cosas buenas de tus manos, podamos siempre darte gracias; por tu Hijo, Jesucristo nuestro Señor.

o bien:

Oh misericordioso Creador: tus manos están abiertas para satisfacer la necesidad de toda criatura viviente. Haznos siempre agradecidos de tu amantísima providencia; y concede que, recordando que algún día debemos rendir cuentas, seamos fieles mayordomos de tus buenas dádivas; por tu Hijo, Jesucristo nuestro Señor.

o bien:

Todopoderoso Dios, cuyo Hijo Jesucristo compartió en su vida terrenal nuestra labor y santificó nuestro trabajo: sé con nuestra gente donde trabajen; haz responsables a tu voluntad aquellos que llevan a cabo la industria y comercio en este país; y concédenos a todos orgullo en la tarea que realizamos y justa compensación por nuestros trabajos: por tu Hijo, Jesucristo nuestro Señor.

A, B, C

Job 39:1-11, 16-18
Salmo 104:1, 13-24 *o* Salmo 104:25-37
Perdure la gloria del Señor para siempre. (v. 32)
1 Timoteo 6:7-10, 17-19
Lucas 12:13-21

Verso: Santiago 1:18
Ofertorio: Romanos 12:1-2
Prefacio: Días en semana
Color: De la temporada

Día de Acción de Gracias

Oración del día

Todopoderoso Dios y Padre nuestro: tu generosa bondad nos llega nueva cada día. Por la acción de tu Espíritu condúcenos a reconocer tu bondad, a dar gracias por tus beneficios y a servirte con pronta obediencia; por tu Hijo, Jesucristo nuestro Señor.

A

Deuteronomio 8:7-18
Salmo 65
Tú coronas el año con tus bienes, y tus carriles rebosan con abundancia. (v. 12)
2 Corintios 9:6-15
Lucas 17:11-19

B

Joel 2:21-27
Salmo 126
Proezas ha hecho el Señor con nosotros, y estamos sumamente alegres. (v. 4)
1 Timoteo 2:1-7
Mateo 6:25-33

C

Deuteronomio 26:1-11
Salmo 100
Entren por las puertas del Señor con acción de gracias. (v. 3)
Filipenses 4:4-9
Juan 6:25-35

Verso: 2 Corintios 9:8
Ofertorio: Salmo 148:9-13
Prefacio: Días en semana
Color: Blanco

Víspera de Año Nuevo

Oración del día

Eterno Padre: tú nos has colocado en un mundo de espacio y de tiempo y, por medio de los acontecimientos de nuestras vidas, nos bendices con tu amor. Concede que en este nuevo año podamos conocer tu presencia, ver tu amor obrando y vivir en la luz del evento que nos trae gozo eterno — la venida de tu Hijo, Jesucristo nuestro Señor.

A, B, C

Eclesiastés 3:1-13
Salmo 8
Cuán glorioso es tu nombre en toda la tierra. (v. 1)
Apocalipsis 21:1-6a
Mateo 25:31-46

Verso: Salmo 119:105
Ofertorio: Efesios 5:15, 18-20
Prefacio: Navidad
Color: Blanco

Adviento

℗ En verdad es digno, justo y saludable que en todo tiempo y en todo lugar te demos gracias y alabanza, oh Señor, Padre santo, todopoderoso y eterno Dios. Consolaste a tu pueblo con la promesa del Redentor, por el cual también renovarás todas las cosas cuando él regrese a juzgar al mundo en justicia. Así pues, con la iglesia en la tierra y los coros celestiales, alabamos tu nombre y nos unimos a su himno eterno:

o bien:

℗ En verdad es digno, justo y saludable que en todo tiempo y en todo lugar te demos gracias y alabanza, oh Señor, porque consolaste a tu pueblo con la promesa de la venida del Redentor, para liberarnos de la injusticia, el pecado y la muerte, y en él afirmar nuestra esperanza en el advenimiento de tu reino y su segunda venida. Por eso, con tu iglesia de todos los tiempos y lugares, y al son de la música de nuestros pueblos *(aquí se pueden añadir términos pertinentes, tales como salsa, merengue, milonga),* alabamos para siempre tu glorioso nombre, cantando:

Navidad

℗ En verdad es digno, justo y saludable que en todo tiempo y en todo lugar te demos gracias y alabanza, oh Señor, Padre santo, por Cristo nuestro Señor. Con el prodigio y misterio del Verbo hecho carne, has abierto los ojos de la fe a una nueva visión radiante de tu gloria; a fin de que viendo al Dios hecho visible, fuéramos arrebatados en amor del Dios que no podemos ver. Así pues, con la iglesia en la tierra y los coros celestiales, alabamos tu nombre y nos unimos a su himno eterno:

o bien:

℗ En verdad es digno, justo y saludable que en todo tiempo y en todo lugar te demos gracias y alabanza, oh Señor, porque con el nacimiento de tu Hijo se anuncia el comienzo de una nueva historia llena de gracia, de justicia y de verdad. Por eso, con tu iglesia de todos los tiempos y lugares, y al son de la música de nuestros pueblos *(aquí se pueden añadir términos pertinentes, tales como salsa, merengue, milonga),* alabamos para siempre tu glorioso nombre, cantando:

Epifanía

P En verdad es digno, justo y saludable que en todo tiempo y en todo lugar te demos gracias y alabanza, oh Señor, Padre santo, por Cristo nuestro Señor. Compartiendo nuestra vida vivió entre nosotros para revelar su gloria y su amor a fin de que nuestras tinieblas cedieran ante su luz fulgurante. Así pues, con la iglesia en la tierra y los coros celestiales, alabamos tu nombre y nos unimos a su himno eterno:

o bien:

P En verdad es digno, justo y saludable que en todo tiempo y en todo lugar te demos gracias y alabanza, oh Señor, porque con la encarnación de tu gracia y de tu verdad en la historia, nos revelaste el verdadero horizonte de la vida según tu promesa: cielos nuevos y tierra nueva en donde mora la justicia. Por eso, con tu iglesia de todos los tiempos y lugares, y al son de la música de nuestros pueblos *(aquí se pueden añadir términos pertinentes, tales como salsa, merengue, milonga)* alabamos para siempre tu glorioso nombre, cantando:

Cuaresma

P En verdad es digno, justo y saludable que en todo tiempo y en todo lugar te demos gracias y alabanza, oh Señor, Padre santo, por Cristo nuestro Señor. Tú ordenas a tu pueblo limpiar sus corazones y prepararse con gozo para la fiesta pascual. Renueva nuestro celo por la fe y por la vida y tráenos a la plenitud de la gracia propia de *los* hi*jos* de Dios. Así pues, con la iglesia en la tierra y los coros celestiales, alabamos tu nombre y nos unimos a su himno eterno:

o bien:

P En verdad es digno, justo y saludable que en todo tiempo y en todo lugar te demos gracias y alabanza, oh Señor, quien en todo fuiste tentado como noso*tros,* mas nunca cometiste pecado. Por tu gracia podemos triunfar sobre todo mal y no vivir ya más para noso*tros,* sino para ti, quien moriste y resucitaste por noso*tros.* Por eso, con tu iglesia de todos los tiempos y lugares, y al son de la música de nuestros pueblos *(aquí se pueden añadir términos pertinentes, tales como salsa, merengue, milonga),* alabamos para siempre tu glorioso nombre, cantando:

Pasión

P En verdad es digno, justo y saludable que en todo tiempo y en todo lugar te demos gracias y alabanza, oh Señor, Padre santo, por Cristo nuestro Señor. Por nuestros pecados fue levantado sobre la cruz, para que pudiera atraer hacia él a todo el mundo; y, por su sufrimiento y muerte, llegó a ser la fuente de salvación eterna para cuantos confían en él. Así pues, con la iglesia en la tierra y los coros celestiales, alabamos tu nombre y nos unimos a su himno eterno:

Pascua de Resurrección

℗ En verdad es digno, justo y saludable que en todo tiempo y en todo lugar te demos gracias y alabanza, oh Señor, Padre santo, todopoderoso y eterno Dios. Pero aún más, debemos alabarte por la gloriosa resurrección de nuestro Señor; porque él es el verdadero Cordero Pascual que se entregó para quitar nuestro pecado, que muriendo, destruyó la muerte, y resucitando, nos ha traído a la vida eterna. Así pues, con María Magdalena y Pedro, y con todos los testigos de la resurrección, con la tierra y el mar y todas sus criaturas, y con los ángeles y arcángeles, querubines y serafines, alabamos tu nombre y nos unimos a su himno eterno:

o bien:

℗ En verdad es digno, justo y saludable que en todo tiempo y en todo lugar te demos gracias y alabanza, oh Señor, porque con el poder de tu resurrección nos confirmaste que junto a ti nada ni nadie podrá destruir en nosotros la fe y la esperanza de vida de nuestra resurrección, y de ser partícipes de la promesa de tu reino: los cielos nuevos y la tierra nueva en donde mora la justicia. Por eso, con tu iglesia de todos los tiempos y lugares, y al son de la música de nuestros pueblos *(aquí se pueden añadir términos pertinentes, tales como salsa, merengue, milonga)* alabamos para siempre tu glorioso nombre, cantando:

Ascensión

℗ En verdad es digno, justo y saludable que en todo tiempo y en todo lugar te demos gracias y alabanza, oh Señor, Padre santo, por Cristo nuestro Señor; quien, después de su resurrección se apareció a la vista de sus discípulos, y, a la vista de ellos, subió a los cielos para hacernos partícipes de su naturaleza divina. Así pues, con la iglesia en la tierra y los coros celestiales, alabamos tu nombre y nos unimos a su himno eterno:

Pentecostés

℗ En verdad es digno, justo y saludable que en todo tiempo y en todo lugar te demos gracias y alabanza, oh Señor, Padre santo, por Cristo nuestro Señor, quien resucitó de las ataduras de la muerte, y (en este día) como había prometido, derramó tu Espíritu de vida y poder sobre sus discípulos escogidos. Por esto toda la tierra se estremece con gozo incontenible. Así pues, con la iglesia en la tierra y los coros celestiales, alabamos tu nombre y nos unimos a su himno eterno:

o bien:

℗ En verdad es digno, justo y saludable que en todo tiempo y en todo lugar te demos gracias y alabanza, oh Señor, porque derramaste el poder de tu Santo Espíritu que nos une a to*dos* como herma*nos* en una misma fe y un mismo sentir, sin distinción de raza, ni de color de la piel. Por eso, con tu iglesia de todos los tiempos y lugares, y al son de la música de nuestros pueblos *(aquí se pueden añadir términos pertinentes, tales como salsa, merengue, milonga)*, alabamos para siempre tu glorioso nombre, cantando:

Santísima Trinidad

℗ En verdad es digno, justo y saludable que en todo tiempo y en todo lugar te demos gracias y alabanza, oh Señor, Padre santo, todopoderoso y eterno Dios. Has revelado tu gloria como gloria también de tu Hijo y del Espíritu Santo: tres personas, de igual majestad, de indivisible esplendor y sin embargo, un solo Señor, un solo Dios, siempre digno de ser adorado en tu gloria eterna. Así pues, con la iglesia en la tierra y los coros celestiales, alabamos tu nombre y nos unimos a su himno eterno:

Domingos después de Pentecostés

℗ En verdad es digno, justo y saludable que en todo tiempo y en todo lugar te demos gracias y alabanza, oh Señor, Padre santo, por Cristo nuestro Señor; quien en el primer día de la semana triunfó sobre la muerte y la tumba, y por su gloriosa resurrección nos abrió el camino de la vida eterna. Así pues, con la iglesia en la tierra y los coros celestiales, alabamos tu nombre y nos unimos a su himno eterno:

Días en semana

℗ En verdad es digno, justo y saludable que en todo tiempo y en todo lugar te demos gracias y alabanza, oh Señor, Padre santo, por Cristo nuestro Señor. Así pues, con la iglesia en la tierra y los coros celestiales, alabamos tu nombre y nos unimos a su himno eterno:

Días de conmemoración de los Apóstoles

℗ En verdad es digno, justo y saludable que en todo tiempo y en todo lugar te demos gracias y alabanza, oh Señor, Padre santo, por el gran pastor de tu grey, Cristo nuestro Señor; quien después de su resurrección envió a sus apóstoles a predicar el evangelio y a enseñar a todas las naciones, prometiendo estar con ellos siempre, aún hasta el fin de los tiempos. Así pues, con patriarcas y profetas, y con el (los) apóstol(es) _nombre(s)_, y con toda la corte celestial, alabamos tu nombre y nos unimos a su himno eterno:

Todos los Santos

℗ En verdad es digno, justo y saludable que en todo tiempo y en todo lugar te demos gracias y alabanza, oh Señor, Padre santo, por Cristo nuestro Señor. En la bienaventuranza de tus san*tos* nos has dado una gloriosa prenda de la esperanza de nuestra vocación; a fin de que, motiva*dos* por su testimonio, y fortaleci*dos* en comunión con ell*os,* corramos con perseverancia la carrera que tenemos delante y con ell*os* recibamos la imperecedera corona de gloria. Así pues, con la iglesia en la tierra y los coros celestiales, alabamos tu nombre y nos unimos a su himno eterno:

Matrimonio

℗ En verdad es digno, justo y saludable que en todo tiempo y en todo lugar te demos gracias y alabanza, oh Señor, Padre santo, todopoderoso y eterno Dios; pues tu amor es firme como es antigua la tierra, tu fidelidad perdurable como los cielos. Creando y enriqueciendo y prolongando la vida, nos hiciste varón y hembra para complementarnos; nos diste el don del matrimonio que refleja tu amor y que, aún en lugares donde tu nombre no es conocido, proclama tu amor por toda la familia humana. Así pues, con la iglesia en la tierra y los coros celestiales, alabamos tu nombre y nos unimos a su himno eterno:

Funerales

℗ En verdad es digno, justo y saludable que en todo tiempo y en todo lugar te demos gracias y alabanza, oh Señor, Padre santo, por Cristo nuestro Señor; que esclareció la esperanza viva en una bendita resurrección a fin de que, en nuestra aflicción, pudiéramos regocijarnos en la plena seguridad de nuestra transformación a una semejanza de tu gloria. Así pues, con la iglesia en la tierra y los coros celestiales, alabamos tu nombre y nos unimos a su himno eterno:

SANTA COMUNION

Forma del Rito

El domingo es el día principal en el cual la iglesia se congrega: el primer día de la creación cuando Dios transformó las tinieblas en luz, el día en que Cristo fue levantado de entre los muertos, revelándose a sí mismo a los discípulos en las escrituras y en el partimiento del pan. Los bautizados se reúnen para oír la palabra, orar por los necesitados, agradecerle a Dios por el don de la salvación, para recibir el pan de vida y la copa de bendición, y para ser renovados para el testimonio diario de la fe, la esperanza y el amor. Para los invitados, extraños y todos aquellos en necesidad, la iglesia ofrece estas cosas tan buenas de la gracia de Dios.

◆ AL CONGREGARSE ◆

Himno de entrada
SALUDO APOSTÓLICO
Señor, ten piedad
Himno de alabanza
ORACIÓN DEL DÍA

Dios llama y reúne a los creyentes por medio del Espíritu Santo, y en respuesta la comunidad aclama a este Dios bondadoso por medio del canto y la oración. Se puede comenzar con una confesión de pecados y/o con un canto de entrada. La bienvenida de Dios es extendida a la congregación por quien preside. Cuando sea apropiado, una letanía o canto de alabanza puede cantarse inmediatamente antes de la oración del día. Por medio de estos actos, la congregación se prepara para escuchar la palabra de Dios.

◆ PALABRA ◆

PRIMERA LECTURA
Salmo
Segunda lectura
ACLAMACIÓN DEL EVANGELIO
EVANGELIO
SERMÓN
HIMNO DEL DÍA
Credo
LAS PLEGARIAS

Del rico tesoro de la proclamación de las escrituras por los lectores y predicadores, la iglesia oye las buenas noticias de la acción de Dios en este y todo tiempo y lugar. Un ciclo de tres años de lecturas provee porciones de las escrituras hebreas, las cartas del Nuevo Testamento y de los libros del Evangelio para cada semana. Durante Adviento y Navidad el

---

Se puede utilizar el término Santa Misa de acuerdo con la Confesión de Augsburgo, Art. 24.

Los elementos centrales de la liturgia de la Santa Comunión se han presentado en letras mayúsculas. Los otros elementos apoyan y revelan la forma esencial de la adoración cristiana.

leccionario revela los misterios de la palabra hecha carne. Durante Cuaresma y Resurrección el misterio pascual de la muerte y resurrección de nuestro Señor es proclamado. A través de toda la época de Pentecostés los textos del Nuevo Testamento son leídos en un orden continuo. Durante los últimos domingos del año las lecturas presentan una visión final de un cielo nuevo y una tierra nueva.

Este encuentro con la Palabra viva, Jesucristo, es marcado por proclamación y silencio, salmo y canto, movimiento y gesto, el cantar y el hablar. El silencio después de las lecturas da tiempo para meditar sobre la palabra. El sermón anuncia las buenas noticias para la comunidad y para el mundo; el himno del día al mismo tiempo proclama y responde a la palabra; un credo es una repuesta aún mayor. La palabra de Dios, leída, predicada y aclamada, guía a la comunidad a orar por la iglesia, el pueblo en general y por aquellos que sufren o están necesitados.

◆ CENA ◆

La paz
PRESENTACIÓN DE LAS OFRENDAS
ACCIÓN DE GRACIAS
PADRENUESTRO
COMUNIÓN
Cántico
Oración

Con acciones de gracias la congregación alaba a Dios por sus bondadosos dones de la creación y por la salvación en Jesucristo. A la mesa del Señor se traen el pan y el vino, símbolos sencillos del amor de Dios, símbolos humildes del trabajo humano. Por medio de palabra y gesto, oración y canto, la gente eleva sus corazones en alabanza y acciones de gracias por los regalos de perdón, vida y salvación, al oír las palabras de Jesús durante esta cena, recordando su muerte y resurrección. Quien preside pide que el Espíritu Santo unifique a la comunidad en el pan y el cáliz del Señor, para que, como un solo cuerpo en Cristo, ésta también proclame la salvación de Dios en el mundo. A esta proclamación agradecida la comunidad se une en un "Amén" y el Padrenuestro. Siendo bienvenidos a la mesa, cada uno se une a Dios en Cristo, a los demás, y a la misión de la iglesia en el mundo. Durante la comunión se pueden cantar himnos, cantos, y salmos. Al recoger la mesa la congregación puede unirse en un cántico. Una oración corta concluye la liturgia de la cena.

◆ ENVIO ◆

BENDICIÓN
Despedida

La liturgia en el día del Señor culmina con sencillez. La comunidad recibe la bendición de Dios. Todos son invitados a salir en paz, enviados a servir en palabra y hecho: a hablar las palabras de buenas noticias que han escuchado, a cuidar de aquellos en necesidad, y a compartir lo que han recibido con los pobres y hambrientos.

BREVE ORDEN PENITENCIAL

De pie

P En el nombre del Padre, y del ✠ Hijo, y del Espíritu Santo.

C **Amén**

P Omnipotente Dios: tú penetras los corazones, tú conoces los deseos, tú ves los secretos más íntimos. Purifica los pensamientos de nuestros corazones por la inspiración de tu Espíritu Santo para que te amemos como mereces y dignamente glorifiquemos tu santo nombre; por Jesucristo nuestro Señor.

C **Amén**

	o bien:
P Si decimos que no tenemos pecado, nos engañamos a noso*tros* mis*mos* y somos fal*sos*. Pero si confesamos nuestros pecados, Dios, fiel y justo, nos perdonará nuestros pecados y nos limpiará de toda maldad.	P Confesemos nuestro pecado delante de Dios y en presencia *los* u*nos* de *los otros*.

De rodillas o de pie

Se observa silencio para reflexión y examen de conciencia.

P Misericordioso Dios:

C **confesamos que estamos esclaviza*dos* por el pecado**
    y no podemos liberarnos noso*tros* mis*mos*.
Hemos pecado contra ti en pensamiento, palabra y obra,
    por lo que hemos hecho y por lo que hemos dejado de hacer.
No te hemos amado de todo corazón;
    no hemos amado a nuestros prójimos como a noso*tros* mis*mos*.
Por amor de tu Hijo Jesucristo, ten piedad de noso*tros*.
Perdónanos, renuévanos y dirígenos,
    a fin de que nos complazcamos en tu voluntad
    y caminemos por tus sendas,
    para la gloria de tu santo nombre. Amén

Quien preside se dirige a la congregación.	*o bien:*
P Dios todopoderoso, en su misericordia, ha dado a su Hijo para morir por noso*tros* y por sus méritos nos perdona todos nuestros pecados. Como minis*tro* llama*do* y ordena*do* de la iglesia de Cristo y por su autoridad, yo, por lo tanto, les declaro a ustedes el pleno perdón de todos sus pecados, en el nombre del Padre, y del ✠ Hijo, y del Espíritu Santo.	P Por la misericordia de Dios todopoderoso, Jesucristo fue dado para morir por noso*tros* y, por sus méritos, Dios nos perdona todos nuestros pecados. A *los* que creen en Jesucristo les concede el poder de ser hij*os* de Dios y les confiere su Espíritu Santo.
C **Amén**	C **Amén**

SANTA COMUNION

Puede usarse el Breve Orden Penitencial antes de este rito. Quien preside puede anunciar el día litúrgico y su significado antes del himno de entrada, antes de las lecturas, o en otro lugar apropiado.

◆ AL CONGREGARSE◆

De pie

Himno de entrada o Salmo

Saludo apostólico

Quien preside saluda a la congregación.

P︎ La gracia de nuestro Señor Jesucristo, el amor de Dios,
y la comunión del Espíritu Santo sean con ustedes.

C︎ **Y también contigo.**

Señor, ten piedad

♪ *El Kirie puede seguir.*

A︎ En paz, oremos al Señor.
C︎ **Señor, ten piedad.**

A︎ Por la paz de lo alto y por nuestra
salvación, oremos al Señor.
C︎ **Señor, ten piedad.**

A︎ Por la paz del mundo entero,
por el bienestar de la iglesia de Dios
y por la unidad de to*dos,* oremos al Señor.
C︎ **Señor, ten piedad.**

A︎ Por esta familia de la fe
y por to*dos los* que aquí ofrecen
su adoración y alabanza, oremos al Señor.
C︎ **Señor, ten piedad.**

A︎ Ayuda, salva, consuela y defiéndenos,
misericordioso Señor.
C︎ **Amén**

o bien:

A︎ Señor, ten piedad.
C︎ **Señor, ten piedad.**

A︎ Cristo, ten piedad.
C︎ **Cristo, ten piedad.**

A︎ Señor, ten piedad.
C︎ **Señor, ten piedad.**

Himno de alabanza

Puede cantarse el himno de alabanza u otro himno apropiado.

♪ Ⓐ Gloria a Dios en el cielo,
y en la tierra paz a quienes ama el Señor.

Ⓒ **Por tu inmensa gloria**
te alabamos, te bendecimos,
te adoramos, te glorificamos,
te damos gracias,
Señor Dios, rey celestial,
Dios Padre todopoderoso.

Señor, Hijo único Jesucristo,
Señor Dios, Cordero de Dios, Hijo del Padre:
tú que quitas el pecado del mundo,
ten piedad de nosotros;
tú que quitas el pecado del mundo,
atiende nuestra súplica;
tú que estás sentado a la derecha del Padre,
ten piedad de nosotros:

porque sólo tú eres Santo,
sólo tú Señor, sólo tú Altísimo,
Jesucristo, con el Espíritu Santo
en la gloria de Dios Padre. Amén

o bien:

♪ Ⓒ **Celebremos la victoria de nuestro Dios. ¡Aleluya!**
Digno es Cristo, el Cordero inmolado
cuya sangre nos ha liberado para ser el pueblo de Dios.
Celebremos la victoria de nuestro Dios. ¡Aleluya!
Poder, riquezas, sabiduría y fuerza,
y honra y alabanza y gloria son de él.
Celebremos la victoria de nuestro Dios. ¡Aleluya!
Cantemos con todo el pueblo de Dios
y unamos nuestras voces al himno universal:
Alabanza, honra, gloria y poder
sean dados a Dios y al Cordero por siempre. Amén
Celebremos la victoria de nuestro Dios,
ya que el Cordero inmolado
ha comenzado su reinado. ¡Aleluya! ¡Aleluya!

Oración del día

El saludo puede preceder la oración.

Ⓟ El Señor sea con ustedes.

Ⓒ **Y también contigo.**

Ⓟ Oremos. . . .*(La oración concluye con:)*

Ⓒ **Amén**

Sentados

Primera lectura

Ⓐ Lectura de _____.

Después de la lectura, se puede decir:
Ⓐ Palabra de Dios.
Ⓒ Te alabamos, Señor.

Salmo

♪ *Se canta o se dice el salmo.*

Segunda lectura

Ⓐ Lectura de _____.

Después de la lectura, se puede decir:
Ⓐ Palabra de Dios.
Ⓒ Te alabamos, Señor.

De pie

Aclamación del Evangelio

Se canta una aclamación u otro himno apropiado antes y/o después del Evangelio.

GENERAL
♪ **Ⓒ ¡Aleluya! Señor, ¿a quién iríamos?**
   En tus palabras hay vida eterna. ¡Aleluya!

CUARESMA
♪ **Ⓒ Vuelve al Señor, tu Dios, pues es compasivo y clemente,**
   lento para la ira y grande en su misericordia.

Evangelio

Ⓟ El Santo Evangelio según _____, capítulo ____
♪ **Ⓒ ¡Gloria a ti, oh Señor!**

Después de la lectura, se puede decir:
Ⓟ El Evangelio del Señor.
♪ **Ⓒ ¡Alabanza a ti, oh Cristo!**

Sentados

Sermón

Un silencio para meditación puede seguir al sermón.

De pie

Himno del día

Credo

Puede decirse el credo: el Credo Niceno, en toda fiesta y en los domingos de Adviento, Navidad, Cuaresma y Pascua; el Credo Apostólico, en toda otra ocasión. El credo se omite aquí cuando se celebra el Santo Bautismo u otro rito con un credo.

CREDO NICENO

C Creemos en un solo Dios,
>Padre todopoderoso,
>creador de cielo y tierra,
>de todo lo visible y lo invisible.

Creemos en un solo Señor, Jesucristo,
>Hijo único de Dios,
>nacido del Padre antes de todos los siglos:
>Dios de Dios, Luz de Luz,
>Dios verdadero de Dios verdadero,
>engendrado, no creado,
>de la misma naturaleza que el Padre,
>por quien todo fue hecho;
>que por nosotros y por nuestra salvación
>>bajó del cielo,
>y por obra del Espíritu Santo
>>se encarnó de María, la Virgen, y se hizo hombre;
>y por nuestra causa fue crucificado en tiempos de Poncio Pilato;
>>padeció y fue sepultado,
>y resucitó al tercer día,
>>según las Escrituras,
>y subió al cielo,
>>y está sentado a la derecha del Padre;
>y de nuevo vendrá con gloria
>>para juzgar a vivos y muertos,
>>y su reino no tendrá fin.

Creemos en el Espíritu Santo,
>Señor y dador de vida,
>que procede del Padre y del Hijo,
>que con el Padre y el Hijo
>recibe una misma adoración y gloria,
>y que habló por los profetas.
>Creemos en la iglesia,
>que es una, santa, católica y apostólica.
>Reconocemos un solo bautismo
>para el perdón de los pecados.
>Esperamos la resurrección de los muertos
>>y la vida del mundo venidero. Amén

CREDO APOSTOLICO

C **Creo en Dios Padre todopoderoso,**
creador del cielo y de la tierra.

Creo en Jesucristo, su único Hijo, nuestro Señor.
Fue concebido por obra del Espíritu Santo
y nació de la Virgen María.
Padeció bajo el poder de Poncio Pilato,
fue crucificado, muerto y sepultado.
Descendió a los muertos.
Al tercer día resucitó,
subió a los cielos,
y está sentado a la diestra del Padre.
Volverá para juzgar a los vivos y a los muertos.

Creo en el Espíritu Santo,
la santa iglesia católica,
la comunión de los santos,
el perdón de los pecados,
la resurrección del cuerpo,
y la vida eterna. Amén

Las plegarias

A Oremos por todo el pueblo de Dios en Cristo Jesús
y por todo el mundo conforme a sus necesidades.

Se incluyen oraciones por la iglesia en general, las naciones, los necesitados, la parroquia y peticiones especiales. Se puede invitar a la congregación a que formule peticiones y acciones de gracias. Pueden hacerse oraciones confesionales si no se ha utilizado el Breve Orden Penitencial anteriormente. Quien orare da gracias por los fieles difuntos, especialmente los recién fallecidos.

Después de cada petición se dice:

A Señor, en tu bondad:
C **escucha nuestra oración.**

o bien:

A Oremos al Señor.
C **Señor, ten piedad.**

Las plegarias concluyen:

P A ti, oh Señor, encomendamos a to*dos* aque*llos* por quienes oramos,
confiando en tu misericordia; por tu Hijo, Jesucristo nuestro Señor.
C **Amén**

La paz

Se comparte la paz aquí, o bien después del Padrenuestro.

P̄ La paz del Señor sea siempre con ustedes.

C̄ Y también contigo.

Todos pueden saludarse mutuamente en el nombre del Señor.

Sentados

Presentación de las ofrendas

Se reciben las ofrendas mientras se prepara la Mesa del Señor.

El ofertorio propio puede ser cantado por el coro mientras las ofrendas se presentan, o la congregación puede cantar uno de los siguientes ofertorios, o un himno o salmo apropiado.

De pie

♪ **C̄ Sean abundantes los viñedos, Señor,**
   y colma nuestra copa de bendición.
   Recoge una cosecha de las semillas sembradas,
   y seremos alimentados con el pan de vida.
   Recoge las esperanzas y sueños de todos
   junto con las oraciones que ofrecemos.
   Honra nuestra mesa con tu presencia
   y danos un anticipo del banquete que será.

o bien:

♪ **C̄ ¿Qué daré yo al Señor por todos los favores que me ha hecho?**
   Ofreceré el sacrificio de gratitud, invocando el nombre del Señor.
   Elevaré la copa de salvación e invocaré el nombre del Señor.
   Honraré mi palabra al Señor en presencia de su pueblo congregado
   en los atrios de la casa del Señor; en medio de ti, Jerusalén.

Después de presentadas las ofrendas, se dice una de las siguientes oraciones.

Ā Oremos. Dios misericordioso:

C̄ con alegría y acción de gracias te ofrecemos lo que tú ya nos has dado: nuestro ser, nuestros días y todo lo que tenemos, símbolos de tu gracia y amor. Acéptalos por amor de aquel que se ofreció a sí mismo por noso*tros*, Jesucristo nuestro Señor. Amén

o bien:

Ā Oremos. Bendito eres tú, oh Señor Dios nuestro, creador de todas las cosas:

C̄ Tu bondad nos ha bendecido con estos dones. Con ellos nos ofrecemos nosotros mismos y dedicamos nuestras vidas al cuidado y redención de todo cuanto tú has creado; por aquel que se dío a sí mismo por noso*tros*, Jesucristo nuestro Señor. Amén

Gran plegaria eucarística

Quien preside comienza la gran plegaria eucarística, cantando o diciendo:

♪ Ⓟ El Señor sea con ustedes.
Ⓒ **Y también contigo.**

Ⓟ Elevemos los corazones.
Ⓒ **Al Señor los elevamos.**

Ⓟ Demos gracias al Señor nuestro Dios.
Ⓒ **Es justo darle gracias y alabanza.**

Ⓟ En verdad es digno, justo y saludable que en todo tiempo y en todo lugar te demos gracias y alabanza, . . . (*sigue luego el prefacio propio, concluyendo con:*)
. . . alabamos tu nombre y nos unimos a su himno eterno:
o bien:
. . . alabamos para siempre tu glorioso nombre, cantando:

♪ Ⓒ **Santo, santo, santo es el Señor, Dios del universo.**
Llenos están el cielo y la tierra de tu gloria.
Hosanna en el cielo.
Bendito el que viene en el nombre del Señor.
Hosanna en el cielo.

Quien preside sigue, usando una de las siguientes oraciones:

PLEGARIA EUCARISTICA I

Ⓟ Santo Dios, gran Señor, Padre de infinita bondad;
sin límites es tu misericordia y eterno es tu reino.
Tú has infundido luz y vida en toda la creación;
cielo y tierra están llenos de tu gloria.
Por Abraham prometiste bendecir a todos los pueblos.
Rescataste a Israel, tu pueblo escogido.
Por los profetas renovaste tu promesa;
y, en estos últimos tiempos enviaste a tu Hijo,
quien con palabras y obras proclamó tu reino,
y se sometió a tu voluntad, aún hasta ofrendar su vida.

La noche en que fue entregado,
nuestro Señor Jesús tomó pan y dio gracias;
lo partió y lo dio a sus discípulos, diciendo:
Tomen y coman; esto es mi cuerpo, dado por ustedes.
Hagan esto en memoria mía.

De igual manera, después de haber cenado, tomó la copa,
dio gracias y la dio a beber a todos, diciendo:
Esta copa es el nuevo pacto en mi sangre,
derramada por ustedes y por todo el mundo para el perdón del pecado.
Hagan esto en memoria mía.

Pues cada vez que comemos de este pan y bebemos de esta copa,
proclamamos la muerte del Señor, hasta que vuelva.

♪ **☖ Cristo ha muerto.**
Cristo ha resucitado.
Cristo vendrá de nuevo.

℣ Por tanto, Padre de gracia, con este pan y esta copa
recordamos la vida que nuestro Señor ofreció por noso*tros*.
Y, creyendo el testimonio de su resurrección, esperamos su regreso con poder
para compartir con noso*tros* el gran banquete prometido.

☖ Amén. Ven, Señor Jesús.

℣ Te rogamos, ahora, que envíes tu Espíritu Santo,
el espíritu de nuestro Señor y de su resurrección,
para que noso*tros* que recibimos el cuerpo y sangre del Señor
vivamos para alabar tu gloria
y recibir nuestra herencia con to*dos* tus san*tos* en luz.

☖ Amén. Ven, Espíritu Santo.

℣ Une nuestras oraciones con las de tus sier*vos* de todo tiempo y de todo lugar
y recógelas con las súplicas perpetuas de nuestro gran sumo sacerdote
hasta que él venga como Señor triunfante de todo.

♪ **☖ Por él, con él, en él,**
a ti Dios Padre todopoderoso,
en la unidad del Espíritu Santo,
es dada toda honra y gloria, ahora y siempre. Amén

Sigue el Padrenuestro, p. 66.

PLEGARIA EUCARISTICA II

℣ Santo eres tú en verdad, oh Dios, la fuente de toda santidad:
de la oscuridad haces brotar la luz,
de la muerte la vida, del silencio la palabra.
Te adoramos por nuestras vidas y por el mundo que nos brindas.
Te damos gracias por el mundo que ha de venir
y por el amor que reinará por doquier.
Te alabamos por la gracia mostrada a Israel, tu escogido,
el pueblo de tu promesa.

Y te damos gracias porque a pesar de la persecución, la represión,
destierro y discriminación, del cual mu*chos* han sido víctimas,
no se desvanecen nuestros sueños, nuestros ideales,
y nuestras esperanzas de construir una sociedad
más justa y más humana para nues*tros* hi*jos*.
Por eso, seguimos confiando en tus misericordias, que son nuevas cada mañana,
y en la solidaridad de to*dos* tus hi*jos* que son amantes de la paz.

En todo esto te bendecimos por tu Hijo unigénito
que cumplió y cumplirá todas tus promesas.

La noche en que fue entregado,
nuestro Señor Jesús tomó pan y dio gracias;
lo partió y lo dio a sus discípulos, diciendo:
Tomen y coman; esto es mi cuerpo, dado por ustedes.
Hagan esto en memoria mía.

De igual manera, después de haber cenado, tomó la copa,
dio gracias y la dio a beber a todos, diciendo:
Esta copa es el nuevo pacto en mi sangre,
derramada por ustedes y por todo el mundo para el perdón del pecado.
Hagan esto en memoria mía.

Pues cada vez que comemos de este pan y bebemos de esta copa,
proclamamos la muerte del Señor, hasta que vuelva.

♪ **C Cristo ha muerto.**
Cristo ha resucitado.
Cristo vendrá de nuevo.

P Por tanto, oh Dios, con este pan y esta copa
recordamos la encarnación de tu Hijo:
su nacimiento humano y el pacto que hizo con noso*tros.*
Recordamos el sacrificio de su vida: su cenar con *los* rechaza*dos* y pecado*res*
y su aceptación de la muerte.
Pero sobre todo en este día recordamos su resurrección de la tumba,
su ascensión al trono de poder y su envío del Santo Espíritu vivificador.
Clamamos pidiendo la resurrección de nuestras vidas,
cuando Cristo vendrá de nuevo con hermosura y poder
para compartir con noso*tros* el gran banquete prometido.

C Amén. Ven, Señor Jesús.

P Te rogamos, ahora, que envíes tu Espíritu Santo,
a fin de que noso*tros* y to*dos* cuan*tos* participamos de este pan y esta copa
podamos ser unidos en la comunión del Espíritu Santo,
podamos entrar en la plenitud del reino celestial,
y podamos recibir nuestra herencia con to*dos* tus san*tos* en luz.

C Amén. Ven, Espíritu Santo.

P Une nuestras oraciones con las de tus sier*vos* de todo tiempo y de todo lugar
y recógelas con las súplicas perpetuas de nuestro gran sumo sacerdote
hasta que él venga como Señor triunfante de todo.

♪ **C Por él, con él, en él,**
a ti, Dios Padre todopoderoso,
en la unidad del Espíritu Santo,
es dada toda honra y gloria,
ahora y siempre. Amén

Sigue el Padrenuestro, p. 66.

PLEGARIA EUCARISTICA III

P Bendito eres tú, Señor de cielo y tierra.

Apiadándote de nuestro mundo caído diste a tú único Hijo
 para que to*dos los* que creen en él no perezcan,
 sino que tengan vida eterna.
Te damos gracias por la salvación que tú nos has preparado por Jesucristo.
Envía ahora tu Espíritu Santo a nuestros corazones,
 para que recibamos a nuestro Señor con fe viva
 ahora que viene a noso*tros* en su santa cena.

C **Ven, Señor Jesús.**

P La noche en que fue entregado,
 nuestro Señor Jesús tomó pan y dio gracias;
 lo partió y lo dio a sus discípulos, diciendo:
 Tomen y coman; esto es mi cuerpo, dado por ustedes.
 Hagan esto en memoria mía.
De igual manera, después de haber cenado, tomó la copa,
 dio gracias y la dio a beber a todos, diciendo:
 Esta copa es el nuevo pacto en mi sangre,
 derramada por ustedes y por todo el mundo para el perdón del pecado.
 Hagan esto en memoria mía.

Sigue el Padrenuestro, p. 66.

PLEGARIA EUCARISTICA IV

P Te damos gracias, Padre, por Jesucristo, tu amado Hijo,
 a quien enviaste en estos tiempos postreros
 para salvarnos y redimirnos
 y para proclamarnos tu voluntad.
Él es tu Palabra, inseparable de ti.
Por él creaste todas las cosas, y por él te complaces.
Él es tu Palabra enviada del cielo a encarnarse en el seno de una virgen.
Asumiendo así nuestra naturaleza,
 tomó nuestra parte y fue revelado como Hijo tuyo,
 nacido del Espíritu Santo y de la Virgen María.
Es él, nuestro Señor Jesús,
 quien cumplió toda tu voluntad y rescató para ti un pueblo santo;
 extendió sus brazos en sufrimiento
 para liberar del sufrimiento a *los* que en ti confían.

Es él quien, entregado a una muerte que libremente aceptó
 para destruir la muerte, para romper las ataduras del mal,
 para hollar bajo sus pies al infierno, para iluminar a *los* jus*tos,*
 para establecer su pacto y para revelar la resurrección,
 tomando pan y dándote gracias, lo dio a comer a todos, diciendo:
 Esto es mi cuerpo, dado por ustedes.
 Hagan esto en memoria mía.

Del mismo modo tomó la copa, dio gracias
   y la dio a beber a todos, diciendo:
   Esta es mi sangre derramada por ustedes.
   Hagan esto en memoria mía.

Recordando pues, su muerte y resurrección,
   alzamos este pan y esta copa ante ti,
   dándote gracias por habernos hecho dig*nos* de estar en tu presencia
   y servirte como tu pueblo sacerdotal.

Y te pedimos: envía tu Espíritu sobre estos dones de tu iglesia;
   reconcilia en unidad a to*dos los* que comparten este pan y vino;
   llénanos de tu Espíritu Santo para afirmar nuestra fe en la verdad,
   para que podamos alabarte y glorificarte por tu Hijo Jesucristo.

Por él toda gloria y honra son tuyas, Padre todopoderoso,
   con el Espíritu Santo, en tu santa iglesia, ahora y siempre.

C **Amén**

Sigue el Padrenuestro, p. 66.

PLEGARIA EUCARISTICA V

Esta plegaria eucarística toma en cuenta a los niños. Al usarla no se utiliza ni prefacio ni Santo, porque la plegaria los incluye. Vea la música en el número 229.

P Dios y Padre nuestro, tú has querido que nos reunamos delante de ti
   para celebrar una fiesta contigo,
   para alabarte y para decirte lo mucho que te admiramos.
   Te alabamos por todas las cosas bellas que has hecho en el mundo
   y por la alegría que has dado a nuestros corazones.
   Te alabamos por la luz del sol
   y por tu palabra que ilumina nuestras vidas.
   Te damos gracias por esta tierra tan hermosa que nos has dado,
   por los pueblos que la habitan
   y por habernos hecho el regalo de la vida.
   De veras, Señor, tú nos amas,
   eres bueno y haces maravillas por nosotros.
   Por eso, todos juntos te cantamos:

♪ **C** **Llenos están el cielo y la tierra de tu gloria.**
Hosanna en el cielo.

P Tú, Señor, te preocupas siempre de noso*tros*
   y de todos los pueblos y no quieres estar lejos de ellos.
   Tú nos has enviado a Jesús, tu Hijo muy querido.
   El vino para salvarnos, curó a *los* enfer*mos,* perdonó a *los* pecado*res.*
   A to*dos* les dijo que tú nos amas.
   Se hizo amigo de *los* ni*ños* y *los* bendecía.
   Por eso, Padre, te estamos agradeci*dos* y te aclamamos:

♪ **C** **Bendito el que viene en el nombre del Señor.**
Hosanna en el cielo.

℗ Pero no estamos so*los* para alabarte, Señor.
La iglesia entera, que es tu pueblo,
    extendida por toda la tierra, canta tus alabanzas.
Con ella y con todos los ángeles te cantamos el himno de tu gloria:

♪ 🅒 **Santo, santo, santo es el Señor, Dios del universo.
Hosanna en el cielo.**

℗ Padre santo, para mostrarte nuestro agradecimiento,
    hemos traído este pan y este vino;
    haz que, por la fuerza de tu Espíritu, sean para noso*tros*
    el cuerpo y la sangre de Jesucristo, tu Hijo resucitado.
Así podremos ofrecerte, Padre santo, lo que tú mismo nos regalas.
Porque Jesús, un poco antes de su muerte, mientras cenaba con sus apóstoles,
    tomó pan de la mesa y, dándote gracias,
    te bendijo, lo partió y se lo dio, diciendo:
    Tomen y coman; esto es mi cuerpo, dado por ustedes.
    Hagan esto en memoria mía.

Del mismo modo, al terminar la cena, tomó el cáliz lleno de vino,
    y, dándote gracias de nuevo, lo pasó a sus amigos, diciendo:
    Esta copa es el nuevo pacto en mi sangre,
    derramada por ustedes y por todo el mundo para el perdón del pecado.
    Y les dijo también:
    Hagan esto en memoria mía.

o bien:

🅒 **Padre nuestro**	🅒 **Padre nuestro**
que estás en el cielo,	**que estás en los cielos,**
santificado sea tu nombre.	**santificado sea tu nombre;**
Venga tu reino.	**venga a nos tu reino;**
Hágase tu voluntad	**hágase tu voluntad,**
en la tierra como en el cielo.	**así en la tierra como en el cielo;**
Danos hoy nuestro pan de cada día.	**el pan nuestro de cada día,**
Perdona nuestras ofensas	**dánoslo hoy;**
como también nosotros	**y perdónanos nuestras deudas**
perdonamos a los	**así como nosotros perdonamos**
que nos ofenden.	**a nuestros deudores;**
No nos dejes caer en tentación	**y no nos dejes caer en la tentación;**
y líbranos del mal.	**mas líbranos del mal.**
Porque tuyo es el reino,	**Porque tuyo es el reino,**
tuyo es el poder y tuya es la gloria,	**el poder y la gloria**
ahora y siempre. Amén	**por los siglos de los siglos. Amén**

Aquí se puede compartir la paz, si no se ha hecho antes.

Sentados

Comunión

Puede partirse el pan para comulgar.

Al dar el pan y vino a cada comulgante los ministros dicen:
El cuerpo de Cristo, dado por ti.
La sangre de Cristo, derramada por ti.

Al recibir el pan y vino los comulgantes pueden decir: Amén

*Himnos u otra música pueden emplearse durante la comunión; uno de los himnos puede ser el
Cordero de Dios (Agnus Dei):*

♪ **C** **Cordero de Dios, que quitas el pecado del mundo:**
> **ten piedad de nosotros.**
> **Cordero de Dios, que quitas el pecado del mundo:**
> **ten piedad de nosotros.**
> **Cordero de Dios, que quitas el pecado del mundo:**
> **danos tu paz.**

De pie

*Después que todos han regresado a sus lugares, quien preside puede decir estas palabras u otras
parecidas:*
P El cuerpo y la sangre de nuestro Señor Jesucristo
los fortalezca y conserve en su gracia.

C **Amén**

Cántico

Se puede cantar uno de los siguientes cánticos u otro himno o canto apropiado.

♪ **C** **Cántale alabanzas al Señor y dale gracias.**
> **Cuéntale a todos cuánto ha hecho.**
> **Alégrese el que busca al Señor**
> > **y llámese cristiano con orgullo.**
> **El Señor es fiel a su promesa**
> > **y guía a su pueblo jubiloso,**
> **cantando agradecido:**
> > **¡Aleluya, aleluya!**

o bien:

♪ **C** **Ahora, Señor, despides a tu siervo en paz,**
> **conforme a tu palabra,**
> **porque mis ojos han visto a tu Salvador,**
> **a quien has presentado ante todos los pueblos:**
> **luz para alumbrar a las naciones,**
> **y gloria de tu pueblo Israel.**
> **Gloria al Padre, y al Hijo, y al Espíritu Santo;**
> > **como era en el principio, ahora y siempre,**
> > **por los siglos de los siglos. Amén**

Oración

Se dice una de estas oraciones u otra apropiada.

	o bien:	*o bien:*
Ⓐ Oremos. Te damos gracias, Dios todopoderoso, porque tú nos has renovado con el poder sanador de este don de vida; y te suplicamos que, en tu misericordia, nos fortalezcas por este don en fe hacia ti y en ferviente amor mutuo; por Jesucristo nuestro Señor. Ⓒ **Amén**	Ⓐ Oremos. Derrama sobre noso*tros* el espíritu de tu amor, oh Señor, y une las voluntades de *los* que has alimentado con un mismo alimento espiritual; por Jesucristo nuestro Señor. Ⓒ **Amén**	Ⓐ Oremos. Dios todopoderoso: tú has dado a tu Hijo como sacrificio por el pecado, y como modelo de vida santa. Concédenos recibirlo siempre con gratitud y conformar nuestras vidas a la suya; por el mismo Jesucristo nuestro Señor. Ⓒ **Amén**

Se guarda silencio para meditación.

◆ ENVIO ◆

Bendición

Quien preside bendice a la congregación.

♪ Ⓟ Dios todopoderoso, Padre, ✝ Hijo y Espíritu Santo, les bendiga ahora y siempre.
Ⓒ **Amén**

o bien:

Ⓟ El Señor te bendiga y te guarde.
El Señor haga resplandecer
su rostro sobre ti
y tenga de ti misericordia.
El Señor vuelva hacia ti su rostro
y ✝ te conceda su paz.
Ⓒ **Amén**

Se puede cantar un himno de salida.

Despedida

Ⓐ Vayan en paz. Sirvan al Señor.
Ⓒ **Demos gracias a Dios.**

DISTRIBUCION DE COMUNION EN CIRCUNSTANCIAS ESPECIALES

La distribución de la comunión a quienes se encuentran en circunstancias especiales es una extensión de la Santa Cena para aquellas personas (por ejemplo, enfermas y recluidas) que se ven imposibilitadas de asistir a la celebración congregacional.

Las personas que sean designadas por la congregación como ministros ayudantes de comunión han de ser seleccionadas cuidadosamente y entrenadas para este ministerio. Tales ministros ayudantes pueden ser personas laicas u ordenadas.

Para enfatizar el significado de traer la eucaristía congregacional a quienes no pueden participar en la asamblea, la comunión debe ser llevada a los ausentes tan pronto se pueda después de la celebración de la congregacion.

Al disponerse a salir del templo:

Ⓐ Dios lleno de gracia,

🅲 **que amas a toda tu familia con ternura maternal:**
como enviaste al ángel
a alimentar a Elías con pan del cielo,
ayúdanos en este ministerio que ahora emprendemos.
Amorosa y solícitamente, nutre y fortalece aque*llos*
a quienes llevamos este sacramento,
a fin de que por el cuerpo y sangre de tu Hijo,
to*dos* podamos conocer el consuelo
de tu presencia constante. Amén

Al llegar al lugar de distribución, quien dirige pone sobre la mesa los recipientes del pan y vino, cerrados.

Quien dirige puede saludar al/a los comulgante/s con las siguientes palabras u otras semejantes:

Ⓐ Paz a *ti* de parte de nuestro Señor Jesucristo.

Quien dirige dice:

Ⓐ Cuando nuestra congregación se reunió para celebrar la Santa Comunión, escuchamos nuevamente el relato de los poderosos hechos de Dios y del amor que se nos mostró en la muerte y resurrección de nuestro Señor Jesucristo.

En acción de gracias hemos recordado que "la noche en que fue entregado, nuestro Señor Jesús tomó pan y dio gracias; lo partió y lo dio a sus discípulos, diciendo: 'Tomen y coman; esto es mi cuerpo, dado por ustedes. Hagan esto en memoria mía.' De igual manera, después de haber cenado, tomó la copa, dio gracias, y la dio a beber a todos, diciendo: 'Esta copa es el nuevo pacto en mi sangre, derramada por ustedes y por todo el mundo para el perdón del pecado. Hagan esto en memoria mía.' "

Hemos recibido la seguridad de la presencia del Señor mediante el don de su Espíritu Santo. Ahora *te* traemos ese mismo pan de vida y esa misma copa de salvación, a fin de que *seas fortalecido* al participar en el cuerpo de Cristo.

Puede hacerse un acto de confesión.

Ⓐ Al prepararnos para este don sublime, confesemos nuestros pecados
y estemos atentos a la promesa del perdón.

Ⓐ Misericordioso Dios:

Ⓒ confesamos que estamos esclavi*zados* por el pecado
y no podemos liberarnos noso*tros* mis*mos*.
Hemos pecado contra tí en pensamiento, palabra y obra,
por lo que hemos hecho y por lo que hemos dejado de hacer.
No te hemos amado de todo corazón;
no hemos amado a nuestros prójimos como a noso*tros* mis*mos*.
Por amor de tu Hijo Jesucristo, ten piedad de noso*tros*.
Perdónanos, renuévanos y dirígenos,
a fin de que nos complazcamos en tu voluntad
y caminemos por tus sendas,
para la gloria de tu santo nombre. Amén

Se dice la declaración de gracia.

Ⓐ Por la misericordia de Dios todopoderoso, Jesucristo fue dado para morir por noso*tros* y, por sus méritos, Dios nos perdona todos nuestros pecados. A *los* que creen en Jesucristo les concede el poder de ser hij*os* de Dios y les confiere su Espíritu Santo.

Ⓒ Amén

Todos pueden saludarse mutuamente en el nombre del Señor.
La paz sea contigo. 🖾 La paz sea contigo.

Puede decirse la oración del día.

Se lee el Evangelio señalado para ese día, o este:
Jesús dijo: "Yo soy el pan de vida. Quien viene a mí nunca tendrá hambre;
quien cree en mí nunca tendrá sed." *(Juan 6:35)*
Puede comentarse brevemente sobre lo leído.

Se abre el recipiente con el pan y se vierte el vino en la copa.

☰ Padre nuestro
que estás en el cielo,
santificado sea tu nombre.
Venga tu reino.
Hágase tu voluntad
   en la tierra como en el cielo.
Danos hoy nuestro pan de cada día.
Perdona nuestras ofensas
   como también nosotros
   perdonamos a los
   que nos ofenden.
No nos dejes caer en tentación
   y líbranos del mal.
Porque tuyo es el reino,
   tuyo es el poder y tuya es la gloria,
   ahora y siempre. Amén

o bien:

☰ Padre nuestro
que estás en los cielos,
santificado sea tu nombre;
venga a nos tu reino;
hágase tu voluntad,
   así en la tierra como en el cielo;
el pan nuestro de cada día,
   dánoslo hoy;
y perdónanos nuestras deudas
   así como nosotros perdonamos
   a nuestros deudores;
y no nos dejes caer en la tentación;
mas líbranos del mal.
Porque tuyo es el reino,
   el poder y la gloria
   por los siglos de los siglos. Amén

Quien dirige puede decir:

Ⓐ Cada vez que comemos de este pan y bebemos de esta copa
anunciamos la muerte del Señor hasta que venga.

Quien dirige distribuye el pan y el vino, diciendo:
El cuerpo de Cristo, dado por ti.
La sangre de Cristo, derramada por ti.

Se guarda silencio para meditación.

Se dice una de las siguientes oraciones.
Ⓐ Oremos.

o bien:

Ⓐ Todopoderoso Dios, tú proporcionas
el verdadero pan del cielo, tu Hijo,
Jesucristo nuestro Señor. Concede
a noso*tros* que hemos recibido el
sacramento de su cuerpo y sangre,
permanecer en él y él en noso*tros,* a
fin de que, seamos lle*nos* del poder
de su vida eterna, ahora y siempre.
Ⓒ **Amén**

Ⓐ Te damos gracias, Dios todopoderoso,
porque tú nos has renovado con el poder
sanador de este don de vida; y te suplicamos que, en tu misericordia, nos fortalezcas por este don, en fe hacia ti y en
ferviente amor mútuo; por Jesucristo
nuestro Señor.
Ⓒ **Amén**

Ⓐ Bendigamos al Señor.
Ⓒ **Demos gracias a Dios.**

Ⓐ El Señor nos bendiga, nos proteja de todo mal, y nos lleve a la vida eterna.
Ⓒ **Amén**

SANTO BAUTISMO

Mientras se canta un himno bautismal, los candidatos, padrinos y padres se reúnen en torno a la pila bautismal.

Sentados

Presentación

Quien preside se dirige al grupo y a la congregación.

℗ En el Santo Bautismo, nuestro Padre celestial por gracia nos libra del pecado y de la muerte al unirnos a la muerte y resurrección de nuestro Señor Jesucristo. Nacemos hij*os* de una humanidad caída; en las aguas del bautismo, renacemos como hij*os* de Dios y herede*ros* de la vida eterna. Por el agua y el Espíritu Santo, se nos hace miembros de la iglesia, es decir del cuerpo de Cristo. A medida que vivimos con él y con su pueblo, crecemos en fe, amor y obediencia a la voluntad de Dios.

Uno de los padrinos de cada candidato presenta al candidato de la siguiente manera o con palabras parecidas:

Yo presento a <u>nombre</u> para recibir el Sacramento del Santo Bautismo.

Quien preside se dirige a aquellos candidatos que pueden responder por sí mismos:

℗ *Nombre*: ¿deseas ser *bautizado?*

℟ Sí, lo deseo.

Quien preside se dirige a los padrinos y padres.

Cuando solamente se han de bautizar niños pequeños:

℗ Movi*dos* por el amor cristiano, ustedes han presentado a es*tos* niñ*os* para el Santo Bautismo. Deben, por lo tanto, traer*los* fielmente a la casa de Dios y enseñar*les* el Padrenuestro, el Credo y los Diez Mandamientos. A medida que va*yan* creciendo, deben poner en sus manos las Sagradas Escrituras y proveer medios para su instrucción en la fe cristiana a fin de que, viviendo en el pacto de su bautismo y en comunión con la iglesia, pue*dan* vivir santamente hasta el día de Jesucristo. ¿Promete cada u*no* de ustedes cumplir con estas obligaciones?

Cada persona contesta:

℟ Sí, lo prometo.

o bien:

Cuando también se han de bautizar niños mayores o adultos:

℗ Movi*dos* por el amor cristiano, ustedes han presentado a es*tas* perso*nas* para el Santo Bautismo. Deben, por lo tanto, fielmente cuidar de ell*os* y ayudar*los* de cualquier manera que Dios les permita, a fin de que confiesen la fe que profesamos y que, viviendo en el pacto de su bautismo y en comunión con la iglesia, pue*dan* vivir santamente hasta el día de Jesucristo. ¿Promete cada u*no* de ustedes cumplir con estas obligaciones?

Cada persona contesta:

℞ Sí, lo prometo.

De pie

Las plegarias

Cuando el bautismo tiene lugar dentro de la celebración de la Santa Comunión, las plegarias pueden hacerse en este momento, haciéndose referencia especial a aquellos que han de bautizarse.

Cada porción de las oraciones concluye así:

Ⓐ Señor, en tu bondad:

Ⓒ **escucha nuestra oración.**

o bien:

Ⓐ Escúchanos, oh Dios:

Ⓒ **tu misericordia es grande.**

Acción de gracias

℗ El Señor sea con ustedes.

Ⓒ **Y también contigo.**

℗ Demos gracias al Señor, nuestro Dios.

Ⓒ **Es justo darle gracias y alabanza.**

℗ Santo Dios, gran Señor, Padre lleno de gracia, te damos gracias, porque en el principio tu Espíritu se movía sobre las aguas, y tú creaste el cielo y la tierra. Con el don del agua nutres y sostienes tanto a noso*tros* como a todo otro ser viviente.

Por las aguas del diluvio condenaste a *los* malva*dos* y salvaste a *los* que tú habías escogido, Noé y su familia. Condujiste a Israel con la columna de nube y fuego por el medio del mar, sacándolo de la esclavitud y llevándolo a la libertad de la tierra prometida. En las aguas del Jordán tu Hijo fue bautizado por Juan y ungido por el Espíritu. Por el bautismo de su propia muerte y resurrección, tu Hijo amado nos ha liberado de la esclavitud al pecado y a la muerte y nos ha abierto el camino de gozo y libertad de la vida eterna. Hizo del agua una señal del reino, y de purificación y renacimiento. Obedientes a su mandato, hacemos discí*pulos* de todas las gentes, bautizándolas en el nombre del Padre, y del Hijo, y del Espíritu Santo.

Derrama tu Santo Espíritu, para que aque*llos* que han de ser bautiza*dos* puedan recibir nueva vida. Lava el pecado de to*dos* aque*llos* que han de ser limpia*dos* con esta agua y haz*los* herede*ros* de tu reino glorioso.

A ti sea dada alabanza y honra y adoración; por tu Hijo, Jesucristo nuestro Señor, en unidad con el Espíritu Santo, ahora y siempre.

Amén

Renuncia y confesión

Quien preside se dirige a los que se bautizan y a la congregación.

℗ Les pido que profesen su fe en Jesucristo, que rechacen el pecado y confiesen la fe de la iglesia, la fe en la cual bautizamos.

℗ ¿Renuncian ustedes a todas las fuerzas malignas, al diablo y a todas sus promesas vanas?

ⓒ Sí, renuncio.

℗ ¿Creen ustedes en Dios Padre?

ⓒ Creo en Dios Padre todopoderoso,
creador del cielo y de la tierra.

℗ ¿Creen ustedes en Jesucristo, el Hijo de Dios?

ⓒ Creo en Jesucristo, su único Hijo, nuestro Señor.
Fue concebido por obra del Espíritu Santo
y nació de la Virgen María.
Padeció bajo el poder de Poncio Pilato,
fue crucificado, muerto y sepultado.
Descendió a los muertos.
Al tercer día resucitó,
subió a los cielos,
y está sentado a la diestra del Padre.
Volverá para juzgar a los vivos y a los muertos.

℗ ¿Creen ustedes en Dios el Espíritu Santo?

ⓒ Creo en el Espíritu Santo,
la santa iglesia católica,
la comunión de los santos,
el perdón de los pecados,
la resurrección del cuerpo,
y la vida eterna. Amén

Bautismo

Quien preside bautiza a cada candidato.

℗ *Nombre*, yo te bautizo en el nombre del Padre,

Quien preside sumerge al candidato o derrama agua sobre la cabeza del candidato.

℗ y del Hijo,

Quien preside sumerge al candidato o derrama agua sobre la cabeza del candidato por segunda vez.

℗ y del Espíritu Santo. Amén

Quien preside sumerge al candidato o derrama agua sobre la cabeza del candidato por tercera vez.

o bien:

℗ *Nombre* es bautizado en el nombre del Padre,

Quien preside sumerge al candidato o derrama agua sobre la cabeza del candidato.

℗ y del Hijo,

Quien preside sumerge al candidato o derrama agua sobre la cabeza del candidato por segunda vez.

℗ y del Espíritu Santo. Amén

Quien preside sumerge al candidato o derrama agua sobre la cabeza del candidato por tercera vez.

Si los ministros y la comitiva bautismal van en procesion hacia el altar, la congregación puede cantar un himno o un salmo.

Sentados

Oracion para el Espíritu Santo

℗ El Señor sea con ustedes.
🅲 **Y también contigo.**

Los que han sido bautizados se arrodillan. Los padrinos o padres que sostienen a los niños pequeños permanecen de pie. Quien preside impone ambas manos sobre cada uno de los bautizados y ora invocando al Espíritu Santo, diciendo:

℗ Dios, Padre de nuestro Señor Jesucristo, te damos gracias por haber liberado a tus hij*os* del poder del pecado y haber*los* resucitado a una nueva vida por medio de este santo sacramento. Derrama tu Espíritu Santo sobre <u>*nombre*</u>, el espíritu de sabiduría y entendimiento, el espíritu de conocimiento y temor de Dios, el espíritu de gozo en tu presencia.

🅲 **Amén**

Señal de la cruz

Quien preside hace la señal de la cruz en la frente de cada bautizado. Puede usarse aceite preparado para la ocasión. Mientras hace la señal de la cruz, el ministro dice:

℗ *Nombre*, hij*o* de Dios, has sido sella*do* con el Espíritu Santo
y marca*do* con la cruz de Cristo para siempre.

El padrino o el recién bautizado responde:
Amén

Después que todos hayan recibido la señal de la cruz, se ponen de pie.

Luz de Cristo

Un representante de la congregación puede dar una vela encendida a cada bautizado o a los padrinos de un niño pequeño, diciendo:
Brille de tal manera tu luz delante de los demás
que vean tus buenas obras y glorifiquen a tu Dios.

En el bautismo de niños pequeños puede decirse la siguiente oración:

℗ Oh Dios, dador de toda vida: mira propicio a *los padres* de es*tos* ni*ños*. Permite que siempre se regocijen en el don que les has concedido. Haz*los* mae*stros* y ejemplos de rectitud para sus hij*os*. Fortalécer*los* en su propio Bautismo a fin de que puedan compartir eternamente con sus hij*os* la salvación que tú les has concedido; por Jesucristo nuestro Señor.

🅲 **Amén**

Bienvenida

Los ministros y los recién bautizados se vuelven cara a la congregación. Un representante de la congregación dice:

Por el bautismo, Dios nos ha dado es*tos* nue*vos* herma*nos,* miem*bros* del sacerdocio que to*dos* compartimos en Cristo Jesús, a fin de que proclamemos la alabanza de Dios y llevemos su palabra creadora y redentora a todo el mundo.

C *Les* **damos la bienvenida a la familia del Señor.**
Les recibimos como miem*bros* con noso*tros* del cuerpo de Cristo,
hij*os* del mismo Padre celestial
y trabajado*res* con noso*tros* en el reino de Dios.

La paz

P La paz del Señor sea siempre con ustedes.
C **Y también contigo.**

Los ministros pueden intercambiar la paz con los recién bautizados, con sus padrinos y padres, y con la congregación.

La paz del Señor. **R** La paz del Señor.

Todos regresan a sus lugares; la liturgia continúa con la ofrenda.

LITURGIA DE PALABRA Y ORACION

Este orden puede usarse como una liturgia para la predicación aparte de la Santa Comunión. Quien dirige puede anunciar el día litúrgico y su significado antes del himno de entrada o antes de las lecturas.

◆ AL CONGREGARSE ◆

De pie

Himno de entrada

Saludo

Ⓛ La gracia de nuestro Señor Jesucristo, el amor de Dios,
y la comunión del Espíritu Santo sean con ustedes.

Ⓒ **Y también contigo.**

ADVIENTO—
TRANSFIGURACION

Ⓛ En el principio era el Verbo, el Verbo estaba con Dios, y el Verbo era Dios.

Ⓒ **En el Verbo estaba la vida, y la vida era la luz de las gentes.**

Ⓛ Y el Verbo se hizo carne, y habitó entre noso*tros* lleno de gracia y de verdad;

Ⓒ **y hemos visto su gloria.**

(Juan 1)

CUARESMA—
PENTECOSTES

Ⓛ La palabra está a tu alcance, en la boca y el corazón.

Ⓒ **Si confiesas con la boca que Jesús es Señor, si crees de corazón que Dios lo resucitó de la muerte, te salvarás.**

Ⓛ La fe entra por el oido,

Ⓒ **escuchando el mensaje de Cristo.** *(Romanos 10)*

TRINIDAD—
CRISTO REY

Ⓛ Como desciende de los cielos la lluvia y la nieve y no vuelve allá, sino que riega la tierra y la hace germinar y producir, y da semilla al que siembra y da pan al que come,

Ⓒ **así será mi palabra que sale de mi boca:**

Ⓛ no volverá a mí vacía,

Ⓒ **sino que hará lo que yo quiero.** *(Isaías 55)*

Cántico Bíblico

Antífona

♪ 🅲 **La salvación pertenece a nuestro Dios,**
que está sentado en el trono, y al Cordero.

🅲 **Grandes y maravillosas son tus obras,**
Señor Dios todopoderoso;
justos y verdaderos son tus caminos,
Rey de los santos. *(Antífona)*

¿Quién no te temerá, Señor,
y glorificará tu nombre?
Pues solo tú eres santo;
por lo cual todas las naciones
vendrán y te adorarán,
porque tus juicios se han manifestado. *(Antífona)*   *(Apocalipsis 7:10, 15:3-4)*

Oración del día

🅻 Oremos. . . .*(La oración concluye con:)*
🅲 **Amén**

✦ PALABRA ✦

Sentados

Lecturas

Se leen las lecturas del día. En respuesta se pueden cantar salmos, himnos o antífonas.

Antes de cada lectura, quien lee puede decir: Lectura de _____.

Después de la lectura: Palabra de Dios.

Todos pueden responder: **¡Te alabamos, Señor!**

Después de cada lectura y la respuesta congregacional, se puede guardar un momento de silencio para reflexión sobre la palabra leída.

De pie

Aclamación del Evangelio

Se puede cantar esta u otra aclamación antes y/o después del Evangelio:

♪ 🅲 **Palabra de vida, ¡gloria sea a ti!**
Señor Jesucristo, ¡gloria sea a ti!
Nuestros corazones arden con fervor
mientras la escritura tú nos abres hoy.
Palabra de vida, ¡gloria sea a ti!
Señor Jesucristo, ¡gloria sea a ti!

Evangelio

Se anuncia el Evangelio.

Ⓛ El Santo Evangelio según _____, capítulo ___.

Ⓒ **¡Gloria a ti, oh Señor!**

Después de la lectura, se puede decir:

Ⓛ El Evangelio del Señor.

Ⓒ **¡Alabanza a ti, oh Cristo!**

Sentados

Sermón

Puede seguir un momento de silencio para reflexión.

De pie

Respuesta a la Palabra

Se puede cantar una canción, un himno o cántico. Durante el cántico, los líderes pueden acercarse a la fuente bautismal. La respuesta a la Palabra continúa:

Ⓛ En Cristo, han escuchado la palabra de verdad, el evangelio que *los* salva.

Ⓒ **Creemos en él y quedamos sella*dos* con el Espíritu Santo prometido.** *(Efesios 1)*

Ⓛ Somos hechos hij*os* de Dios por nuestro bautismo en Jesucristo.
   Uni*dos* en confianza y esperanza, confesamos nuestra fe:

Ⓒ **Creo en Dios Padre todopoderoso,**
   creador del cielo y de la tierra.

Creo en Jesucristo, su único Hijo, nuestro Señor.
   Fue concebido por obra del Espíritu Santo
      y nació de la Virgen María.
   Padeció bajo el poder de Poncio Pilato,
      fue crucificado, muerto y sepultado.
   Descendió a los muertos.
   Al tercer día resucitó,
   subió a los cielos,
      y está sentado a la diestra del Padre.
   Volverá para juzgar a los vivos y a los muertos.

Creo en el Espíritu Santo,
   la santa iglesia católica,
   la comunión de los santos,
   el perdón de los pecados,
   la resurrección del cuerpo,
   y la vida eterna. Amén

L Construyan su vida sobre las bases de su santísima fe;

C oremos en el Espíritu Santo. *(Judas 20)*

L Manténganse en el amor de Dios;

C esperemos la misericordia de Cristo Jesús nuestro Señor. *(Judas 21)*

L *El* que está en Cristo es una criatura nueva.

C Lo antiguo ha pasado; un mundo nuevo ha llegado. *(2 Corintios 5:17)*

L Nos presentamos, pues, como mensaje*ros* de Cristo.
Por tanto, les rogamos en nombre de Cristo:
reconcíliense con Dios. *(2 Corintios 5:20)*

De rodillas/De pie

Silencio para reflexión y examen de conciencia.

L Dios de la reconciliación,

**C ten misericordia de noso*tros*.
En tu compasión perdona nuestros pecados,
   aquellos que conocemos
   y aquellos de los cuales no estamos conscientes,
   lo que hemos hecho y lo que hemos dejado sin hacer.
Sosténnos con tu Espíritu,
   para que podamos vivir y servirte en una vida nueva,
   para honor y gloria de tu santo nombre;
   por Jesucristo nuestro Señor. Amén**

L Escuchen la palabra prometida a to*dos los* que verdaderamente se vuelven a Dios:
"Esto es muy cierto y todos lo pueden creer: que Cristo Jesús vino al mundo para
salvar a *los* pecado*res*." Por la misericordia de Dios todopoderoso, Jesucristo fue
enviado a morir por noso*tros,* y por amor a él, Dios nos perdona todos nuestros
pecados. *(I Timoteo 1:15)*

C Amén

De pie

La paz

L La paz del Señor sea siempre con ustedes.

C Y también contigo.

Todos pueden saludarse mutuamente en el nombre del Señor.

Sentados

Ofrenda

Se recibe una ofrenda, y se puede acompañar esta acción con música vocal o instrumental.

De pie

Al presentar las ofrendas, se puede cantar este ofertorio u otro cántico o himno apropiado.

♪ **C** **¡Gloria a ti, oh Dios Creador,**
gloria a ti, oh Dios del amor!
Al Redentor nos regalaste,
y a tu Espíritu nos enviaste;
lo enviaste para ser el Santificador.
Todos tus actos de amor
nos mueven a ofrecerte
nuestra vida y nuestra suerte,
nuestro esfuerzo y gratitud,
porque es tuya la virtud
que nos motiva a quererte.

Al finalizar el ofertorio, se puede decir una de las siguientes oraciones:

ADVIENTO—TRANSFIGURACION

L Oremos. Dios de misericordia,

C **en el misterio del Verbo encarnado, colmas nuestras vidas**
con tu gran amor por la humanidad.
Con regocijo y alegría te pedimos que estos dones
sean para muchos una señal de ese amor,
y que podamos continuar siendo parte de tu vida divina,
a través de Jesucristo nuestro Señor. Amén

CUARESMA—PENTECOSTES

L Oremos. Dios de gracia,

C **por amor nos llamaste de la muerte a la vida,**
del silencio a la expresión, de la pasividad a la acción.
Con estas ofrendas nos ofrecemos noso*tros* mis*mos* a ti,
y con la iglesia a través de todos los tiempos te damos gracias
por tu amor salvífico en Jesucristo nuestro Señor. Amén

TRINIDAD—CRISTO REY

L Oremos. Dios de la creación,

C **tú abres tu mano y satisfaces a todo ser viviente.**
Con estas ofrendas te bendecimos por tu cuidado amoroso.
Ayúdanos a deleitarnos en tu voluntad y a caminar en tus senderos,
por Jesucristo nuestro Señor. Amén

Las plegarias

Las plegarias comienzan con estas palabras, u otras similares:

L Oremos por la iglesia, por la familia humana y por todo el mundo conforme a sus necesidades.

Se incluyen plegarias por toda la iglesia, las naciones, los necesitados, la parroquia y peticiones especiales. Se puede invitar a la congregación a que formule peticiones y acciones de gracias. Quien dirige da gracias por los fieles que ya han partido, especialmente los recién fallecidos. Después de cada petición se dice:

o bien:

L Escúchanos, oh Dios;
C **tu misericordia es grande.**

L Dios de misericordia,
C **escucha nuestra oración.**

Las plegarias concluyen con estas palabras, u otras similares:

L Todas estas cosas y todo lo demás que tú ves que necesitamos concédenos, oh Dios, por Jesucristo, que murió y resucitó, y ahora vive y reina contigo y con el Espíritu Santo, un Dios, ahora y siempre.
C **Amén**

Padrenuestro

L Llenos de confianza en la gracia de Dios, nos atrevemos a decir:

o bien:

C **Padre nuestro**
que estás en el cielo,
santificado sea tu nombre.
Venga tu reino.
Hágase tu voluntad
en la tierra como en el cielo.
Danos hoy nuestro pan de cada día.
Perdona nuestras ofensas
como también nosotros
perdonamos a los
que nos ofenden.
No nos dejes caer en tentación
y líbranos del mal.
Porque tuyo es el reino,
tuyo es el poder y tuya es la gloria,
ahora y siempre. Amén

C **Padre nuestro**
que estás en los cielos,
santificado sea tu nombre;
venga a nos tu reino;
hágase tu voluntad,
así en la tierra como en el cielo;
el pan nuestro de cada día,
dánoslo hoy;
y perdónanos nuestras deudas
así como nosotros perdonamos
a nuestros deudores;
y no nos dejes caer en la tentación;
mas líbranos del mal.
Porque tuyo es el reino,
el poder y la gloria
por los siglos de los siglos. Amén

Bendición

Se dice la bendición usando estas u otras palabras similares:

o bien:

Ⓛ Dios todopoderoso,
Padre, ✝ Hijo y Espíritu Santo
les bendiga ahora y siempre.

Ⓒ **Amén**

Ⓛ Que Dios, de quien viene la constancia y
el ánimo, les conceda a to*dos* vivir en
armonía u*nos* con o*tros,* en conformidad
con Cristo Jesús.

Ⓒ **Amén**

Ⓛ Que Dios, fuente de toda esperanza, les
conceda alegría y paz, y así se sientan
cada día más esperanza*dos* por el poder
del Espíritu Santo.

Ⓒ **Amén**

Ⓛ Que el Dios de paz esté con to*dos* ustedes.

Ⓒ **Amén** *(Romanos 15)*

Himno de despedida

Al despedirse la congregación, se puede cantar un himno, una canción o un cántico.

Despedida

Ⓛ Vayan en paz. Sirvan al Señor.

Ⓒ **Demos gracias a Dios.**

ORACION DE LA MAÑANA

Maitines

De pie

♪ Ⓛ Señor, abre mis labios.

Ⓒ **Y cantará mi boca tu alabanza.**

Ⓒ **Gloria al Padre, y al Hijo, y al Espíritu Santo;**
   como era en el principio, ahora y siempre,
   por los siglos de los siglos. Amén

El Aleluya se omite en la Cuaresma.

Ⓒ **¡Aleluya!**

Salmodia

La salmodia comienza con el Venite, Salmo 95, un canto de alabanza a Dios. Puede usarse otro cántico apropiado después del invitatorio.

Antífona (Invitatorio)

♪ Ⓛ Glorifiquen a Dios, nuestra luz y nuestra vida;

Ⓒ **vengan a adorarle.**

Ⓒ **Vengan, cantemos al Señor con alegría;**
   adoremos a la roca que nos salva.
   Entremos a su presencia dándole gracias
   cantemos himnos en su honor. *(Antífona)*

Porque el Señor es Dios grande,
   soberano de todos los dioses.
En su mano están las honduras de la tierra,
   son suyas las cumbres de los montes.
Suyo también el mar, pues él lo hizo,
   y la tierra formada por sus manos. *(Antífona)*

Entremos y adoremos de rodillas,
   bendiciendo al Señor que nos hizo;
es nuestro Dios, y nosotros su pueblo,
   el rebaño que guía su mano.
Gloria al Padre, y al Hijo, y al Espíritu Santo;
   como era en el principio, ahora y siempre,
   por los siglos de los siglos. Amén *(Antífona)*

> *Se canta o se dice un segundo salmo. Pueden cantarse salmos adicionales y/o un cántico del*
> *Antiguo Testamento. A cada salmo o al cántico sigue un silencio para meditación.*

Himno

Lecturas

> *Se lee una o más lecturas. Después de cada lectura sigue un silencio para meditación.*

> *Un responsorio oral, coral, instrumental o de otra índole puede seguir el silencio.*
> *Quien dirige prosigue entonces:*
> Ⓛ En diversas ocasiones y bajo diferentes formas,
>   Dios habló a nues*tros padr*es por medio de los profetas,
> Ⓒ **hasta que en estos días que son los últimos,**
>   **nos habló a noso*tros* por medio de su Hijo.**

De pie

Cántico Evangélico

> *Antífona*
> ♪ Ⓒ **Bendito sea el Señor, Dios de Israel,**
>   **que visitó y redimió a su pueblo.**
>
> Ⓒ **Bendito sea el Señor, Dios de Israel**
>   **porque ha visitado y redimido a su pueblo,**
>   **suscitándonos una fuerza de salvación**
>   **en la casa de David su siervo,**
>   **según lo había dicho desde antiguo**
>   **por la boca de sus santos profetas.** *(Antífona)*
>
>   **Es la salvación que nos libra de nuestros enemigos**
>   **y de la mano de todos los que nos odian;**
>   **realizando la misericordia que tuvo con nuestros padres,**
>   **recordando su santa alianza**
>   **y el juramento que juró a nuestro padre Abraham.** *(Antífona)*
>
>   **Para concedernos que, libres de temor,**
>   **arrancados de la mano de los enemigos,**
>   **le sirvamos con santidad y justicia,**
>   **en su presencia, todos nuestros días.** *(Antífona)*
>
>   **Y a ti, niño, te llamarán profeta del Altísimo,**
>   **porque irás delante del Señor a preparar sus caminos,**
>   **anunciando a su pueblo la salvación,**
>   **el perdón de sus pecados.** *(Antífona)*
>
>   **Por la entrañable misericordia de nuestro Dios,**
>   **nos visitará el sol que nace de lo alto,**
>   **para iluminar a los que viven en tinieblas y en sombra de muerte,**
>   **para guiar nuestros pasos por el camino de la paz.** ▶

C Gloria al Padre, y al Hijo, y al Espíritu Santo;
   como era en el principio, ahora y siempre,
   por los siglos de los siglos. Amén *(Antífona)*   *(Benedictus, Lucas 1:68-79)*

Oraciones

Se dice la oración del día. Quien dirige puede decir otras oraciones, a las cuales la congregación responde "Amén." También, miembros de la congregación pueden ofrecer peticiones y acciones de gracias.

Puede utilizarse la Gran Letanía o la Oración Responsorial.

Al concluir las oraciones, se dice:

L Oh Señor, todopoderoso y eterno Dios: tú nos has guiado felizmente a este nuevo
   día; defiéndenos con tu gran poder, a fin de que no caigamos en pecado ni
   seamos vencidos por dificultades; sino que todos nuestros actos sean ordenados
   para el cumplimiento de tu propósito; por Jesucristo nuestro Señor.

C **Amén**

L Señor, acuérdate de noso*tros* en tu reino y enséñanos a orar.

o bien:

C **Padre nuestro**	C **Padre nuestro**
que estás en el cielo,	que estás en los cielos,
santificado sea tu nombre.	santificado sea tu nombre;
Venga tu reino.	venga a nos tu reino;
Hágase tu voluntad	hágase tu voluntad,
en la tierra como en el cielo.	así en la tierra como en el cielo;
Danos hoy nuestro pan de cada día.	el pan nuestro de cada día,
Perdona nuestras ofensas	dánoslo hoy;
como también nosotros	y perdónanos nuestras deudas
perdonamos a los	así como nosotros perdonamos
que nos ofenden.	a nuestros deudores;
No nos dejes caer en tentación	y no nos dejes caer en la tentación;
y líbranos del mal.	mas líbranos del mal.
Porque tuyo es el reino,	**Porque tuyo es el reino,**
tuyo es el poder y tuya es la gloria,	el poder y la gloria
ahora y siempre. Amén	por los siglos de los siglos. Amén

La siguiente bendición concluye la liturgia cuando no hay sermón. Cuando hay sermón, se omite esta bendición y la liturgia continúa en la página siguiente. También, la liturgia puede concluirse con la Bendición Pascual, p. 87.

Bendición

L Bendigamos al Señor.

C **Demos gracias a Dios.**

L El Señor todopoderoso nos bendiga
   y dirija nuestros días y nuestras obras en su paz.

C **Amén**

Puede recibirse una ofrenda y mientras tanto puede cantarse un himno, un salmo o una selección coral. Se canta un himno; el sermón sigue.

De pie

Se dice una de las siguientes oraciones:

℗ Todopoderoso Dios: concede a tu iglesia tu Espíritu Santo y la sabiduría que procede del cielo; que tu palabra no se vea impedida sino que libremente fluya y sea predicada para gozo y edificación del pueblo santo de Cristo; que en fe constante podamos servirte y confesando tu nombre perseveremos hasta el fin; por Jesucristo nuestro Señor.

℗ **Amén**

o bien:

℗ Señor Dios: tú has llamado a tus sier*vos* a empresas cuyo fin no alcanzamos a ver y por sendas aún sin transitar y por peligros aún desconocidos. Concédenos fe para marchar adelante con valor, aún sin saber a dónde vamos, pero segu*ros* de que tu mano nos conduce y tu amor nos sostiene; por Jesucristo nuestro Señor.

℗ **Amén**

o bien:

℗ Señor: te damos gracias por habernos enseñado lo que tú quieres que creamos y hagamos. Ayúdanos con tu Espíritu Santo, por amor de Jesucristo, a retener tu palabra con corazones limpios, a fin de que por ella, nos veamos fortaleci*dos* en fe, perfecciona*dos* en santidad y consola*dos* en vida y en muerte.

℗ **Amén**

Quien preside bendice la congregación. Esta bendición se omite si se utiliza la Bendición Pascual.

℗ El Dios todopoderoso y misericordioso — el Padre, el ✝ Hijo, y el Espíritu Santo — *los* bendiga y *los* guarde.

℗ **Amén**

◆ BENDICION PASCUAL ◆

La Bendición Pascual puede utilizarse para concluir la Oración de la Mañana. La liturgia puede dirigirse desde la pila bautismal.

De pie

Ⓛ Quienes han sido bautiza*dos* en Cristo han sido revesti*dos* de Cristo.

℗ **Aleluya.**

Ⓛ El primer día de la semana, muy temprano, las mujeres fueron al sepulcro con los perfumes que habían preparado. Al llegar, vieron que la piedra que servía de puerta del sepulcro había sido quitada. Entraron y no encontraron el cuerpo del Señor Jesús, de tal manera que no sabían qué pensar. Pero, en ese momento, vieron a su lado dos hombres con ropas brillantes. Se asustaron mucho y no se atrevían a levantar los ojos del suelo. Ellos les dijeron: "¿Por qué buscan entre los muertos al que vive? Acuérdense de lo que les dijo cuando todavía estaba en Galilea: 'El Hijo del Hombre debe ser entregado en manos de los pecadores y ser crucificado y resucitado al tercer día.'" (*Lucas 24:1-7*)

Se canta el Te Deum.

♪ 🄲 **A ti, oh Dios, te alabamos; a ti, por Señor, te aclamamos.**
A ti, eterno Padre, te venera toda la creación.

Los ángeles todos, los cielos y todas las potestades te honran.
Los querubines y serafines te cantan sin cesar:

Santo, santo, santo es el Señor, Dios del universo.
Llenos están el cielo y la tierra de tu gloria.

A ti ensalza el glorioso coro de los apóstoles,
   la multitud admirable de los profetas,
   el inmaculado ejército de los mártires.
A ti la iglesia santa, extendida por toda la tierra,
   te proclama:

Padre de inmensa majestad;
Hijo único y verdadero, digno de adoración;
Santo Espíritu, defensor y guía.

Tú eres el rey de la gloria, Cristo.
Tú eres el Hijo único del Padre.
Tú, para liberarnos, aceptaste la condición humana
   sin desdeñar el seno de una Virgen.
Tú, rotas las cadenas de la muerte,
   abriste a los creyentes el reino del cielo.
Tú te sientas a la derecha de Dios en la gloria del Padre.
Creemos que un día has de venir como juez.

Te rogamos, pues, que vengas en ayuda de tus siervos,
   a quienes redimiste con tu preciosa sangre.
Haz que en la gloria eterna nos contemos entre tus santos.

🄻 Oh Dios: para nuestra redención diste a tu Hijo único para sufrir muerte en la cruz y por su gloriosa resurrección nos liberaste del poder de la muerte. Haznos morir diariamente al pecado a fin de que podamos resucitar para vivir por siempre con Cristo; quien vive y reina contigo y con el Espíritu Santo, un solo Dios, ahora y siempre.

🄲 **Amén**

🄻 El Señor todopoderoso nos bendiga
   y dirija nuestros días y nuestras obras en su paz.

🄲 **Amén**

ORACION DE LA TARDE

Vísperas

La liturgia de la luz puede usarse para comenzar la Oración de la Tarde. El rito puede comenzar con una procesión en la cual una vela grande encendida es llevada a su candelero delante de la congregación.

De pie

Liturgia de la luz

♪ 🅛 Jesucristo es la luz del mundo,
🅒 **la luz que las tinieblas no pueden vencer.**

🅛 Quédate con noso*tros,* Señor, pues anochece,
🅒 **y se termina el día.**

🅛 Que la luz disipe las tinieblas,
🅒 **e ilumine tu iglesia.**

Mientras se canta el himno (Phos hilaron), se encienden las velas que estén en o cerca del altar. Cuando se utiliza la vela grande, las demás velas se encienden de su luz.

♪ 🅒 **Alegre Luz de gloria del Padre inmortal:**
divino, santo y bendito Cristo Jesús.
El fin del día se acerca y la noche avanza ya.
Al trino Dios cantamos un cántico triunfal.
Tus alabanzas canten heraldos del Señor
por siglos eternales, oh Cristo, Hijo de Dios.
De todo el universo tú eres el autor,
y la creación entera te rinde su loor.

La acción de gracias concluye la liturgia de la luz.
🅛 El Señor sea con ustedes.
🅒 **Y también contigo.**

🅛 Demos gracias al Señor nuestro Dios.
🅒 **Es justo darle gracias y alabanza.**

🅛 Alabado eres tú, oh Señor y Dios nuestro, rey del universo, que guiaste a tu pueblo Israel con una columna de nube de día y una de fuego de noche. Ilumina nuestras tinieblas con la luz de tu Cristo; tu palabra sea lámpara a nuestros pies y luz a nuestro sendero; porque tú eres misericordioso y amas toda tu creación; y noso*tros,* tus criaturas, te glorificamos: Padre, Hijo y Espíritu Santo.
🅒 **Amén**

Sentados

Salmodia

La salmodia comienza con el Salmo 141, un canto de confianza en Dios.

Antífona

♪ Ⓒ **Suba a ti mi oración como el incienso;**
el alzar de mis manos como ofrenda de la tarde.

Ⓒ **Señor, a ti clamo, ven pronto a mi socorro,**
oye mi voz cuando a ti grito.
Suba a ti mi oración como el incienso;
el alzar de mis manos como ofrenda de la tarde.

Señor, pon guardia ante mi boca
y vigila la puerta de mis labios.
No dejes que me salgan palabras malas,
no me dejes cometer el mal con los malhechores.

Señor, hacia ti se vuelven mis ojos,
en ti me refugio, no me dejes indefenso.
Gloria al Padre, y al Hijo, y al Espíritu Santo;
como era en el principio, ahora y siempre,
por los siglos de los siglos. Amén *(Antífona)*

Silencio

Ⓛ Que el incienso de nuestra oración de arrepentimiento suba a ti, oh Señor, y que tu bondad descienda sobre noso*tros,* para que con mentes purificadas podamos cantar tus alabanzas con la iglesia en la tierra y con toda la corte celestial y podamos alabarte por siempre jamás.

Ⓒ **Amén**

Se canta o se dice un segundo salmo. Pueden cantarse salmos adicionales y/o un cántico del Nuevo Testamento. A cada salmo o al cántico sigue un silencio para meditación.

Himno

Lecturas

Se lee una o más lecturas. Después de cada lectura sigue un silencio para meditación.

Un responsorio oral, coral, instrumental o de otra índole puede seguir el silencio.
Quien dirige prosigue entonces:

Ⓛ En diversas ocasiones y bajo diferentes formas,
Dios habló a nues*tros pad*res por medio de los profetas,

Ⓒ **hasta que en estos días que son los últimos,**
nos habló a noso*tros* por medio de su Hijo.

Cántico Evangélico

Antífona

♪ **C** **Se alegra mi espíritu en Dios, mi Salvador.**

C **Proclama mi alma la grandeza del Señor,**
se alegra mi espíritu en Dios, mi Salvador,
porque ha mirado la humildad de su esclava. *(Antífona)*

Desde ahora me felicitarán todas las generaciones,
porque el Poderoso ha hecho obras grandes por mí;
su nombre es santo
y su misericordia llega a sus fieles,
de generación en generación. *(Antífona)*

El hace proezas con su brazo:
dispersa a los soberbios de corazón,
derriba del trono a los poderosos,
enaltece a los humildes,
a los hambrientos los colma de bienes
y a los ricos los despide vacíos. *(Antífona)*

Auxilia a Israel, su siervo,
acordándose de la misericordia
como lo había prometido a nuestros padres
en favor de Abraham y su descendencia por siempre.
Gloria al Padre, y al Hijo, y al Espíritu Santo;
como era en el principio, ahora y siempre,
por los siglos de los siglos. Amén *(Antífona)* (Magnificat, *Lucas 1:46-55*)

Oraciones

Se canta o se dice la letanía. Puede emplearse la siguiente versión, o la Gran Letanía, p. 103.

L En paz, oremos al Señor.
C **Señor, ten piedad.**

L Por la paz de lo alto y por nuestra salvación, oremos al Señor.
C **Señor, ten piedad.**

L Por la paz del mundo entero, por el bienestar de la iglesia de Dios y por la unidad de to*dos,* oremos al Señor.
C **Señor, ten piedad.**

L Por esta familia de la fe y por to*dos los* que aquí ofrecen su adoración y alabanza, oremos al Señor.

C **Señor, ten piedad.**

Se insertan los nombres del obispo presidente de la iglesia y del obispo del sínodo o distrito local.

L Por *nombre*, por nues*tros* pasto*res* en Cristo, por to*dos* los sier*vos* de la iglesia y por todo el pueblo, oremos al Señor.

C **Señor, ten piedad.**

L Por nues*tros* servido*res* públi*cos,* por el gobierno y to*dos los* que nos protegen, para que puedan ser apoya*dos* y fortaleci*dos* en toda buena obra, oremos al Señor.

C **Señor, ten piedad.**

L Por *los* que trabajan por la paz, la justicia, la salud y la protección aquí y en todo lugar, oremos al Señor.

C **Señor, ten piedad.**

L Por *los* que traen ofrendas, *los* que hacen buenas obras en esta congregación, *los* que se esfuerzan, *los* que cantan y to*dos los* aquí presentes que esperan del Señor rica y abundante misericordia, oremos al Señor.

C **Señor, ten piedad.**

L Por tiempo favorable, por una abundancia de los frutos de la tierra y por paz en nuestros días, oremos al Señor.

C **Señor, ten piedad.**

L Por vernos libra*dos* de toda aflicción, ira, peligro y necesidad, oremos al Señor.

C **Señor, ten piedad.**

L Por *los* fieles que nos han precedido y ahora descansan, demos gracias a Dios.

C **¡Aleluya!** *o bien, en Cuaresma:* **A ti, Señor.**

L Ayuda, salva, consuela y defiéndenos, misericordioso Señor.

Silencio

L Regocijándonos en la comunión de to*dos los* san*tos,* encomendémonos noso*tros* mis*mos, los* u*nos* a *los* o*tros* y toda nuestra vida a Cristo, nuestro Señor.

C **A ti, Señor.**

L Oh Dios, de quien proceden todos los deseos santos, todos los buenos consejos y todas las obras justas: da a tus sier*vos* aquella paz que el mundo no puede dar, a fin de que nuestros corazones se inclinen a obedecer tus mandamientos; y que, defendi*dos* del temor de nues*tros* enemi*gos,* podamos vivir en paz y tranquilidad; por los méritos de Jesucristo nuestro Salvador, que vive y reina contigo y con el Espíritu Santo, Dios por siempre.

C **Amén**

L Señor, acuérdate de noso*tros* en tu reino y enséñanos a orar:

o bien:

C **Padre nuestro**
 que estás en el cielo,
 santificado sea tu nombre.
 Venga tu reino.
 Hágase tu voluntad
  en la tierra como en el cielo.
 Danos hoy nuestro pan de cada día.
 Perdona nuestras ofensas
  como también nosotros
  perdonamos a los
  que nos ofenden.
 No nos dejes caer en tentación
  y líbranos del mal.
 Porque tuyo es el reino,
  tuyo es el poder y tuya es la gloria,
  ahora y siempre. Amén

C **Padre nuestro**
 que estás en los cielos,
 santificado sea tu nombre;
 venga a nos tu reino;
 hágase tu voluntad,
  así en la tierra como en el cielo;
 el pan nuestro de cada día,
  dánoslo hoy;
 y perdónanos nuestras deudas
  así como nosotros perdonamos
  a nuestros deudores;
 y no nos dejes caer en la tentación;
 mas líbranos del mal.
 Porque tuyo es el reino,
  el poder y la gloria
  por los siglos de los siglos. Amén

La bendición concluye la liturgia cuando no hay sermón. Cuando hay sermón, se omite la bendición y la liturgia continúa en la página siguiente.

Bendición

L Bendigamos al Señor.
C **Demos gracias a Dios.**

L El Señor todopoderoso y misericordioso — el Padre, el ✝ Hijo, y el Espíritu Santo — nos bendiga y nos guarde.

C **Amén**

Sentados

Puede recibirse una ofrenda y mientras tanto puede cantarse un himno, un salmo o una selección coral.

Se canta un himno.
El sermón sigue.

De pie

Se dice una de las siguientes oraciones:

℗ Todopoderoso Dios: concede a tu iglesia tu Espíritu Santo y la sabiduría que procede del cielo, a fin de que tu palabra no se vea impedida sino que libremente fluya y sea predicada para gozo y edificación del pueblo santo de Cristo, a fin de que en fe constante podamos servirte y confesando tu nombre perseveremos hasta el fin; por Jesucristo nuestro Señor.

© **Amén**

o bien:

℗ Señor Dios: tú has llamado a tus sier*vos* a empresas cuyo fin no alcanzamos a ver y por sendas aún sin transitar y por peligros aún desconocidos. Concédenos fe para marchar adelante con valor, aún sin saber a dónde vamos, pero segu*ros* de que tu mano nos conduce y tu amor nos sostiene; por Jesucristo nuestro Señor.

© **Amén**

o bien:

℗ Señor: te damos gracias por habernos enseñado lo que tú quieres que creamos y hagamos. Ayúdanos con tu Espíritu Santo, por amor de Jesucristo, a retener tu palabra con corazones limpios, a fin de que por ella, nos veamos fortaleci*dos* en fe, perfecciona*dos* en santidad y consola*dos* en vida y en muerte.

© **Amén**

Quien preside bendice la congregación.

℗ El Señor todopoderoso y misericordioso — el Padre, el ✠ Hijo, y el Espíritu Santo — *los* bendiga y *los* guarde.

© **Amén**

ORACION AL FIN DEL DIA

Completas

La congregación se reúne en silencio.

De pie

♪ Ⓛ Que el Señor todopoderoso nos conceda una noche tranquila
y paz al final de nuestros días.
Ⓒ **Amén**

Ⓛ Es bueno darte gracias, oh Señor,
Ⓒ **y cantarte, oh Altísimo, a tu nombre,**

Ⓛ anunciando tu amor por la mañana,
Ⓒ **y tu fidelidad toda la noche.**

Himno

Se puede cantar el himno 427, "Loor a tí, mi Dios," u otro himno apropiado para por la noche.

Sentados o de rodillas

Confesión

Se puede usar esta confesión o la que se encuentra en p. 96.

Ⓛ Confesemos nuestro pecado delante de Dios y en presencia *los* u*nos* de *los* o*tros.*

Silencio para examen de conciencia.

Ⓛ Santo Dios de gracia,
Ⓒ **Confieso que he pecado contra ti en este día.**
Mi pecado lo conozco en parte —
los pensamientos, palabras y obras que me avergüenzan —
mas otra parte es sólo conocida a ti.
En el nombre de Jesucristo pido perdón.
Líbrame y restáurame
a fin de que pueda descansar en paz.

Ⓛ Por la misericordia de Dios hemos sido uni*dos* a Jesucristo
y en él somos perdona*dos.*
Descansamos ahora en su paz,
y por la mañana nos levantaremos para servirle.

o bien:

Ⓛ Confesemos nuestro pecado delante de Dios y en presencia *los* u*nos* de *los otros.*
Silencio para examen de conciencia.

Ⓛ Confieso a Dios todopoderoso, delante de toda la corte celestial,
   y a ustedes, mis herma*nos,*
   que he pecado de pensamiento, palabra y obra,
   por mi culpa, por mi culpa, por mi gravísima culpa;
   por lo cual ruego a Dios todopoderoso que tenga piedad de mí,
   perdone todos mis pecados y me lleve a la vida eterna. Amén

Ⓒ **Que el Señor todopoderoso y misericordioso**
   te conceda perdón y remisión de todos tus pecados. Amén

Ⓒ **Confieso a Dios todopoderoso, delante de toda la corte celestial,**
   y a ustedes, mis herma*nos*,
   que he pecado de pensamiento, palabra y obra,
   por mi culpa, por mi culpa, por mi gravísima culpa;
   por lo cual ruego a Dios todopoderoso que tenga piedad de mí,
   perdone todos mis pecados y me lleve a la vida eterna. Amén

Ⓛ Que el Señor todopoderoso y misericordioso
   te conceda perdón y remisión de todos tus pecados. Amén

Sentados

Salmodia

Se canta o se dice uno o más salmos (4, 34, 91, 134, 136). Después de cada salmo se observa silencio para meditación.

Lectura breve

Se lee una o más de las siguientes lecturas breves .
Tú estás entre nosotros, Señor, y nosotros llevamos tu nombre. *(Jeremías 14:9)*

Vengan a mí todos los que se sienten cargados y agobiados porque yo los aliviaré.
Carguen con mi yugo y aprendan de mí que soy paciente de corazón y humilde, y sus
almas encontrarán alivio. Pues mi yugo es bueno y mi carga liviana. *(Mateo 11:28-29)*

Les dejo la paz, les doy la paz. La paz que yo les doy no es como la que da el
mundo. Que no haya en ustedes ni angustia ni miedo. *(Juan 14:27)*

Estoy seguro que ni la muerte ni la vida, ni los ángeles, ni los poderes espirituales, ni
el presente, ni el futuro, ni las fuerzas del universo, sean de los cielos, sean de los
abismos, ni criatura alguna, podrá apartarnos del amor de Dios, que encontramos en
Cristo Jesús, nuestro Señor. *(Romanos 8:38-39)*

Humíllense, pues, bajo la poderosa mano de Dios, para que los levante a su tiempo.
Depositen en él todas sus preocupaciones, pues él cuida de ustedes. Sean sobrios y
estén despiertos, porque su enemigo, el diablo, ronda como león rugiente, buscando
a quién devorar. Resístanle, firmes en la fe. *(1 Pedro 5:6-9a)*

Responsorio

A la(s) lectura(s) sigue el responsorio.

♪ 𝕃 En tus manos, oh Señor, encomiendo mi espíritu.
ⓒ En tus manos, oh Señor, encomiendo mi espíritu.

𝕃 Tú me has redimido, oh Señor, Dios de verdad.
ⓒ En tus manos, oh Señor, encomiendo mi espíritu.

𝕃 Gloria al Padre, y al Hijo, y al Espíritu Santo.
ⓒ En tus manos, oh Señor, encomiendo mi espíritu.

De pie

Himno

Sentados o de rodillas

Oraciones

𝕃 Señor, presta atención a mi plegaria;
ⓒ atiende a mis clamores.

𝕃 Guárdame como a la niña de tus ojos;
ⓒ escóndeme a la sombra de tus alas.

𝕃 Como jus*to* contemplaré tu rostro;
ⓒ y al despertar me saciaré de tu semblante.

Se canta o se dice una o más de las siguientes oraciones.

𝕃 Sé con noso*tros,* Dios misericordioso, y protégenos durante las horas de esta noche, a fin de que *los* que nos sentimos agobiados por los cambios y las fortunas de la vida, podamos encontrar en ti nuestro reposo; por Jesucristo nuestro Señor.
ⓒ Amén

o bien:

𝕃 Apóyanos, oh Señor, durante el largo día de esta atribulada vida, hasta que las sombras se alarguen y caiga la noche y el mundo bullicioso sea silenciado, cese el trajín de la vida y nuestra jornada toque a su fin. Entonces, Señor, en tu misericordia, concédenos seguro reposo y santo descanso y paz al final de nuestros días; por Jesucristo nuestro Señor.
ⓒ Amén

o bien:

𝕃 Sé nuestra luz en las tinieblas, oh Señor, y por tu gran bondad defiéndenos de todo peligro y percance en esta noche; por amor de tu Hijo único, nuestro Salvador Jesucristo.
ⓒ Amén

o bien:

𝕃 Visita, oh Señor, nuestras moradas y arroja de ellas toda trampa del enemigo; que tus santos ángeles moren con noso*tros* para asegurarnos la paz; y que siempre repose sobre noso*tros* tu bendición; por Jesucristo nuestro Señor.
ⓒ Amén

o bien:

Ⓛ Eterno Dios: tuyas son las horas del día y de la noche y para ti la oscuridad no amedrenta. Sé, te rogamos, con aquellos que laboran en estas horas de la noche, especialmente con aque*llos* que velan y cuidan de los demás. Concédeles diligencia en su vigilia, fidelidad en su servicio, valor ante el peligro, y capacidad en emergencias. Ayúdales a suplir las necesidades de los demás confiada y compasivamente; por Jesucristo nuestro Señor.

Ⓒ **Amén**

o bien:

Ⓛ Señor, te damos gracias por el día, especialmente por el bien que se nos permitió dar y recibir. Ahora ya ha pasado el día y a ti te lo entregamos. A ti te confiamos la noche; reposamos segu*ros,* porque tú eres nuestro amparo y tú ni descansas ni duermes; por Jesucristo nuestro Señor.

Ⓒ **Amén**

Ⓛ Señor, acuérdate de noso*tros* en tu reino y enséñanos a orar.

o bien:

Ⓒ **Padre nuestro
que estás en el cielo,
santificado sea tu nombre.
Venga tu reino.
Hágase tu voluntad
    en la tierra como en el cielo.
Danos hoy nuestro pan de cada día.
Perdona nuestras ofensas
    como también nosotros
    perdonamos a los
    que nos ofenden.
No nos dejes caer en tentación
    y líbranos del mal.
Porque tuyo es el reino,
    tuyo es el poder y tuya es la gloria,
    ahora y siempre. Amén**

Ⓒ **Padre nuestro
que estás en los cielos,
santificado sea tu nombre;
venga a nos tu reino;
hágase tu voluntad,
    así en la tierra como en el cielo;
el pan nuestro de cada día,
    dánoslo hoy;
y perdónanos nuestras deudas
    así como nosotros perdonamos
    a nuestros deudores;
y no nos dejes caer en la tentación;
mas líbranos del mal.
Porque tuyo es el reino,
    el poder y la gloria
    por los siglos de los siglos. Amén**

De pie

Cántico Evangélico

♪ **C** **Guíanos despiertos, oh Señor, y guárdanos dormidos;**
   para que velemos con Cristo y reposemos en paz.

   Has cumplido tu palabra, Señor;
   despide ahora a tu siervo en paz.
   Con mis propios ojos he visto la salvación
   que has preparado en presencia de todas las naciones,
   como luz para conducirlas,
   y como gloria de tu pueblo Israel.

   Gloria al Padre, y al Hijo, y al Espíritu Santo,
   como era en el principio, ahora y siempre,
   por los siglos de los siglos. Amén   (Nunc dimittis, *Lucas 2:29-32)*

   Guíanos despiertos, oh Señor, y guárdanos dormidos;
   para que velemos con Cristo y reposemos en paz.

Bendición

   La bendición concluye la liturgia.

   L El Señor todopoderoso y misericordioso — el Padre, el ✝ Hijo, y el Espíritu
   Santo— nos bendiga y nos guarde.
   C **Amén**

ORACION RESPONSORIAL

L Santo Dios, santo y fuerte, santo e inmortal,
C ten misericordia y escúchanos.

o bien:

C Padre nuestro
que estás en el cielo,
santificado sea tu nombre.
Venga tu reino.
Hágase tu voluntad
en la tierra como en el cielo.
Danos hoy nuestro pan de cada día.
Perdona nuestras ofensas
como también nosotros
perdonamos a los
que nos ofenden.
No nos dejes caer en tentación
y líbranos del mal.
Porque tuyo es el reino,
tuyo es el poder y tuya es la gloria,
ahora y siempre. Amén

C Padre nuestro
que estás en los cielos,
santificado sea tu nombre;
venga a nos tu reino;
hágase tu voluntad,
así en la tierra como en el cielo;
el pan nuestro de cada día,
dánoslo hoy;
y perdónanos nuestras deudas
así como nosotros perdonamos
a nuestros deudores;
y no nos dejes caer en la tentación;
mas líbranos del mal.
Porque tuyo es el reino,
el poder y la gloria
por los siglos de los siglos. Amén

C Creo en Dios Padre todopoderoso,
creador del cielo y de la tierra.
Creo en Jesucristo, su único Hijo, nuestro Señor.
Fue concebido por obra del Espíritu Santo
y nació de la Virgen María.
Padeció bajo el poder de Poncio Pilato,
fue crucificado, muerto y sepultado.
Descendió a los muertos.
Al tercer día resucitó, subió a los cielos,
y está sentado a la diestra del Padre.
Volverá para juzgar a los vivos y a los muertos.
Creo en el Espíritu Santo,
la santa iglesia católica,
la comunión de los santos,
el perdón de los pecados,
la resurrección del cuerpo,
y la vida eterna. Amén

EN LA MAÑANA

L A ti clamo, oh Señor.

C Por la mañana mi oración llega hasta ti.

L Restitúyeme el gozo de tu salvación,

C y tu espíritu de gracia me sustente.

L Sea llena mi boca de tu alabanza

C y de tu gloria todo el día.

L Cada día te bendeciré,

C y ensalzaré tu nombre por siempre.

L Cosas maravillosas nos mostrarás en tu justicia,

C oh Dios de nuestra salvación, oh esperanza de todos los confines de la tierra y de los mares remotos.

L Bendice, alma mía, al Señor,

C y todo mi ser bendiga su santo nombre.

L Redime mi alma de la tumba,

C y coróname de misericordia y bondad.

L Escucha, Señor, mi oración,

C y llegue hasta ti mi clamor.

L El Señor sea con ustedes.

C Y también contigo.

L Oremos. . . . *(La oración del día, concluyendo con:)*

C Amén

OTRAS OCASIONES

L Muéstranos, oh Señor, tu misericordia,

C y concédenos tu salvación.

L Reviste de justicia a tus minis*tros.*

C Cante de alegría tu pueblo.

L Da paz, oh Señor, en todo el mundo,

C porque sólo en ti podemos vivir segu*ros.*

L Protege, Señor, este país,

C y guíanos por la senda de justicia y verdad.

L Sea conocido tu camino sobre la tierra;

C tu salvación entre todas las naciones.

L No permitas que sean olvida*dos,* oh Señor, *los* necesita*dos.*

C ni que a *los* pobres se les quite su esperanza.

L Crea en noso*tros* corazones limpios, oh Dios,

C y tu Espíritu Santo nos sustente.

L El Señor sea con ustedes.

C Y también contigo.

L Oremos. . . . *(La oración del día, concluyendo con:)*

C Amén

Oraciones de conclusión

EN LA MAÑANA

L Te damos gracias, Padre celestial, por Jesucristo tu amado Hijo. Tú nos has protegido durante la noche de todo mal y peligro. Te rogamos que nos preserves y guardes también en este día de todo pecado y del mal, para que en todos nuestros pensamientos, palabras y obras te podamos servir y agradar. En tus manos nos encomendamos nuestros cuerpos, nuestras almas y todo lo que es nuestro. Concede que tus ángeles nos cuiden a fin de que el mal no tenga poder sobre noso*tros.*

C Amén

AL MEDIODIA

L Bondadoso Jesús, nuestro Señor y Dios, fue a esta hora que llevaste nuestro pecado en tu cuerpo en el madero, para que, muertos al pecado, pudiéramos vivir en tu justicia. Ten piedad de noso*tros* ahora y en la hora de nuestra muerte. Concede a tus sier*vos* y a to*dos* aque*llos* que piadosamente hagan memoria de tu pasión, una vida santa y activa, y por tu gracia condúcenos a la vida eterna; tú que vives y reinas con el Padre y el Espíritu Santo, Dios por siempre.

C **Amén**

EN LA TARDE

L Padre celestial, en ti vivimos, nos movemos y existimos. Te suplicamos humildemente que nos guíes y nos gobiernes por tu Espíritu Santo, de tal manera que en todas las ocupaciones y preocupaciones de nuestra vida, no nos olvidemos de ti, sino que tengamos presente que caminamos siempre delante de ti; por Jesucristo nuestro Señor.

C **Amén**

EN LA NOCHE

L Te damos gracias, Padre celestial, por tu amado Hijo Jesucristo y por habernos protegido en este día. Te imploramos perdonar todos nuestros pecados y lo malo que hemos hecho. Defiéndenos por tu gran misericordia de todos los peligros y trances de esta noche. En tus manos encomendamos nuestros cuerpos, nuestras almas y todo lo que es nuestro. Concede que tus ángeles nos cuiden a fin de que el mal no tenga poder sobre noso*tros.*

C **Amén**

ANTES DE VIAJAR

L Señor Dios nuestro Padre, protegiste a Agar, Sara y Abraham a través de los días de su peregrinaje. Guiaste a los hij*os* de Israel por el medio del mar, y por una estrella dirigiste a los magos al niño Jesús. Protégenos y dirígenos en este momento que estamos a punto de viajar. Haz nuestras sendas seguras y nuestro regreso feliz, y llévanos finalmente a nuestro hogar celestial, donde vives en gloria con tu Hijo y el Espíritu Santo, Dios eterno.

C **Amén**

Bendición

L Bendigamos al Señor.

C **Demos gracias a Dios.**

L El Señor nos bendiga, nos defienda de todo mal, y nos lleve a la vida eterna.

C **Amén**

ORACIONES DE LA IGLESIA

Para decirse o cantarse antes de la Santa Comunión o después del Cántico Evangélico en la Oración de la Mañana, o de la Tarde, especialmente durante la Cuaresma.

Ⓛ Señor, ten piedad.
Ⓒ **Señor, ten piedad.**

Ⓛ Cristo, ten piedad.
Ⓒ **Cristo, ten piedad.**

Ⓛ Señor, ten piedad.
Ⓒ **Señor, ten piedad.**

Ⓛ Oh Cristo, escúchanos.
Ⓒ **Piadoso escúchanos.**

Ⓛ Dios Padre celestial:
Ⓒ **ten piedad de noso*tros*.**

Ⓛ Dios Hijo, redentor del mundo:
Ⓒ **ten piedad de noso*tros*.**

Ⓛ Dios Espíritu Santo:
Ⓒ **ten piedad de noso*tros*.**

Ⓛ Santísima Trinidad, un solo Dios:
Ⓒ **ten piedad de noso*tros*.**

Ⓛ Sé propicio a noso*tros*.
Ⓒ **Perdónanos, buen Señor.**

Ⓛ Sé propicio a noso*tros*.
Ⓒ **Perdónanos, buen Señor.**

Ⓛ De todo pecado, de todo error, de todo mal;
de las embestidas de la astucia diabólica;
de una muerte imprevista y en pecado:
Ⓒ **líbranos, buen Señor.**

L De guerra, derramamiento de sangre y violencia;
de gobierno corrupto e injusto; de sedición y traición:
C **líbranos, buen Señor.**

L De epidemia, sequía y carestía; de incendio e inundación,
terremoto, rayos y tempestad; y de muerte eterna:
C **líbranos, buen Señor.**

L Por el misterio de tu encarnación; por tu santa natividad:
C **ayúdanos, buen Señor.**

L Por tu bautismo, ayuno, y tentación; por tu agonía y sudor de sangre;
por tu cruz y pasión; por tu muerte y sepultura:
C **ayúdanos, buen Señor.**

L Por tu resurrección y ascensión; por el don del Espíritu Santo:
C **ayúdanos, buen Señor.**

L En todo tiempo de nuestra tribulación; en todo tiempo de nuestra prosperidad;
y en el día del juicio:
C **sálvanos, buen Señor.**

L Aunque indignos te imploramos
C **que nos oigas, Señor nuestro Dios.**

L Que rijas y gobiernes a tu santa iglesia católica;
que guíes a to*dos los* sier*vos* de tu iglesia
en el amor a tu palabra y en santidad de vida,
que pongas fin a todos los cismas y causas de escándalo a *los* que desean creer;
y que traigas al camino de la verdad
a to*dos los* que se han extraviado:
C **te imploramos nos oigas, buen Señor.**

L Que holles a Satanás bajo nuestros pies;
que envíes trabajado*res* fieles a tu viña;
que acompañes tu palabra con tu Espíritu y poder;
que levantes a *los* que caen
y fortalezcas a *los* que permanecen firmes;
y que consueles a *los* que desfallecen
y se sienten atribula*dos:*
C **te imploramos nos oigas, buen Señor.**

L Que concedas paz y justicia a todas las naciones;
que preserves a nuestro país de discordia y contienda;
que dirijas y protejas a *los* que ejercen autoridad civil;
y que bendigas y guíes a todo nuestro pueblo:
C **te imploramos nos oigas, buen Señor.**

L Que contemples y socorras a to*dos los* que están en peligro,
necesidad o tribulación;
que des apoyo y consuelo a to*dos los* refugia*dos* en el mundo,

y a to*dos los* que se encuentren luchando
por abrirse paso en una cultura o tierra extrañas:
℟ te imploramos nos oigas, buen Señor.

℣ Que protejas y dirijas a to*dos los* viaje*ros;*
que preserves y ampares a todas las mujeres en la hora de alumbramiento;
que veles por la niñez y guíes a la juventud;
que sanes a *los* enfer*mos* y fortalezcas a sus familiares y amistades;
que concedas reconciliación a las familias divididas por la discordia;
℟ te imploramos nos oigas, buen Señor.

℣ Que protejas a *los* que sufren cualquier tipo de racismo o discriminación;
que ampares a *los* desemplea*dos* y necesita*dos;*
que nos ayudes a construir una sociedad más justa y
    más equitativa económicamente;
que tengas misericordia de to*dos los* encarcela*dos;*
que apoyes, consueles y guíes a to*dos los* huérfa*nos* y enviuda*dos;*
y que tengas misericordia de todo tu pueblo:
℟ te imploramos nos oigas, buen Señor.

℣ Que perdones a nues*tros* enemi*gos,* persegui*dores* y calumnia*dores,*
    y nos reconcilies a ell*os;*
que nos ayudes a emplear sabiamente
    los frutos y tesoros de la tierra, el mar y el aire;
y que atiendas benignamente a nuestras plegarias:
℟ te imploramos nos oigas, buen Señor.

℣ Señor Jesucristo, Hijo de Dios:
℟ te imploramos nos oigas.

℣ Oh Cristo, escúchanos.
℟ Piadoso escúchanos.

℣ Cordero de Dios, que quitas el pecado del mundo,
℟ ten piedad de noso*tros.*

℣ Cordero de Dios, que quitas el pecado del mundo,
℟ ten piedad de noso*tros.*

℣ Cordero de Dios, que quitas el pecado del mundo,
℟ danos tu paz. Amén

℣ Oh Cristo, escúchanos.
℟ Piadoso escúchanos.

℣ Señor, ten piedad.
℟ Señor, ten piedad.

℣ Cristo, ten piedad.
℟ Cristo, ten piedad.

℣ Señor, ten piedad.
℟ Señor, ten piedad.

Ⓐ Oremos, herma*nos,* por la santa iglesia de Dios en todo el mundo, rogando que Dios el Padre todopoderoso la guíe y la congregue y podamos adorarle en paz y con tranquilidad.

oración en silencio

Ⓟ Todopoderoso y eterno Dios: tú has mostrado tu gloria a todas las naciones en Jesucristo. Guía la obra de tu iglesia. Ayúdala a perseverar en fe, a proclamar tu nombre y a traer salvación a los pueblos todos. Rogamos esto por Cristo nuestro Señor.

Ⓒ **Amén**

Ⓐ Oremos por <u>*nombre*</u> y por <u>*nombre*</u>, por nues*tros* pasto*res* y por o*tros* minis*tros,* por to*dos los* sier*vos* de la iglesia y por todo el pueblo de Dios.

oración en silencio

Ⓟ Todopoderoso y eterno Dios: tu Espíritu guía la iglesia y la santifica. Fortalece y apoya a nues*tros* pasto*res* y dirigen*tes;* mantén*los* en salud y en seguridad por el bien de la iglesia y ayuda a cada u*no* de noso*tros* a aplicarnos fielmente a la responsabilidad a que tú nos has llamado. Rogamos esto por Cristo nuestro Señor.

Ⓒ **Amén**

Ⓐ Oremos por aque*llos* que se preparan para el bautismo, rogando que Dios *los* haga corresponder a su amor y les de nueva vida en Jesucristo.

oración en silencio

Ⓟ Todopoderoso y eterno Dios: continuamente bendices a tu iglesia con nuevos miembros. Aumenta la fe y el entendimiento de *los* que se preparan para el bautismo. Concédeles nueva vida como tus hij*os* y mantén*los* en la fe y comunión de tu santa iglesia. Rogamos esto por Cristo nuestro Señor.

Ⓒ **Amén**

Ⓐ Oremos por to*dos* nues*tros* herma*nos* que comparten nuestra fe en Jesucristo, rogando que Dios congregue y mantenga en una sola iglesia a to*dos* cuan*tos* conocen a Cristo como su Señor.

oración en silencio

Ⓟ Todopoderoso y eterno Dios: tú concedes a la iglesia su unidad. Mira propicio a to*dos los* que siguen a Jesús tu Hijo. Hemos sido to*dos* consagra*dos* a tí mediante nuestro bautismo; haznos uno en la plenitud de la fe y consérvanos uni*dos* en la comunidad de amor. Rogamos esto por Cristo nuestro Señor.

Ⓒ **Amén**

Ⓐ Oremos por el pueblo judío, el primero en escuchar la palabra de Dios, rogando que reciba la plenitud de las promesas de la alianza.

oración en silencio

Ⓟ Todopoderoso y eterno Dios: en tiempos de antaño tú diste tu promesa a Abraham y a su descendencia. Escucha las plegarias de tu iglesia rogando que el pueblo note que primeramente llamaste como tuyo, arribe con noso*tros* a la plenitud de la redención. Rogamos esto por Cristo nuestro Señor.

Ⓒ **Amén**

A Oremos por aque*llos* que no creen en Cristo, rogando que la luz del Espíritu Santo les alumbre el camino de la salvación.

oración en silencio

P Todopoderoso y eterno Dios: haz que aque*llos* que no creen en Cristo reciban la verdad del evangelio. Ayúdanos a nosotros, tu pueblo, a crecer en amor *los* u*nos* por los otros, a comprender más plenamente el misterio de tu divina esencia y así ser mejores testigos de tu amor a la vista de to*dos*. Rogamos esto por Cristo nuestro Señor.

C **Amén**

A Oremos por aque*llos* que no creen en Dios, rogando que puedan hallar a aquel que es el autor y la meta de nuestra existencia.

oración en silencio

P Todopoderoso y eterno Dios: tú creaste la humanidad de tal manera que to*dos* anhelaran conocerte y tener paz en ti. Concede que, a pesar de los impedimentos dañinos, puedan to*dos* reconocer en las vidas de *los* cristia*nos* las prendas de tu amor y misericordia y que gozosamente reconozcan que tú eres el único Dios verdadero y Padre común. Rogamos esto por Cristo nuestro Señor.

C **Amén**

A Oremos por *los* que se desempeñan en cargos públicos, rogando que Dios guíe sus mentes y corazones, a fin de que to*dos* podamos vivir en verdadera paz y libertad.

oración en silencio

P Todopoderoso y eterno Dios: tú eres el vindicador de *los* pobres y oprimi*dos*. En tu bondad, vela sobre aque*llos* en posiciones de autoridad, a fin de que todas las personas en todo lugar puedan disfrutar de justicia, paz, libertad y una porción de la bondad de tu creación. Rogamos esto por Cristo nuestro Señor.

C **Amén**

A Oremos que Dios, el todopoderoso y misericordioso Padre, sane *los* enfer*mos,* consuele *los* moribun*dos,* cuide de *los* viaje*ros,* libere a *los* injustamente priva*dos* de libertad y destierre del mundo la mentira, el hambre y la enfermedad.

oración en silencio

P Todopoderoso y eterno Dios: tú fortaleces a *los* cansa*dos* e infundes nuevos alientos a *los* desconsola*dos*. Escucha las oraciones de to*dos* cuan*tos* te invocan en cualquier tribulación, a fin de que puedan tener el gozo de recibir tu ayuda en su necesidad. Rogamos esto por Cristo nuestro Señor.

C **Amén**

A Finalmente, oremos pidiendo todas esas cosas por las cuales nuestro Señor quiere que pidamos. *Sigue el Padrenuestro.*

CONFESION Y ABSOLUCION INDIVIDUAL

La confesión hecha por un penitente está protegida en su confidencialidad. El pastor está obligado a respetar en todo momento la naturaleza confidencial de una confesión.

El pastor saluda al penitente. Cuando el penitente se ha arrodillado, el pastor comienza:

P ¿Estás prepara*do* para hacer tu confesión?

R Sí, lo estoy.

El pastor y el penitente recitan el salmo juntos.
Señor, abre mis labios
  y cantará mi boca tu alabanza.
Un sacrificio no te gustaría,
  ni querrás, si te ofrezco, un holocausto.
Un corazón contrito te presento;
  no desdeñas un alma arrepentida.
Piedad de mí, Señor, en tu bondad;
  por tu gran corazón, borra mi falta.
Que mi alma quede limpia de malicia;
  purifícame tú de mi pecado. *(Salmo 51:16-18, 1-2)*

P Has venido a hacer tu confesión ante Dios. En Cristo, estás en libertad de confesar ante mí, *un pastor* en su iglesia, aquellos pecados de que tengas conciencia, pecados que te atribulen.

R Confieso ante Dios que soy culpable de muchos pecados.
  Especialmente, confieso ante ti que . . .

El penitente confiesa aquellos pecados que le son conocidos y que particularmente le atormentan o pesan.

R Me pesa todo esto y pido ser perdona*do*. Quiero mejorar.

El pastor puede entonces conversar pastoralmente con el penitente, ofreciendo amonestación y consuelo de las Sagradas Escrituras. Entonces juntos dicen:
Piedad de mí, Señor, en tu bondad;
  por tu gran corazón, borra mi falta.
Crea en mí, oh Dios, un puro corazón,
  un espíritu firme pon en mí.

No me rechaces lejos de tu rostro
　　ni apartes de mí tu Santo Espíritu.
Dame tu salvación que regocija
　　y mantén en mí un alma generosa. *(Salmo 51:1, 11-13)*

El pastor entonces se pone de pie delante del penitente o permanece sentado mientras se vuelve hacia el penitente.

℗ ¿Crees que la palabra de perdón que yo te ofrezco viene de Dios mismo?

℟ Sí, lo creo.

El pastor impone ambas manos sobre la cabeza del penitente.

℗ Dios es misericordioso y te bendice. Por mandato de nuestro Señor Jesucristo, yo, siervo llamado y ordenado de la Palabra, te perdono tus pecados en el nombre del Padre, y del ✝ Hijo, y del Espíritu Santo.

℟ Amén

El penitente puede orar silenciosamente dando gracias, o puede orar junto con el pastor:

El Señor es compasivo y favorable;
　　es lento para enojarse y generoso en perdonar.
No siempre está irritado,
　　ni el enojo le dura eternamente.
No nos trata según nuestros pecados,
　　ni nos da lo merecido de nuestras culpas.
Cuando se alza el cielo por encima de la tierra,
　　otro tanto sobresale su amor con los que le temen.
Cuanto dista el oriente del occidente,
　　tan lejos arroja de nosotros nuestras culpas.
Como un padre se compadece de sus hijos,
　　así el Señor se apiada de los que lo temen. *(Salmo 103:8-13)*
Gloria al Padre, y al Hijo, y al Espíritu Santo,
　　como era en el principio, ahora y siempre,
　　por los siglos de los siglos. Amén

℗ Dichosos aquellos cuyos pecados han sido perdonados,
cuyas obras malas han sido olvidadas.
Regocíjate en el Señor y ve en paz.

El penitente se pone de pie y puede compartir la paz con el pastor.

CONFESION Y ABSOLUCION CONGREGACIONAL

De pie

Quien preside dirige la invocación. Todos pueden hacer la señal de la cruz como recuerdo de su bautismo.

℗ En el nombre del Padre, y del ☩ Hijo, y del Espíritu Santo.

℮ **Amén**

Se canta un himno.

De rodillas o sentados

Quien preside dice una de las oraciones siguientes u otra apropiada.

o bien:

℗ Omnipotente Dios: tú penetras los corazones, tú conoces los deseos, tú ves los secretos más íntimos. Purifica los pensamientos de nuestros corazones por la inspiración de tu Espíritu Santo para que te amemos como mereces y dignamente glorifiquemos tu santo nombre; por Jesucristo nuestro Señor.

℮ **Amén**

℗ Padre de misericordias y Dios de todo consuelo: tú has socorrido a tu pueblo, apartándolo del pecado para vivir sólo para ti. Danos el poder de tu Espíritu Santo a fin de que estemos atentos a tu palabra, confesemos nuestros pecados, recibamos tu perdón y crezcamos a la plenitud de tu Hijo Jesucristo, nuestro Señor y nuestro Redentor.

℮ **Amén**

Sentados

Se canta o se dice el Salmo 51 u otro salmo apropiado, seguido de:

℮ **Gloria al Padre, y al Hijo, y al Espíritu Santo;**
como era en el principio, ahora y siempre,
por los siglos de los siglos. Amén

Se lee una o más lecturas. Normalmente, se incluye una lectura de los Evangelios.

Puede seguir un sermón o una plática informal. En vez del sermón, quien dirige puede entablar con los presentes conversación o consuelo mútuo.

Sigue un silencio para examen o meditación.

Se dice la plegaria confesional u otra plegaria especialmente preparada para la ocasión.

℗ Hagamos confesión a Dios (de rodillas).

De rodillas o sentados

🅲 **Dios todopoderoso, Padre misericordioso:**
Yo, peca*dor* atribula*do* y arrepenti*do*, te confieso
   todos mis pecados e iniquidades con que te he ofendido
   y por los cuales justamente merezco tu castigo.
Estos me pesan y me arrepiento de ellos
   y ruego a tu clemencia infinita.
En atención a los sufrimientos y muerte de tu Hijo, Jesucristo,
   apiádate y compadécete de mí, criatura pecadora;
   perdona mis pecados,
   dame tu Espíritu Santo para enmendar mi vida pecaminosa
   y condúceme a la vida eterna. Amén

Quien preside, de pie, se dirige a la congregación.

℗ Dios todopoderoso, en su misericordia, ha dado a su Hijo para morir por noso*tros* y, por amor de él, nos perdona todos nuestros pecados. Por medio de su Espíritu Santo nos purifica y nos habilita para proclamar las grandes hazañas de Dios que nos hizo salir de las tinieblas al esplendor de su luz. Como minis*tro* llama*do* y ordena*do* de la iglesia de Cristo y por su autoridad, yo, por lo tanto, les declaro a ustedes el pleno perdón de todos sus pecados, en el nombre del Padre, y del ✠ Hijo, y del Espíritu Santo.

🅲 **Amén**

Los congregados pueden acercarse y arrodillarse ante el altar. Quien preside, imponiendo ambas manos sobre la cabeza de cada persona, se dirige a cada una:

℗ Obediente al mandato de nuestro Señor Jesucristo, te perdono todos tus pecados.

🅡 Amén

De pie

Se canta el himno de alabanza una vez que todos hayan regresado a sus lugares.

Se dicen las plegarias. La siguiente oración puede ser sustituida por una de las fórmulas de la Oración Responsorial, por la Gran Letanía o por otras oraciones especialmente preparadas.

℗ El Señor sea con ustedes.

🅲 **Y también contigo.**

℗ Oremos.

De rodillas o sentados

℗ Oh Dios, nuestro Padre: por la cruz de tu Hijo reconciliaste al mundo contigo permitiéndonos vivir en paz y armonía. Te damos gracias y te alabamos por el perdón de pecados y el inestimable don de tu paz. Ayúdanos a perdonarnos mutuamente y a establecer justicia y concordia en todo el mundo; por Jesucristo nuestro Señor.

🅲 **Amén**

Puede decirse la oración del día así como otras oraciones y, después de éstas, la siguiente oración:

P Oh Dios, de quien proceden todos los deseos santos, todos los buenos consejos y todas las obras justas: da a tus sier*vos* la paz que el mundo no puede dar, a fin de que nuestros corazones se inclinen a obedecer tus mandamientos; y que también defend*idos* por ti del temor de nues*tros* enemi*gos,* podamos vivir en paz y tranquilidad; por los méritos de Jesucristo, nuestro Salvador, que vive y reina contigo y con el Espíritu Santo, un solo Dios, por siempre.

C **Amén**

o bien:

C **Padre nuestro**
que estás en el cielo,
santificado sea tu nombre.
Venga tu reino.
Hágase tu voluntad
    en la tierra como en el cielo.
Danos hoy nuestro pan de cada día.
Perdona nuestras ofensas
    como también nosotros
    perdonamos a los
    que nos ofenden.
No nos dejes caer en tentación
    y líbranos del mal.
Porque tuyo es el reino,
    tuyo es el poder y tuya es la gloria,
    ahora y siempre. Amén
	C **Padre nuestro**
	que estás en los cielos,
	santificado sea tu nombre;
	venga a nos tu reino;
	hágase tu voluntad,
	    así en la tierra como en el cielo;
	el pan nuestro de cada día,
	    dánoslo hoy;
	y perdónanos nuestras deudas
	    así como nosotros perdonamos
	    a nuestros deudores;
	y no nos dejes caer en la tentación;
	mas líbranos del mal.
	Porque tuyo es el reino,
	    el poder y la gloria
	    por los siglos de los siglos. Amén

De pie

P Dios todopoderoso, Padre, ✛ Hijo y Espíritu Santo, *los* bendiga ahora y siempre.

C **Amén**

P El Señor *los* ha hecho libres. Vayan en paz.

C **Demos gracias a Dios.**

AFIRMACION DEL BAUTISMO

Tres ritos, referentes al bautismo de los candidatos, se presentan como uno.

Presentación

Se canta un himno mientras los candidatos se reúnen delante de la congregación.

CONFIRMACION

La confirmación, reafirmación de la fe bautismal, señala el final del programa congregacional de ministerio confirmacional, un período de instrucción sobre la fe cristiana como la confiesan las enseñanzas de la iglesia luterana. Los que han completado este programa fueron hechos miembros de la iglesia por el bautismo. La confirmación incluye una profesión pública de la fe en que los candidatos fueron bautizados, subrayando así la acción de Dios en su bautismo.

> *Un representante de la congregación presenta los candidatos al ministro:*
> Estas personas han sido instruidas en la fe cristiana y desean proclamar una afirmación pública de su bautismo.
> *Se leen sus nombres.*

> ℙ Queri*dos* ami*gos:* nos regocijamos de que ustedes deseen ahora hacer profesión pública de su fe y asumir mayor responsabilidad en la vida de nuestra comunidad cristiana y su misión en el mundo.

RECEPCION COMO MIEMBROS

Los cristianos que vienen de otras denominaciones se hacen miembros de la iglesia luterana mediante la recepción en la congregación local. Por el bautismo fueron hechos cristianos; ahora se hacen miembros de la iglesia luterana.

> *Un representante de la congregación presenta los candidatos al ministro:*
> Estas personas han venido a noso*tros* de otras iglesias y desean proclamar una afirmación pública de su bautismo.
> *Se leen sus nombres.*

> ℙ Queri*dos* ami*gos:* nos regocijamos de recibir*los* a ustedes, que son miembros de la iglesia—que es una, santa, católica y apostólica—en nuestra congregación.

RESTAURACION DE MIEMBROS

Las personas bautizadas que desean nuevamente participar activamente en la vida de la iglesia son restaurados como miembros mediante la afirmación de su bautismo.

> *Un representante de la congregación presenta los candidatos al ministro:*
> Estas personas desean proclamar una afirmación pública de su bautismo como señal de su participación renovada en la vida y labor de la iglesia de Cristo.
> *Se leen sus nombres.*

> ℙ Quer*idos* ami*gos:* nos regocijamos de que ustedes hayan regresado a la familia de Dios para reclamar la herencia eterna que es su patrimonio por el Santo Bautismo.

Renunciación y afirmación

> *Quien preside se dirige a los que han sido presentados.*
> ℙ Herma*nos:*
> Por la muerte de nuestro Señor Jesucristo hemos sido sepulta*dos* en las aguas del bautismo. En su resurrección vivimos una vida nueva. Invito a cada cual, a que junto con esta congregación renueve sus promesas bautismales.

> ℙ ¿Renuncian al pecado para vivir en la libertad de los hij*os* de Dios?
> ℂ **Sí, renuncio.**

> ℙ ¿Renuncian a toda fuerza del mal para que no te oprima el pecado?
> ℂ **Sí, renuncio.**

> ℙ ¿Creen ustedes en Dios Padre?
> ℂ **Creo en Dios Padre todopoderoso,**
> **creador del cielo y de la tierra.**

> ℙ ¿Creen ustedes en Jesucristo, el Hijo de Dios?
> ℂ **Creo en Jesucristo, su único Hijo, nuestro Señor.**
> **Fue concebido por obra del Espíritu Santo**
> **y nació de la Virgen María.**
> **Padeció bajo el poder de Poncio Pilato,**
> **fue crucificado, muerto y sepultado.**
> **Descendió a los muertos.**
> **Al tercer día resucitó,**
> **subió a los cielos,**
> **y está sentado a la diestra del Padre.**
> **Volverá para juzgar a los vivos y a los muertos.**

> ℙ ¿Creen ustedes en Dios el Espíritu Santo?
> ℂ **Creo en el Espíritu Santo,**
> **la santa iglesia católica,**
> **la comunión de los santos,**
> **el perdón de los pecados,**
> **la resurrección del cuerpo,**
> **y la vida eterna. Amén**

P ¿Continuarán en las enseñanzas y la comunión de los apóstoles, en la fracción del pan y las oraciones en la comunidad?

C **Sí, lo haré, con la ayuda de Dios.**

P ¿Proclamarán, por medio de la palabra y el ejemplo, las buenas noticias de Dios en Cristo?

C **Sí, lo haré, con la ayuda de Dios.**

P ¿Buscarán y servirán a Cristo en todas las personas, amando a su prójimo como a sí mis*mos?*

C **Sí, lo haré, con la ayuda de Dios.**

P ¿Lucharán por la justicia y la paz entre todos los pueblos y respetarán la dignidad de todo ser humano?

C **Sí, lo haré, con la ayuda de Dios.**

P Que Dios, quien te regeneró por el agua y el Espíritu Santo y que te concedió la remisión de los pecados, te guarde en su gracia para la vida eterna, por Jesucristo, nuestro Señor.

C **Amén**

De pie

Las plegarias

A Oremos por *los* que están afirmando su bautismo y por to*dos los* bautiza*dos* en todo el mundo:
Que sean redimi*dos* de todo mal y rescata*dos* del camino de pecado y muerte;
Señor, en tu bondad:

C **escucha nuestra oración.**

A Que el Espíritu Santo abra sus corazones a tu gracia y verdad;
Señor, en tu bondad:

C **escucha nuestra oración.**

A Que se conserven en la fe y comunión de tu santa iglesia;
Señor, en tu bondad:

C **escucha nuestra oración.**

A Que respondan al llamado de ir por el mundo en testimonio de tu amor;
Señor, en tu bondad:

C **escucha nuestra oración.**

A Que vengan al conocimiento de la plenitud de tu paz y gloria;
Señor, en tu bondad:

C **escucha nuestra oración.**

Pueden añadirse otras oraciones.

P A ti, oh Señor, encomendamos a to*dos* aque*llos* por quienes oramos, confiando en tu misericordia; por tu Hijo, Jesucristo nuestro Señor.

C **Amén**

La liturgia continúa con la paz. Todos pueden saludarse mutuamente en el nombre del Señor.

RITO DE SANACION

Puede celebrarse en un hogar, penitenciaría, cuarto de hospital, escuela, u otro lugar.

Este rito puede ser conducido por un líder de la congregación, amigo o familiar del afectado, no necesariamente una persona ordenada.

Se puede ofrecer la Santa Comunión como un acto sanador, del mismo modo en que se lleva a los que están recluidos, o se puede celebrar la liturgia eucarística dominical de haber presente un ministro ordenado.

Invocación

Ⓛ En el nombre del Padre, y del ✝ Hijo, y del Espíritu Santo.
Ⓒ **Amén**

Salmo 23

Oración

Ⓛ Oremos. Señor de infinita misericordia y consuelo, traemos ante ti a *nombre/s*, porque eres un Dios de amor y justicia. *Él ha* sufrido por causa de dolencias, enfermedades y golpes que han afectado *su corazón* y *su cuerpo.*
Ⓜ Confío en ti, oh Señor.

Ⓛ Bendito Dios, fortaleza de los débiles y consuelo de los sufridos: en tu bondad oye nuestra oración, y concédele a tu *siervo* *nombre/s*, la ayuda de tu poder, para que *su aflicción* (*aquí se puede especificar la situación particular*) *pueda* ser *transformada* en salud, y *su tristeza* en gozo; por Jesucristo nuestro Señor.
Ⓜ **Amén**

Lecturas

Se puede leer Romanos 8:31-39, u otra apropiada; también Juan 5:1b-9, u otro pasaje apropiado del Evangelio.

Después del Evangelio puede seguir un sérmon o meditación, o un período de silencio, o ambas cosas.

Himno

Credo Apostólico

C **Creo en Dios Padre todopoderoso,**
   creador del cielo y de la tierra.
Creo en Jesucristo, su único Hijo, nuestro Señor.
   Fue concebido por obra del Espíritu Santo
      y nació de la Virgen María.
   Padeció bajo el poder de Poncio Pilato,
      fue crucificado, muerto y sepultado.
   Descendió a los muertos.
   Al tercer día resucitó,
   subió a los cielos,
      y está sentado a la diestra del Padre.
   Volverá para juzgar a los vivos y a los muertos.
Creo en el Espíritu Santo,
   la santa iglesia católica,
   la comunión de los santos,
   el perdón de los pecados,
   la resurrección del cuerpo,
   y la vida eterna. Amén

Las plegarias

L Señor, te pedimos por to*dos los* enfer*mos,* los afligi*dos* y los oprimi*dos.*
C **Escucha nuestra oración y líbranos, Señor.**

L Enséñanos a creer que lo que destruye el cuerpo no puede destruir el espíritu.
C **Señor, escucha nuestra oración.**

L Tú has dicho que si noso*tros* calláramos, aún las piedras hablarían.
C **Señor, ayúdanos a retomar nuestra voz.**

L Enséñanos a hablar, Dios nuestro.
C **No nos dejes callar.**

L Dios nuestro, danos tu poderosa palabra.
C **Palabra que acusa. Palabra que consuela. Palabra que sana.**

L Señor Jesucristo, tú que te identificaste con todo el dolor humano en tu sufrimiento de cruz, mira a *este siervo tuyo,* que ha sido *maltratado* y *herido,* y lleva sobre sí las marcas del dolor.
C **Te pedimos, Señor de bondad y justicia, que vendes sus heridas y cures los dolores de su alma con el poder creador de tu resurrección.**

L Dale tu paz, ayúdale a reorganizar su vida.
C **Te pedimos nos ayudes a perdonar a quien le haya ofendido y maltratado.**

L Oramos por to*dos* aque*llos* que con sus conocimientos y destrezas ministran a *este* tu sier*vo.*
C **Fortaléceles Señor, en tu Espíritu,**
   para que la salud de to*dos* se promueva
   y tu creación sea glorificada.

L Asimismo dales fortaleza, paciencia y fidelidad a los miembros de su familia y a sus ami*gos*. Que su esperanza esté en ti, y que por su ministerio de amor, tu amor sea conocido.

C **Ayúdanos, Señor, por medio de tu Hijo Jesucristo, nuestro Señor. Amén**

o bien:

C **Padre nuestro**
que estás en el cielo,
santificado sea tu nombre.
Venga tu reino.
Hágase tu voluntad
   en la tierra como en el cielo.
Danos hoy nuestro pan de cada día.
Perdona nuestras ofensas
   como también nosotros
   perdonamos a los
   que nos ofenden.
No nos dejes caer en tentación
   y líbranos del mal.
Porque tuyo es el reino,
   tuyo es el poder y tuya es la gloria,
   ahora y siempre. Amén

C **Padre nuestro**
que estás en los cielos,
santificado sea tu nombre;
venga a nos tu reino;
hágase tu voluntad,
   así en la tierra como en el cielo;
el pan nuestro de cada día,
   dánoslo hoy;
y perdónanos nuestras deudas
   así como nosotros perdonamos
   a nuestros deudores;
y no nos dejes caer en la tentación;
mas líbranos del mal.
Porque tuyo es el reino,
   el poder y la gloria
   por los siglos de los siglos. Amén

La imposición de manos

L Oh Dios, fuente de salud y salvación: tal como los apóstoles de nuestro Señor Jesucristo, bajo su mandato, oraron por mu*chos* enfer*mos* y és*tos* fueron sana*dos,* envía ahora a tu Espíritu Santo para que *nombre* en arrepentimiento y fe, pueda ser restaura*do;* por el mismo Jesucristo, nuestro Señor.

C **Amén**

L *Nombre,* yo impongo las manos sobre ti, [y te unjo con aceite] en el nombre del Padre, y del Hijo, y del Espíritu Santo, suplicando a nuestro Señor Jesucristo que te sostenga con su presencia, que ahuyente de ti toda enfermedad de cuerpo y espíritu, y que te conceda esa victoria de vida y de paz, la cual te capacitará para servirle ahora y siempre.

Aquí se puede dar la comunión. Vea la liturgia Distribución de Comunión en Circunstancias Especiales, p. 69.

Se permite que la persona herida hable como proceso de sanidad.

Se puede cantar un himno.

Bendición

P El Señor te bendiga y te guarde.
El Señor haga resplandecer su rostro sobre ti y tenga de ti misericordia.
El Señor vuelva hacia ti su rostro y ✠ te conceda su paz.

C **Amén**

CELEBRACION PARA LOS QUINCE AÑOS

Este rito se celebra normalmente dentro de la liturgia dominical de la Santa Comunión.

Bienvenida

Antes de comenzar el Breve Orden Penitencial, quien preside puede introducir las jóvenes que están celebrando los quince años en estas u otras palabras:

℗ La congregación <u>nombre</u> les extiende la más cordial bienvenida a esta celebración de acción de gracias, en la cual reconocemos los quince años de vida de <u>nombres de las jóvenes</u>. Damos gracias a Dios por el don de la vida y porque ell*as* pertene*cen* a esta comunidad de fe.

El rito continúa con el Breve Orden Penitencial, y sigue la liturgia de la Santa Comunión hasta haberse cantado el himno del día, usando los propios del día, o los que siguen aquí.

Oración del día

℗ Señor, mira con agrado la vida de *tu* sier*va* <u>nombre</u>, que ha venido a renovar sus votos bautismales. Revela tu voluntad sobre ella para que te sirva fiel como dis- cípula tuya. Guarda las mentes y corazones de *los pad*res de es*tas* jóven*es* que se han congregado, a fin de que fieles a sus promesas bautismales, ayuden a sus hij*os* a crecer en temor y amor de tu palabra. Todo te lo imploramos en el nombre de tu amado Hijo Jesucristo.

☰ **Amén**

Lecturas

Si no se van a usar los propios del leccionario para el día litúrgico, se pueden usar los siguientes u otras lecturas apropiadas:

Eclesiastés 12 *o* Jeremías 1:4-8
Salmo: 16:5-11 *o* Salmo 23, 27, 84, 122
I Timoteo 4:12 *o* I Juan 4:7-21
Mateo 5:13-16 *o* Mateo 19:16-23

Afirmación del Bautismo

Al finalizarse el himno del día, el ministro se dirige a la congregación y dice:

℗ Es*tas* jóven*es,* ante la presencia de Dios, y junto con la comunidad de creyentes, desean hacer una afirmación de su bautismo, como señal de su testimonio al evangelio de nuestro Señor Jesucristo, que *les* llama al discipulado activo en la vida y misión de la iglesia.

Sigue la Afirmación del Bautismo, comenzando con la renunciación y afirmación, p. 114:

℗ Herma*nos* . . . *continuando hasta las plegarias, p. 115. Después de las plegarias:*

Acción de gracias

Quienes celebran sus quince años vienen frente al altar y dicen:

Dios mío, te doy gracias por el don de la vida,
por mi familia,
por la fe de tu santa iglesia,
y por esta comunidad cristiana.
Estoy en tu presencia a fin de ofrecerme a mi misma
para ser tu testigo en esta vida.
Conociendo mi debilidad, pido fortaleza y guía,
por Jesucristo, mi Señor y Salvador.

🅲 **Amén**

Bendición por parte de los padres

Los padres son invitados a que den una bendición especial a quienes celebran sus quince años. Ellos dicen:

Así como en tu bautismo
nos comprometimos ante Dios y su iglesia
a criarte en el temor del Señor,
así también ahora renovamos nuestra promesa
de continuar amándote y apoyándote
para que tu vida siga reflejando el amor de Cristo.

🅲 **Amén**

La liturgia continúa con la paz. Todos pueden saludarse mutuamente en el nombre del Señor.

Este rito, si es celebrado fuera del contexto de la Santa Comunión, concluye con esta bendición.

Bendición

℗ Bendigamos al Señor.

🅲 **Demos gracias a Dios.**

℗ Que Dios todopoderoso, Padre, ✝ Hijo y Espíritu Santo, te bendiga y te guarde, y te conduzca por sendas de paz.

🅲 **Amén**

🅰 Vayan en paz a servir a Dios y al mundo entero.

🅲 **Demos gracias a Dios.**

MATRIMONIO

De pie

Entrada

Los contrayentes y la comitiva nupcial se presentan ante el ministro. Los padres de ambos contrayentes pueden estar de pie detrás de la pareja.

Ⓟ La gracia de nuestro Señor Jesucristo, el amor de Dios y la comunión del Espíritu Santo sean con ustedes.

Ⓒ **Y también contigo.**

Ⓐ Oremos. Eterno Dios, nuestro creador y redentor: del mismo modo en que alegraste la boda de Caná en Galilea con la presencia de tu Hijo, trae ahora por su presencia tu alegría a esta boda. Mira propicio a *nombre* y a *nombre* y concede que, regocijándose en todos tus dones, puedan finalmente celebrar con Cristo el banquete nupcial que no tiene fin.

Ⓒ **Amén**

En caso de haberse celebrado anteriormente una ceremonia civil, se dice lo siguiente:

Ⓟ Por cuanto ustedes se han unido en matrimonio ante las autoridades civiles y desean que esta unión reciba la bendición del Señor, ya que el matrimonio es un estado santo, ordenado por Dios para ser tenido en honor por todos, conviene que mediten con reverencia sobre lo que la palabra de Dios enseña con respecto a este estado.

Sentados

Palabra

Puede leerse uno o varios pasajes de la Biblia. A las lecturas puede seguir una homilía. Puede cantarse un himno.

Promesas

Ⓐ En su bondad, nuestro Señor Dios nos creó mujer y hombre. Por el don del matrimonio, asentó a la comunidad humana en un gozo que comienza ahora y que es perfeccionado en la vida venidera.

Por causa del pecado, nuestra antigua rebelión, la alegría del matrimonio puede nublarse y el don de la familia convertirse en una carga.

Pero ya que Dios, quien creó el matrimonio, continúa bendiciéndolo con su apoyo constante, podemos ser fortalecidos en nuestras fatigas y ver nuestro gozo restaurado.

P *Nombre* y *nombre*: si se proponen ustedes compartir mutuamente sus alegrías y tristezas y todo cuanto los años les deparen, les invito a vincularse mutuamente con sus promesas como esposo y esposa.

Los novios se miran cara a cara y se toman las manos. Cada cual a su vez, promete fidelidad en las siguientes o parecidas palabras:

Yo, *nombre*, te recibo a ti, *nombre*, como mi legítima/legítimo esposa/esposo, para vivir contigo desde hoy en adelante, sea que mejore o empeore tu suerte, seas más rica/rico o más pobre, en tiempo de enfermedad y en tiempo de salud, para amarte y consolarte hasta que la muerte nos separe, y de hacerlo así te empeño mi palabra y fe.

Los novios intercambian anillos con las siguientes palabras:

Acepta este anillo como prenda de mi amor y fidelidad.

Otros símbolos de unión conyugal, tales como arras, velas o lazos, pueden ser presentadas en este momento.

Proclamación de Matrimonio

Los novios unen sus manos y el ministro proclama su matrimonio diciendo:

P *Nombre* y *nombre*, con sus promesas delante de Dios y en presencia de esta congregación, se han vinculado mutuamente como esposo y esposa.

C **Alabado sea el Padre y el Hijo y el Espíritu Santo ahora y siempre.**

P A quienes Dios ha unido, que no los separe nadie.

C **Amén**

Bendición

Los contrayentes se arrodillan.

P El Señor Dios, que creó a nuestros primeros padres y los estableció en el matrimonio, los establezca y apoye, a fin de que puedan hallar deleite mútuo y crecer en amor santo hasta el fin de sus vidas.

C **Amén**

Los padres pueden dar también su bendición con las siguientes o parecidas palabras; el resto de la comitiva nupcial puede unirse a ellos en la bendición.

Que vivan por siempre en la presencia de Dios;
y que el amor verdadero y constante los conserve.

Los contrayentes se ponen de pie.

De pie

Las plegarias

A Bendigamos a Dios por todos los dones que hoy nos alegran.

P Señor Dios, tú que eres grande en misericordia, y en fidelidad: te alabamos al recordar tus obras de amor en favor de la familia humana, en favor de la casa de Israel y en favor de tu pueblo, la iglesia. Te bendecimos por el gozo que tus siervos *nombre* y *nombre* han encontrado mutuamente y rogamos que nos concedas

tal conciencia de tu constante amor que dediquemos nuestras energías a una vida de alabanza a ti, cuya obra es la única que permanece fiel y perdura para siempre.

C Amén

A Oremos por _nombre_ y _nombre_ en su vida juntos.

P Señor fiel, fuente de amor, derrama tu gracia sobre _nombre_ y _nombre_, a fin de que sean fieles a las promesas que han hecho hoy y que reflejen tu amor constante en su fidelidad mutua toda su vida. Como miembros, con ellos, del cuerpo de Cristo, úsanos para apoyar su vida juntos; del inmenso tesoro de tu fortaleza, concédeles poder y paciencia, afecto y comprensión, valor y amor hacia ti, amor mútuo y amor hacia todas tus criaturas, que puedan crecer mutuamente conforme a tu voluntad en Jesucristo nuestro Señor.

C Amén

Pueden ofrecerse otras intercesiones.

A Oremos por todas las familias en el mundo entero.

P Padre de infinita bondad: tú bendices a tu familia y renuevas a tu pueblo. Continúa enriqueciendo con tu gracia a espo_sos_ y a _padr_es e hij_os_. Fortalécelos y apóya_los_ para que puedan servir a _los_ necesita_dos_ y ser un signo de la plenitud de tu reino perfecto en el cual, con tu Hijo Jesucristo y el Espíritu Santo, vives y reinas, un solo Dios, por siempre.

C Amén

Cuando se celebra la Santa Comunión, el rito continúa con la paz, p. 60.
Si no se celebra la Santa Comunión, el rito continúa con el Padrenuestro.

o bien:

C Padre nuestro
que estás en el cielo,
santificado sea tu nombre.
Venga tu reino.
Hágase tu voluntad
    en la tierra como en el cielo.
Danos hoy nuestro pan de cada día.
Perdona nuestras ofensas
    como también nosotros
    perdonamos a los
    que nos ofenden.
No nos dejes caer en tentación
    y líbranos del mal.
Porque tuyo es el reino,
    tuyo es el poder y tuya es la gloria,
    ahora y siempre. Amén
	C Padre nuestro
	que estás en los cielos,
	santificado sea tu nombre;
	venga a nos tu reino;
	hágase tu voluntad,
	    así en la tierra como en el cielo;
	el pan nuestro de cada día,
	    dánoslo hoy;
	y perdónanos nuestras deudas
	    así como nosotros perdonamos
	    a nuestros deudores;
	y no nos dejes caer en la tentación;
	mas líbranos del mal.
	Porque tuyo es el reino,
	    el poder y la gloria
	    por los siglos de los siglos. Amén

Se concluye con la bendición.

P El Dios todopoderoso, Padre, ✝ Hijo y Espíritu Santo, _los_ guarde en su luz, verdad y amor, ahora y siempre.

C Amén

FUNERALES

A la entrada de la iglesia

Los ministros reciben el féretro y a los dolientes a la entrada de la iglesia.

℗ Bendito sea Dios y Padre de nuestro Señor Jesucristo, la fuente de toda misericordia, quien nos consuela en todas nuestras tribulaciones.

𝇈 **Demos gracias a Dios.**

Puede colocarse un palio sobre el féretro por los que lo portan o por un ministro ayudante y puede decirse lo siguiente:

℗ Cuando fuimos bautiza*dos* en Cristo Jesús, fuimos bautiza*dos* en su muerte. Por el bautismo, por lo tanto, fuimos sepult*ados* en su muerte a fin de que, como Cristo fue resucitado de la muerte por la gloria del Padre, noso*tros* también pudiéramos vivir una vida nueva; porque si hemos sido uni*dos* a él en una muerte como la suya, ciertamente seremos uni*dos* a él en una resurrección como la suya.

De pie

La procesión se forma y entra en la iglesia con los ministros inmediatamente delante del féretro. Puede cantarse un salmo, un himno u otra selección apropiada mientras la procesión avanza hacia el altar.

Oración del día

℗ El Señor sea con ustedes.

𝇈 **Y también contigo.**

℗ Oremos.

Se dice una de las siguientes oraciones:

℗ Oh Dios de gracia y de gloria: recordamos en tu presencia a nues*tro* herman*o* <u>nombre</u>. Te damos gracias por haberle dado a nosotros para conocer y amar como compañe*ro* en nuestra peregrinación terrenal. Por tu ilimitada compasión, consuela a *los* que nos afligimos. Danos tu ayuda, para que en la muerte, veamos la entrada a la vida eterna, a fin de que sigamos confiadamente nuestro sendero por la tierra hasta que, por tu llamada, nos reunamos con *los* que nos han precedido; por tu Hijo, Jesucristo nuestro Señor.

𝇈 **Amén**

o bien:

℗ Todopoderoso Dios, fuente de toda misericordia y dador de consuelo: mira con bondad a *los* que se afligen a fin de que, confiándote su aflicción, puedan recibir el consuelo de tu amor; por tu Hijo, Jesucristo nuestro Señor.

℃ **Amén**

o bien:

℗ Todopoderoso Dios: *los* que mueren en el Señor viven aún contigo en gozo y fidelidad. Te damos gracias de todo corazón por la gracia que has conferido a tus *siervos* que han concluido su carrera en la fe y ahora descansan de sus labores. Concede que noso*tros,* conjuntamente con to*dos los* que han muerto en la verdadera fe, tengamos perfecto cumplimiento y gozo en tu gloria sempiterna; por tu Hijo, Jesucristo nuestro Señor.

℃ **Amén**

o bien:

℗ Oh Dios: tus días no tienen fin y tus misericordias son innumerables. Haznos conscientes de la corta duración e incertidumbre de la vida humana. Concede que tu Espíritu Santo nos conduzca en santidad y justicia todos los días de nuestra vida, para que habiendo servido a ti en nuestra generación podamos reunirnos con nues*tros* antepasa*dos,* con el testimonio de una conciencia buena, en la comunión de tu iglesia, con la seguridad de una fe cierta, en el consuelo de la esperanza santa, en buena relación contigo nuestro Dios, y en paz con toda la humanidad; por Jesucristo, nuestro Señor.

℃ **Amén**

o bien, en el entierro de un niño:

℗ Oh Dios y Padre nuestro: tu amado Hijo tomó a *los* niños en sus brazos y *los* bendijo. Te rogamos nos concedas tu gracia de manera que podamos encomendar a <u>*nombre*</u> a tu amor y tus cuidados eternos, en la confianza de que nos reunirás a to*dos* en tu reino celestial; por tu Hijo, Jesucristo nuestro Señor.

℃ **Amén**

Sentados

Palabra

Se lee una o más de las siguientes lecturas, u otras apropiadas.

Isaías 25:6-9	Job 19:23-27a
Apocalipsis 21:2-6a	Romanos 8:31-35, 36-39

Entre la primera y segunda lectura puede cantarse el Salmo 121 u otro salmo, un himno o una selección coral.

De pie

Puede usarse el verso propio:

℃ **Aleluya. Jesucristo es el primogénito de entre los muertos; a él sea dada la gloria y el poder por siempre. Amén. Aleluya.**

o bien, en tiempo de Cuaresma:

℃ **Si hemos muerto en Cristo, también viviremos con él; si perseveramos hasta el fin, reinaremos con él.**

Se lee el Evangelio, uno de los siguientes pasajes, u otro apropiado.

Mateo 11:25-30   Juan 14:1-6

Sentados

El sermón sigue a la lectura del Evangelio.

De pie

Se canta un himno.

Puede decirse el Credo Apostólico.

P Dios nos ha hecho su pueblo por medio de nuestro bautismo en Cristo. Viviendo jun*tos* en confianza y esperanza, confesamos nuestra fe:

C **Creo en Dios Padre todopoderoso,**
  creador del cielo y de la tierra.

Creo en Jesucristo, su único Hijo, nuestro Señor.
  Fue concebido por obra del Espíritu Santo
    y nació de la virgen María.
  Padeció bajo el poder de Poncio Pilato,
    fue crucificado, muerto y sepultado.
  Descendió a los muertos.
  Al tercer día resucitó,
  subió a los cielos,
    y está sentado a la diestra del Padre.
  Volverá para juzgar a los vivos y a los muertos.

Creo en el Espíritu Santo,
  la santa iglesia católica,
  la comunión de los santos,
  el perdón de los pecados,
  la resurrección del cuerpo,
  y la vida eterna. Amén

Las plegarias

Pueden utilizarse otras oraciones apropiadas en lugar de éstas.

A Dios todopoderoso: tú has unido a tu pueblo escogido en una familia, en el cuerpo místico de tu Hijo, Jesucristo nuestro Señor. Concede a toda tu iglesia en el cielo y en la tierra tu luz y tu paz.

C **Te rogamos, óyenos.**

A Concede que to*dos* cuan*tos* han sido bautiza*dos* en la muerte y resurrección de Cristo mueran al pecado y resuciten a una vida nueva y que, por la tumba y umbral de la muerte, pasemos con él hacia nuestra gloriosa resurrección.

C **Te rogamos, óyenos.**

Ⓐ Concede a *los* que aún estamos en nuestra peregrinación y que aún caminamos por fe, para que tu Espíritu Santo nos conduzca en santidad todos nuestros días.

Ⓒ **Te rogamos, óyenos.**

Ⓐ Concede a tu pueblo fiel perdón y paz, para que lim*pios* de todos nuestros pecados podamos servirte con conciencia tranquila.

Ⓒ **Te rogamos, óyenos.**

Ⓐ Concede a to*dos los* dolientes una confianza segura en tu cuidado amoroso, para que, confiándote su aflicción, puedan conocer el consuelo de tu amor.

Ⓒ **Te rogamos, óyenos.**

Ⓐ Concede valor y fe a *los* afligi*dos*. Que puedan tener fortaleza para hacerle frente al futuro en la confianza de una esperanza santa y segura y en la expectativa gozosa de la vida eterna junto a sus seres queridos.

Ⓒ **Te rogamos, óyenos.**

Ⓐ Ayúdanos, te rogamos, que aún en medio de cosas que no podemos comprender, podamos creer y confiar en la comunión de *los* san*tos,* el perdón de los pecados, y la resurrección a la vida eterna.

Ⓒ **Te rogamos, óyenos.**

Ⓐ Concédenos gracia para confiar a <u>*nombre*</u> a tu amor inagotable que *lo* sostuvo en esta vida. Recíbe*lo* en los brazos de tu misericordia y recuérda*lo* conforme a tu benignidad para con tu pueblo.

Ⓒ **Te rogamos, óyenos.**

Quien preside concluye las intercesiones con una de las siguientes oraciones.

Ⓟ Dios de toda bondad: tú enviaste a tu Hijo, nuestro Salvador Jesucristo, para traer vida eterna. Te damos gracias porque, por su muerte, Jesús destruyó el poder de la muerte. Por su resurrección, ha abierto el reino de los cielos a to*dos los* creyentes. Haznos sentir la certeza de que, porque él vive, noso*tros* también vivimos y que ni la muerte, ni la vida, ni lo presente, ni lo futuro nos podrá separar de tu amor, que es en Cristo Jesús, nuestro Señor, que vive y reina contigo y con el Espíritu Santo, un solo Dios, ahora y siempre.

Ⓒ **Amén**

o bien:

Ⓟ Oh Dios: delante de ti surgen y pasan las generaciones. Tú eres la fortaleza de *los* que trabajan; tú eres el reposo de *los* fieles difuntos. Nos regocijamos en la compañía de tus san*tos.* Recordamos a to*dos los* que han vivido en fe, to*dos los* que han muerto en paz, y especialmente nuestros seres queridos que en ti reposan. . . . Danos, a nuestro debido tiempo, nuestra porción con aque*llos* que han confiado en ti y han luchado por cumplir tu santa voluntad. A tu nombre, con la iglesia en la tierra y la iglesia en el cielo, damos toda honra y gloria, ahora y siempre.

Ⓒ **Amén**

Cuando se celebra la Santa Comunión, el rito continúa en la liturgia eucarística con la paz, p. 60. La encomendación sigue entonces al cántico de poscomunión (Nunc dimittis) y a la oración.

Si no se celebra la Comunión, el rito continúa con el Padrenuestro.

o bien:

C **Padre nuestro**
que estás en el cielo,
santificado sea tu nombre.
Venga tu reino.
Hágase tu voluntad
    en la tierra como en el cielo.
Danos hoy nuestro pan de cada día.
Perdona nuestras ofensas
        como también nosotros
        perdonamos a los
        que nos ofenden.
No nos dejes caer en tentación
    y líbranos del mal.
Porque tuyo es el reino,
    tuyo es el poder y tuya es la gloria,
    ahora y siempre. Amén

C **Padre nuestro**
que estás en los cielos,
santificado sea tu nombre;
venga a nos tu reino;
hágase tu voluntad,
    así en la tierra como en el cielo;
el pan nuestro de cada día,
        dánoslo hoy;
y perdónanos nuestras deudas
        así como nosotros perdonamos
        a nuestros deudores;
y no nos dejes caer en la tentación;
mas líbranos del mal.
Porque tuyo es el reino,
    el poder y la gloria
    por los siglos de los siglos. Amén

Sentados

Encomendación

Los ministros se colocan junto al féretro.

P En tus manos, oh misericordioso Salvador, encomendamos a tu sier*vo* <u>nombre</u>. Recibe, te pedimos humildemente, a esta oveja de tu redil, este cordero de tu rebaño, es*te* peca*dor* que redimiste. Recíbe*lo* en los brazos de tu misericordia y acóge*lo* en el bendito descanso de la paz eterna y en la gloriosa compañía de tus san*tos* en luz.

C **Amén**

P Prosigamos en paz.
C **En el nombre de Cristo.**

De pie

Se forma la procesión y sale de la iglesia con los ministros precediendo al féretro.
Al salir la procesión de la iglesia, puede cantarse un salmo, un himno o una selección coral.
El cántico Nunc dimittis puede cantarse si es que no se ha cantado en la Santa Comunión.

Sepelio

Los ministros preceden al féretro hasta el lugar de entierro o consignación. Durante la procesión puede cantarse o decirse uno o más de los siguientes versos.

En mi angustia clamé al Señor; me escuchó, me puso a mis anchas.
Más vale refugiarse en el Señor, que fiarse en el ser humano;
    más vale refugiarse en el Señor, que fiarse en los poderosos.
Me empujaron para abatirme, pero el Señor vino en mi ayuda.
Clamores de alegría y de triunfo en las tiendas de los justos:
La derecha del Señor ha hecho grandes cosas,
    la derecha del Señor ha vencido, la derecha del Señor ha hecho proezas.

No, no moriré, viviré y publicaré las obras del Señor.

Ábranme las puertas triunfales; entraré y daré gracias al Señor.

Esta es la puerta del Señor; los vencedores entrarán por ella. *(del Salmo 118)*

Yo sé que mi Redentor vive, y que al final se levantará sobre el polvo. Y aunque mi piel haya sido destruida me levantaré dentro de mi piel, y en mi propia carne veré a Dios. *(Job 19:25-26)*

Ninguno de nosotros vive para sí mismo, ni muere para sí mismo. Si vivimos, vivimos para el Señor; y si morimos, morimos para el Señor. Y tanto en la vida como en la muerte, pertenecemos al Señor. *(Romanos 14:7-8)*

Jesús dijo: "Yo soy la resurrección y la vida. El que cree en mí, aunque esté muerto, vivirá; y el que vive y cree en mí, no morirá para siempre." *(Juan 11:25-26a)*

Cuando todos han llegado al lugar, se puede decir la siguiente oración.

P Todopoderoso Dios: por la muerte y el entierro de Jesús, tu ungido, tú has destruido la muerte y has santificado las tumbas de to*dos* tus san*tos*. Mantén a nues*tro* herma*no,* cuyo cuerpo ahora entregamos al reposo, en la compañía de to*dos* tus san*tos*. En el último día, resucíta*lo* para compartir con todo tu pueblo fiel el gozo y paz perpetuas, logradas por la resurrección de Cristo, nuestro Señor, que vive y reina contigo y con el Espíritu Santo, un solo Dios, ahora y siempre.

C **Amén**

Puede leerse uno de los siguientes pasajes.

Juan 12:23-26

1 Corintios 15:51-57

Filipenses 3:20-21

El féretro es bajado en la tumba o colocado en el lugar en donde se ha de dejar. Puede lanzarse tierra sobre el féretro mientras el ministro dice:

o bien:

P En la segura y consoladora esperanza de la resurrección a la vida eterna por medio de nuestro Señor Jesucristo, encomendamos a Dios todopoderoso a nues*tro* herma*no* <u>nombre</u> y entregamos su cuerpo a su lugar de reposo, tierra a tierra, ceniza a ceniza, polvo a polvo. El Señor le bendiga y le guarde. El Señor haga resplandecer su rostro sobre *él* y le sea propicio. El Señor vuelva hacia *él* su rostro y ✝ le conceda la paz.

C **Amén**

P Por cuanto Dios todopoderoso ha llamado a sí a nues*tro* herma*no* <u>nombre</u>, de esta vida, entregamos su cuerpo a su lugar de reposo. Cristo fue el primero en resucitar de la muerte, y sabemos que resucitará nuestros cuerpos mortales para ser como el suyo en gloria. Encomendamos a nues*tro* herma*no* al Señor. Que el Señor le reciba en su paz y le resucite en el último día.

C **Amén**

℗ Acuérdate, Señor, de nosotros en tu reino y enséñanos a orar:

o bien:

© **Padre nuestro**
que estás en el cielo,
santificado sea tu nombre.
Venga tu reino.
Hágase tu voluntad
   en la tierra como en el cielo.
Danos hoy nuestro pan de cada día.
Perdona nuestras ofensas
   como también nosotros
   perdonamos a los
   que nos ofenden.
No nos dejes caer en tentación
   y líbranos del mal.
Porque tuyo es el reino,
   tuyo es el poder y tuya es la gloria,
   ahora y siempre. Amén

© **Padre nuestro**
que estás en los cielos,
santificado sea tu nombre;
venga a nos tu reino;
hágase tu voluntad,
   así en la tierra como en el cielo;
el pan nuestro de cada día,
   dánoslo hoy;
y perdónanos nuestras deudas
   así como nosotros perdonamos
   a nuestros deudores;
y no nos dejes caer en la tentación;
mas líbranos del mal.
Porque tuyo es el reino,
   el poder y la gloria
   por los siglos de los siglos. Amén

℗ Señor Jesús: por tu muerte removiste a la muerte su aguijón. Concédenos tal manera de seguir en la senda de la fe que tú has trazado, de manera que podamos, al final, dormir tranquilamente en ti y despertarnos en tu semejanza. A ti, el autor y dador de la vida, sea toda honra y gloria, ahora y siempre.

© **Amén**

Puede entonces decirse:

℗ Concédele, Señor, descanso eterno;

Ⓐ y brille sobre *él* la luz perpetua.

Quien preside bendice al pueblo.

℗ El Dios de paz, que resucitó de la muerte a nuestro Señor Jesús, el gran pastor de las ovejas, por la sangre que confirmó su pacto eterno, les perfeccione en toda buena obra para cumplir su voluntad; y que obre en ustedes lo que es agradable en su presencia; por Jesucristo, a quien sea la gloria por los siglos de los siglos.

© **Amén**

℗ Vayamos en paz.

MIERCOLES DE CENIZA

De pie

Saludo y oración

Ⓟ La gracia de nuestro Señor Jesucristo, el amor de Dios
y la comunión del Espíritu Santo sean con ustedes.

Ⓒ **Y también contigo.**

Ⓟ Oremos. Todopoderoso y eternos Dios: tú no aborreces nada de cuanto has hecho
y perdonas los pecados de cuantos se arrepienten. Crea en noso*tros* nuevos y
sinceros corazones, a fin de que, arrepenti*dos* sinceramente de nuestros pecados,
obtengamos de tí, el Dios de toda misericordia, pleno perdón y absolución; por tu
Hijo, Jesucristo nuestro Señor, que vive y reina contigo y con el Espíritu Santo,
un solo Dios, ahora y siempre.

Ⓒ **Amén**

Salmo 51

Se dice o se canta el Salmo 51 y lo que sigue.

Ⓒ **Gloria al Padre, y al Hijo, y al Espíritu Santo, como era en el principio,
ahora y siempre, por los siglos de los siglos. Amén**

Exhortación

Ⓟ Amado pueblo de Dios: *Los* prime*ros* cristia*nos* observaron con gran devoción los
días de la Pasión y Resurrección de nuestro Señor. Dios nos creó para que experi-
mentásemos gozo en comunión con él, para amar a toda la humanidad, y para
vivir en armonía con toda su creación.

Pero el pecado nos separa de Dios, de nuestros prójimos y de la creación y, por lo
tanto, no disfrutamos de la vida que nuestro creador quiso para nosotros.

Como discípu*los* de Jesús nuestro Señor hemos sido llamados a luchar contra
todo lo que nos aparte del amor de Dios y nuestro prójimo. El arrepentimiento, el
ayuno, la oración y las obras de caridad—todo lo cual constituye la disciplina de
la Cuaresma— nos ayudan en nuestra lucha espiritual, y a prepararnos con gozo
para la fiesta Pascual. Les invito, por lo tanto, a entregarse de lleno a esta lucha y
a confesar sus pecados, implorando a nuestro Padre la fortaleza para preservar en
la disciplina cuaresmal.

De rodillas o sentados

Confesión

Silencio para reflexión y examen de conciencia.

℗ Santísimo y misericordioso Padre:

🅲 **Confesamos a ti y delante de toda la comunión de *los* san*tos*
en el cielo y en la tierra,
que hemos pecado por nuestra propia culpa
en pensamientos, palabras y obras;
por lo que hemos hecho y por lo que hemos dejado de hacer.**

℗ No te hemos amado con todo nuestro corazón
y toda nuestra mente y todas nuestras fuerzas.
No hemos amado a nuestros prójimos como a noso*tros* mis*mos*.
No hemos perdonado a otros como hemos sido perdona*dos*.

🅲 **Señor, ten piedad.**

℗ Hemos permanecido sor*dos* a tu llamado de servir como Cristo nos sirvió.
No hemos sido fieles a la voluntad de Cristo.
Hemos ofendido a tu Espíritu Santo.

🅲 **Señor, ten piedad.**

℗ Te confesamos, Señor, nuestra infidelidad pasada.
El orgullo, la hipocresía y la impaciencia en nuestras vidas,

🅲 **te confesamos, Señor.**

℗ Nuestros apetitos y costumbres de auto-satisfacción
y nuestra explotación de otras personas,

🅲 **te confesamos, Señor.**

℗ Nuestra ira por nuestra propia frustración
y nuestra envidia de los más afortunados,

🅲 **te confesamos, Señor.**

℗ Nuestro desenfrenado deseo por los bienes y las comodidades materiales
y nuestra falta de honradez en nuestra vida y nuestro trabajo diario,

🅲 **te confesamos, Señor.**

℗ Nuestra negligencia en la oración y adoración
y nuestra falta de propagar la fe que tenemos,

🅲 **te confesamos, Señor.**

℗ Acepta, Señor, nuestro arrepentimiento, por el mal que hemos hecho.
Por nuestra ceguera ante la necesidad y el sufrimiento humano
y nuestra indiferencia ante la injusticia y la crueldad,

🅲 **acepta nuestro arrepentimiento, Señor.**

℗ Por todo juicio temerario,
por pensamientos carentes de amor hacia nuestros prójimos
y por nuestro prejuicio y desprecio de aque*llos* que son diferentes,

🅲 **acepta nuestro arrepentimiento, Señor.**

℗ Por nuestro desprecio a tu creación, la contaminación que hemos causado y nuestra falta de preocupación por *los* que han de venir después,
℃ acepta nuestro arrepentimiento, Señor.

℗ Restáuranos, buen Señor, y aleja de noso*tros* tu ira.
℃ Escúchanos, Señor, pues tu misericordia es inmensa. Amén

Sentados

Imposición de cenizas

Puede continuarse con la imposición de cenizas. Los que deseen recibir las cenizas se adelantan y se arrodillan ante el altar.

Los ministros imponen las cenizas en la frente de cada persona con las siguientes palabras:
Recuerda que eres polvo y al polvo volverás.

Cuando todos los que deseen recibir cenizas las han recibido, quien preside dirige la congregación en la última parte de la confesión.

De rodillas

℗ Realiza en noso*tros,* oh Dios, la obra de tu salvación,
℃ a fin de que podamos mostrar tu gloria en el mundo.

℗ Por la cruz y Pasión de tu Hijo, nuestro Señor,
℃ llévanos con to*dos* tus san*tos* a la gloria de su resurrección.

Quien preside se levanta y se dirige a la congregación.
℗ El Dios todopoderoso, Padre de nuestro Señor Jesucristo, no desea la muerte de *los* peca*dores* sino que se aparten de su iniquidad y vivan. Por lo tanto, le imploramos que nos conceda verdadero arrepentimiento y su Espíritu Santo, a fin de que, complacido por lo que hacemos hoy, el resto de nuestras vidas pueda ser puro y santo y, finalmente, podamos entrar en su gozo eterno; por Jesucristo nuestro Señor.
℃ Amén

Sentados
Después de un tiempo en silencio, la Santa Comunión comienza con las lecturas.

DOMINGO DE LA PASION

Domingo de Ramos

El énfasis de la celebración de este domingo recae en la entrada triunfal. Sin embargo, si en cambio se quiere enfatizar el Domingo de la Pasión, deberán hacerse los cambios adecuados en las lecturas del día.

Liturgia para la procesión

La congregación se reúne, preferiblemente en un lugar que no sea el interior del templo. Se distribuyen los ramos antes de comenzar el rito.

Quien preside, de pie en medio de la gente, dice lo siguiente:
P ¡Bendito el que viene en el nombre del Señor!
C **¡Hosanna al Hijo de David!**

P El Señor sea con ustedes.
C **Y también contigo.**

P Oremos.
Misericordiosamente ayúdanos, oh Señor Dios de nuestra salvación, a fin de que gozosamente iniciemos la contemplación de aquellos grandes acontecimientos con los cuales nos concediste la vida eterna; por tu Hijo, Jesucristo nuestro Señor.
C **Amén**

Se lee el Evangelio procesional correspondiente al año litúrgico.
A. Mateo 21:1-11   B. Marcos 11:1-10   C. Lucas 19:28-40

Al comenzar el ministro con la acción de gracias, los miembros de la congregación sostienen en alto sus ramos.
P El Señor sea con ustedes.
C **Y también contigo.**

P Demos gracias al Señor nuestro Dios.
C **Es justo darle gracias y alabanza.**

P A ti sea la gloria, oh Dios, en cuyo nombre bendecimos estos ramos *(quien preside extiende su mano, o puede rociar con agua los ramos, y hace la señal de la cruz sobre ellas)* a fin de mostrar ante los ojos de todo ser humano el gran amor y la humildad de tu Hijo, Jesucristo, quien tenía todas las condiciones humanas y se humilló hasta tomar la forma de un esclavo. Jesús se hizo obediente a ti, hasta la muerte, y muerte de cruz. Sin embargo, tú, oh Dios, le has exaltado y le has dado un nombre que es sobre todo nombre.

C Para que toda rodilla se doble en el nombre de Jesús
y toda lengua confiese que él es Señor.
A él, nuestro Cordero Pascual, sea todo honor, gloria,
adoración y dominio, ahora y siempre,
por los siglos de los siglos. Amén

P Oh Dios, permite que *los* que hemos sufrido dolores de muerte, en la fe de Jesús, en este mundo, podamos heredar las promesas de tu reino.
C To*dos* cantamos hosanna.
To*dos* esperamos en ti.

P Escucha, Señor, el clamor de tu pueblo. *Los* desconsola*dos, los* pobres, *los* adolori*dos, abusados* por poderes malignos, *los* ancia*nos, los* campesi*nos, los* encarcela*dos* por causa de buscar justicia, *los* olvida*dos* en hospitales mentales. To*dos* ellos han venido a cantarte hosanna.
C To*dos* cantamos hosanna.
To*dos* esperamos en ti.

P *Los* que han perdido la tierra, que tú les habías dado por herencia, *los* que no pueden leer, *los* condena*dos* a muerte por enfermedades incurables, to*dos* ellos han venido a cantarte hosanna.
C To*dos* cantamos hosanna.
To*dos* esperamos en ti.

P *Los* que se quedaron sin casa, *los* que perdieron sus hij*os* o sus *pad*res en temporales, guerras, enfermedades o en manos de una economía injusta, *los* que han perdido sus esperanzas, to*dos* ell*os* han venido a cantarte hosanna.
C To*dos* cantamos hosanna.
To*dos* esperamos en ti.

P Tú, Señor, eres nuestra esperanza.
Que venga tu reino, tu reino de amor.
C To*dos* cantamos hosanna.
To*dos* esperamos en ti. Amén

P Marchemos adelante en paz.
C En el nombre de Cristo.

La procesión hacia la iglesia comienza. Durante la procesión se puede cantar el himno 332, "Cabalga majestuoso," y/o el Salmo 118. También pueden cantarse otros himnos y salmos.

Los ministros se detienen ante el altar hasta que los miembros de la congregación ocupan sus lugares. Entonces quien preside dice lo siguiente:
P ¡Bendito el que viene en el nombre del Señor!
C ¡Hosanna en el cielo!

Los ministros ocupan sus lugares y la Santa Comunión comienza con la oración del día.

JUEVES SANTO

La liturgia puede comenzar con el sermón. Puede cantarse un himno antes.

El Sermón concluye con una enseñanza. Se pueden usar las siguientes palabras:

℗ En esta temporada de cuaresma hemos escuchado el llamado de nuestro Señor a intensificar nuestra lucha contra las fuerzas del pecado, de la muerte y del mal—todo lo que nos separa del amor a Dios y de nuestros semejantes. Esta es la lucha en la cual nos comprometemos en el bautismo. El perdón de Dios y el poder del Espíritu para enmendar nuestras vidas continúan con noso*tros* gracias al amor que nos mostró en Jesús, nuestro Salvador.

Dentro de la comunidad de su iglesia, Dios nunca se cansa de conceder paz y vida nueva. En las palabras de absolución recibimos perdón de Dios mismo. No debemos dudar de esta absolución, sino firmemente creer que con ella se nos perdonan nuestros pecados ante Dios. Porque la absolución nos llega en nombre y por mandato de nuestro Señor.

To*dos los* que recibimos el amor de Dios en Jesucristo somos llamados a amarnos los unos a los otros, a servirnos mutuamente como Cristo se hizo nuestro siervo. [Nuestro compromiso con este servicio amoroso está simbolizado en el lavatorio de pies, siguiendo el ejemplo que el Señor nos dio en la noche antes de su muerte.]*

Sin embargo, es en la Santa Comunión que los miembros del cuerpo de Cristo participan más íntimamente de su amor. Recordando la última cena de nuestro Señor con sus discípulos, comemos el pan y compartimos la copa de esta cena. Jun*tos* recibimos el don que el Señor hace de sí mismo y participamos de aquel nuevo pacto que nos hace uno con él. La eucaristía es la promesa del gran banquete que compartiremos con to*dos los* fieles cuando nuestro Señor regrese, la culminación de nuestra reconciliación con Dios y de *los u*nos con *los otros*.

Sigue ahora la confesión de pecados. Puede ser usada la porción apropiada de la Confesión y Absolución Congregational, incluyendo la absolución individual con la imposición de manos. O, como alternativa, puede usarse el Breve Orden Penitencial.

Se comparte la paz después de la absolución. No se repite más tarde en la liturgia.

---

* *Estas palabras se leen y usan cuando ha de celebrarse el Lavatorio de los Pies en el rito.*

Se dice la oración del día. Puede ser precedida por el saludo.

Siguen las lecturas, el salmo y verso en el orden acostumbrado.

Puede efectuarse entonces el Lavatorio de los Pies. Quien preside se quita cualquier vestimenta litúrgica que use, menos el alba, se pone un delantal o una toalla y lava los pies de un grupo representativo de la congregación.

Durante el lavatorio de los pies la congregación puede unirse en cánticos apropiados.

La Santa Comunión prosigue con las plegarias.

Después que todos han recibido el pan y la copa y quien presida haya pronunciado la bendición, se dice la oración de la poscommunión, omitiendo el cántico.

Se procede ahora a la Desnudación del Altar: se remueven manteles, paramentos, ornamentos, velas, etc. Mientras se hace esto se recita o se canta el Salmo 22. Si se puede, la congregación debe estar de rodillas.

No hay bendición. Todos se retiran del templo en silencio.

VIERNES SANTO

Los ministros entran en silencio y van a sus lugares.

De pie

Oración del día

Se dice la oración del día. Se omite la salutación.

o bien:

Ⓟ Dios todopoderoso: te suplicamos que contemples con misericordia a tu familia por la cual nuestro Señor Jesucristo consintió ser traicionado y entregado en manos de pecadores y sufrir muerte en la cruz; quien ahora vive y reina contigo y con el Espíritu Santo, un solo Dios, por siempre jamás.
Ⓒ **Amén**

Ⓟ Señor Jesús: tú llevaste nuestros pecados en tu cuerpo sobre el madero a fin de que pudiéramos tener vida. Concede que nosotros y todos los que conmemoran este día encontremos nueva vida en ti ahora y en el mundo venidero, donde tú vives y reinas con el Padre y el Espíritu Santo, ahora y siempre.
Ⓒ **Amén**

Sentados

Palabra

Se lee el pasaje de Isaías 52:13-53:12. Silencio para oración y reflexión sigue a la lectura.

Se canta el Salmo 22, u otro salmo apropiado.

Se lee la lectura Hebreos 10:16-25 o Hebreos 4:14-16; 5:7-9. Silencio para oración y reflexión sigue a la lectura. Se canta el himno 342, "Cabeza ensangrentada," u otro himno apropiado.

Le sigue el Evangelio. Varios lectores leen la Pasión según San Juan, Juan 18:1-19:42, o se canta usando algún arreglo apropiado para uso litúrgico. La congregación puede permanecer sentada durante toda la lectura o parte de la misma. Silencio para oración y reflexión sigue a la lectura.

Se canta el himno 340, "Santo Cordero," u otro himno apropiado.

Puede seguir un sermón.

De rodillas o sentados

Oración intercesora

Se dice la Oración Intercesora, p. 106, o la siguiente oración.

℗ Oremos. Por to*dos* aque*llos* que sufren diariamente
   la pasión y el dolor de Jesús en sus vidas;
   por to*dos los* que mueren como su Señor, abandona*dos,* abati*dos,* sin nombre,
   y son enterra*dos* en una fosa común;
   por las mujeres oprimidas, quienes no tienen manifestación de vida propia;
   por *los* que sufren la cruz del racismo y el sexismo;
   por *los* deambulantes que duermen sin cobija en el frío invierno;
   por los soldados que mueren inocentes;
   por *los* que tienen hambre y sed de justicia, como lo anunciaste en tu evangelio,
℃ **te pedimos, Señor.**

℗ Te pedimos por tu santa iglesia:
   tu pueblo en este mundo, tus san*tos* testi*gos.*
   Levanta minis*tros* y misione*ros* que sean fieles trabajado*res* de tu reino,
   y que proclamen tu palabra con honor y valentía.
℃ **Te lo pedimos, Señor.**

℗ Danos gobernantes hones*tos* y economistas virtuo*sos*
   para gobernar la tierra que nos has dado.
   Guía a *los* científicos a la vocación de cuidar tu creación
   y servir a tus criaturas por las cuales has muerto
   en esa cruz de vergüenza y dolor.
℃ **Te lo pedimos, Señor.**

℗ Ayuda a to*dos los* heri*dos* por las guerras,
   a fin de que puedan rehacer sus vidas, encontrar una nueva familia, una nueva
   esperanza.
   Sana, Señor, aquellas heridas que nosotros los seres humanos no podemos sanar.
   Perdona nuestra incredulidad y enséñanos a confiar en ti,
   autor y consumador de la fe.
℃ **Te lo pedimos, Señor.**

℗ Nos gloriamos en tu cruz, oh Señor.
℃ **Bendecimos tu resurrección a través de la cual
   el gozo entró otra vez al mundo.**

℗ Nos gloriamos en tu cruz, oh Señor.
℃ **Te alaben los pueblos, oh Dios.
   Todos los pueblos te alaben.**

℗ Te adoramos, oh Cristo y te bendecimos.
℃ **Hemos muerto contigo, viviremos contigo.
   Manténnos firmes, para que reinemos contigo, Cristo. Amén**

℗ Unámonos en la oración que nos enseñó el Señor.

o bien:

ℂ **Padre nuestro**
que estás en el cielo,
santificado sea tu nombre.
Venga tu reino.
Hágase tu voluntad
   en la tierra como en el cielo.
Danos hoy nuestro pan de cada día.
Perdona nuestras ofensas
   como también nosotros
   perdonamos a los
   que nos ofenden.
No nos dejes caer en tentación
   y líbranos del mal.
Porque tuyo es el reino,
   tuyo es el poder y tuya es la gloria,
   ahora y siempre. Amén
	ℂ **Padre nuestro**
	que estás en los cielos,
	santificado sea tu nombre;
	venga a nos tu reino;
	hágase tu voluntad,
	   así en la tierra como en el cielo;
	el pan nuestro de cada día,
	   dánoslo hoy;
	y perdónanos nuestras deudas
	   así como nosotros perdonamos
	   a nuestros deudores;
	y no nos dejes caer en la tentación;
	mas líbranos del mal.
	Porque tuyo es el reino,
	   el poder y la gloria
	   por los siglos de los siglos. Amén

De pie

Procesión

Una cruz tosca puede ser llevada en procesión por la iglesia y colocada frente al altar, si no fue colocada al principio del rito.

℗ He aquí el madero de la cruz del cual colgó la salvación del mundo.

ℂ **Adoremos al Salvador.**

℗ He aquí el madero de la cruz del cual colgó la salvación del mundo.

ℂ **Adoremos al Salvador.**

℗ He aquí el madero de la cruz del cual colgó la salvación del mundo.

ℂ **Adoremos al Salvador.**

De rodillas o sentados

Se observa silencio para reflexión sobre el misterio del Salvador crucificado, el misterio de la redención.

Se pueden decir los reproches.

Reproches

℗ Pueblo mío, iglesia mía, ¿qué te he hecho? ¿En qué te he ofendido?
¡Respóndeme! Porque te llevé fuera de la tierra de Egipto, has preparado una cruz para tu Salvador.

ℂ **¡Santo Dios, Santo y fuerte, Santo e inmortal! Ten piedad de nosotros.**

℗ Porque te conduje durante cuarenta años por el desierto, y te alimenté con maná, y te guié a una tierra de abundancia, has preparado una cruz para tu Salvador.

ℂ **¡Santo Dios, Santo y fuerte, Santo e inmortal! Ten piedad de nosotros.**

P ¿Qué más debí hacer por ti, de lo que hice? Yo te sembré viña mía hermosísima; y sólo me diste amargo fruto; porque cuando tuve sed, vinagre me diste, y con una lanza atravesaste el costado de tu Salvador.

C **¡Santo Dios, Santo y fuerte, Santo e inmortal! Ten piedad de nosotros.**

P Por ti flagelé al pueblo de Egipto, haciendo morir a sus primogénitos: y tú me flagelaste antes de condenarme a morir. Te llevé fuera de Egipto y ahogué al Faraón en el Mar Rojo; y tú me vendiste a los príncipes de los sacerdotes.

C **Pueblo mío, ¿qué te he hecho? ¿En qué te he ofendido? ¡Respóndeme!**

P Aparté las aguas ante ti; y tú con una lanza abriste mi costado. Te guié con una columna de humo; y tú me entregaste al juicio de Pilatos.

C **Pueblo mío, ¿qué te he hecho? ¿En qué te he ofendido? ¡Respóndeme!**

P Te alimenté con maná en el desierto; y tú me abofeteaste y flagelaste. Te di a beber agua que manó de roca; y tú me diste a beber hiel y vinagre.

C **Pueblo mío, ¿qué te he hecho? ¿En qué te he ofendido? ¡Respóndeme!**

P Por ti golpeé a los reyes de Canaán; y tú golpeaste mi cabeza con una caña. Te di un cetro real; y tú diste a mi cabeza una corona de espinas.

C **Pueblo mío, ¿qué te he hecho? ¿En qué te he ofendido? ¡Respóndeme!**

P Te injerté al árbol de Israel, mi pueblo escogido, pero tú les atacaste con persecución y asesinato masivo. Te hice heredero junto con ellos de mis pactos, pero tú hiciste de ellos chivos expiatorios de tu propia culpa.

C **Pueblo mío, ¿qué te he hecho? ¿En qué te he ofendido? ¡Respóndeme!**

P Te di mi paz, aquella que el mundo no te puede dar, y como un sirviente te lavé los pies, pero tú desenvainaste la espada en mi nombre, y buscaste posiciones altas en mi reino.

C **Pueblo mío, ¿qué te he hecho? ¿En qué te he ofendido? ¡Respóndeme!**

P A ti me allegué como *el* más peque*ño* de tus herma*nos*. Tuve hambre y no me diste de comer; sed, pero no me diste de beber. Fui extranjero, pero no me hiciste sentir bienvenido; estuve desnudo, pero no me vestiste; enfermo y en prisión, y no me visitaste.

C **Pueblo mío, ¿qué te he hecho? ¿En qué te he ofendido? ¡Respóndeme!**

P Yo te ensalcé con grandes virtudes; y tú me colgaste del patíbulo de la cruz.

C **Pueblo mío, ¿qué te he hecho? ¿En qué te he ofendido? ¡Respóndeme!**

Después de un breve silencio:
P Te adoramos, oh Cristo, y te bendecimos.

C **Por tu santa cruz has redimido al mundo.**

Los ministros se retiran en silencio. Los feligreses pueden continuar en la iglesia en oración y reflexión. Luego, en silencio se van retirando poco a poco.

VIGILIA PASCUAL

❖ LITURGIA DE LA LUZ ❖

La congregación se reúne, preferiblemente en un lugar que no sea el interior del templo. Puede haberse preparado una fogata. Se da una vela a cada persona.

Quien preside y los ministros asistentes, revestidos para la Santa Comunión, vienen y se detienen en medio de la gente. Uno de ellos lleva una vela grande, el cirio pascual, que ha sido adecuadamente inscrito.

Ⓟ Oremos. Oh Dios: por tu Hijo has conferido a tu pueblo la claridad de tu luz. Santifica este fuego nuevo y concede que en esta fiesta Pascual nuestros corazones ardan en deseos celestiales. Que con pensamientos puros lleguemos a la festividad de la luz eterna; por Jesucristo, nuestro Señor.

Ⓒ **Amén**

Quien preside enciende el cirio pascual de la fogata o de un fuego distinto que haya sido encendido. Al encender el cirio quien preside puede decir:

Ⓟ Que la luz de Cristo, que resucita glorioso,
   disperse las tinieblas de nuestros corazones y mentes.

Procesión

El asistente que sostiene el cirio lo levanta en alto y canta:

♪ Ⓐ La luz de Cristo.

Ⓒ **Demos gracias a Dios.**

La procesión hacia adentro del templo oscuro comienza, conducida por el asistente que lleva el cirio pascual. A la puerta del templo, el asistente levanta el cirio y canta por segunda vez:

Ⓐ La luz de Cristo.

Ⓒ **Demos gracias a Dios.**

Todos encienden sus velas del cirio pascual y la procesión prosigue su entrada al templo. Cuando el asistente llega ante el altar, se vira cara a la congregación. Cuando todos han llegado a sus lugares, levanta el cirio en alto y canta por tercera vez:

Ⓐ La luz de Cristo.

Ⓒ **Demos gracias a Dios.**

Una vez que el cirio pascual haya sido colocado sobre su candelabro, se lee el Pregón Pascual que sigue (pp.143–44), o bien, se puede cantarlo en forma abreviada, p. 145 (vea la música en el numero 274).

Pregón Pascual

EXSULTET

A Alégrense ya, todos los coros angélicos,
   y celebren jubilosamente los divinos misterios;
   y por la victoria del rey tan grande, suene el clarín de la salvación.
Alégrate también, oh tierra, con la claridad de la luz que te baña;
   y, alumbrada con el esplendor del rey eterno,
   conoce que las antiguas tinieblas han sido desterradas de todo el mundo.
Alégrate también, oh madre iglesia, revestida con los destellos de tal luz;
   resuene jubiloso este recinto con las voces jubilosas de las gentes.
Por lo tanto, muy amadí*simos,* ante la luminosidad de esta brillante y santa luz,
   les pido se unan a mí en ensalzar la amorosa bondad de Dios todopoderoso;
   por nuestro Señor Jesucristo, tu Hijo, que vive y reina contigo
   en la unidad del Espíritu Santo, un solo Dios, ahora y siempre.

C **Amén**

A El Señor sea con ustedes.
C **Y también contigo.**

A Demos gracias al Señor, nuestro Dios.
C **Es justo darle gracias y alabanza.**

A En verdad es digno, justo y saludable,
   que con plena devoción de corazón y mente y voz
   alabemos al Dios invisible, el Padre todopoderoso
   y su único Hijo, nuestro Señor Jesucristo;
   quien canceló para noso*tros* la deuda de Adán con el Padre eterno
   y que, con su preciosa sangre,
   nos redimió de la esclavitud del antiguo pecado.
Porque ésta ciertamente es la Fiesta Pascual
   en la cual se inmola el verdadero Cordero,
   por cuya sangre los dinteles de los fieles son hechos santos.
Esta es la noche en la cual, antiguamente,
   liberaste a nues*tros* antepasa*dos,*
   los hij*os* de Israel, de la tierra de Egipto;
   y *los* condujiste por tierra seca a través del Mar Rojo.
Esta, ciertamente, es la noche en que las tinieblas del pecado
   han sido disipadas por la luz que renace.
Esta es la noche en que to*dos los* que creen en Cristo
   son rescata*dos* del mal, son renova*dos* en gracia,
   y son restaura*dos* a la santidad.
Esta es la noche en la cual, rompiendo las cadenas de la muerte,
   Cristo resucita triunfante del abismo.
Porque de nada nos hubiera valido nacer
   si no hubiéramos sido redimi*dos.*

¡Oh cuán admirable la condescendencia de tu misericordia!
¡Oh cuán insondable la generosidad de tu amor,
    que para redimir *un* escla*vo* entregaste a tu Hijo!
¡Oh necesario pecado de Adán que es borrado por la muerte de Cristo!
¡Oh culpa feliz que mereció tan grande Redentor!
¡Oh noche verdaderamente bendita que sola fue digna de conocer
    el momento y la hora en que Cristo resucitó del abismo!
Esta noche de la cual fue escrito "y la noche resplandece como el día"
    y "mi noche será transformada en mi día."
En la santidad de esta noche ahuyenta el pecado; lava la culpa;
    devuelve inocencia a *los* caí*dos* y gozo a *los* enluta*dos;*
    destierra el odio; trae la paz; y humilla el orgullo mundano.

El asistente puede adherir cinco granos de incienso al cirio.

Ⓐ Por lo tanto, en esta noche de gracia, recibe, oh santo Padre,
    esta ofrenda vespertina de alabanza que la santa iglesia te brinda
    en la ofrenda solemne de este cirio.
Cantamos las alabanzas de esta columna de fuego,

Se encienden pabilos del cirio pascual con los cuales se encienden otras velas y lámparas de la iglesia mientras continúa el Pregón Pascual.

    cuyo resplandor no disminuye, aún cuando su luz se divide y se comparte,
    pues lo alimenta la cera líquida que las abejas, tus criaturas,
    hicieron para la sustancia de este cirio.
¡Oh noche verdaderamente bendita en la cual se unen el cielo y la tierra—
    lo humano con lo divino!

Te rogamos, por lo tanto, oh Señor, que este cirio,
    que arde en honor de tu nombre, siga disipando las tinieblas de esta noche
    y se confunda con las luces celestiales.
Permite que lo encuentre encendido el Lucero Matutino sin ocaso,
    aquel Lucero que, resucitando de la tumba, ilumina a toda la humanidad.
Y te rogamos, oh Señor, que te dignes regir, gobernar
    y preservar con tu perpetua protección a toda tu iglesia
    concediéndonos paz en estos días de nuestro regocijo pascual;
    por el mismo Señor, Jesucristo, tu Hijo, que vive y reina contigo
    y el Espíritu Santo, un solo Dios, ahora y siempre.

Ⓒ **Amén**

Sentados

Los miembros de la congregación extinguen sus velas. Pueden encenderse algunas luces en la iglesia. El rito continúa con las lecturas, p. 146.

EXSULTET — forma abreviada

♪ Ⓐ Alégrense ya, los celestiales coros angélicos;
  celebren los divinos misterios con júbilo;
  suene el clarín de la salvación por la victoria de tan grande Rey.
Alégrate, también, oh tierra, con la claridad de la luz que te baña;
  y alumbrada con el esplendor del Rey eterno,
  conoce que las antiguas tinieblas han sido desterradas de todo el mundo.
Alégrate igualmente, oh Madre Iglesia, revestida con los destellos de tal luz;
  y resuene este recinto con las voces triunfantes de los pueblos.

Ⓐ El Señor sea con ustedes.
Ⓒ **Y también contigo.**

Ⓐ Demos gracias al Señor, nuestro Dios.
Ⓒ **Es justo darle gracias y alabanza.**

Ⓐ En verdad es digno, justo y saludable
  que con plena devoción de corazón y mente y voz,
  alabemos al Dios invisible, el Padre todopoderoso,
  y a su único Hijo, nuestro Señor Jesucristo;
quien canceló para noso*tros* la deuda de Adán con el Padre eterno
  y que, con su preciosa sangre,
  nos redimió de la esclavitud del antiguo pecado.
Porque ésta ciertamente es la Fiesta Pascual
  en la cual se inmola el verdadero Cordero
  por cuya sangre los portales de los fieles son santificados.
Esta es la noche, en la cual, antiguamente,
  liberaste a nues*tros* antepasa*dos,*
  los hij*os* de Israel, de la tierra de Egipto;
  y *los* condujiste por tierra seca a través del Mar Rojo.
Esta es la noche en que to*dos los* que creen en Cristo
  son rescata*dos* de la maldad y la penumbra del pecado
  y son restaura*dos* en gracia y santidad por la luz que renace.
Esta es la noche en la cual, rompiendo las cadenas de la muerte,
  Cristo resucita triunfante del abismo.

¡Oh noche verdaderamente bendita que sola fue digna de conocer
  el momento y la hora en que Cristo resucitó del abismo!
¡Oh noche verdaderamente bendita en la cual se unen el cielo y la tierra—
  lo humano con lo divino!

Te rogamos, por lo tanto, oh Señor,
  que aquel en cuyo honor arde este cirio,
  continúe sometiendo las tinieblas de esta noche
  y fielmente derrame su luz sobre toda la humanidad;
  por el mismo Señor, Jesucristo, tu Hijo, que vive y reina contigo
  en la unidad del Espíritu Santo, un solo Dios, ahora y siempre.
Ⓒ **Amén**

Sentados
  Los miembros de la congregación extinguen sus velas. Pueden encenderse algunas luces en la iglesia.

Hay doce lecturas asignadas. El número puede reducirse a siete o a cuatro, pero las lecturas primera y cuarta han de leerse siempre. El cántico "Obras todas del Señor" (p.178) se canta siempre después de la última lectura. Ministros asistentes leen las lecciones; quien preside hace las oraciones.

La congregación puede permanecer sentada durante toda esta parte, o puede ponerse de pie para cada oración. Después de cada lectura sigue un breve silencio para la reflexión y oración.

Primera lectura
HISTORIA DE LA CREACION Génesis 1:1-2:4a
Cántico: Salmo 136:1-9, 23-26

P Oremos. *Silencio.*

Todopoderoso Dios: maravillosamente creaste la dignidad de la naturaleza humana y, de modo aún más maravilloso, la restauraste. En tu misericordia, permítenos compartir la vida divina de aquel que vino a compartir nuestra humanidad, Jesucristo tu Hijo, nuestro Señor.

C **Amén**

Segunda lectura
DILUVIO Génesis 7:1-5, 11-18; 8:6-18; 9:8-13
Cántico: Salmo 46

P Oremos. *Silencio.*

Oh Dios, fortaleza de *los* desvali*dos* y luz en toda oscuridad: misericordiosamente dígnate contemplar a tu Iglesia, ese misterio maravilloso y sagrado, y haz de ella un arca de paz en medio del caos. Permite que todo el mundo compruebe y vea que lo que estaba derribado está siendo levantado, que lo antiguo está siendo renovado y que todas las cosas están siendo restauradas a lo correcto por aquel que originalmente les dio la vida, tu Hijo, Jesucristo nuestro Señor.

C **Amén**

Tercera lectura
PRUEBA DE ABRAHAM Génesis 22:1-18
Cántico: Salmo 16

P Oremos. *Silencio.*

Dios y Padre de todos los fieles: tú prometiste a Abraham que llegaría a ser el padre de todas las naciones y, por medio de este misterio pascual, tú aumentas tu pueblo escogido por todo el mundo. Ayúdanos a corresponder a tu llamado, aceptando con regocijo la nueva vida de la gracia. Te pedimos esto por tu Hijo, Jesucristo nuestro Señor.

C **Amén**

Cuarta lectura
LIBERACION DE ISRAEL Éxodo 14:10-31; 15:20-21
Cántico: Cántico de Miriam y Moisés   Éxodo 15

℗ Oremos. *Silencio.*

Oh Dios, cuyas maravillosas hazañas de antaño deslumbran aún en nuestros días: por el poder de tu brazo fuerte en una ocasión libraste de la esclavitud de Faraón a tu pueblo escogido, para nosotros señal de la salvación de todas las naciones por el agua del bautismo. Concede que todos los pueblos de la tierra puedan ser contados entre la descendencia de Abraham y puedan regocijarse en la herencia de Israel; por tu Hijo, Jesucristo nuestro Señor.

Ⓒ **Amén**

Quinta lectura
SALVACION OFRECIDA A TODOS Isaías 55:1-11
Cántico: Cántico de Isaías   Isaías 12

℗ Oremos. *Silencio.*

Oh Dios, tú has creado todas las cosas con el poder de tu palabra. Tú renuevas la tierra por tu Espíritu. Concede ahora el agua de vida a aque*llos* que tienen sed de ti, a fin de que puedan producir fruto abundante en tu glorioso reino; por tu Hijo, Jesucristo nuestro Señor.

Ⓒ **Amén**

Sexta lectura
SABIDURIA DE DIOS Proverbios 8:1-8, 19-21; 9:4b-6 o Baruc 3:9-15, 32—4:4
Cántico: Salmo 19

℗ Oremos. *Silencio.*

Oh Dios: tú haces crecer a tu iglesia mediante el llamado continuo de todos los pueblos a la salvación. Permite que las aguas purificadoras del Bautismo fluyan y, por tu amor, vela por aque*llos* a quienes has llamado; por tu Hijo, Jesucristo nuestro Señor.

Ⓒ **Amén**

Séptima lectura
UN CORAZON NUEVO Y UN ESPIRITU NUEVO Ezequiel 36:24-28
Cántico: Salmos 42 y 43

℗ Oremos. *Silencio.*

Dios todopoderoso y eterno, que en el misterio Pascual has establecido el nuevo pacto de la reconciliación: Concede a to*dos los* que nacen de nuevo en la comunión del cuerpo de Cristo que manifiesten en sus vidas lo que por fe profesan; por Jesucristo nuestro Señor.

Ⓒ **Amén**

Octava lectura
VALLE DE LOS HUESOS SECOS Ezequiel 37:1-14
Cántico: Salmo 143

℗ Oremos. *Silencio.*

Oh Dios: por la Pascua del Hijo tú nos has traído del pecado a la justificación y
de la muerte a la vida. Concede tal grado de entendimiento de tu misericordia
que, al recibir ahora los dones de la palabra y el sacramento, podamos aprender a
esperar en todos tus dones aún por venir: por tu Hijo, Jesucristo nuestro Señor.

℧ **Amén**

Novena lectura
CONGREGACION DEL PUEBLO DE DIOS Sofonías 3:14-20
Cántico: Salmo 98

℗ Oremos. *Silencio.*

Dios de poder inmutable y luz eterna: Mira con favor a toda tu iglesia, ese maravilloso y sagrado misterio; por la operación eficaz de tu providencia lleva a cabo
en tranquilidad el plan de salvación; haz que todo el mundo vea y sepa que las
cosas que han sido derribadas son levantadas, las cosas que han envejecido son
renovadas, y que todas las cosas están siendo llevadas a su perfección, mediante
aquél por quien fueron hechas, tu Hijo Jesucristo nuestro Señor.

℧ **Amén**

Décima lectura
LIBERACION DE NINIVE Jonás 3:1-10
Cántico: Cántico de Jonás   Jonás 2

℗ Oremos. *Silencio.*

Oh Dios: tú has unido a todas las naciones en la confesión de tu nombre.
Concédenos ahora la voluntad y fortaleza de hacer lo que tú ordenas, a fin de que
para el pueblo a quien llamas a la vida eterna, la fe pueda dictar sus palabras y
sus obras; por tu Hijo, Jesucristo nuestro Señor.

℧ **Amén**

Undécima lectura
CANTICO DE MOISES Deuteronomio 31:19-30
Cántico: Cántico de Moisés   Deuteronomio 32

℗ Oremos. *Silencio.*

Oh Dios, exaltación de *los* humildes y fortaleza de *los* jus*tos:* por medio de
Moisés eseñaste a tu pueblo a cantar tu alabanza, a fin de que la ley que él les
transmitió nos fuera útil a nosotros. Muestra tu poder entre las naciones a fin de
que, en el perdón de pecados, el terror se convierta en gozo y el temor del castigo
se trueque en salvación; por tu Hijo, Jesucristo nuestro Señor.

℧ **Amén**

Duodécima lectura
HORNO DE FUEGO Daniel 3:1-29
Cántico: Cántico de los tres jóvenes   Daniel 3

Mientras se canta el cántico (Benedícite, omnia opera, p. 178), el cirio pascual y su candelabro son llevados a la fuente bautismal; los ministros se congregan allí.

✦ LITURGIA DEL SANTO BAUTISMO ✦

Cuando hay candidatos para el bautismo, se congregan en torno a la pila bautismal con sus padres y padrinos.

Se usa la Liturgia del Santo Bautismo, p. 72, con las siguientes modificaciones:
Se omite el discurso inicial: "En el Santo Bautismo. . . ."
Se omiten las plegarias antes de la acción de gracias.
Los miembros de la congregación se unen a los candidatos en la renunciación y en la profesión de fe como renovación de su bautismo.

Cuando no hay candidatos para el bautismo, la congregación renueva sus promesas bautismales empezando con la acción de gracias de la Liturgia del Santo Bautismo (p. 73) y continuando hasta el final del Credo Apostólico (p.74). Durante el credo, el ministro puede rociar a la congregación con agua de la fuente usando una rama verde.

✦ LITURGIA DE LA SANTA COMUNION ✦

La Santa Comunión continúa con el himno de alabanza, p. 56. Mientras se canta este himno, se encienden las luces de la iglesia y se pueden tocar las campanas. Cualesquiera recuerdos de la observancia de la Semana Santa son removidos.

La Santa Comunión continúa con la oración del día. Para evitar la duplicación del credo, se omite el Credo Niceno.

FIESTA DE LAS POSADAS

Las fiestas navideñas en México comienzan el día 16 de diciembre con Las Posadas. La tradición de las posadas empezó en el siglo XVI con San Ignacio de Loyola, quien sugirió que las oraciones especiales fueran repetidas por nueve noches consecutivas.

La actividad puede comenzar en el templo de donde un grupo parte en procesión, o simplemente dirigiéndose a uno de los hogares de la congregación. La congregación puede ir cantando cánticos apropiados. Se lleva consigo el nacimiento o pesebre (según se designe en cada país a la representación bíblica de la Natividad), cargado por dos adultos, jóvenes o niños.

A la entrada del hogar seleccionado se cantan las estrofas apropiadas de "En el nombre del cielo," y después de la estrofa "Entren santos peregrinos" todos entran al hogar y el Nacimiento o Pesebre es colocado bajo el árbol de Navidad. Allí permanece esa noche para de allí iniciar la procesión o jornada la noche siguiente en dirección al hogar que le recibirá. Así pasa de noche en noche de hogar en hogar.

Después de colocar el Nacimiento o Pesebre en su lugar, la fiesta puede continuar cantando otros villancicos y canciones navideñas. Se acostumbra romper una piñata como parte de las celebraciones.

La última noche (novena) la procesión sale con el Nacimiento o Pesebre del hogar donde permaneció hacia el templo donde se celebra la Misa tradicional Navideña, o simplemente permanece en ese hogar y se celebra la tradicional Cena de Navidad. Allí permanece, sea en el hogar o en el templo, hasta el día 6 de enero.

♪ *El texto completo y la música para esta fiesta se encuentran en los números 284, 285, y 286.*

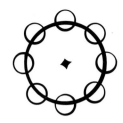

SALMOS Y CANTICOS BIBLICOS

1

¹Bienaventurado el que no anduvo
  en consejo de malos,*
    ni estuvo en camino de pecadores,
    ni en silla de escarnecedores
    se ha sentado;
²sino que en la ley del Señor está su delicia,*
    y en su ley medita
    de día y de noche.
³Será como el árbol
  plantado junto a corrientes de aguas,
    que da su fruto en su tiempo,
    y su hoja no cae,*
    y todo lo que hace prosperará.
⁴No así los malos, no así,*
    que son como el tamo
    que arrebata el viento.
⁵Por tanto, no se levantarán los malos
  en el juicio,*
    ni los pecadores en la congregación
    de los justos;
⁶porque el Señor conoce el camino
  de los justos,*
    mas la senda de los malos perecerá.

4

¹Respóndeme cuando clamo,
  oh Dios de mi justicia;*
    cuando estaba en angustia,
    tú me libraste;
    ten misericordia de mí,
    y escucha mi oración.
²"Mortales, ¿hasta cuándo volverán
  mi honra en infamia,*
    amarán la vanidad,
    y buscarán la mentira?"
³Sepan, pues, que el Señor ha escogido
  a los fieles para sí;*
    el Señor oirá cuando yo a él clamare.
⁴Tiemblen y no pequen;*
    mediten en su corazón estando
    en su cama, y callen.
⁵Ofrezcan sacrificios rectos,*
    y confíen en el Señor.
⁶Muchos son los que dicen:
  "¿Quién nos mostrará el bien?"*
    Alza sobre nosotros, oh Señor,
    la luz de tu rostro.
⁷Tú diste alegría a mi corazón,*
    mayor que la de ellos cuando
    abundaba su grano y su mosto.
⁸En paz me acostaré,
  y en seguida dormiré;*
    porque sólo tú, oh Señor,
    me haces vivir seguro.

8

¹Oh Señor, soberano nuestro,*
　　¡cuán glorioso es tu nombre
　　　en toda la tierra!
²Alabada es tu gloria sobre los cielos,*
　　por la boca de los niños
　　　y de los que maman.
³Has fundado la fortaleza, a causa
　de tus enemigos,*
　　para hacer callar al enemigo
　　　y al vengador.
⁴Cuando contemplo tus cielos,
　obra de tus dedos,*
　　la luna y las estrellas
　　　que tú formaste,
⁵digo: "¿Qué es el hombre,
　para que tengas de él memoria,*
　　el hijo del hombre, que lo ampares?"
⁶Le has hecho poco menor
　que los ángeles,*
　　y lo coronaste de gloria y honra.
⁷Lo hiciste señorear sobre las obras
　de tus manos;*
　　todo lo pusiste debajo de sus pies:
⁸ovejas y bueyes, todo ello,*
　　y asimismo las bestias del campo;
⁹las aves de los cielos
　y los peces del mar,*
　　todo cuanto pasa
　　　por los senderos del mar.
¹⁰Oh Señor, soberano nuestro,*
　　¡cuán glorioso es tu nombre
　　　en toda la tierra!

15

¹Señor, ¿quién habitará en tu tabernáculo?*
　　¿Quién morará
　　　en tu santo monte?
²El que anda en integridad y hace justicia,*
　　y habla verdad en su corazón.
³El que no detrae con su lengua, ni hace
　mal a su prójimo,*
　　ni contra su vecino acoje
　　　oprobio alguno.

⁴Aquél a cuyos ojos
　el vil es menospreciado,*
　　pero honra a los que temen al Señor.
⁵El que jurando en daño suyo,*
　　no por eso cambia.
⁶El que presta, no esperando de ello nada,*
　　ni contra el inocente admite cohecho.
⁷El que hace estas cosas,*
　　no resbalará para siempre.

16

¹Guárdame, oh Dios,
　porque a ti me acojo;*
　　dije al Señor: "Tú eres mi soberano;
　　　no hay para mí bien fuera de ti."
²Para los santos que están en la tierra,*
　　y para los íntegros,
　　　es toda mi complacencia.
³Se multiplicarán los dolores,*
　　de aquéllos que sirven diligentes
　　　a otros dioses.
⁴No ofreceré yo sus libaciones de sangre,*
　　ni en mis labios tomaré
　　　los nombres de sus dioses.
⁵Tú, oh Señor, eres la porción
　de mi herencia y de mi copa;*
　　tú sustentarás mi suerte.
⁶Me toca una parcela hermosa;*
　　en verdad, una heredad magnífica.
⁷Bendeciré al Señor que me aconseja;*
　　aun en las noches
　　　me enseña mi corazón.
⁸Al Señor he puesto siempre
　delante de mí;*
　　porque está a mi diestra
　　　no seré conmovido.
⁹Por tanto se alegra mi corazón,
　y se goza mi espíritu;*
　　también mi carne reposará segura;
¹⁰porque no me dejarás al sepulcro;*
　　ni permitirás que tu santo vea la fosa.
¹¹Me mostrarás la senda de la vida;*
　　en tu presencia hay plenitud de gozo,
　　　deleites a tu diestra para siempre.

19

¹Los cielos proclaman la gloria de Dios,*
  y la bóveda celeste pregona
  las obras de sus manos.
²Un día emite palabra al otro día,*
  y una noche a la otra noche
  imparte sabiduría.
³Aunque no hay palabras, ni lenguaje,*
  ni son oídas sus voces,
⁴por toda la tierra salió su sonido,*
  y hasta el extremo del mundo
  su mensaje.
⁵En el mar puso tabernáculo para el sol,*
  y éste, como esposo
    que sale de su alcoba,
    se alegra cual paladín
    para correr su camino.
⁶De un extremo de los cielos es su salida,
  y su curso hasta el término de ellos;*
    nada hay que se esconda de su calor.
⁷La ley del Señor es perfecta,
  que aviva el alma;*
    el testimonio del Señor es fiel,
    que hace sabio al sencillo.
⁸Los mandamientos del Señor son rectos,
  que alegran el corazón;*
    el precepto del Señor es claro,
    que alumbra los ojos.
⁹El temor del Señor es limpio,
  que permanece para siempre;*
    los juicios del Señor son verdad,
    completamente justos.
¹⁰Deseables son, más que el oro,
  más que oro fino;*
    dulce más que miel,
    que la que destila del panal.
¹¹Tu siervo es además por ellos alumbrado,*
  y al guardarlos hay grande galardón.
¹²¿Quién podrá entender
  sus propios errores?*
    Líbrame de los que me son ocultos.
¹³Preserva también a tu siervo
  de las soberbias,
  que no se enseñoren de mí;*
    entonces seré íntegro,
    y estaré limpio del gran pecado.

¹⁴Sean gratos los dichos de mi boca
  y la meditación de mi corazón
  delante de ti,*
    oh Señor, roca mía y redentor mío.

22

¹Dios mío, Dios mío, ¿Por qué me has
  desamparado?*
    ¿Por qué estás lejos de mi súplica,
    y de las palabras de mi clamor?
²Dios mío, clamo de día, y no respondes;*
  de noche también,
  y no hay para mí reposo.
³Pero tú eres el Santo,*
  entronizado sobre las alabanzas
  de Israel.
⁴En ti esperaron nuestros antepasados;*
  esperaron, y tú los libraste.
⁵Clamaron a ti, y fueron librados;*
  confiaron en ti,
  y no fueron avergonzados.
⁶Mas yo soy gusano, y no hombre,*
  oprobio de todos
  y desprecio del pueblo.
⁷Todos los que me ven, escarnecen de mí;*
  estiran los labios
  y menean la cabeza, diciendo:
⁸"Acudió al Señor, líbrele él;*
  sálvele, si tanto lo quiere."
⁹Pero tú eres el que me sacó del vientre,*
  y me tenías confiado en los pechos
  de mi madre.
¹⁰A ti fui entregado antes de nacer,*
  desde el vientre de mi madre,
  tú eres mi Dios.
¹¹No te alejes de mí, porque la angustia
  está cerca,*
    porque no hay quien ayude.
¹²Me rodean muchos novillos;*
  fuertes toros de Basán me circundan.
¹³Abren sobre mí las bocas,*
  como león rapante y rugiente.
¹⁴Soy derramado como aguas;
  todos mis huesos se descoyuntan;*
    mi corazón, como cera,
    se derrite en mis entrañas.

¹⁵Como un tiesto está seca mi boca;
   mi lengua se pega al paladar;*
      y me has puesto en el polvo
      de la muerte;
¹⁶porque jaurías de perros me rodean,
   y pandillas de malignos me cercan;*
      horadan mis manos y mis pies;
      contar puedo todos mis huesos.
¹⁷Me miran de hito en hito,
   y con satisfacción maligna;*
      reparten entre sí mis vestidos;
      sobre mi ropa echan suertes.
¹⁸Mas tú, oh Señor, no te alejes;*
   fortaleza mía, apresúrate
      a socorrerme.
¹⁹Salva de la espada mi garganta,*
   mi faz del filo del hacha.
²⁰Sálvame de la boca del león,*
   a este pobre, de los cuernos del búfalo.
²¹Proclamaré tu nombre a mis hermanos;*
   en medio de la congregación
      te alabaré.
²²Los que temen al Señor, alábenle;*
   glorifíquenle, oh vástago de Jacob;
      tengan miedo de él,
      oh descendencia de Israel;
²³porque no menospreció ni abominó la
   aflicción de los afligidos,
   ni de ellos escondió su rostro;*
      sino que cuando clamaron
      a él, los oyó.
²⁴De ti será mi alabanza
   en la gran congregación;*
      mis votos pagaré delante
      de los que le temen.
²⁵Comerán los pobres, y serán saciados,
   alabarán al Señor los que le buscan:*
      Viva su corazón para siempre!

²⁶Se acordarán y se volverán al Señor
   todos los confines de la tierra,*
      y todas las familias de las naciones
      delante de ti se inclinan;
²⁷porque del Señor es el reino,*
   y él rige las naciones.
²⁸Sólo ante él se postrarán los
   que duermen en la tierra;*
      delante de él doblarán la rodilla
      todos los que bajan al polvo.
²⁹Me hará vivir para él;
   mi descendencia le servirá;*
      será contada como suya para siempre.
³⁰Vendrán y anunciarán al pueblo
   aún no nacido*
      los hechos asombrosos que hizo.

23

¹El Señor es mi pastor;*
   nada me faltará.
²En verdes pastos me hace yacer;*
   me conduce hacia aguas tranquilas.
³Aviva mi alma*
   y me guía por sendas seguras
      por amor de su nombre.
⁴Aunque ande en valle
   de sombra de muerte,
   no temeré mal alguno;*
      porque tú estás conmigo;
      tu vara y tu cayado
      me infunden aliento.
⁵Aderezarás mesa delante de mi
   en presencia de mis angustiadores;*
      unges mi cabeza con óleo;
      mi copa está rebosando.
⁶Ciertamente el bien y la misericordia
   me seguirán todos los días de mi vida,*
      y en la casa del Señor
      moraré por largos días.

24

¹Del Señor es la tierra y su plenitud,*
 el mundo y los que en él habitan;
²porque él la fundó sobre los mares,*
 y la afirmó sobre los ríos del abismo.
³"¿Quién subirá al monte del Señor?*
 Y ¿quién estará en su santo lugar?"
⁴"El limpio de manos, y puro de corazón,*
 el que no ha elevado
 su mente a un ídolo,
 ni jurado por dios falso.
⁵Recibirá bendición del Señor,*
 y recompensa merecida
 del Dios de su salvación."
⁶Tal es la generación de los que le buscan,*
 de los que buscan tu rostro,
 oh Dios de Jacob.
⁷Alcen, oh puertas, sus cabezas;
 álcense, oh puertas del Eterno;*
 y entrará el rey de gloria.
⁸"¿Quién es este rey de gloria?"*
 "El Señor, fuerte y valiente,
 el Señor, poderoso en batalla."
⁹Alcen, oh puertas, sus cabezas;
 álcense, oh puertas del Eterno;*
 y entrará el rey de gloria.
¹⁰"¿Quién es él, el rey de gloria?"*
 "El Señor de las huestes,
 él es el rey de gloria."

25

¹A ti, oh Señor, levanto mi alma;
 Dios mío, en ti confío;*
 no sea yo humillado,
 no triunfen mis enemigos sobre mí.
²Ciertamente ninguno de cuantos en ti
 esperan será avergonzado;*
 serán avergonzados los
 que se rebelan sin causa.
³Muéstrame, oh Señor, tus caminos;*
 enséñame tus sendas.
⁴Encamíname en tu verdad, y enséñame;*
 porque tú eres el Dios
 de mi salvación;
 en ti he esperado todo el día.

⁵Acuérdate, oh Señor, de tus piedades
 y de tus misericordias,*
 porque son perpetuas.
⁶De los pecados de mi juventud,
 y de mis rebeliones, no te acuerdes;*
 conforme a tu misericordia
 acuérdate de mí,
 por tu bondad, oh Señor.
⁷Bueno y recto es el Señor;*
 por tanto, enseña a los pecadores
 el camino.
⁸Encamina a los humildes por el juicio,*
 y enseña a los mansos su carrera.
⁹Todas las sendas del Señor
 son amor y fidelidad,*
 para los que guardan su pacto
 y sus testimonios.
¹⁰Por amor de tu nombre, oh Señor,*
 perdona mi pecado,
 porque es grande.
¹¹¿Quién es el que teme al Señor?*
 El Señor le enseñará el camino
 que ha de escoger.
¹²Su alma reposará en el bien,*
 y su descendencia heredará la tierra.
¹³La amistad del Señor
 es con los que le temen,*
 y a ellos hará conocer su pacto.
¹⁴Mis ojos están siempre hacia el Señor;*
 porque él sacará mis pies de la red.
¹⁵Vuélvete y ten misericordia de mí,*
 porque estoy solo y afligido.
¹⁶Las angustias de mi corazón
 se han aumentado;*
 sácame de mis congojas.
¹⁷Mira mi aflicción y miseria,*
 y perdona todos mis pecados.
¹⁸Mira mis enemigos,
 que se han multiplicado,*
 y con odio violento me aborrecen.
¹⁹Preserva mi vida y líbrame;*
 no sea yo avergonzado,
 porque en ti confié.
²⁰Integridad y rectitud me guarden,*
 porque en ti he esperado.
²¹Redime, oh Dios, a Israel*
 de todas sus angustias.

27

¹El Señor es mi luz y mi salvación;
¿a quién temeré?*
El Señor es la fortaleza de mi vida;
¿de quién he de atemorizarme?
²Cuando se juntaron contra mí
los malignos para comer mis carnes,*
ellos mismos, mis adversarios
y mis enemigos,
tropezaron y cayeron.
³Aunque un ejército acampe contra mí,*
no temerá mi corazón;
⁴y aunque contra mí se levante guerra,*
yo estaré confiado.
⁵Una cosa he demandado del Señor;
ésta buscaré:*
que esté yo en la casa del Señor,
todos los días de mi vida;
⁶para contemplar la hermosura del Señor,*
y despertarme cada día en su templo;
⁷porque él me esconderá en su tabernáculo
en el día del mal;*
me ocultará en lo reservado
de su morada,
y sobre una roca me pondrá en alto.
⁸Aún ahora él levanta mi cabeza*
sobre mis enemigos en derredor de mí.
⁹Por tanto ofreceré en su morada
sacrificios de júbilo;*
cantaré y tañeré al Señor.
¹⁰Escucha, oh Señor,
mi voz cuando a ti clamo;*
ten misericordia de mí
y respóndeme.
¹¹Tú hablas en mi corazón y dices:
"Busca mi rostro."*
Tu rostro buscaré, oh Señor.
¹²No escondas tu rostro de mí;*
no apartes con ira a tu siervo.
¹³Mi ayuda has sido; no me deseches;*
no me desampares,
oh Dios de mi salvación.
¹⁴Aunque mi padre y mi madre
me desamparen,*
aun con todo el Señor me recogerá.

¹⁵Enséñame, oh Señor, tu camino;*
guíame por senda llana a causa
de mis enemigos.
¹⁶No me entregues
al rencor de mis adversarios,*
porque se han levantado
contra mí testigos falsos;
y también los que respiran maldad.
¹⁷Hubiera yo desmayado si no creyese
que tengo de ver la bondad del Señor*
en la tierra de los vivientes.
¹⁸Aguarda al Señor;
esfuérzate, y aliéntese tu corazón;*
sí, aguarda al Señor.

29

¹Den al Señor, oh seres celestiales,*
den al Señor la gloria y la fortaleza.
²Den al Señor la gloria
debida a su nombre;*
adoren al Señor
en la hermosura de su santidad.
³La voz del Señor sobre las aguas;
truena el Dios de gloria;*
el Señor sobre las grandes aguas.
⁴La voz del Señor es voz potente;*
la voz del Señor es voz gloriosa.
⁵La voz del Señor quebranta los cedros;*
el Señor quebranta
los cedros del Líbano.
⁶Hace saltar al Líbano como becerro,*
al Hermón como hijuelo de búfalo.
⁷La voz del Señor
divide las llamas de fuego;
la voz del Señor
hace temblar el desierto;*
hace temblar el Señor
el desierto de Cades.
⁸La voz del Señor tuerce las encinas,*
y desnuda los bosques.
⁹Mientras, en el templo del Señor*
odo proclama su gloria.
¹⁰El Señor se sienta por encima del diluvio;*
el Señor se sienta como rey
por siempre jamas.

¹¹El Señor dará fortaleza a su pueblo;*
  el Señor bendecirá
  a su pueblo con la paz.

30

¹Te ensalzaré, oh Señor,
  porque me has alzado,*
    y no permitiste que mis enemigos
    triunfaran sobre mí.
²Oh Señor Dios mío, a ti clamé,*
  y tú me sanaste.
³Oh Señor, me sacaste del abismo;*
  me hiciste revivir,
  para que no descendiese
  a la sepultura.
⁴Canten al Señor, ustedes sus fieles,*
  y celebren su santo nombre;
⁵porque sólo un momento dura su ira,*
  pero su favor toda la vida.
⁶Aunque al anochecer nos visite el llanto,*
  en la mañana vendrá la alegría.
⁷Dije yo en mi comodidad,
  "No seré jamás conmovido;*
  tú, oh Señor, con tu favor
  me afirmaste como monte fuerte."
⁸Luego escondiste tu rostro,*
  y fui muy turbado.
⁹A ti, oh Señor, clamé,*
  y a mi soberano supliqué, diciendo:
¹⁰"¿Qué provecho hay en mi muerte,
  cuando yo descienda a la fosa?*
    ¿Te alabará el polvo?
    ¿Anunciará tu fidelidad?
¹¹Escucha, oh Señor,
  y ten misericordia de mí;*
  oh Señor, sé tú mi ayudador."
¹²Has cambiado mi lamento en danzas;*
  me has quitado el luto,
  y me has vestido de fiesta.
¹³Por tanto a ti canta mi corazón,
  y no llora más;*
  oh Señor Dios mío,
  te daré gracias para siempre.

31

¹En ti, oh Señor, he esperado;
  no sea yo avergonzado jamás;*
    líbrame en tu justicia.
²Inclina a mí tu oído;*
  apresúrate a librarme.
³Sé tú mi roca fuerte,
  y fortaleza para salvarme;
  porque tú eres mi risco y mi castillo;*
    por tu nombre me guiarás
    y me encaminarás.
⁴Me sacarás de la red
  que han escondido para mí,*
    pues tú eres mi refugio.
⁵En tu mano encomiendo mi espíritu;*
  tú me has redimido, oh Señor,
  Dios de verdad.
⁶Aborrezco a los que se adhieren
  a ídolos inútiles,*
    y pongo mi confianza en el Señor.
⁷Me gozaré y alegraré en tu misericordia;*
  porque has visto mi aflicción;
  conoces la angustia de mi vida.
⁸No me entregaste en mano del enemigo;*
  pusiste mis pies en lugar espacioso.
⁹Ten misericordia de mí, oh Señor,
  que estoy en angustia;*
    se han consumido de tristeza mis ojos,
    mi garganta también y mi vientre;
¹⁰porque mi vida se va gastando de dolor,
  y mis años de suspirar;*
    se agotan mis fuerzas
    a causa de mi aflicción,
    y mis huesos se han consumido.
¹¹De todos mis enemigos he sido oprobio,
  y de mis vecinos mucho más,
  y pavor a mis conocidos;*
    los que me ven fuera huyen de mí.
¹²He sido olvidado como un muerto,
  desechado de toda memoria;*
    he venido a ser
    como un vaso quebrado.
¹³Porque he oído el cuchicheo de muchos;
  "por todos lados hay miedo";*
    consultan juntos contra mí;
    conspiran para quitarme la vida.

¹⁴Mas yo en ti confío, oh Señor;*
  dije: "Tú eres mi Dios.
¹⁵En tu mano está mi destino;*
  líbrame de la mano de mis enemigos,
  y de mis perseguidores.
¹⁶Haz resplandecer tu rostro
  sobre tu siervo;*
  sálvame por tu misericordia."
¹⁷No sea yo avergonzado, oh Señor,
  ya que te he invocado;*
  sean avergonzados los malvados;
  estén mudos en el sepulcro.
¹⁸Enmudezcan los labios mentirosos,
  que hablan insolencias contra el justo,*
  con soberbia y menosprecio.
¹⁹¡Cuán grande es tu bondad, oh Señor!
  que has guardado para los que te temen;*
  que has mostrado, delante de todos,
  a los que confían en ti.
²⁰En lo secreto de tu presencia los escondes
  de cuantos los calumnian;*
  los resguardas en tu abrigo
  de la querella de lenguas.
²¹¡Bendito sea el Señor!*
  me ha demostrado la maravilla
  de su amor en ciudad sitiada.
²²Decía yo en mi desmayo,
  "Cortado soy de delante de tus ojos,"*
  pero tú oíste la voz de mis ruegos,
  cuando a ti clamaba.
²³Amen al Señor,
  todos ustedes que le adoran;*
  a los fieles guarda el Señor,
  y castiga con creces a los
  que obran con soberbia.
²⁴Fortalézcanse los que esperan
  en el Señor,*
  y tome su corazón aliento.

32

¹Bienaventurados aquéllos
  cuyas transgresiones
  son perdonadas,*
  y quitados sus pecados.

²Bienaventurados a quienes
  no atribuye culpa el Señor,*
  y en cuyo espíritu no hay engaño.
³Mientras callé, se envejecieron mis huesos*
  porque gemí todo el día;
⁴porque de día y de noche
  pesó sobre mí tu mano;*
  se volvió mi verdor
  en sequedad de verano.
⁵Mi pecado entonces te declaré,*
  y no encubrí mi culpa.
⁶Dije: "Confesaré a ti
  mis transgresiones;"*
  y luego tú perdonaste
  la culpa de mi pecado.
⁷Por ello orarán los fieles
  en tiempo de necesidad*
  ciertamente en la inundación
  de muchas aguas
  no llegará ésta a ellos.
⁸Tú eres mi escondite;
  me guardarás de angustias;*
  con gritos de liberación me rodearás.
⁹"Te instruiré, y te enseñaré
  el camino en que debes andar;*
  sobre ti fijaré mis ojos.
¹⁰No seas como el caballo,
  o como el mulo, sin entendimiento;*
  que ha de ser sujetado
  con cabestro y con freno,
  porque si no, no se acerca a ti."
¹¹Muchos dolores habrá para los malvados,*
  mas a los que esperan en el Señor,
  los abraza la misericordia.
¹²Alégrense en el Señor, y gócense, justos;*
  vitoreen con júbilo,
  todos los rectos de corazón.

34

¹Bendeciré al Señor en todo tiempo;*
  su alabanza estará siempre en mi boca.
²En el Señor me gloriaré;*
  lo oigan los mansos y se regocijen.
³Proclamen conmigo
  la grandeza del Señor;*
  ensalcemos a una su nombre.

⁴Busqué al Señor y él me respondió,*
  y me libró de todos mis temores.
⁵A él miren y sean alumbrados,*
  y sus rostros no se avergüencen.
⁶Este pobre clamó, y el Señor le oyó,*
  y lo libró de todas sus angustias.
⁷El ángel del Señor acampa en derredor
  de los que le temen,*
    y los libertará.
⁸Gusten, y vean que es bueno el Señor;*
  dichosos los que en el confían.
⁹Teman al Señor, ustedes sus santos,*
  pues nada falta a los que le temen.
¹⁰Los leoncillos necesitan,
  y tienen hambre,*
    pero los que buscan al Señor
    no tendrán falta de ningún bien.
¹¹Vengan, hijos, y escúchenme;*
  el temor del Señor les enseñaré.
¹²¿Hay alguien que ame la vida,*
  y desee muchos días para ver el bien?
¹³Guarda tu lengua del mal,*
  y tus labios de hablar engaño.
¹⁴Apártate del mal, y haz el bien;*
  busca la paz, y síguela.
¹⁵Los ojos del Señor están sobre los justos,*
  y atentos sus oídos a su clamor.
¹⁶La ira del Señor
  contra los que mal hacen,*
    para borrar de la tierra su memoria.
¹⁷Claman los justos, y el Señor escucha,*
  y los libra de todas sus angustias.
¹⁸Cercano está el Señor a los
  quebrantados de corazón,*
    y salvará a los humildes de espíritu.
¹⁹Muchos son las aflicciones de los justos,*
  pero de todas ellas les librará el Señor.
²⁰El guarda todos sus huesos;*
  ni uno de ellos será quebrantado.
²¹Matará al malo la maldad,*
  y los que aborrecen al justo
  serán condenados.
²²El Señor redime la vida de sus siervos,*
  y no serán condenados los
  que en él confían.

36

¹Oráculo de rebelión hay para el malvado,
  en lo íntimo de su corazón;*
    no hay temor de Dios
    delante de sus ojos.
²Se lisonjea en sus propios ojos*
  de que su pecado odioso
  no será hallado.
³Las palabras de su boca
  son iniquidad y fraude;*
    ha dejado de ser cuerdo
    y de hacer el bien.
⁴Concibe maldad en su cama;
  se obstina en el mal camino;*
    el mal no aborrece.
⁵Oh Señor, hasta los cielos llega tu
  amor;*
    tu fidelidad alcanza hasta las nubes.
⁶Tu benevolencia
  es como las montañas más altas,
  tu providencia,
  como el abismo grande;*
    tú salvas, oh Señor, tanto
    a los humanos como a las bestias.
⁷¡Cuán precioso es tu amor!*
  Mortales e inmortales se acogen
  bajo la sombra de tus alas.
⁸Festejan la abundancia de tu casa;*
  los abrevarás del torrente
  de tus delicias;
⁹porque contigo está el manantial
  de la vida,*
    y en tu luz vemos la luz.
¹⁰Extiende tu bondad a los que te conocen,*
  y tu favor a los rectos de corazón.
¹¹Que no me pisotee el pie del soberbio,*
  ni me eche al lado la mano del malvado.
¹²¡Mira cómo han caído
  los obradores de maldad!*
    Fueron derribados,
    y no podrán levantarse.

43

¹Hazme justicia, oh Dios, y aboga mi causa
   contra la gente impía; *
      líbrame de los mentirosos
      y los inicuos.
²Tú eres el Dios de mi fortaleza;
   ¿por qué me has desechado? *
      ¿Por qué he de andar enlutado
      por la opresión de mis enemigos?
³Envía tu luz y tu verdad;
   que éstas me guíen, *
      y me conduzcan a tu santo monte,
      a tus moradas;
⁴para que me acerque al altar de Dios,
   al Dios de mi alegría y de mi gozo; *
      y te alabe con arpa,
      oh Dios, Dios mío.
⁵¿Por qué te abates, oh alma mía, *
   y te turbas dentro de mí?
⁶Pon tu confianza en Dios, *
   porque aún he de alabarle,
      salvador, Presencia y Dios mío.

46

¹Dios es nuestro refugio y fortaleza, *
   nuestro pronto auxilio
   en las tribulaciones.
²Por tanto, no temeremos,
   aunque la tierra sea removida, *
      y se desplomen los montes
      en el corazón de la mar;
³aunque bramen y espumen sus aguas, *
   y tiemblen los montes
   a causa de su braveza.
⁴El Señor de las huestes está con nosotros; *
   nuestro refugio es el Dios de Jacob.
⁵Hay un río cuyas corrientes alegran
   la ciudad de Dios, *
      el santuario de las moradas
      del Altísimo.
⁶Dios está en medio de ella;
   no será conmovida; *
      Dios la ayudará al clarear la mañana.
⁷Braman las naciones, titubean los reinos; *
   Dios habló; se derretirá la tierra.

⁸El Señor de las huestes está con nosotros; *
   nuestro refugio es el Dios de Jacob.
⁹Vengan a ver las obras del Señor, *
   las maravillas que ha hecho
   en la tierra.
¹⁰Hace que las guerras cesen
   en todo el orbe; *
      rompe el arco, destroza la lanza
      y quema los escudos en el fuego.
¹¹"Estén, pues, quietos,
   y sepan que yo soy Dios; *
      he de ser ensalzado entre las naciones,
      ensalzado seré en la tierra."
¹²El Señor de las huestes está con nosotros; *
   nuestro refugio es el Dios de Jacob.

51

¹Ten misericordia de mí, oh Dios,
   conforme a tu bondad; *
      conforme a tu inmensa compasión
      borra mis rebeliones.
²Lávame más y más de mi maldad, *
   y límpiame de mi pecado;
³porque reconozco mis rebeliones, *
   y mi pecado está siempre
   delante de mí.
⁴Contra ti, contra ti sólo he pecado, *
   y he hecho lo malo delante de tus ojos.
⁵Por tanto eres reconocido justo
   en tu sentencia, *
      y tenido por puro en tu juicio.
⁶He aquí, he sido malo
   desde mi nacimiento, *
      pecador desde el vientre de mi madre;
⁷porque he aquí, amas la verdad más
   que la astucia o el saber oculto; *
      por tanto, enséñame sabiduría.
⁸Límpiame de mi pecado, y seré puro; *
   lávame, y seré más blanco
   que la nieve.
⁹Hazme oír canciones de gozo y alegría, *
   y se regocijará el cuerpo
   que has abatido.

¹⁰Esconde tu rostro de mis pecados,*
   y borra todas mis maldades.
¹¹Crea en mí, oh Dios, un corazón limpio,*
   y renueva un espíritu firme
   dentro de mí.
¹²No me eches de tu presencia,*
   y no quites de mí tu santo Espíritu.
¹³Dame otra vez el gozo de tu salvación;*
   y que tu noble Espíritu me sustente.
¹⁴Enseñaré a los rebeldes tus caminos,*
   y los pecadores se convertirán a ti.
¹⁵Líbrame de la muerte, oh Dios,*
   y cantará mi lengua tu justicia,
   oh Dios mi salvador.
¹⁶Soberano mío, abre mis labios,*
   y mi boca proclamará tu alabanza;
¹⁷porque no quieres tú sacrificio,
   que yo daría;*
   no te complaces en holocausto.
¹⁸El sacrificio que más te agrada
   es el espíritu quebrantado;*
   al corazón contrito y humillado
   no despreciarás tú, oh Dios.
¹⁹Haz bien con tu benevolencia a Sión;*
   reconstruye los muros de Jerusalén.
²⁰Entonces aceptarás los sacrificios
   requeridos, holocausto y oblación;*
   entonces ofrecerán becerros
   sobre tu altar.

62

¹En silencio aguarda mi alma a Dios;*
   sólo de él viene mi salvación.
²Sólo él es mi roca y mi salvación,*
   mi fortaleza; jamás seré conmovido.
³¿Hasta cuándo me asediarán
   todos juntos para aplastarme,*
   como si fueran pared
   que cede o tapia ruinosa?
⁴Sólo piensan en derribarme de mi altura;*
   su mayor placer es la mentira.
⁵Con la boca bendicen,*
   pero en su corazón maldicen.
⁶En silencio aguarda mi alma a Dios;*
   ciertamente, en él esta mi esperanza.

⁷Sólo él es mi roca y mi salvación,*
   mi fortaleza; no seré conmovido.
⁸En Dios está mi salvación y mi gloria;*
   Dios es mi roca fuerte y mi refugio.
⁹Confíen siempre en él, oh pueblos;*
   desahoguen delante de él su corazón,
   porque Dios es nuestro refugio.
¹⁰Por cierto, la plebe no es más
   que un soplo;*
   aun los nobles son apariencia.
¹¹Poniéndolos a todos en la balanza,*
   serán más leves que un soplo.
¹²No confíen en la opresión;
   en la rapiña no se envanezcan;*
   aunque aumenten las riquezas,
   no pongan en ellas el corazón.
¹³Habló Dios una vez;
   dos veces lo he oído:*
   de Dios es el poder.
¹⁴De ti, oh Soberano mío,
   es la misericordia,*
   porque tú pagas a cada
   uno conforme a su obra.

63

¹Oh Dios, tú eres mi Dios;
   ardientemente te busco;*
   mi alma tiene sed de ti,
   mi carne te anhela,
   como tierra seca y árida
   donde no hay agua.
²¡Oh, que pudiera yo contemplarte
   en tu santuario!*
   ¡Que pudiera ver tu poder
   y tu gloria!
³Porque mejor es tu gracia que la vida;*
   te alabarán mis labios.
⁴Te bendeciré mientras viva;*
   en tu nombre alzaré mis manos.
⁵Mi alma será saciada
   como de meollo y grosura,*
   y con labios de júbilo
   te alabará mi boca,

⁶cuando me acuerde de ti en mi lecho,*
    cuando medite en ti
    en las vigilias de la noche;
⁷porque tú has sido mi socorro;*
    y a la sombra de tus alas
    me regocijaré.
⁸Mi alma está apegada a ti;*
    tu diestra me sostiene.
⁹Que cuantos buscan mi vida
    para destruirla*
      bajen a lo profundo de la tierra.
¹⁰Caigan a filo de espada;*
    sean pasto para los chacales.
¹¹Pero el rey se alegrará en Dios;
    todos los que juran por él se regocijarán,*
      porque la boca de los
      que hablan mentira será cerrada.

65

¹Tú eres digno de alabanza en Sión,
    oh Dios;*
      a ti se pagarán los votos en Jerusalén.
²A ti, que escuchas la oración,
    vendrá toda carne,*
      a causa de sus transgresiones.
³Nuestros pecados nos abruman,*
    pero tú los borrarás.
⁴Dichosos los que tú escogieres
    y atrajeres a ti, para que habiten
    en tus atrios;*
      se saciarán de la belleza de tu casa,
      de la santidad de tu templo.
⁵Cosas asombrosas nos mostrarás
    en tu justicia,
    oh Dios de nuestra salvación,*
      tú, la esperanza de todos
      los términos de la tierra,
      y de los más remotos mares.
⁶Tú afirmas los montes con tu poder;*
    están ceñidos de valentía.
⁷Tú calmas el estruendo de los mares,*
    el estruendo de sus olas,
    y el alboroto de las gentes.

⁸Los que habitan los confines de la tierra
    se estremecerán ante tus maravillas;*
    tú haces gritar de júbilo al lucero
    y al héspero.
⁹Visitas la tierra, y la riegas en abundancia;
    en gran manera la enriqueces;*
    la acequia de Dios va llena de agua.
¹⁰Tú preparas el grano,*
    pues así abasteces la tierra.
¹¹Haces que se empapen los surcos,
    y rasas los terrones;*
      la ablandas con lluvias copiosas,
      y bendices sus renuevos.
¹²Tú coronas el año con tus bienes,*
    y tus carriles rebosan con abundancia.
¹³Rebosen los pastos del páramo,*
    y los collados se vistan de alegría.
¹⁴Se cubran las praderas de manadas,
    y los valles se revistan de grano;*
      den voces de júbilo y canten.

67

¹Dios tenga misericordia de nosotros,
    y nos bendiga,*
      haga resplandecer su rostro
      y venga a nosotros.
²Sean conocidos en la tierra tus caminos,*
    en todas las naciones tu salvación.
³Te alaben los pueblos, oh Dios;*
    todos los pueblos te alaben.
⁴Alégrense las naciones
    y aclamen con júbilo,*
      porque juzgas los pueblos
      con equidad, y diriges
      todas las naciones de la tierra.
⁵Te alaben los pueblos, oh Dios;*
    todos los pueblos te alaben.
⁶La tierra ha dado su fruto;*
    nos bendiga Dios, el Dios nuestro.
⁷Dios nos bendiga;*
    témanlo todos los confines de la tierra.

72

¹Oh Dios, da tu juicio al rey,*
   y tu justicia al hijo del rey;
²para que rija a tu pueblo con justicia,*
   y a tus pobres con juicio;
³para que los montes traigan prosperidad
   a tu pueblo,*
   y los collados justicia.
⁴Defenderá a los necesitados del pueblo;*
   rescatará a los pobres
   y aplastará al opresor.
⁵Vivirá mientras duren el sol y la luna,*
   de generación en generación.
⁶Descenderá como el agua
   sobre el campo segado,*
   como la lluvia
   que empapa la tierra seca.
⁷En aquel día florecerán los justos,*
   y habrá abundancia de paz,
   hasta que no haya luna.
⁸Dominará de mar a mar,*
   y del río hasta los confines de la tierra.
⁹Ante él se postrarán sus adversarios,*
   y sus enemigos lamerán el polvo.
¹⁰Los reyes de Tarsis y de las islas
   le pagarán tributos,*
   y los reyes de Sabá y de Arabia
   le ofrecerán dones.
¹¹Todos los reyes se postrarán
   delante de él,*
   y todas las naciones le servirán;
¹²porque él librará al pobre que clamare,*
   y al oprimido que no tuviere
   quien le socorra.
¹³Tendrá compasión de los humildes
   y de los menesterosos;*
   salvará la vida de los necesitados.
¹⁴De opresión y violencia
   redimirá sus vidas,*
   y la sangre de ellos
   será preciosa a sus ojos.
¹⁵¡Viva el rey!
   Que le traigan el oro de Sabá;*
   que se ore por él continuamente,
   y lo bendigan todo el día.
¹⁶Que haya abundancia de grano en la tierra,
   y sobrepase las cumbres de los montes;*
   florezca su fruto como el Líbano,
   y su grano como la hierba de la tierra.
¹⁷Permanezca su nombre para siempre,
   y sea perpetuado mientras dure el sol;*
   en él sean benditas todas las naciones,
   y lo proclamen bienaventurado.
¹⁸¡Bendito el Señor Dios,
   el Dios de Israel,*
   el único que hace maravillas!
¹⁹¡Bendito para siempre
   su nombre glorioso!*
   Toda la tierra sea llena de su gloria.
   Amén y Amén.

80

¹Oh Pastor de Israel, escucha,
   tú que pastoreas a José
   como a un rebaño;*
   tú que te sientas sobre querubines,
   resplandece.
²Ante Efraín, Benjamín y Manasés,*
   despierta tu poder, y ven a salvarnos.
³Oh Dios de los ejércitos, restáuranos;*
   haz resplandecer tu rostro,
   y seremos salvos.
⁴Señor Dios de los ejércitos,*
   ¿hasta cuándo estarás airado,
   a pesar de las súplicas de tu pueblo?
⁵Les diste de comer pan de lágrimas,*
   y a beber lágrimas en gran abundancia.
⁶Nos pusiste por escarnio
   de nuestros vecinos,*
   y nuestros enemigos
   se burlan de nosotros.
⁷Oh Dios de los ejércitos, restáuranos;*
   haz resplandecer tu rostro,
   y seremos salvos.
⁸Sacaste una vid de Egipto;*
   expulsaste a las naciones,
   y la plantaste.
⁹Preparaste sitio para ella;*
   se arraigó y llenó la tierra.

[10]Los montes fueron cubiertos
  por su sombra,*
    y los cedros altísimos por sus ramas.
[11]Hiciste extender sus vástagos
  hasta el mar,*
    y hasta el río, sus renuevos.
[12]¿Por qué destruiste sus vallados,*
    y la saquean los viandantes?
[13]La pisoteaban los jabalíes del bosque,*
    y la comían las bestias silvestres.
[14]Vuélvete ahora, oh Dios de los ejércitos,
  mira desde el cielo;
    considera, y visita esta viña;*
    preserva lo que plantó tu diestra.
[15]La han talado, y le han prendido fuego;*
    perezcan por la represión de tu rostro.
[16]Sea tu mano sobre el varón de tu diestra,*
    el hijo del hombre
    que para ti fortaleciste.
[17]Por ello, nunca nos apartaremos de ti;*
    danos vida, para que invoquemos
    tu nombre.
[18]Señor Dios de los ejércitos, restáuranos;*
    haz resplandecer tu rostro,
    y seremos salvos.

84

[1]¡Cuán amable tu morada,
  Señor de los ejércitos!*
    Anhela mi alma y con ardor
    desea los atrios del Señor;
    mi corazón y mi carne
    se regocijan en el Dios vivo.
[2]El gorrión ha encontrado casa,
  y la golondrina nido
  donde poner sus polluelos:*
    en tus altares,
    oh Señor de los ejércitos,
    Rey mío y Dios mío.
[3]¡Dichosos los que habitan en tu casa!*
    Perpetuamente te alabarán.
[4]¡Dichosos los que en ti encuentran
  su fuerza,*
    cuyos corazones están
    resueltos a peregrinar!

[5]Los que atraviesan el valle desolado
  lo hallan un lugar de fuentes,*
    porque la lluvia temprana lo
    ha cubierto de charcos.
[6]Treparán de baluarte en baluarte,*
    y se revelará el Dios de los dioses
    en Sión.
[7]Señor Dios de los ejércitos,
  escucha mi oración;*
    atiéndeme, oh Dios de Jacob.
[8]Mira, oh Dios, a nuestro escudo;*
    pon los ojos en el rostro de tu ungido.
[9]Mejor es pasar un día en tus atrios
  que mil en mi propia casa;*
    vale más estar en el umbral
    de la casa de mi Dios,
    que vivir en las tiendas
    de los malvados;
[10]porque sol y escudo es el Señor Dios;*
    él dará la gracia y la gloria.
[11]No quitará el Señor ningún bien*
    a los que andan en integridad.
[12]¡Oh Señor de los ejércitos,*
    dichosos los que en ti confían!

85

[1]Fuiste propicio a tu tierra, oh Señor;*
    restauraste la suerte de Jacob.
[2]Perdonaste la iniquidad de tu pueblo;*
    todos sus pecados cubriste.
[3]Reprimiste todo tu enojo;*
    te apartaste del ardor de tu ira.
[4]Restáuranos, oh Dios nuestro salvador,*
    y haz cesar tu cólera contra nosotros.
[5]¿Estarás siempre enojado contra nosotros?*
    ¿Prolongarás tu ira de edad en edad?
[6]¿No volverás a darnos vida,*
    para que tu pueblo se regocije en ti?
[7]Señor, muéstranos tu misericordia,*
    y concédenos tu salvación.
[8]Escucharé lo que dice el Señor Dios;*
    porque anuncia paz a su pueblo fiel,
    a los que se convierten de corazón.

⁹Ciertamente cercana está su salvación
  a cuantos le temen,*
    para que habite su gloria
    en nuestra tierra.
¹⁰La misericordia y la verdad
  se encontraron;*
    la justicia y la paz se besaron.
¹¹La verdad brotará de la tierra,*
  y la justicia mirará desde los cielos.
¹²En verdad el Señor dará la lluvia,*
  y nuestra tierra dará su fruto.
¹³La justicia irá delante de él,*
  y la paz será senda para sus pasos.

90

¹Oh Soberano mío,
  tú has sido nuestro refugio*
    de generación en generación.
²Antes que naciesen los montes,
  o fueran engendrados
  la tierra y el mundo,*
    desde el siglo y hasta el siglo,
    tú eres Dios.
³Devuelves el hombre al polvo, diciendo:*
  "Retorna, hijo de Adán."
⁴Porque mil años delante de tus ojos
  son como el ayer, que pasó,*
    y como una vigilia en la noche.
⁵Nos arrebatas como en un sueño,*
  como la hierba que pronto se marchita:
⁶por la mañana florece y crece;*
  por la tarde es cortada y se seca;
⁷porque en tu furor somos consumidos,*
  y por tu indignación
  somos conturbados.
⁸Pusiste nuestras iniquidades ante ti,*
  nuestros pecados secretos
    a la luz de tu rostro.
⁹Todos nuestros días fallecen
  a causa de tu ira;*
    acabamos nuestros años
    como un suspiro.

¹⁰Los días de nuestra vida son setenta años,
  y quizás en los más robustos
  hasta ochenta;*
    con todo, la suma de ellos
    es sólo pesar y trabajo,
    porque pronto pasan,
    y desaparecemos.
¹¹¿Quién conoce la vehemencia de tu ira?*
  ¿Quién teme debidamente
  tu indignación?
¹²Enséñanos de tal modo
  a contar nuestros días,*
    que traigamos al corazón sabiduría.
¹³Vuélvete, oh Señor,
  ¿hasta cuándo tardarás?*
    Ten compasión de tus siervos.
¹⁴Por la mañana sácianos
  de tu misericordia,*
    y así cantaremos y nos alegraremos
    todos nuestros días.
¹⁵Alégranos conforme a los días
  que nos afligiste,*
    y a los años en que sufrimos desdichas.
¹⁶Que tus siervos vean tus obras,*
  y su descendencia tu gloria.
¹⁷Sea la bondad del Señor nuestro Dios
  sobre nosotros,*
    y haga prosperar
    las obras de nuestras manos;
    sí, haga prosperar nuestras obras.

91

¹El que habita al abrigo del Altísimo,*
  mora bajo la sombra del Omnipotente.
²Dirá al Señor:
  "Refugio mío y castillo mío,*
  mi Dios, en quien confío."
³El te librará del lazo del cazador,*
  de la peste destructora.
⁴Con sus plumas te cubrirá,
  y debajo de sus alas estarás seguro;*
    escudo y adarga será su fidelidad.
⁵No temerás espanto nocturno,*
  ni saeta que vuele de día;

⁶ni pestilencia que acecha en la oscuridad,*
    ni enfermedad que a mediodía desola.
⁷Caerán a tu lado mil,
  y diez mil a tu diestra,*
    mas a ti no te alcanzará.
⁸Ciertamente con tus ojos mirarás,*
    y verás la recompensa de los malvados;
⁹porque hiciste del Señor tu refugio,*
    del Altísimo, tu habitación,
¹⁰no te sobrevendrá mal alguno,*
    ni plaga tocará tu morada.
¹¹Pues a sus ángeles mandará cerca de ti,*
    que te guarden en todos tus caminos.
¹²En las manos te llevarán,*
    para que tu pie no tropiece en piedra.
¹³Sobre el león y el áspid pisarás;*
    hollarás al cachorro del león
      y a la serpiente.
¹⁴"Por cuanto ha hecho pacto
  de amor conmigo,
  yo lo libraré;*
    lo protegeré, por cuanto
    ha conocido mi nombre.
¹⁵Me invocará, y yo le responderé;*
    con él estaré en la angustia;
    lo libraré, y le glorificaré.
¹⁶Lo saciaré de largos días,*
    y le mostraré mi Salvación."

96

¹Canten al Señor cántico nuevo;*
    canten al Señor, toda la tierra.
²Canten al Señor, bendigan su nombre;*
    proclamen de día en día su victoria.
³Pregonen entre las naciones su gloria,*
    en todos los pueblos sus maravillas;
⁴porque grande es el Señor,
  y muy digno de alabanza;*
    más temible es que todos los dioses;
⁵porque todos los dioses
  de los pueblos son ídolos;*
    pero es el Señor que
    ha hecho los cielos.

⁶¡Oh, la majestad y la magnificencia
  de su presencia!*
    ¡Oh, la fuerza y el esplendor
    de su santuario!
⁷Rindan al Señor,
  oh familias de los pueblos,*
    rindan al Señor la honra y el poder.
⁸Rindan al Señor la gloria debida a
  su nombre;*
    traigan ofrendas, y entren en sus atrios.
⁹Adoren al Señor
  en la hermosura de la santidad;*
    tiemble delante de él toda la tierra.
¹⁰Pregonen entre las naciones:
  "El Señor es rey;*
    de tal manera ha afirmado
    el orbe que no será conmovido;
    juzgará a los pueblos con equidad."
¹¹Alégrense los cielos, y gócese la tierra;
  truene la mar y su plenitud;*
    regocíjese el campo,
    y todo lo que en él está.
¹²Entonces aclamarán con júbilo
  todos los árboles del bosque,
    delante del Señor cuando llegue,*
    cuando llegue a juzgar la tierra.
¹³Juzgará al mundo con justicia,*
    y a los pueblos con su verdad.

97

¹El Señor es rey; regocíjese la tierra;*
    alégrense la multitud de las islas.
²Nubes y oscuridad alrededor de él;*
    rectitud y justicia el cimiento
    de tu trono.
³Fuego va delante de él,*
    y abrasa a sus enemigos alrededor.
⁴Sus relámpagos alumbran el mundo;*
    viéndolo, la tierra se estremece.
⁵Los montes se derriten como cera
  a la vista del Señor,*
    a la vista del soberano de toda la tierra.
⁶Los cielos anuncian su justicia,*
    y todos los pueblos
    contemplan su gloria.

⁷Avergüéncense todos los
  que adoran imágenes de talla,
  los que se glorían en dioses falsos;*
    póstrense ante él, dioses todos.
⁸Sión oye, y se alegra,
  y las ciudades de Judá se gozan,*
    a causa de tus juicios, oh Señor;
⁹porque tú eres el Señor, altísimo sobre
  toda la tierra;*
    eres muy excelso sobre
    todos los dioses.
¹⁰El Señor ama a los que aborrecen el mal;*
    él preserva la vida de sus santos,
    y de mano de los malvados los libra.
¹¹Brota la luz para el justo,*
    y alegría para los rectos de corazón.
¹²Alégrense, justos, en el Señor,*
    dando gracias a su santo nombre.

98

¹Canten al Señor cántico nuevo,*
    porque ha hecho maravillas.
²Con su diestra, y con su santo brazo,*
    ha alcanzado la victoria.
³El Señor ha dado a conocer su victoria;*
    a la vista de las naciones
    ha descubierto su justicia.
⁴Se acuerda de su misericordia
  y su fidelidad para con la casa de Israel;*
    los confines de la tierra
    han visto la victoria de nuestro Dios.
⁵Aclamen con júbilo al Señor,
  pueblos todos;*
    levanten la voz, gócense y canten.
⁶Canten al Señor con el arpa,*
    con el arpa y la voz de cántico.
⁷Con trompetas y al son de clarines,*
    aclamen con júbilo
    ante el rey, el Señor.
⁸Ruja el mar y cuanto contiene,*
    el mundo y los que en él habitan.
⁹Den palmadas los ríos,
  aclamen los montes al Señor,*
    cuando llegue para juzgar la tierra.
¹⁰Juzgará al mundo con justicia,*
    y a los pueblos con equidad.

100

¹Regocíjense en el Señor, pueblos todos;*
    sirvan al Señor con alegría;
    vengan ante su presencia con cánticos.
²Sepan que el Señor es Dios;*
    él nos hizo y somos suyos,
    su pueblo y ovejas de su rebaño.
³Entren por sus puertas
  con acción de gracias,
  en sus atrios con alabanza;*
    denle gracias, y bendigan su nombre;
⁴porque el Señor es bueno;
  para siempre es su misericordia;*
    su fidelidad perdura
    de generación en generación.

103

¹Bendice, alma mía, al Señor,*
    y todo mi ser bendiga
    su santo nombre.
²Bendice, alma mía, al Señor,*
    y no olvides ninguno de sus beneficios.
³El perdona todas tus iniquidades,*
    y sana todas tus dolencias.
⁴El rescata del sepulcro tu vida,*
    y te corona de favor y misericordia.
⁵El sacia de bien tus anhelos,*
    y como el águila
    se renueva tu juventud.
⁶El Señor hace justicia,*
    y defiende a todos los oprimidos.
⁷Dio a conocer sus caminos a Moisés,*
    y al pueblo de Israel sus obras.
⁸Misericordioso y compasivo es el Señor,*
    lento para la ira y rico en clemencia.
⁹No nos acusará para siempre,*
    ni para siempre guardará su enojo.
¹⁰No nos ha tratado
  conforme a nuestros pecados,*
    ni nos ha pagado
    conforme a nuestras maldades.
¹¹Así como se levantan los cielos
  sobre la tierra,*
    así se levanta su misericordia
    sobre sus fieles.

¹²Como dista el oriente del occidente,*
   así aleja de nosotros
   nuestras rebeliones.
¹³Como un padre cuida de sus hijos,*
   así cuida el Señor a los que le veneran;
¹⁴porque él sabe de qué estamos hechos;*
   se acuerda de que no somos
   más que barro.
¹⁵Como la hierba son nuestros días;*
   florecemos como la flor del campo,
¹⁶que pasa el viento por ella,
   y ya no existe,*
   y su lugar no la conocerá más;
¹⁷empero la misericordia del Señor
   perdura para siempre
   sobre los que le veneran,*
   y su rectitud
   sobre los hijos de los hijos;
¹⁸sobre los que guardan su pacto,*
   y se acuerdan de sus mandatos
   y los cumplen.
¹⁹El Señor estableció en los cielos su trono,*
   y su soberanía domina sobre todos.
²⁰Bendigan al Señor, ustedes sus ángeles,
   potestades que ejecutan sus órdenes,*
   obedeciendo a la voz de su palabra.
²¹Bendigan al Señor, ustedes sus huestes,*
   ministros suyos que hacen su voluntad.
²²Bendigan al Señor, ustedes sus obras,
   en todos los lugares de su dominio.*
   Bendice, alma mía, al Señor.

104

¹Bendice, alma mía, al Señor;*
   Señor Dios mío,
   ¡cuán excelsa tu grandeza!
   Te has vestido de majestad y esplendor.
²Te envuelves de luz como con un manto,*
   y extiendes los cielos
   como una cortina.
³Cimientas tu habitación sobre las aguas,*
   pones las nubes por tu carroza,
   cabalgas sobre las alas del viento.
⁴Haces a los vientos tus mensajeros,*
   a las llamas de fuego tus siervos.

⁵Asentaste la tierra sobre sus cimientos,*
   para que jamás se mueva.
⁶Con el abismo, como con un manto,
   la cubriste;*
   las aguas cubrieron los montes.
⁷A tu reto huyeron,*
   al fragor de tu trueno corrieron.
⁸Subieron a los montes y bajaron
   a los valles,*
   a los lugares que tú les asignaste.
⁹Fijaste los límites que no debían pasar;*
   no volverán a cubrir la tierra.
¹⁰Enviaste los manantiales a los valles;*
   fluyen entre los montes.
¹¹Todas las bestias del campo
   beben de ellos,*
   y los asnos salvajes mitigan su sed.
¹²Junto a ellos las aves del aire
   hacen sus nidos,*
   y cantan entre las ramas.
¹³Desde tu morada en las alturas
   riegas los montes;*
   del fruto de tus obras se sacia la tierra.
¹⁴Haces brotar hierba para los rebaños,*
   y plantas para el uso de la humanidad;
¹⁵para que produzcan alimento de la tierra:*
   vino que alegra el corazón,
¹⁶aceite que hace brillar el rostro*
   y pan que fortalece el corazón.
¹⁷Se llenan de savia los árboles del Señor,*
   los cedros del Líbano que él plantó.
¹⁸Allí anidan los pájaros;*
   en sus copas la cigüeña hace morada.
¹⁹Los riscos son madriguera
   para las cabras monteses,*
   y los peñascos para los hiráceos.
²⁰Hiciste la luna
   como señal de las estaciones,*
   y el sol conoce su ocaso.
²¹Haces las tinieblas, y viene la noche,*
   en la cual rondan las fieras de la selva.
²²Los leoncillos rugen por la presa,*
   buscando de Dios su comida.
²³Sale el sol, y se retiran,*
   y se echan en sus guaridas.
²⁴El hombre sale a su trabajo,*
   y a su labor hasta la tarde.

²⁵¡Cuán múltiples tus obras, oh Señor!*
   Hiciste todas ellas con sabiduría;
   la tierra está llena de tus criaturas.
²⁶He allí el grande y anchuroso mar,
   en donde bullen criaturas sin número,*
   tanto pequeñas como grandes.
²⁷Allí se mueven las naves,
   allí está ese Leviatán,*
   que modelaste para jugar con él.
²⁸Todos ellos te aguardan,*
   para que les des comida a su tiempo.
²⁹Se la das, la recogen;*
   abres tu mano, se sacian de bienes.
³⁰Escondes tu rostro y se espantan;*
   les quitas el aliento;
   expiran y vuelven a su polvo.
³¹Envías tu Espíritu y son creados;*
   así renuevas la faz de la tierra.
³²Perdure la gloria del Señor para siempre;*
   alégrese el Señor en todas sus obras.
³³El mira a la tierra, y ella tiembla;*
   toca los montes, y humean.
³⁴Cantaré al Señor mientras viva;*
   alabaré a mi Dios mientras exista.
³⁵Que le sea agradable mi poema;*
   me regocijaré en el Señor.
³⁶Sean consumidos de la tierra
   los pecadores,*
   y los malvados dejen de ser.
³⁷Bendice, alma mía, al Señor.*
   ¡Aleluya!

111

¹¡Aleluya! Daré gracias al Señor
  de todo corazón,*
   en la asamblea de los rectos,
   en la congregación.
²¡Grandes son las obras del Señor!*
  Son dignas de estudio
  para los que las aman.
³Su obra está llena
  de esplendor y majestad,*
   y su benevolencia
   permanece para siempre.
⁴Ha hecho memorables sus maravillas;*
  clemente y compasivo es el Señor.

⁵Da alimento a los que le veneran;*
  para siempre se acuerda de su pacto.
⁶El poder de sus obras
  manifestó a su pueblo,*
   dándoles la heredad de las naciones.
⁷Las obras de sus manos
  son verdad y juicio;*
   fidedignos son todos
   sus mandamientos,
⁸Afirmados eternamente y para siempre,*
  hechos en verdad y en rectitud.
⁹Redención envió a su pueblo;*
  para siempre ordenó su pacto;*
   santo y temible es su nombre.
¹⁰Principio de la sabiduría es
  el temor del Señor;*
   tienen buen juicio los que lo practican;*
   su loor permanece para siempre.

113

¹¡Aleluya! Alaben las obras del Señor;*
  alaben el nombre del Señor
²Sea bendito el nombre del Señor,*
  desde ahora y para siempre.
³Desde el nacimiento del sol hasta
  donde se pone,*
   sea alabado el nombre del Señor.
⁴Excelso sobre todas las naciones
  es el Señor,*
   sobre los cielos su gloria.
⁵¿Quién como el Señor nuestro Dios,
  que se sienta entronizado en las alturas,*
   mas se humilla a mirar a los cielos
   y a la tierra?
⁶El levanta del polvo al desvalido,*
  y al menesteroso alza del muladar,
⁷Para sentarlos con los príncipes,*
  con los príncipes de su pueblo.
⁸El hace que la mujer estéril*
  sea madre gozosa de hijos.

114

¹¡Aleluya!
  Cuando salió Israel de Egipto, *
    la casa de Jacob de entre
    un pueblo de idioma ajeno,
²Judá vino a ser el santuario de Dios, *
    e Israel su dominio.
³El mar lo vio, y huyó: *
    el Jordán se volvió atrás.
⁴Los montes saltaron como carneros, *
    y como corderos las colinas.
⁵¿Qué te afligió, oh mar, que huiste, *
    y a ti, oh Jordán,
    que te volviste atrás?
⁶Oh montes, ¿por qué saltaron
  como carneros, *
    y como corderos, oh colinas?
⁷Tiembla, oh tierra, a la presencia
  de mi Soberano, *
    a la presencia del Dios de Jacob,
⁸quien cambió la peña
  en estanque de aguas, *
    y el pedernal en manantiales.

116

¹Amo al Señor, pues ha oído mi voz
  y mi súplica; *
    porque ha inclinado a mí su oído,
    siempre que le invoco.
²Ligaduras de muerte me enredaron;
  me alcanzaron las garras de la tumba; *
    hallé angustia y dolor.
³Entonces invoqué el nombre del Señor: *
    "Oh Señor, dígnate salvar mi vida".
⁴Clemente es el Señor y justo; *
    sí, misericordioso es nuestro Dios.
⁵El Señor guarda a los inocentes; *
    estaba yo postrado, y me salvó.
⁶Vuelve, oh alma mía, a tu reposo; *
    porque el Señor te ha hecho bien;
⁷pues tú has librado mi vida de la muerte, *
    mis ojos de lágrimas
    y mis pies de la caída.
⁸Caminaré en la presencia del Señor, *
    en el país de los vivientes.

⁹Tenía fe, aun cuando dije:
  "Estoy afligido en gran manera." *
    En mi angustia dije:
    "En nadie se puede fiar."
¹⁰¿Cómo pagaré al Señor *
    por todos sus beneficios para conmigo?
¹¹Alzaré la copa de la salvación, *
    e invocaré el nombre del Señor.
¹²Pagaré mis votos al Señor *
    delante de todo su pueblo.
¹³Preciosa a los ojos del Señor, *
    es la muerte de sus siervos.
¹⁴Oh Señor, yo soy tu siervo;
  siervo tuyo soy, hijo de tu sierva; *
    me has librado de mis prisiones.
¹⁵Te ofreceré el sacrificio de alabanza, *
    e invocaré el nombre del Señor.
¹⁶Pagaré mis votos al Señor *
    delante de todo su pueblo,
¹⁷En los atrios de la casa del Señor, *
    en medio de ti, oh Jerusalén.
    ¡Aleluya!

118

¹Den gracias al Señor, porque él es bueno; *
    para siempre es su misericordia.
²Diga ahora Israel: *
    "Para siempre es su misericordia"
³Diga ahora la casa de Aarón: *
    "Para siempre es su misericordia."
⁴Digan ahora los que veneran al Señor: *
    "Para siempre es su misericordia."
⁵En mi angustia invoqué al Señor; *
    me respondió el Señor,
    poniéndome a salvo.
⁶El Señor está a mi lado;
  por tanto, no temeré; *
    ¿quién podrá dañarme?
⁷El Señor está a mi lado para ayudarme; *
    triunfaré sobre los que me odian.
⁸Mejor es refugiarse en el Señor, *
    que fiarse de los mortales.
⁹Mejor es refugiarse en el Señor, *
    que fiarse de los príncipes.

¹⁰Todos los impíos me rodean;*
  en el nombre del Señor les rechazaré.
¹¹Me rodean por todas partes;*
  en el nombre del Señor les rechazaré.
¹²Me rodean como enjambre de abejas;*
  arden como fuego de espinas;*
  en el nombre del Señor les rechazaré.
¹³Me empujaban con violencia
  para que cayese,*
  pero el Señor me ayudó.
¹⁴Mi fuerza y mi refugio es el Señor,*
  y él me ha sido por salvación.
¹⁵Hay voz de júbilo y victoria*
  en las tiendas de los justos:
¹⁶"¡La diestra del Señor ha triunfado!*
  ¡La diestra del Señor es excelsa!
  ¡La diestra del Señor ha triunfado!"
¹⁷No he de morir, sino que viviré,*
  y contaré las hazañas del Señor.
¹⁸Me castigó gravemente el Señor,*
  mas no me entregó a la muerte.
¹⁹Abranme las puertas de justicia;*
  entraré por ellas,
  y daré gracias al Señor.
²⁰"Esta es la puerta del Señor;*
  por ella entrarán los justos."
²¹Daré gracias porque me respondiste,*
  y me has sido de salvación.
²²La misma piedra
  que desecharon los edificadores,*
  ha venido a ser la cabeza del ángulo.
²³Esto es lo que ha hecho el Señor,*
  y es maravilloso a nuestros ojos.
²⁴Este es el día en que actuó el Señor;*
  regocijémonos y alegrémonos en él.
²⁵¡Hosanna, oh Señor, hosanna!*
  Señor, danos ahora la prosperidad.
²⁶Bendito el que viene en nombre
  del Señor;*
  desde la casa del Señor le bendecimos.
²⁷Dios es el Señor; nos ha iluminado;*
  formen una procesión con ramos
  hasta los cuernos del altar.
²⁸"Tú eres mi Dios; te daré gracias;*
  tú eres mi Dios; te ensalzaré."
²⁹Den gracias al Señor porque es bueno;*
  para siempre es su misericordia.

119:33–40

³³Enséñame, oh Señor,
  el camino de tus estatutos,*
  y lo guardaré hasta el fin.
³⁴Dame entendimiento, y guardaré tu ley;*
  la cumpliré de todo corazón.
³⁵Guíame por la senda
  de tus mandamientos,*
  porque ése es mi deseo.
³⁶Inclina mi corazón a tus decretos,*
  y no a las ganancias injustas.
³⁷Aparta mis ojos, que no miren
  lo que es inútil;*
  vivifícame en tus caminos.
³⁸Cumple tu promesa a tu siervo,*
  la que haces a los que te temen.
³⁹Quita de mí el oprobio que temo,*
  porque buenos son tus juicios.
⁴⁰He aquí, anhelo tus mandamientos;*
  en tu justicia, preserva mi vida.

121

¹Levanto mis ojos a los montes;*
  ¿de dónde vendrá mi socorro?
²Mi socorro viene del Señor,*
  que hizo los cielos y la tierra.
³No permitirá que resbale tu pie,*
  ni se dormirá el que te guarda.
⁴He aquí, el que guarda a Israel*
  no se adormecerá ni dormirá.
⁵El Señor es tu guardián,*
  el Señor es tu sombra a tu diestra.
⁶El sol no te hará daño de día,*
  ni la luna de noche.
⁷El Señor te guardará de todo mal;*
  él guardará tu vida.
⁸El Señor guardará tu salida y tu entrada,*
  desde ahora y para siempre.

122

¹Me alegré cuando me dijeron:*
　　"Vamos a la casa del Señor."
²Ya están pisando nuestros pies*
　　tus umbrales, oh Jerusalén.
³Jerusalén está edificada*
　　como ciudad bien unida entre sí.
⁴Allá suben las tribus, las tribus del Señor,
　la asamblea de Israel,*
　　para alabar el nombre del Señor;
⁵Porque allá están los tronos del juicio,*
　　los tronos de la casa de David.
⁶Oren por la paz de Jerusalén:*
　　"Que prosperen los que te aman.
⁷Haya paz dentro de tus muros,*
　　sosiego dentro de tus ciudadelas.
⁸Por amor de mis hermanos
　y mis compañeros,*
　　digo de corazón: 'La paz contigo'.
⁹Por amor de la casa
　del Señor nuestro Dios,*
　　buscaré hacerte el bien."

126

¹Cuando el Señor cambió
　la suerte de Sión,*
　　éramos como los que sueñan.
²Entonces nuestra boca se llenó de risa,*
　　y nuestra lengua de gritos de alegría.
³Y decían entre las naciones:*
　　"Ha hecho el Señor proezas con ellos."
⁴Proezas ha hecho el Señor con nosotros,*
　　y estamos sumamente alegres.
⁵Tú, oh Señor, has cambiado
　nuestra suerte,*
　　como los torrentes del Neguev.
⁶Los que sembraron con lágrimas,*
　　con gritos de alegría segarán.
⁷Los que van llorando, llevando la semilla,*
　　volverán entre cantares,
　　trayendo sus gavillas.

128

¹¡Dichosos todos los que temen al Señor;*
　　y andan en sus caminos!
²Comerás el fruto de tu trabajo;*
　　dicha y prosperidad tendrás.
³Tu mujer será como parra fecunda
　en medio de tu casa,*
　　tus hijos como renuevos de olivo
　　alrededor de tu mesa.
⁴Así será bendecido el hombre*
　　que teme al Señor.
⁵Bendígate el Señor desde Sión,*
　　y veas la prosperidad de Jerusalén
　　todos los días de tu vida.
⁶Que veas los hijos de tus hijos,*
　　y la paz sea sobre Israel.

130

¹De lo profundo, oh Señor, a ti clamo;
　Señor, escucha mi voz;*
　　estén atentos tus oídos
　　a la voz de mi súplica.
²Si tú, oh Señor, notares los delitos,*
　　¿quién, oh Señor, podrá mantenerse?
³Mas en ti hay perdón,*
　　por tanto serás venerado.
⁴Aguardo al Señor; le aguarda mi alma;*
　　en su palabra está mi esperanza.
⁵Mi alma aguarda al Señor,
　más que los centinelas a la aurora,*
　　más que los centinelas a la aurora.
⁶Oh Israel, aguarda al Señor,*
　　porque en el Señor hay misericordia;
⁷con él hay abundante redención,*
　　y él redimirá a Israel
　　de todos sus pecados.

131

¹Oh Señor, mi corazón no es arrogante,*
　　ni mis ojos engreídos;
²no me ocupo de cosas grandes,*
　　ni de las que superan mi capacidad;

³acallo mi alma y la sosiego,
  como un niño en brazos de su madre;*
  mi alma está calmada dentro de mí.
⁴Oh Israel, aguarda al Señor,*
  desde ahora y para siempre.

133

¹¡Oh cuán bueno y agradable es*
  convivir los hermanos en unidad!
²Es como el buen óleo sobre la cabeza,*
  el cual desciende sobre la barba,
³sobre la barba de Aarón,*
  y baja hasta el collar de sus vestiduras.
⁴Es como el rocío del Hermón,*
  que desciende sobre los montes
  de Sión;
⁵porque allí manda el Señor la bendición:*
  la vida por siempre jamás.

134

¹Y ahora bendigan al Señor,
  siervos todos del Señor,*
  los que de noche están de pie
  en la casa del Señor.
²Eleven las manos hacia el santuario,
  y bendigan al Señor.*
  El Señor que hizo los cielos y la tierra,
  te bendiga desde Sión.

136

¹Den gracias al Señor, porque es bueno,*
  porque para siempre es su misericordia.
²Den gracias al Dios de los dioses,*
  porque para siempre es su misericordia.
³Den gracias al Señor de los señores,*
  porque para siempre es su misericordia.
⁴Al único que hace grandes maravillas,*
  porque para siempre es su misericordia;
⁵al que hizo los cielos con sabiduría,*
  porque para siempre es su misericordia;
⁶al que extendió la tierra sobre las aguas,*
  porque para siempre es su misericordia;
⁷al que hizo las grandes lumbreras,*
  porque para siempre es su misericordia:

⁸el sol para que señorease de día,*
  porque para siempre es su misericordia;
⁹la luna y las estrellas para que señore-
  asen de noche,*
  porque para siempre es su misericordia.
¹⁰al que hirió a los primogénitos
  de Egipto,*
  porque para siempre es su misericordia;
¹¹al que sacó a Israel de en medio
  de ellos,*
  porque para siempre es su misericordia,
¹²con mano fuerte, y brazo extendido,*
  porque para siempre es su misericordia;
¹³al que dividió en dos el Mar Rojo,*
  porque para siempre es su misericordia,
¹⁴e hizo pasar a Israel por en medio de él,*
  porque para siempre es su misericordia,
¹⁵pero arrojó a Faraón y a su ejército
  en el Mar Rojo,*
  porque para siempre es su misericordia;
¹⁶al que condujo a su pueblo
  por el desierto,*
  porque para siempre es su misericordia.
¹⁷al que derribó a grandes reinos,*
  porque para siempre es su misericordia,
¹⁸y mató a reyes poderosos,*
  porque para siempre es su misericordia:
¹⁹a Sehón, rey amorreo,*
  porque para siempre es su misericordia,
²⁰y a Og, rey de Basán,*
  porque para siempre es su misericordia;
²¹y dio la tierra de ellos en heredad,*
  porque para siempre es su misericordia,
²²en heredad a Israel su siervo,*
  porque para siempre es su misericordia.
²³al que se acordó de nosotros
  en nuestro abatimiento,*
  porque para siempre es su misericordia,
²⁴y nos libró de nuestros enemigos,*
  porque para siempre es su misericordia;
²⁵al que da alimento a toda criatura,*
  porque para siempre es su misericordia.
²⁶den gracias al Dios de los cielos,*
  porque para siempre es su misericordia.

139

¹Oh Señor, tú me has probado
y conocido;*
conoces mi sentarme
y mi levantarme;
percibes de lejos mis pensamientos.
²Observas mis viajes
y mis lugares de reposo,*
y todos mis caminos te son conocidos.
³Aún no está la palabra en mis labios,*
y he aquí, oh Señor, tú la conoces.
⁴Me rodeas delante y detrás,*
y sobre mí pones tu mano.
⁵Tal conocimiento es demasiado
maravilloso para mí;*
sublime es, y no lo puedo alcanzar.
⁶¿A dónde huiré de tu Espíritu?*
¿A dónde huiré de tu presencia?
⁷Si subiere a los cielos, allí estás tú;*
si en el abismo hiciere mi lecho,
allí estás también.
⁸Si tomare las alas del alba,*
y habitare en el extremo del mar,
⁹Aun allí me guiará tu mano,*
y me asirá tu diestra.
¹⁰Si dijere: "Ciertamente las tinieblas
me encubrirán,*
y aun la luz se hará noche
alrededor de mí,"
¹¹las tinieblas no son oscuras para ti;*
la noche resplandece como el día;*
lo mismo te son las tinieblas que la luz;
¹²porque tú creaste mis entrañas;*
me tejiste en el vientre de mi madre.
¹³Te daré gracias, porque maravillosamente
he sido formado;*
admirables son tus obras, y bien lo sé.
¹⁴No fue encubierto de ti mi cuerpo,
mientras que en oculto era formado,*
y entretejido en lo más profundo
de la tierra.
¹⁵Tus ojos vieron mis miembros,
aún incompletos en el vientre;
todos estaban escritos en tu libro;*
contados estaban mis días,
antes que llegase el primero.

¹⁶¡Cuán profundos me son, oh Dios,
tus pensamientos!*
¡Cuán inmensa es la suma de ellos!
¹⁷Si los contase, serían más que la arena;*
para contarlos todos,
tendría que ser eterno como tú.
¹⁸¡Oh Dios, ojalá matares al malvado!*
¡Apártense de mí, oh sanguinarios!
¹⁹Blasfemias dicen contra ti;*
tus enemigos
toman tu nombre en vano.
²⁰¿No odio, oh Señor, a los que te odian?*
¿No abomino a los que
se levantan contra ti?
²¹Los aborrezco con odio extremo;*
los tengo por mis enemigos.
²²Escudríñame, oh Dios,
y conoce mi corazón;*
pruébame, y conoce mis inquietudes.
²³Ve si hay en mí camino de perversidad,*
y guíame en el camino eterno.

143

¹Oh Señor, escucha mi oración;
tú que eres fiel, atiende a mis súplicas;*
respóndeme, pues tú eres justo.
²No llames a juicio a tu siervo,*
porque ante ti ninguno será justificado;
³porque el enemigo ha buscado mi vida;
me ha aplastado hasta el suelo;*
me ha hecho habitar en tinieblas
como los ya muertos.
⁴Mi espíritu desfallece dentro de mí;*
está desolado mi corazón.
⁵Me acuerdo de los tiempos antiguos;
medito en todos tus hechos;*
considero las obras de tus manos.
⁶Extiendo mis manos hacia ti;*
mi alma tiene sed de ti
como la tierra seca.
⁷Oh Señor, apresúrate a responderme;
mi espíritu desfallece;*
no escondas tu rostro de mí,
o seré como los que descienden
a la fosa.

⁸Hazme oír tu gracia por la mañana,
  porque en ti confío;*
    hazme ver el camino
    por donde debo andar,
    porque a ti levanto mi alma.
⁹Líbrame de mis enemigos, oh Señor,*
  porque me acojo a ti por refugio.
¹⁰Enséñame a cumplir tu voluntad,
  porque tú eres mi Dios;*
    que tu buen Espíritu
    me guíe por tierra llana.
¹¹Por amor de tu nombre, vivifícame;*
  por tu justicia sácame de la angustia.
¹²Por tu bondad, destruye a mis enemigos
  y aniquila a todos los que me acosan;*
    porque en verdad soy tu siervo.

145

¹Te exaltaré, oh Dios mi rey,*
  y bendeciré tu nombre
    por siempre jamás.
²Día tras día te bendeciré,*
  y alabaré tu nombre
    por siempre jamás.
³Grande es el Señor,
  y digno de toda alabanza;*
    ilimitable es su grandeza.
⁴Generación a generación loará tus obras,*
  y proclamará tus hazañas.
⁵Meditaré en la gloria y el esplendor
  de tu majestad,*
    y en todas tus acciones maravillosas.
⁶Se anunciará el poder
  de tus hechos temibles,*
    y yo cantaré tus grandes proezas.
⁷Se publicará la memoria
  de tu inmensa bondad;*
    se cantará tu justicia.
⁸Clemente y compasivo es el Señor,*
  lento para la ira y grande
    en misericordia.
⁹Amante es el Señor para con todos;*
  su compasión está sobre todas
    sus obras.
¹⁰Te alaban, oh Señor, todas tus obras,*
  y tus fieles siervos te bendicen.

¹¹La gloria de tu reino declaran,*
  y hablan de tu poder;
¹²para que sepan los pueblos
  de tus proezas,*
    y de la gloria y magnificencia
    de tu reino.
¹³Tu reino es reino eterno,*
  y tu dominio perdura para siempre.
¹⁴Fiel es el Señor en todas sus palabras,*
  misericordioso en todas sus hazañas.
¹⁵Sostiene el Señor a los que caen,*
  y levanta a todos los oprimidos.
¹⁶Los ojos de todos esperan en ti, oh Señor,*
  y tú les das su comida a su tiempo.
¹⁷Abres bien tu mano,*
  y sacias de favores a todo viviente.
¹⁸Justo es el Señor en todos sus caminos,*
  y bondadoso en todas sus acciones.
¹⁹Cercano está el Señor
  a todos los que le invocan,*
    a los que le invocan confiadamente.
²⁰Satisface los deseos de los que le temen;*
  escucha su clamor, y los salva.
²¹El Señor guarda a todos los que le aman,*
  mas destruye a los malvados.
²²Mi boca pronunciará
  la alabanza del Señor;*
    que bendiga toda carne
    su santo nombre,
    eternamente y para siempre.

146

¹¡Aleluya! Alaba, alma mía, al Señor;*
  alabaré al Señor mientras viva;
    cantaré alabanzas a mi Dios
    mientras exista.
²No confíes en los príncipes,
  ni en ningún hijo de Adán,*
    porque no hay en ellos seguridad.
³Al exhalar el espíritu, vuelven al polvo,*
  y en ese día perecen todos sus planes.
⁴¡Dichosos aquéllos cuya ayuda
  es el Dios de Jacob,*
    cuya esperanza está en
    el Señor su Dios!

⁵El cual hizo los cielos y la tierra, el mar,
 y cuanto en ellos hay,*
   que guarda su promesa para siempre;
⁶que hace justicia a los oprimidos,*
   y da pan a los hambrientos.
⁷El Señor liberta a los cautivos;
 el Señor abre los ojos a los ciegos;*
 el Señor levanta a los caídos;
⁸el Señor ama a los justos;
 el Señor protege a los forasteros;*
   sostiene al huérfano y a la viuda,
   pero trastorna el camino
   de los malvados.
⁹Reinará el Señor para siempre,*
 tu Dios, oh Sión,
   de generación en generación.
   ¡Aleluya!

148

¹¡Aleluya! Alaben al Señor
 desde los cielos;*
   alábenle en las alturas.
²Alábenle, todos sus ángeles;*
 alábenle, toda su hueste.
³Alábenle, sol y luna;*
 alábenle, todas las estrellas lucientes.
⁴Alábenle, cielos de los cielos;*
 alábenle, aguas que están
   sobre los cielos.
⁵Alaben el nombre del Señor,*
 porque él mandó, y fueron creados.
⁶Los afirmó eternamente y para siempre;*
 les dio una ley que no pasará.
⁷Alaben al Señor desde la tierra,*
 monstruos marinos
   y todos los abismos;
⁸Fuego y granizo, nieve y bruma,*
 viento tempestuoso
   que ejecuta su voluntad;
⁹montes y todas las colinas,*
 árboles frutales y todos los cedros;
¹⁰bestias silvestres y todo ganado,*
 reptiles y aves aladas;
¹¹reyes de la tierra y todos los pueblos,*
 príncipes y jefes del mundo;

¹²mozos y doncellas,*
 viejos y jóvenes juntos.
¹³Alaben el nombre del Señor,*
 porque sólo su nombre es excelso,
   su gloria sobre la tierra y los cielos.
¹⁴Ha alzado el cuerno de su pueblo,
 y alabanza para todos sus fieles,*
   los hijos de Israel,
   el pueblo cercano a él.
   ¡Aleluya!

150

¹¡Aleluya!
 Alaben a Dios en su santo templo;*
   alábenle en la bóveda de su poder.
²Alábenle por sus proezas;*
 alábenle por su inmensa grandeza.
³Alábenle con el bramido del corno;*
 alábenle con lira y arpa.
⁴Alábenle con tambores y danzas;*
 alábenle con cuerdas y caramillo.
⁵Alábenle con címbalos resonantes;*
 alábenle con címbalos clamorosos.
⁶Todo lo que respira,*
 alabe al Señor. ¡Aleluya!

*Véase el índice de fuentes de texto y música
(p. 642) para buscar otros salmos en la
colección de los himnos y cánticos.*

Cántico de Miriam y Moisés

CANTEMUS DOMINO Exodo 15

Cantaré al Senõr,
porque es excelso y sublime,*
   caballos y jinetes ha arrojado en el mar.
Mi fuerza y mi refugio es el Señor;*
   él se hizo mi Salvador.
El es mi Dios; yo lo alabaré;*
   el Dios de mis padres; yo lo ensalzaré.
Tu diestra, Señor, es la gloriosa en su fuerza;*
   tu diestra, Señor, aplasta al enemigo.
¿Quién como tú, Señor, entre los dioses?
¿Quién como tú, glorioso santidad,*
   venerado por sus hazañas loables,
   hacerdor de maravillas?
Tendiste tu diestra;
   se los tragó la tierra.
Guiaste con tu misericordia al
pueblo rescatado:*
   lo llevaste con tu poder hasta
   tu santa morada.
Lo introduces y lo plantas*
   en el monte de tu heredad,
el lugar de descanso que te has preparado,*
   el santuario, Señor,
   que tus manos fundaron.
El Señor reinará*
   ahora y por siempre.
Gloria al Padre, y al Hijo,*
   y al Espíritu Santo;
como era en el principio,
ahora y siempre,*
   por los siglos de los siglos. Amén

Cántico de Moisés

ATTENDE, CAELUM Deuteronomio 32

Cielos, presten oídos, que voy a hablar;*
   la tierra toda escuche las palabras
   de mi boca.
Como lluvia se derrame mi doctrina;*
   como suave lluvia sobre la verde hierba,
   como aguacero sobre el césped.
Porque voy a proclamar el nombre del Señor.*

Alaben a nuestro Dios.
Es la roca cuya obra es perfecta,*
   pues todos sus caminos son de justicia.
Es Dios de lealtad, no de perfidia;*
   es recto y es justo.
Acuérdate de los días pasados;*
   recuerda las generaciones anteriores.
Interroga a tu padre, que te cuente;*
   a tus ancianos, que te expliquen.
El Señor hará justicia a su pueblo,*
   y se apiadará de sus siervos.
Regocíjense con él, oh cielos;*
   dioses todos: póstrense ante él.
Gloria al Padre, y al Hijo,*
   y al Espíritu Santo;
como era en el principio,
ahora y siempre,*
   por los siglos de los siglos. Amén

Cántico de Isaías

ECCE, DEUS Isaias 12

He aquí es Dios quien me salva;*
   confiaré en él y no temeré.
Mi fortaleza y mi refugio es el Señor;*
   él se hizo mi salvador.
Sacarán ustedes aguas con júbilo*
   de las fuentes de salvación.
Aquel día dirán:*
   den gracias al Señor
   e invoquen su nombre.
Cuenten a los pueblos sus hazañas;*
   pregonen que su nombre es excelso.
Canten alabanzas al Señor,
porque ha hecho cosas sublimes,*
   y esto es conocido por toda la tierra.
Vitoreen, habitantes de Sión,
con gritos de júbilo,*
   porque grande es en medio de ti
   el Santo de Israel.
Gloria al Padre, y al Hijo,*
   y al Espíritu Santo;
como era en el principio,
ahora y siempre,*
   por los siglos de los siglos. Amén

Cántico de Jonás

CLAMAVI TE, DOMINUM Jonás 2

En el peligro grité al Señor y me atendió,*
   desde el vientre del abismo
   pedí auxilio y me escuchó.
Me habías arrojado al fondo, en alta mar,*
   me rodeaba la corriente,
   tus torrentes y tus olas me arrollaban.
Pensé: me has arrojado de tu presencia;*
   !quién pudiera otra vez
   ver tu santo templo!
A la garganta me llegaba el agua,*
   me rodeaba el océano,
   las algas se enredaban a mi cabeza;
bajaba hasta las raíces de los montes,*
   la tierra se cerraba
   para siempre sobre mí.
Y sacaste mi vida de la fosa,*
   Señor, Dios mío.
Cuando se me acababan las fuerzas,
invoqué al Señor,*
   llegó hasta ti mi oración,
   hasta tu santo templo.
Los devotes de los ídolos faltan a su lealtad;*
   yo, en cambio, te cumpliré mis votos,
mi sacrificio será un grito
de acción de gracias:*
   "la salvación viene del Señor."
Gloria al Padre, y al Hijo,*
   y al Espíritu Santo;
como era en el principio,
ahora y siempre,*
   por los siglos de los siglos. Amén

Cántico de los tres jóvenes

BENEDICITE, OMNIA OPERA
Daniel (dc) 3:57-87

Obras todas del Señor, bendigan al Señor;*
   alábenlo y ensálcenlo eternamente.
Ángeles del Señor, bendigan al Señor;*
   cielos, bendigan al Señor.

Potencias del Señor, bendigan al Señor;*
   alábenlo y ensálcenlo eternamente.
Sol y luna, bendigan al Señor;*
   astros del cielo, bendigan al Señor.

Lluvia y rocío, bendigan al Señor;*
   alábenlo y ensálcenlo eternamente.
Vientos, bendigan al Señor;*
   fuego y calor, bendigan al Señor.
Frío y ardor, bendigan al Señor;*
   alábenlo y ensálcenlo eternamente.
Rocíos y escarchas, bendigan al Señor;*
   hielos y fríos, bendigan al Señor.
Heladas y nieves, bendigan al Señor;*
   alábenlo y ensálcenlo eternamente.
Noches y días, bendigan al Señor;*
   luz y tinieblas, bendigan al Señor.
Rayos y nubes, bendigan al Señor;*
   alábenlo y ensálcenlo eternamente.

Que la tierra bendiga al Señor;*
   montes y cerros, bendigan al Señor.
Todo lo que brota en la tierra,
bendiga al Señor;*
   alábelo y ensálcelo eternamente.
Vertientes y fuentes, bendigan al Señor;*
   ríos y mares, bendigan al Señor.
Ballenas y peces, bendigan al Señor;*
   alábenlo y ensálcenlo eternamente.
Aves todas del cielo, bendigan al Señor;*
   fieras y animales, bendigan al Señor.
Hijos de los mortales,
bendigan al Señor;*
   alábenlo y ensálcenlo eternamente.

Pueblo de Dios, bendice al Señor;*
   sacerdotes del Señor,
   bendigan al Señor.
Servidores del Señor, bendigan al Señor;*
   alábenlo y ensálcenlo eternamente.
Espíritus y almas de los justos,
bendigan al Señor;*
   santos y humildes de corazón,
   bendigan al Señor.

Bendigamos al Padre, y al Hijo,
y al Espíritu Santo;*
   alábenlo y ensálcenlo eternamente.

◆ ENTONACIONES SALMODICAS ◆

Señor, ten piedad 181

A En paz, oremos al Se - ñor: C ten pie - dad, Se - ñor.

A Por la paz de lo alto y por nuestra salvación,
oremos al Señor:
C **ten piedad, Señor.**

A Por la paz del mundo entero, por el bienestar
de la iglesia de Dios y por la unidad de todos,
oremos al Señor:
C **ten piedad, Señor.**

A Por esta familia de la fe y por todos los
que aquí ofrecen su adoración y alabanza,
oremos al Señor:
C **ten piedad, Señor.**

A Ayuda, salva, consuela y defiéndenos, buen Se - ñor. C **A - mén**

Texto: *Kyrie eleison,* adap. *Liturgia Luterana*
Música: Miguel Manzano y Gerhard Cartford
Texto © 1983 de *Liturgia Luterana*; música © 1998 Augsburg Fortress

182

Señor, ten piedad

Estribillo

C Se - ñor, ten pie - dad; Se - ñor, ten pie - dad. Se -

Fin

ñor, ten pie - dad; Se - ñor, ten pie - dad.

Estribillo

A En paz, o - re - mos al Se - ñor.

Estribillo

A Por la paz de lo al - to y por nues - tra sal - va - ción, o - re - mos al Se - ñor.

Estribillo

A Por la paz del mun - do en - te - ro, por el bie - nes - tar de la i - gle - sia de Dios

Estribillo

y por la unidad de to - dos, o - re - mos al Se - ñor.

Estribillo

A Por esta familia de la fe y por to - dos los que a - quí o - fre - cen

Estribillo

su adoración y a - la - ban - za, o - re - mos al Se - ñor.

Estribillo

A A - yu - da, sal - va, con - sue - la y de - fién - de - nos,

Estribillo

mi - se - ri - cor - dio - so Se - ñor.

Texto: Kyrie eleison, adap. *Liturgia Luterana*
Música: Victor Jortack
Texto © 1983 de *Liturgia Luterana*; música © 1998 Augsburg Fortress

Señor, ten piedad

A En paz, o - re - mos al Se - ñor: C Se - ñor, ten pie - dad. A Por la paz y nues - tra sal - va - ción: C Se - ñor, ten pie - dad. A Por la_i - gle - sia del Se - ñor y su_u - ni - dad: C Se - ñor, ten pie - dad. A Por la paz del mun - do_en - te - ro_y por el bie - nes - tar de la i - gle - sia de Dios: C Se - ñor, ten pie - dad. A Por es - te lu - gar y to - dos los que_a - la - ban a Dios: C Se - ñor, ten pie - dad. A A - yu - da, pro - te - ge y guár - da - nos, oh Se - ñor. C A - mén

Texto: Kyrie eleison, adap. *Liturgia Luterana*, alt.
Música: Rudy Espinoza
Texto y música © 1998 Augsburg Fortress

Señor, ten piedad
Have mercy, O Lord

Capó 1

Se - ñor, ten pie - dad.   Se - ñor, ten pie -
Have mer - cy,   O   Lord.   Have mer - cy,   O

dad.   Se - ñor, ten pie - dad;   ten pie -
Lord.   Have mer - cy,   O   Lord;   Lord, have

dad   de no - so - tros.   Cris - to, ten pie -
mer - cy up - on us.   Have mer - cy,   O

dad.   Cris - to, ten pie - dad.
Christ.   Have mer - cy,   O   Christ.   Have

Cris - to, ten pie - dad;   ten pie - dad de no -
mer - cy,   O   Christ;   Christ, have mer - cy up -

so - tros.   Se - ñor, ten pie - dad.   Se - ñor, ten pie -
on us.   Have mer - cy,   O   Lord.   Have mer - cy,   O

Texto: *Kyrie eleison*
Música: Abraham Cáceres
Música © Abraham Cáceres

Señor, ten piedad
Have mercy, O Lord

185

Se - ñor,   ten pie - dad.   Se - ñor,   ten pie -
Have mer - cy, O Lord.   Have mer - cy, O

dad.   Cris - to,   ten pie - dad.
Lord.   Have mer - cy,   O . . . Christ.

Cris - to,   ten pie - dad.   Se - ñor,
Have mer - cy,   O . . . Christ.   Have mer -

ten pie - dad.   Se - ñor,   ten pie - dad.
- cy, O Lord.   Have mer - cy, O Lord.

Texto: *Kyrie eleison*
Música: Victor Jortack
Música © 1998 Augsburg Fortress

Señor, ten piedad
Lord, have mercy

186

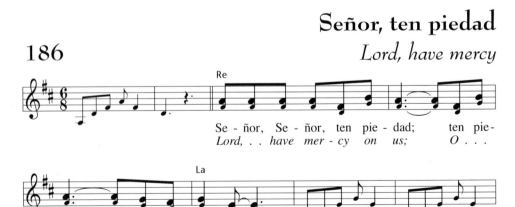

Se - ñor, Se - ñor, ten pie - dad;   ten pie -
Lord, . . have mer - cy on us;   O . . .

dad   de no - so - tros.
Lord,   have . . mer - cy.

Se - ñor, Se - ñor, ten pie - dad; ten pie - dad de no - so - tros.
Lord, . . have mer - cy on us; O . . . Lord, have . . mer - cy.

Cris - to, Cris - to, ten pie - dad; ten pie - dad de no - so - tros.
Christ, have mer - cy on us; O . . Christ, have mer - cy.

Texto: *Kyrie eleison*
Música: *Misa popular nicaragüense*
Música de *Misas Centroamericanas*, permiso solicitado

Señor, ten piedad
Have mercy, O Lord

187

Se - ñor, ten pie - dad de no - so -
Have mer - cy, O Lord. Lord, have mer - cy on

tros. Se - tros. Cris - to, Cris - to, ten pie -
us. Have us. Mer - cy, have mer - cy, O

dad. Cris - to, Cris - to, ten pie - dad.
Christ. Mer - cy, have mer - cy, O Christ.

Se - ñor, Se - ñor, ten pie - dad de no - so - tros.
Mer - cy, have mer - cy, O Lord. Lord, have mer - cy on us.

Texto: *Kyrie eleison*
Música: Mitchell Eickmann
Música © Mitchell Eickmann

Señor, ten piedad
O Lord, have mercy

188

Texto: *Kyrie eleison*
Música: José Ruiz
Música © 1995 Augsburg Fortress

Gloria

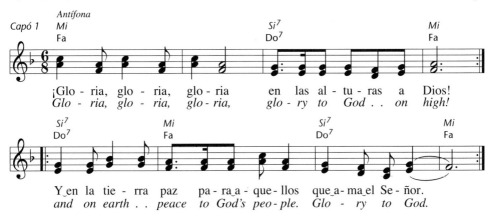

¡Glo - ria, glo - ria, glo - ria   en las al - tu - ras a Dios!
Glo - ria, glo - ria, glo - ria,   glo - ry to God . . on high!

Y_en la tie - rra paz   pa - ra_a - que - llos que_a - ma_el Se - ñor.
and on earth . . peace to God's peo - ple. Glo - ry to God.

Por tu inmensa gloria te alabamos,*
  te bendecimos, te adoramos, te glorificamos,
te damos gracias, Señor Dios, rey celestial,*
  Dios Padre todopoderoso. *Antífona*

Lord God, heavenly king,*
  almighty God and Father,
we worship you, we give you thanks,*
  we praise you for your glory. Refrain

Señor, Hijo único Jesucristo,*
  Señor Dios, Cordero de Dios, Hijo del Padre;
tú que quitas el pecado del mundo,*
  ten piedad de nosotros;
tú que quitas el pecado del mundo,*
  atiende nuestra súplica;
tú que estás sentado a la derecha del Padre,*
  ten piedad de nosotros: *Antífona*

Lord Jesus Christ,
only Son of the Father,*
  Lord God, Lamb of God,
you take away the sin of the world:
  have mercy on us;*
you are seated at the right hand
of the Father:
  receive our prayer. Refrain

Porque sólo tú eres Santo,*
  sólo tú Señor,
  sólo tú Altísimo,
Jesucristo, con el Espíritu Santo*
  en la gloria de Dios Padre. Amén
Antífona

For you alone are the Holy One,*
  you alone are the Lord,
  you alone are the Most High,
Jesus Christ, with the Holy Spirit,*
  in the glory of God the Father. Amen
Refrain

Texto: *Gloria in excelsis Deo;* texto en ingles English Language Liturgical Consultation
Música: Pablo Sosa, antífona; *Libro de Liturgia y Cántico,* entonaciones
Música de la antífona © 1990 Pablo Sosa; música de las entonaciones © 1998 Augsburg Fortress

190

Gloria

Glo - ria a Dios en el cie - lo, glo - ria a Dios, y en la tie - rra

paz pa - ra to - dos por - que a to - dos a - ma el Se - ñor, ¡a - le - lu - ya!

Por tu in - men - sa glo - ria te a - la - ba - mos, te ben - de - ci -

- mos, te a - do - ra - mos. Por tu in - men - sa glo - ria te

glo - ri - fi - ca - mos, te da - mos gra - cias, Se -

ñor Dios, rey ce - les - tial, Dios Pa - dre to - do - po - de - ro - so.

Glo - ria a Dios en el cie - lo, glo - ria a Dios, y en la tie - rra

paz pa - ra to - dos por - que a to - dos a - ma el Se - ñor. Se -

ñor, Hi - jo ú - ni - co, Je - su - cris - to, Se - ñor Dios y Cor - de -

- ro de Dios, Hi - jo del Pa - dre; Se - Pa - dre;

tú que qui - tas el pe - ca - do del mun - do, ten pie - dad

de no - so - tros; tú que qui - tas el pe - ca - do del mun - do,

a - tien - de nues - tra sú - pli - ca; tú, que_es - tás sen - ta - do_a la dies-

- tra del Pa - dre, ten pie - dad de no - so - tros:

por - que tú só - lo e - res San - to, só - lo tú, Se -

ñor, tú Al - tí - si - mo, tú, Je - su - cris - to,

con el Es - pí - ri - tu San - to_en la glo - ria del

Pa - dre Dios. A - mén, a - mén.

Texto: *Gloria in excelsis Deo*
Música: José Ruiz
Música © 1998 Augsburg Fortress

191

Gloria

La congregación puede cantar toda la canción,
o alternar con un coro, cantor o líder.

I tú que qui-tas el pe - ca - do del mun-do, ten pie - dad de no - so-tros;

II tú que qui-tas el pe - ca - do del mun-do, a - tien-de nues-tra sú-pli-ca;

C Tú que es-tás sen-ta-do a la de - re-cha del Pa - dre, ten pie-dad de no - so-tros:

I por-que só - lo tú e-res San - to, II só - lo tú Se - ñor,

C só - lo tú Al - tí - si-mo, Je - su - cris - to, con el Es -

pí - ri - tu San - to en la glo-ria de Dios Pa-dre. A - mén

Texto: *Gloria in excelsis Deo*
Música: Miguel Manzano
Música © Miguel Manzano

192

Gloria

Estribillo

Glo - ria, glo - ria, glo - ria en las al - tu - ras;
paz pa - ra to - dos sin dis - tin - cio - nes.

1 Por tu in - men - sa glo - ria te a - la - ba - mos,
te a - do - ra - mos, te glo - ri - fi - ca - mos,
te da - mos gra - cias, Pa - dre Dios, rey ce - les - tial;
te ben - de - ci - mos, Dios e - ter - no y po - de - ro - so.

2 Se - ñor Je - su - cris - to, Cor - de - ro de Dios,
Del pe - ca - do al mun - do tú li - bras, Se - ñor,

Se - ñor, ten pie - dad; ó - ye - nos, Se - ñor.
in - ves - ti - do ya de au - to - ri - dad.

```
Sol                Re              La7            Re
3 Por - que tú_e - res   san - to, jus - to   y   per - do - na - dor.

Sol                Re              La7            Re
Tú_e - res el   al - tí - si - mo_u - ni - gé - ni - to   de   Dios,   Je - su -

Sol         Mi7              La                    Re
cris - to,      con el Es - pí - ri - tu        San - to en   la

Sol              Re/La        La7
glo - ria   de   Dios   Pa - dre.        A - men

Estribillo final
Re        Sol        La              Re        Sol        Re/La
Glo - ria,   glo - ria,   glo - ria_en las al - tu - ras;   paz   pa - ra   to - dos

1                                    2
La7            Re                    La7              Re
sin dis - tin - cio - nes.           sin dis - tin - cio - nes.
```

Texto: *Gloria in excelsis Deo*, adap. Rudy Espinoza
Música: Rudy Espinoza
Texto y música © 1998 Augsburg Fortress

193

Gloria

Glo - ria a Dios   en las al - tu - ras,   y en la tie - rra

paz   a   la gen - te   de   bue - na   vo - lun - tad.

Te   a - la - ba - mos,   te ben - de - ci - mos,

te   a - do - ra - mos   y   te glo - ri - fi - ca - mos.

Te da - mos gra - cias   por   tu in - men - sa   glo - ria,

te da - mos gra - cias   por   tu in - men - so a - mor.

Oh   Se - ñor,   rey   ce - les - tial,   Dios Pa - dre

Texto: *Gloria in excelsis Deo*
Música: José Ruiz
Música © 1998 Augsburg Fortress

194

Celebremos la victoria

Estribillo
Celebremos la victoria, la victoria de nuestro Dios. ¡Aleluya, aleluya, aleluya!

Estrofas

1 Digno es Cristo, el Cordero, el Cordero inmolado, cuya sangre nos ha liberado para ser el pueblo de Dios.

2 El poder y las riquezas, la fuerza y la sabiduría, la honra, gloria y alabanza son de Cristo el Señor.

3 Cantemos con todo el pueblo, el pueblo de Dios, y unamos nuestras voces al himno universal: Alabanza, honra, gloria y poder para siempre sean dados al Cordero y Dios. Amén.

Estribillo final

Celebremos la victoria, la victoria de nuestro Dios, ya que el Cordero inmolado ha comenzado su reinado. ¡Aleluya, aleluya, aleluya! Amén

Texto: John Arthur; trad. *Liturgia Luterana*
Música: José Ruiz
Texto de *Liturgia Luterana* © 1983; música © 1998 Augsburg Fortress

195

Celebremos la victoria

Estribillo

Ce - le - bre - mos   la vic - to - ria de nues - tro

Dios.   ¡A - le - lu - ya,   a - le - lu - ya!

Estrofas

1 Dig - no_es Cris - to,   el Cor - de - ro_in-mo - la - do,   cu - ya

san-gre nos ha li - be - ra - do,   pa - ra ser el pue - blo de Dios.

2 Po - der, ri - que - zas, sa - bi - du - rí - a_y fuer - za,

hon - ra y_a - la - ban - za_y glo - ria   son de él.

3 Can - te - mos con to - do el pue - blo de Dios, y u -
na - mos nues - tras vo - ces al him - no u - ni - ver -
sal: A - la - ban - za, hon - ra, glo - ria y po -
der se - an da - dos a Dios y al Cor - de - ro por siem-pre. A - mén.

Estribillo final

Ce - le - bre - mos la vic - to - ria de nues - tro Dios, ya que el Cor -
de - ro in - mo - la - do ha co - men - za - do su rei -
na - do. ¡A - le - lu - ya, a - le - lu - ya!

Texto: John Arthur; trad. *Liturgia Luterana*
Música: Gerhard Cartford
Texto de *Liturgia Luterana* © 1983; música © 1998 Augsburg Fortress

196

Celebremos la victoria

Estribillo **Sol**

Ce - le - bre - mos   la vic - to - ria   de nues - tro

Re⁷   **Sol**

Dios.   ¡A - le - lu - ya,   a - le - lu - ya!

Do   **Sol**

1 Dig-no es Cris-to el Se - ñor,   el Cor-de-ro sa-cri-fi - ca-do;   con su

Re⁷   **Sol**

san-gre nos ha li-be-ra-do   pa-ra   ser el pue-blo de   Dios.

Do   **Sol**

Sa - bi - du - rí - a y   fuer - za,   hon - ra, vir-tud y no - ble - za,

Re⁷   **Sol**

glo - ria, po - der y ri - que - zas   per - te - ne - cen só - lo a   él.

Estribillo **Sol**

Ce - le - bre - mos   la vic - to - ria   de nues - tro

Re⁷   **Sol**

Dios.   ¡A - le - lu - ya,   a - le - lu - ya!

2 Can - te - mos, pue - blo de Dios, can - te - mos a_u - na so - la voz. Ce -
le - bra, sa - via_an - ces - tral, es - ta_ha - za - ña de_a - mor triun - fal.
Glo - ria_en lo al - to_a Dios, y_en la tie - rra que rei - ne la paz;
vi - da, ver - dor y_ar - mo - ní - a pa - ra no con - clu - ir ja - más.

Estribillo
Ce - le - bre - mos la vic - to - ria de nues - tro
Dios. ¡A - le - lu - ya, a - le - lu - ya!

Texto: John Arthur; trad. *Liturgia Luterana*, adap. Guillermo Cuéllar
Música: *La nueva misa mesoamericana*, Guillermo Cuéllar
Texto de *Liturgia Luterana* © 1983; música © 1994 Guillermo J. Cuéllar

197

Aleluya

¡A - le - lu - ya, a - le - lu - ya! Se - ñor, ¿a
Al - le - lu - ia, al - le - lu - ia! O Lord, to

quién i - rí - a - mos? En tus pa - la - bras hay vi - da e -
whom .. shall we go? You have the words of life e -

ter - na. ¡A - le - lu - ya, a - le - lu - ya!
ter - nal. Al - le - lu - ia, al - le - lu - ia!

Texto: Juan 6:68
Música: José Ruiz
Música © 1998 Augsburg Fortress

198

Aleluya

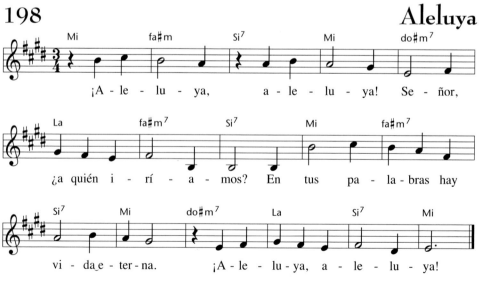

¡A - le - lu - ya, a - le - lu - ya! Se - ñor,

¿a quién i - rí - a - mos? En tus pa - la - bras hay

vi - da e - ter - na. ¡A - le - lu - ya, a - le - lu - ya!

Texto: Juan 6:68
Música: Victor Jortack
Música © 1998 Augsburg Fortress

Aleluya

199

¡A - le - lu - ya, a - le - lu - ya! Se - ñor, ¿a quién i - rí - a - mos? En tus pa - la - bras hay vi - da e - ter - na. ¡A - le - lu - ya, a - le - lu - ya!

Texto: Juan 6:68
Música: Carmelo Ruta
Música de *Liturgia Luterana* © 1983

Aleluya

200

¡A - le - lu - ya! Se - ñor, ¿a quién i - re - mos?
Al - le - lu - ia! To whom shall we go, Lord?

Tú tie - nes pa - la - bras de vi - da. ¡A - le - lu - ya, a - le -
You have the words of life e - ter - nal. Al - le - lu - ia, al - le -

lu - ya, a - le - lu - ya, a - le - lu - ya!
lu - ia, al - le - lu - ia, al - le - lu - ia!

Texto: Juan 6:68
Música: Rudy Espinoza
Música © 1998 Augsburg Fortress

Vuelve al Señor
Turn back to the Lord

201

Vuel - ve al Se - ñor, tu Dios, pues es com - pa -
Turn back . . . to the Lord, your God, who is

si - voy cle - men - te, len - to pa - ra la
gra - cious and mer - ci - ful, slow . . . . to . . .

i - ra y gran - de en su mi - se - ri - cor - dia.
an - ger and a - bound - ing in love and faith - ful - ness.

Texto: Joel 2:13
Música: José Ruiz
Música © 1998 Augsburg Fortress

Vuelve al Señor
Turn back to God

202

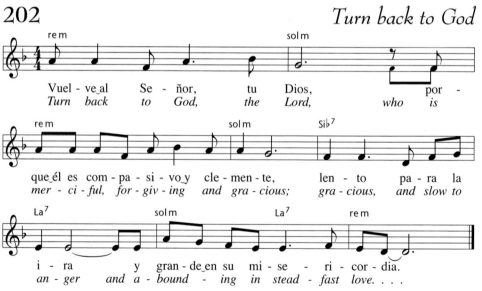

Vuel - ve al Se - ñor, tu Dios, por -
Turn back to God, the Lord, who is

que él es com - pa - si - voy cle - men - te, len - to pa - ra la
mer - ci - ful, for - giv - ing and gra - cious; gra - cious, and slow to

i - ra y gran - de en su mi - se - ri - cor - dia.
an - ger and a - bound - ing in stead - fast love. . . .

Texto: Joel 2:13
Música: Victor Jortack
Música © 1998 Augsburg Fortress

Aleluya

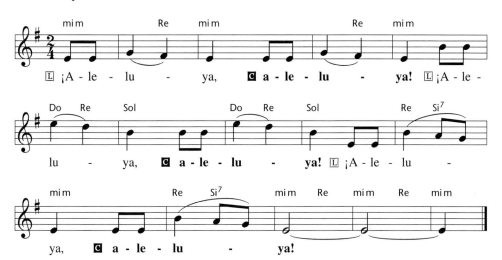

L ¡A - le - lu - ya, C a - le - lu - ya! L ¡A - le -
lu - ya, C a - le - lu - ya! L ¡A - le - lu -
ya, C a - le - lu - ya!

Música: Victor Jortack
Música © 1998 Augsburg Fortress

Aleluya

¡A - le - lu - ya, a - le - lu - ya, a - le - lu - ya!
¡A - le - lu - ya, a - le - lu - ya,
a - le - lu - ya! ¡A - le - lu - ya!

Música: Victor Jortack
Música © 1998 Augsburg Fortress

205   **¡Ale, ale, aleluya!**

Música: tradicional del Caribe

206   **¡Aleluya! Gloria a ti**

ñor. ¡A - le - lu - ya! Glo - ria a ti, Se - ñor.

¡A - le - lu - ya, a - le - lu - ya, a - le - lu - ya,

a - le - lu - ya, glo - ria a Dios!

Música: José Carrera
Música © 1991 GIA Publications

¡Aleluya! Gracias, Señor — 207

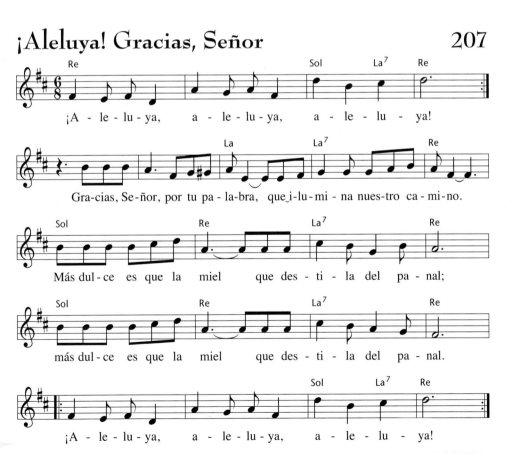

¡A - le - lu - ya, a - le - lu - ya, a - le - lu - ya!

Gra - cias, Se - ñor, por tu pa - la - bra, que i - lu - mi - na nues - tro ca - mi - no.

Más dul - ce es que la miel que des - ti - la del pa - nal;

más dul - ce es que la miel que des - ti - la del pa - nal.

¡A - le - lu - ya, a - le - lu - ya, a - le - lu - ya!

Texto: Rudy Espinoza
Música: Rudy Espinoza
Texto y música © 1998 Augsburg Fortress

208

¡Gloria a Dios!

L ¡Glo-ria_a Dios, glo-ria_a Dios, glo-ria a Cris-to!

C ¡Glo-ria_a Dios, glo-ria_a Dios, glo-ria a Cris-to!

L A él le se-a la glo-ria.

C A él le se-a la glo-ria.

L ¡A-le-lu-ya, a-mén! C ¡A-le-lu-ya, a-mén!

L ¡A-le-lu-ya, a-mén! C ¡A-le-lu-ya, a-mén!

Puede cantarse antes y después de la lectura del Evangelio.

Texto y música: tradicional, adap. Martín V. Barajas
Texto y música © 1980 Martín Verde Barajas y San Pablo Internacional—SSP, admin. OCP Publications

Gloria y alabanza

Al anuncio del Evangelio

209

Música: Victor Jortack
Música © 1998 Augsburg Fortress

Gloria y alabanza

Al anuncio del Evangelio

210

Música: Rudy Espinoza
Música © 1998 Augsburg Fortress

Gloria y alabanza

Al anuncio del Evangelio

211

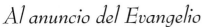

Música: José Ruiz
Música © 1998 Augsburg Fortress

212

Sean abundantes

Se-an a-bun-dan-tes las vi-ñe-dos, Se-ñor;
col-ma nues-tra co-pa de ben-di-ción.
Re-co-ge u-na co-se-cha de las se-
mi-llas sem-bra-das, y se-re-mos a-li-men-
ta-dos con el pan de vi - da. Re-co-ge las es-pe-
ran-zas y las sue - ños de to-dos
jun-to con las o-ra-cio-nes que_o-fre-ce-mos;   y
hon-ra nues-tra me - sa con tu pre-sen-cia   y
da - nos un an-ti-ci-po del ban-que-te que se-rá.

Texto: John Arthur; trad. *Liturgia Luterana*
Música: José Ruiz
Texto de *Liturgia Luterana* © 1983; música © 1998 Augsburg Fortress

Sean abundantes
Let the vineyards flourish

Se - an a - bun - dan - tes los vi - ñe - dos, Se - ñor, y
Let the vine - yards flour - ish and be fruit - ful, O Lord, and

col - ma nues - tra co - pa de ben - di - ción. Re -
fill our cup of bless - ing full to the brim. . .

co - ge u - na co - se - cha de las se - mi - llas sem - bra - das, y se -
Gath - er in a har - vest from the seeds that were sown, . . that

re - mos a - li - men - ta - dos con el pan de vi - da. Re -
we may be fed and nour - ished with the bread of life. . . . .

co - ge las es - pe - ran - zas y los sue - ños de to - dos
Gath - er the hopes and dreams . . of . . all of your peo - ple,

jun - to con las o - ra - cio - nes que a - ho - ra te o - fre - ce - mos.
and u - nite them with the prayers we of - fer to you, O Lord. . .

Hon - ra nues - tra me - sa con tu pre - sen - cia y
Come and grace our ta - ble, come with your pres - ence, and

da - nos un an - ti - ci - po del ban - que - te que se - rá.
give to us now a fore - taste of the feast that is to come.

Texto: John Arthur, alt.; trad. *Liturgia Luterana*
Música: Victor Jortack
Texto en español de *Liturgia Luterana* © 1983; texto en inglés y música © 1998 Augsburg Fortress

214 Que abunden las cosechas

Que a-bun-den las co-se-chas, oh Se-ñor.

Lle-na nues-tra me-sa de tu_a-mor,

y_a-li-men-ta-dos se-re-mos por el pan y_el tra-ba-jar.

A-li-men-ta la_es-pe-ran-za, cum-ple nues-tros sue-ños

y_es-cu-cha las o-ra-cio-nes que_hoy te o-fre-ce-mos.

Hon-ra nues-tra me-sa con tu pre-sen-cia, Se-ñor.

Da-nos un a-de-lan-to del ban-que-te ce-les-tial.

Da-nos un a-de-lan-to del ban-que-te ce-les-tial.

Texto: John Arthur; trad. Rudy Espinoza
Música: Rudy Espinoza
Texto y música © 1998 Augsburg Fortress

¿Qué daré yo al Señor?

215

Texto: Salmo 116, adap. *Liturgia Luterana*
Música: Carmelo Ruta
Texto y música de *Liturgia Luterana* © 1983

¿Qué daré yo al Señor?

What shall I render to the Lord?

216

¿Qué da - ré yo al Se - ñor por to - dos los fa-
What shall I ren - der to the Lord for show - ing

vo - res que me ha he - cho? O - fre - ce -
me so man - y bless - ings? The sac - ri -

ré el sa - cri - fi - cio de gra - ti - tud, in - vo -
fice of thanks - giv - ing I of - fer now, and I will

can - do el nom - bre del Se - ñor. E - le - va -
call on the name . . . . . . of the Lord. I will lift

ré la co - pa de sal - va - ción e in - vo - ca -
up the cup of sal - va - tion and I will

ré el nom - bre del Se - ñor. Hon - ra -
call on the name of the Lord. I will

ré mi pa - la - bra al Se - ñor, mi Dios, en pre -
pay my . . . vows . . to the Lord, my God, in the

sen - cia de su pue - blo con - gre - ga - do en los
pres - ence, in the pres - ence of God's peo - ple, in the

a - trios de la ca - sa del Se - ñor; en me - dio de
courts . . of the house . . of the Lord, with - in the midst of

ti, Je - ru - sa - lén.
you, Je - ru - sa - lem.

Texto: Salmo 116, adap. *Liturgia Luterana* y *Lutheran Book of Worship*, alt.
Música: José Ruiz
Texto en español de *Liturgia Luterana* © 1983; texto en inglés y música © 1998 Augsburg Fortress

217

¿Qué daré yo al Señor?

Texto: Salmo 116, adap. *Liturgia Luterana*
Música: Victor Jortack
Texto de *Liturgia Luterana* © 1983; música © 1998 Augsburg Fortress

¿Cómo podré pagar al Señor?

218

¿Có - mo po - dré pa - gar al Se - ñor por el bien que me_ha he - cho?

Le - van - ta - ré la co - pa de la sal - va - ción

e_in - vo - ca - ré su nom - bre. En gra - ti - tud le_o - fre - ce -

ré sa - cri - fi - cios e_in - vo - ca - ré el nom - bre del Se - ñor; cum - pli -

ré mis pro - me - sas al Se - ñor en pre - sen - cia de to - do su

pue - blo; en los a - trios del tem - plo del Se - ñor, en

me - dio de ti, Je - ru - sa - lén. ¡A - la - ba - do se - a el Se - ñor!

Texto: Salmo 116, adap. Rudy Espinoza
Música: Rudy Espinoza
Texto y música © 1998 Augsburg Fortress

219 Diálogo al prefacio

℗ El Señor sea con us-te-des. Ⓒ Y tam-bién con-ti-go.

℗ Le-van-ten los co-ra-zo-nes. Ⓒ Al Se-ñor los e-le-va-mos.

℗ De-mos gra-cias al Se-ñor nues-tro Dios. Ⓒ Di-gno y jus-to es.

Música: Rudy Espinoza
Música © 1998 Augsburg Fortress

220 Santo

San-to, san-to, san-to es el Se-ñor, Dios del u-ni-ver-so. Lle-nos es-tán el cie-lo y la tie-rra de tu glo-ria. Ho-san-na en el cie-lo. Ben-di-to el que vie-ne en el nom-bre del Se-ñor. Ho-san-na, ho-san-na, ho-san-na en el cie-lo.

Texto: *Sanctus*
Música: Germaine Franco
Música © 1998 Augsburg Fortress

Diálogo al prefacio

221

P El Se-ñor se-a con us-te-des. C Y tam-bién con-ti-go.

P E-le-ve-mos los co-ra-zo-nes. C Al Se-ñor los e-le-va-mos.

P De-mos gracias al Se-ñor nues-tro Dios. C Es justo darle gra-cias y_a-la-ban-za.

Música: Ángel Mattos
Música © 1998 Augsburg Fortress

Santo

222

¡San-to, san-to, san - to Se-ñor, Dios de Sa-ba-

ot! Cie-lo_y tie-rra_es-tán lle-nos de tu glo - ria.

Ho - san-na_en las al-tu - ras. Ben-

di-to_el que vie-ne_en el nom-bre del Se - ñor.

Ho - san-na_en las al-tu - ras.

Texto: *Sanctus*
Música: canto llano, adap. *Culto Cristiano*

223

Diálogo al prefacio

Re   La   si m   La[7]

P El Se - ñor se - a con us - te - des. C Y tam - bién con - ti -

Re   Sol   fa#m

go. P E - le - ve - mos los co - ra - zo - nes. C Al Se -

mi m   La[7]   Re

ñor los e - le - va - mos. P De - mos gra - cias al Se - ñor nues - tro

La   si m   mi m   La   Re

Dios. C Es jus - to dar - le gra - cias y_a - la - ban - za.

Música: José Ruiz
Música © 1998 Augsburg Fortress

224

Santo

Capó 2   La   do#m[7]   Re   Mi
         Si   re#m[7]   Mi   Fa#

San - to, san - to, san - to_es el Se - ñor,
Ho - ly, ho - ly, ho - ly is the Lord,

si m[7]   Mi[7]   fa#m   Mi[7]
do#m[7]   Fa#[7]   sol#m   Fa#[7]

Dios del u - ni - ver - so.
God of pow'r and might, . .

La   do#m[7]   Re   Mi
Si   re#m[7]   Mi   Fa#

Lle - nos es - tán el cie - lo y la tie - rra
heav - en and earth are full of your . . . glo - ry,

Texto: *Sanctus*
Música: José Ruiz y Orlando Laureano

225

Santo

Santo, santo, santo, Señor del
Ho - ly, ho - ly, ho - ly Lord, Lord God of

u - ni - ver - so. Lle - nos es -
pow'r and might, ... hea - ven and

tán cie - lo_y tie - rra de tu glo - ri - a.
earth are . . . full . . . of your glo - ry.

Ho - san - na, ho - san - na en
Ho - san - na, ho - san - na, ho -

las al - tu - ras. Ben - di -
san - na in the high - est. . . . . Bless - ed is

to_el que vie - ne_en el nom - bre del Se -
he who comes in the name . . . of the

ñor. Ho - san - na, ho - san - na
Lord. Ho - san - na, ho - san - na,

en las al - tu - ras.
ho - san - na in the high - est.

Texto: *Sanctus*
Música: José Ruiz
Música © 1998 Augsburg Fortress

Santo

Santo,
san - to, san - to,
Ho - ly, ho - ly, ho - ly,

Dios del u - ni - ver - so.
God of might and of pow - er.

Lle - nos es - tán el cie - lo y la tie - rra de tu
Hea - ven and earth ex - alt you and show forth your won - drous

glo - ria. Ho - san - na en el cie - lo, ho -
glo - ry. Ho - san - na in the high - est, ho -

san - na, ho - san - na en el cie - lo.
san - na, ho - san - na in the high - est.

Ben - di - to es el que vie - ne en el
Blest is he who comes in the

nom - bre del Se - ñor. Ho - san - na en el
name .. of the Lord. Ho - san - na in the

cie - lo. ¡Ho - san - na!
high - est. Ho - san - na!

Texto: *Sanctus*
Música: José Carrera
Música © 1991 GIA Publications

227

Santo

Capó 1

				Re	mi m
sim	mi m⁷	La⁷			
do m	fa m⁷	Si♭⁷		Mi♭	fa m

San - to, san - to, san-to_es el Se - ñor, Dios del u - ni -
Ho - ly, ho - ly, ho - ly Lord . . God, God of might and

ver - so; san-to_es el Se - ñor. San-to, san - to, san - to,
po - wer; ho - ly is the Lord. Ho - ly, ho - ly, ho - ly,

san-to_es el Se - ñor, Dios del u - ni - ver - so;
ho - ly Lord . . God, God of might and po - wer;

san - to_es el Se - ñor.
ho - ly is the Lord.

Ho - san - na en el cie - lo, ho - san - na en la
Ho - san - na in the high - est, ho - san - na here on

tie - rra. Ben - di - to el que vie - ne_en el nom - bre
earth. . . . . . . Blest is he who comes in the name . .

del Se - ñor.
of the Lord.

del Se - ñor.
of the Lord.

Texto: *Sanctus*
Música: anónimo

Santo

228

Texto: *Sanctus*
Música: Victor Jortack
Música © 1998 Augsburg Fortress

Plegaria eucarística para niños

229

Texto: *Sanctus*
Música: Gerhard Cartford
Música © 1998 Augsburg Fortress

230

Cristo ha muerto

Cris-to ha muer - to. Cris - to ha
re - su - ci - ta - do. Cris - to ven - drá, Cris - to ven - drá,
Cris - to ven - drá de nue - vo.

Música: Ángel Mattos
Música © 1998 Augsburg Fortress

231

Cristo ha muerto

Cris - to ha muer - to. Cris - to ha re - su - ci - ta - do.
Cris - to ven - drá de nue - vo.

Música: Victor Jortack
Música © 1998 Augsburg Fortress

232

Cristo ha muerto

Cris - to ha muer - to. Cris - to ha re - su - ci - ta - do.
Cris - to ven - drá de nue - vo.

Música: José Ruiz
Música © 1998 Augsburg Fortress

Por él, con él, en él 233

Por él, con él, en él, a ti, Dios
Padre todopoderoso, en la unidad del Espíritu Santo, es dada toda honra y gloria, a-
hora y siempre. Amén

Música: Victor Jortack
Música © 1998 Augsburg Fortress

Por él, con él, en él 234

Por él, con él, en él, a
ti, Dios Padre todopoderoso,
en la unidad del Espíritu Santo,
es dada toda honra y gloria, ahora y
siempre. Amén, amén.

Música: José Ruiz
Música © 1998 Augsburg Fortress

235

Padre nuestro

Pa - dre nues - tro que es-tás en el cie - lo,

san - ti - fi - ca - do se - a tu nom - bre.

Ven - ga a no - so - tros tu rei - no.

Há - ga - se tu vo - lun - tad en la tie - rra,

en la tie - rra co-mo en el cie - lo.

Da - nos hoy nues - tro pan de ca - da dí - a;

y per - do - na nues - tras o - fen - sas,

co-mo no - so-tros per-do - na-mos a los que nos o - fen-den.

Música: José Ruiz

Cordero de Dios 236

Texto: *Agnus Dei*
Música: Rudy Espinoza
Música © 1998 Augsburg Fortress

237

Cordero de Dios

Cor - de - ro de Dios, que qui - tas el pe - ca - do del mun - do:

ten pie - dad de no - so - tros. da - nos tu paz.

Texto: *Agnus Dei*
Música: Miguel Manzano
Música © Miguel Manzano

238

Cordero de Dios

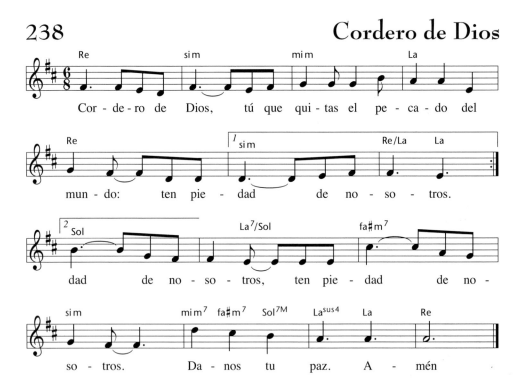

Cor - de - ro de Dios, tú que qui - tas el pe - ca - do del

mun - do: ten pie - dad de no - so - tros.

dad de no - so - tros, ten pie - dad de no -

so - tros. Da - nos tu paz. A - mén

Texto: *Agnus Dei*
Música: Rudy Espinoza
Música © 1998 Augsbug Fortress

Cordero de Dios
O Lamb of God

239

Cor - de - ro de Dios, que
O   Lamb .....   of   God,   you

qui - tas el pe - ca - do del mun - do: ten pie -
take a - way the sin of the world: ... have ..

dad, ten pie - dad, de no - so - tros ten pie - dad. Cor -
mer - cy on us, have .. mer - cy on us. O

de - ro de Dios, que qui - tas el pe - ca - do del
Lamb ... of God, you take a - way the sin of the

mun - do: ten pie - dad, ten pie - dad, de no - so - tros ten pie -
world: .. have .. mer - cy on us, have .. mer - cy on

dad. Cor - de - ro de Dios, que qui - tas el pe - ca - do del
us. O Lamb .. of God, you take a - way the sin of the

mun - do: da - nos tu paz.
world: .. grant us your peace.

Texto: *Agnus Dei*
Música: José Ruiz
Música © 1998 Augsburg Fortress

Cordero de Dios

O Lamb of God

240

Cor-de - ro de Dios, tú que qui-tas el pe-ca-do del
O Lamb   of . . God, you . . take a - way the sin of the

mun-do: ten pie-dad de no - so-tros,   ten pie-dad de no-
world: have   mer-cy up - on us,   have   mer-cy up-

so-tros.   Cor-de - ro de Dios, tú que qui-tas el pe-ca-do del
on us.   O Lamb   of . . God, you . . take a - way the sin of the

mun-do: ten pie-dad de no - so-tros,   ten pie-dad de no-
world: have   mer-cy up - on us,   have   mer-cy up-

so - tros.   Cor-de - ro de Dios, tú que qui-tas el pe-ca-do del
on us.   O Lamb   of . . God, you . . take a - way the sin of the

mun-do: Da - nos tu paz,   da-nos tu paz.
world: Grant us   your peace,   grant us your peace.

Texto: *Agnus Dei*
Música: Victor Jortack
Música © 1998 Augsburg Fortress

Cántale alabanzas

Cán-ta-le_a-la-ban-zas al Se - ñor y da-le gra - cias, y da-le
gra - cias, y da - le gra - cias. Cuén - ta-le_a to - dos cuán-to_ha
he - cho, cuán-to_ha he - cho, cuán-to_ha he - cho. A -
lé - gre-se_el que bus-ca el Se - ñor, y llá-me-se cris-tia-no con or -
gu - llo, con or - gu - llo, con or - gu - llo.
El Se-ñor es fiel a su pro - me-sa y guí-a a su pue-blo ju-bi -
lo - so, ju-bi - lo-so, ju-bi - lo-so, can-tan-do_a-gra-de -
ci - do: ¡A-le-lu - ya, a - le-lu - ya, a - le-lu - ya!

Texto: John Arthur; trad. *Liturgia Luterana*
Música: Victor Jortack
Texto de *Liturgia Luterana* © 1983; música © 1998 Augsburg Fortress

Cántale alabanzas

242

Sing the praises of the Lord

Capó 1

Mi	La	fa#m⁷	Si⁷
Fa	Sib	solm⁷	Do⁷

Cán - ta - le_a - la - ban - zas al Se - ñor y da - le gra - cias.
Sing the prais-es of the Lord with thank-ful hearts and voi-ces.

fa#m	La	Si⁷
solm	Sib	Do⁷

Cuén - ta - le_a to - dos cuán - to él ha he - cho. A -
Tell ev'-ry-one the won-ders God is do - ing. Let

Mi	La	fa#m⁷
Fa	Sib	solm⁷

lé - gre - se_el que bus - ca el Se - ñor, y con or -
all who seek the Lord re - joice and proud - ly bear the

Si⁷	La	Si⁷	La	Mi
Do⁷	Sib	Do⁷	Sib	Fa

gu - llo, con or - gu - llo llá - me - se cris - tia - no.
name, . . proud - ly bear the ho - ly name of Christ.

sol#m⁷ˢᵘˢ⁴	Do#⁷	fa#m⁷	(Si⁹)
lam⁷ˢᵘˢ⁴	Re⁷	solm⁷	(Do⁹)

El Se - ñor es fiel a su pro - me - sa y
Send us with your prom - is - es, O God, . . and

sol#m⁷ˢᵘˢ⁴	Do#⁷	fa#m⁷	La
lam⁷ˢᵘˢ⁴	Re⁷	solm⁷	Sib

guí - a_a su pue - blo ju - bi - lo - so, can -
lead your . . peo - ple forth in joy . . . with

Texto: John Arthur, alt.; trad. *Liturgia Luterana*
Música: José Ruiz
Texto en español de *Liturgia Luterana* © 1983; texto en inglés y música © 1998 Augsburg Fortress

243 **Canten al Señor y denle gracias**

Can - ten al Se - ñor y den - le gra - cias.

Ha - blen de sus he - chos po - de - ro - sos.

Sién - tan - se di - cho - sos y lle - nos de_a - le - grí - a.

Sién - tan - se di - cho - sos y lle - nos de_a - le - grí - a.

El Se - ñor es bue - no pues cum - ple sus pro - me - sas.

El Se - ñor es fiel guí - a de su pue - blo, que

can - ta ju - bi - lo - so y_a - gra - de - ci - do:

¡A - le - lu - ya, a - le - lu - ya! ¡A - le - lu - ya, a - le - lu - ya!

Texto: John Arthur; trad. Rudy Espinoza
Música: Rudy Espinoza
Texto y música © 1998 Augsburg Fortress

Ahora, Señor

244

Texto: *Nunc dimittis*
Música: canto llano, adap. *Culto Cristiano*

245   Ahora, Señor

Texto: *Nunc dimittis*
Música: José Ruiz
Música © 1998 Augsburg Fortress

Ahora, Señor

Capó 3

A - ho - ra, Se - ñor, des - pi - de a tu sier - vo en paz, con - for - me a tu pa - la - bra; por - que han vis - to mis o - jos tu sal - va - ción, la cual has pre - pa - ra - do en pre - sen - cia de to - dos los pue - blos: luz pa - ra re - ve - la - ción a las na - cio - nes, y glo - ria de tu pue - blo Is - ra - el. el.

Texto: *Nunc dimittis*
Música: Luis Olivieri
Música © Luis Olivieri

Ahora, Señor
At last, Lord

247

A - ho - ra, Se - ñor, se - gún tu pro - me - sa, pue - des de -
jar a tu sier - vo ir - se en paz. Por - que mis
o - jos han vis - to a tu Sal - va - dor, a quien has
pre - sen - ta - do an - te to - dos los pue - blos:
luz pa - ra a - lum - brar a las na - cio - nes, y
glo - ria de tu pue - blo Is - ra - el.

At last, Lord, your word of pro - mise ful - fill - ing, you let your
ser - vant go forth in free - dom and peace. With my own
eyes I have seen the sal - va - tion you have made
read - y in the sight of all of the peo - ples: a
light that will re - veal you to the na - tions, the
glo - ry of your peo - ple Is - ra - el.

Texto: *Nunc dimittis*, adap.
Música: Gerhard Cartford
Texto y música © 1998 Augsburg Fortress

Has cumplido tu palabra
Now, Lord, you let your servant go in peace

Has cum - pli - do tu pa - la - bra, Se - ñor; des -
Now, .. Lord, you let your ser - vant go in peace; your

pi - de aho - ra a tu sier - vo en paz. He vis - to con mis pro - pios
word .. has .. been ful - filled. My own .. eyes .. have ..

o - jos la sal - va - ción que has pre - pa - do en pre - sen - cia de
seen the sal - va - tion ... which you have pre - pared in the

to - das las na - cio - nes, co - mo luz pa - ra con - du -
sight of all ... peo - ple: a ... light to re - veal you to the

cir - las y co - mo glo - ria de tu pue - blo Is - ra - el.
na - tions and the glo - ry of your peo - ple Is - ra - el.

Glo - ria se - a al Pa - dre y al Hi - jo, y glo - ria al Es -
Glo - ry to the Fa - ther and to the Son, and glo - ry to the

pí - ri - tu San - to; co - mo e - ra en el prin - ci - pio, es a -
Ho - ly Spir - it; as it was in the be - gin - ning, is

ho - ra y se - rá por siem - pre. A - mén
now, and will be for - ev - er. A - men

Texto: *Nunc dimittis;* texto en inglés, English Language Liturgical Consultation
Música: José Ruiz
Música © 1998 Augsburg Fortress

Bendición
El Señor te bendiga

249

P El Se-ñor te ben-di-ga_y te guar-de.
May the Lord ev-er bless you and keep you.

Ha-ga_el Se-ñor res-plan-de-cer su ros-tro so-bre
May the Lord's face up-on you shine; the Lord en-light-en

ti, ten-ga de ti mi-se-ri-cor - dia.
you with un-fail-ing love and with mer - cy.

Vuel-va_el Se-ñor su ros-tro_ha-cia ti y te con-ce-da la
May the Lord look up-on you with fav - or and .. give .. you

paz. Vuel-va_el Se - ñor su ros-tro_ha-cia ti y
peace; may the Lord look up - on you with fa - vor,

te con-ce-da su paz. C A - mén, a - mén.
may the Lord give you peace. A - men, a - men.

Texto: Números 6:24-26, adap.
Música: Victor Jortack
Texto en inglés y música © 1998 Augsburg Fortress

Bendición

Dios todopoderoso

250

Ⓟ Dios to-do-po-de - ro - so, Pa - dre, Hi-jo y_Es-pí-ri-tu

San-to, los ben-di-ga_a-ho - ra_y siem-pre. Ⓒ A - mén, a - mén.

Música: José Ruiz
Música © 1998 Augsburg Fortress

Bendición

El Señor te bendiga

251

Ⓟ El Se - ñor te ben-di-ga_y te guar-de. El Se -
May the Lord ev - er bless you and keep you. May the

ñor ha - ga res-plan-de - cer su ros-tro so - bre
face of the Lord shine on you, and may the Lord en -

ti y ten - ga de ti mi-se-ri - cor - dia.
light - en you with un - fail - ing love and mer - cy.

El Se - ñor vuel - va_ha - cia ti su ros-tro
May the Lord look up - on you with fa - vor

y te con - ce - da su paz. Ⓒ A - mén, a - mén.
and give you peace, give you peace. A - men, a - men.

Texto: Números 6:24-26, adap.
Música: José Ruiz
Texto en inglés y música © 1998 Augsburg Fortress

Cántico Bíblico

252

La salvación pertenece a nuestro Dios

La sal-va-ción per-te-ne-ce_a nues-tro
Dios, que_es-tá sen-ta-do_en el tro-no, y_al Cor-de - ro.

Grandes y maravillosas <u>son</u> tus obras,*
   Señor Dios todo<u>po</u>deroso;
justos y verdaderos son <u>tus</u> caminos,*
   Rey <u>de</u> los santos.
      Antífona

¿Quién no te temerá, Señor,
y glorificará tu nombre?*
   Pues s<u>o</u>lo tú eres santo;
por lo cual todas las naciones
vendrán y te adorarán,*
   porque tus j<u>ui</u>cios se han ma<u>ni</u>festado.
      Antífona

Texto: *Magna et mirabilia*, Apocalipsis 7:10, 15:3-4
Música: Ángel Mattos
Música © 1998 Augsburg Fortress

Cántico Bíblico

253

La salvación pertenece a nuestro Dios

La sal-va- ción per-te-ne-ce_a nues-tro   Dios,

que_es-tá sen-ta-do_en el tro-no, y_al Cor-de-ro.

Gran-des y ma-ra-vi- llo-sas son tus o-bras,
                              Se - ñor Dios to - do - po - de -

jus - tos y ver - da - de - ros son tus ca - mi - nos.
ro - so;   Rey de los san - tos.

¿Quién no te te - me - rá,   Se - ñor,

y glo - ri - fi - ca - rá   tu   nom - bre?

Pues so - lo tú_e - res san - to, so - lo tú e - res san - to.   san - to.

Por   lo   cual, por lo   cual to - das las na - cio - nes   ven -

drán,   ven - drán y te_a - do - ra - rán,

por - que   tus   jui - cios,   por - que   tus   jui - cios

se_han ma - ni - fes - ta - do.

Texto: *Magna et mirabilia*, Apocalipsis 7:10, 15:3-4
Música: José Ruiz
Música © 1998 Augsburg Fortress

254

Palabra de vida

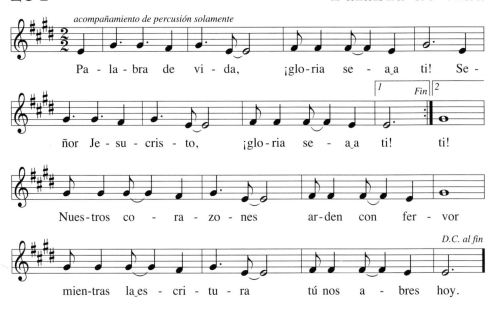

acompañamiento de percusión solamente

Pa - la - bra de vi - da, ¡glo - ria se - a a ti! Se -

ñor Je - su - cris - to, ¡glo - ria se - a a ti!   ti!

Nues - tros co - ra - zo - nes ar - den con fer - vor

D.C. al fin

mien - tras la es - cri - tu - ra tú nos a - bres hoy.

Texto: *With One Voice*, trad. Áureo Andino
Música: Ángel Mattos
Texto © 1995, 1998 Augsburg Fortress; música © 1998 Augsburg Fortress

255

Palabra de vida

Pa - la - bra de vi - da, ¡glo - ria se - a a ti! Se -

ñor Je - su - cris - to, ¡glo - ria se - a a ti!   ti!

Nues - tros co - ra - zo - nes ar - den con fer - vor

mien - tras la es - cri - tu - ra tú nos a - bres hoy.   hoy.

Texto: *With One Voice*, trad. Áureo Andino
Música: Ángel Mattos
Texto © 1995, 1998 Augsburg Fortress; música © 1998 Augsburg Fortress

¡Gloria a ti, oh Dios Creador!

256

¡Glo-ria_a ti, oh Dios Cre-a-dor; glo-ria_a ti, oh Dios del a-mor!

Al Re-den-tor nos re-ga-las-te y_a tu_Es-pí-ri-tu nos en-vi-as-te; lo_en-vias-te pa-ra ser el San-ti-fi-ca-dor.

To-dos tus ac-tos de_a-mor nos mue-ven a o-fre-cer-te nues-tra vi-da_y nues-tra suer-te, nues-tro_es-fuer-zo_y gra-ti-tud, por-que_es tu-ya la vir-tud que nos mo-ti-va_a que-rer-te.

Texto: Ángel Mattos
Música: José Ruiz
Texto y música © 1998 Augsburg Fortress

Doxología y Salmo 95

257

Venite

[L] Se - ñor, a - bre mis la - bios. [C] Y can - ta - rá mi bo - ca tu a - la - ban - za.

[C] Glo - ria se - a al Pa - dre, y al Hi - jo y al Es - pí - ri - tu San - to;

co - mo e - ra en el prin - ci - pio, es a - ho - ra y se - rá por siem - pre.

¡A - le - lu - ya, a - le - lu - ya, a - le - lu - ya!

Antífona (Invitatorio)

[L] Glo - ri - fi - quen a Dios, nues - tra luz y nues - tra vi - da;

[C] ven - gan a a - do - rar - le.

ES1

Vengan, cantemos al Señor con alegria;*
  adoremos a la roca que nos salva.
Entremos a su presencia dándole gracias*
  cantemos himnos en su honor. *Antífona*

Porque el Señor es Dios grande,*
  soberano de todos los dioses.
En su mano están las honduras de la tierra,*
  son suyas las cumbres de los montes.
Suyo también el mar, pues él lo hizo,*
  y la tierra formada por sus manos. *Antífona*

Entremos y adoremos de rodillas,*
  bendiciendo al Señor que nos hizo;
es nuestro Dios, y nosotros su pueblo,*
  el rebaño que guía su mano.
Gloria al Padre, y al Hijo,*
  y al Espíritu Santo;
como era en el principio, ahora y siempre,*
  por los siglos de los siglos. Amén *Antífona*

Texto: Apertura tradicional de la Oración de la mañana
Música: Ángel Mattos y José Ruiz
Música © 1998 Augsburg Fortress

Doxología y Salmo 95

Venite

Vengan, cantemos al Señor con alegría;*
 adoremos a la roca que nos salva.
Entremos a su presencia dándole gracias*
 cantemos himnos en su honor. *Antífona*

Porque el Señor es Dios grande,*
 soberano de todos los dioses.
En su mano están las honduras de la tierra,*
 son suyas las cumbres de los montes.
Suyo también el mar, pues él lo hizo,*
 y la tierra formada por sus manos. *Antífona*

Entremos y adoremos de rodillas,*
 bendiciendo al Señor que nos hizo;
es nuestro Dios, y nosotros su pueblo,*
 el rebaño que guía su mano.
Gloria al Padre, y al Hijo,*
 y al Espíritu Santo;
como era en el principio, ahora y siempre,*
 por los siglos de los siglos. Amén *Antífona*

Texto: Apertura tradicional de la Oración de la mañana
Música: Ángel Mattos, José Ruiz, y Gerhard Cartford
Música © 1998 Augsburg Fortress

Cántico de Zacarías

Benedictus

259

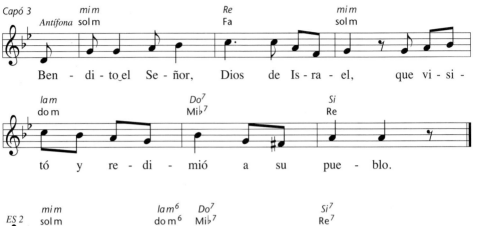

Ben - di - to_el Se - ñor,   Dios   de Is - ra - el,   que vi - si -

tó   y   re - di - mió   a   su   pue - blo.

Bendito sea el Señor, Dios de Israel,*
    porque ha visitado y redimido a su pueblo,
suscitándonos una fuerza de salvación*
    en la casa de David su siervo,
según lo había predicho desde antiguo *
    por la boca de sus santos profetas. *Antífona*

Es la salvación que nos libra de nuestros enemigos*
    y de la mano de todos los que nos odian;
realizando la misericordia que tuvo con nuestros padres, *
    recordando su santa alianza
    y el juramento que juró a nuestro padre Abraham. *Antífona*

Para concedernos que, libres de temor,*
    arrancados de la mano de los enemigos,
le sirvamos con santidad y justicia*
    en su presencia, todos nuestros días. *Antífona*

Y a ti, niño, te llamarán profeta del Altísimo,*
    porque irás delante del Señor a preparar sus caminos,
anunciando a su pueblo la salvación,*
    el perdón de sus pecados. *Antífona*

Por la entrañable misericordia de nuestro Dios,*
    nos visitará el sol que nace de lo alto,
para iluminar a los que viven en tinieblas y en sombra de muerte,*
    para guiar nuestros pasos por el camino de la paz.
Gloria al Padre, y al Hijo,*
    y al Espíritu Santo;
como era en el principio, ahora y siempre,*
    por los siglos de los siglos. Amén *Antífona*

Texto: *Benedictus*, Lucas 1:68-79
Música: Gerhard Cartford
Música © 1998 Augsburg Fortress

A ti, oh Dios
Te Deum laudamus

A ti, oh Dios, te_a-la-ba-mos; a
We praise you, God, we . . . . praise you, we_ac-

ti, por Se-ñor, te_a-cla-ma-mos. A ti, e-ter-no
claim you as Lord, we ac-claim you; . . . all cre-a-tion

Pa-dre, te ve-ne-ra to-da la crea-ción.
wor-ships you, the . . Fa-ther ev-er-last-ing.

Los ángeles todos, los cielos
y todas las potestades te honran.*
    Los querubines y serafines
te cantan sin cesar:

To you all angels,
*all the pow'rs of heaven,**
    the cherubim and seraphim,
    sing in endless praise.

San-to, san-to, san-to_es el Se-ñor,
Ho-ly, ho-ly, ho-ly . . . . Lord,

Dios del u-ni-ver-so.
God . . . of . . . . pow'r and might,

Lle-nos es-tán el cie-lo y la tie-rra
heav-en and earth are full . . . of your glo-ry,

de tu glo-ria.
full of your glo-ry.

A ti ensalza el glorioso coro
de los apóstoles,*
  la multitud admirable
  de los profetas,
el inmaculado ejército de los mártires.*
A ti la iglesia santa, extendida
  por toda la tierra, te proclama:

The glorious company
*of apostles praise you.**
  The noble fellowship
  of prophets praise you.
*The white-robed army of martyrs praise you.**
Throughout the world
  the holy church acclaims you:

Pa - dre de in - men - sa ma - jes - tad;   Hi - jo
Fa - ther   of   maj - es - ty   un - bound - ed;   your . .

ú - ni - co   y   ver - da - de - ro,
true . . . .   and   on - ly   Son, . . .

di - gno de a - do - ra - ción,   di - gno de a - do - ra - ción;   San-to Es-
wor - thy of all . . praise,   wor - thy   of all . . praise;   Ho - ly

pí - ri - tu, de - fen - sor   y   guí - a.
Spir - it, ad - vo - cate   and   guide.

Tú eres el rey de la gloria, Cristo.*
  Tú eres el Hijo único del Padre.
Tú, para liberarnos,
aceptaste la condición humana*
  sin desdeñar el seno de una Virgen.
Tú, rotas las cadenas de la muerte,*
  abriste a los creyentes el reino del cielo.
Tú te sientas a la derecha de Dios
en la gloria del Padre.*
  Creemos que un día has
  de venir como juez.

*You, Christ, are the king of glory,**
  the eternal Son of the Father.
*When you took our flesh to set us free**
  you humbly chose the Virgin's womb.
*You overcame the sting of death**
  and opened the kingdom
  of heaven to all believers.
You are seated
  *at God's right hand in glory.**
  We believe that you will come
  to be our judge.

Texto en español *Liturgia Luterana*; texto en inglés English Language Liturgical Consultation
Música: José Ruiz y Ángel Mattos
Música © 1998 Augsburg Fortress

Liturgia de la luz
Diálogo

261

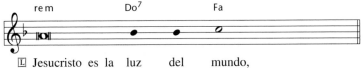

L Jesucristo es la luz del mundo,

C la luz que las tinieblas no pueden ven - cer.

L Quédate con nosotros, Señor, pues a - no - chece,

C y se termina el día.

L Que la luz disipe las ti - nieblas,

C e ilumine tu i - glesia.

Texto: *Liturgia Luterana*
Música: Ángel Mattos
Texto de *Liturgia Luterana* © 1983; música © 1998 Augsburg Fortress

Alegre Luz de gloria

262

Estribillo
Alegre luz de gloria
del Padre inmortal;
divino, santo y bendito
Cristo Jesús.

1 El fin del día se acerca
y la noche avanza ya.
Al trino Dios cantamos
un cántico triunfal.
Estribillo

2 Tus alabanzas canten
heraldos del Señor
por siglos eternales,
oh Cristo, Hijo de Dios.
Estribillo

3 De todo el universo
tú eres el autor,
y la creación entera
te rinde su loor.
Estribillo

Texto: *Phos hilaron*, adap. *Liturgia Luterana*
Música: Victor Jortack
Texto de *Liturgia Luterana* © 1983

263

Salmo 141

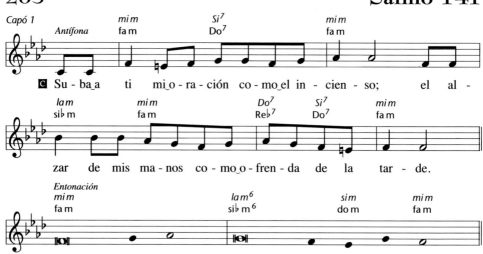

Capó 1

Ⓒ Su - ba_a ti mi_o - ra - ción co - mo_el in - cien - so; el al -

zar de mis ma - nos co - mo_o - fren - da de la tar - de.

Entonación

Ⓛ Señor, a ti clamo, ven pronto a mi socorro,*
oye mi voz cuando a ti grito.

Antífona
Ⓒ **Suba a ti mi oración como el incienso;**
el alzar de mis manos como ofrenda de la tarde.

Entonación
Ⓛ Señor, pon guardia ante mi boca*
y vigila la puerta de mis labios.

Ⓒ No de - jes que me sal - gan pa - la - bras ma - las, no me

de - jes co - me - ter el mal con los mal - he - cho - res.

Entonación
Ⓛ Señor, hacia ti se vuelven mis ojos,*
en ti me refugio, no me dejes indefenso.

Ⓒ **Gloria al Padre, y al Hijo,**
y al Espíritu Santo;*
como era en el principio, ahora y siempre,
por los siglos de los siglos. Amén

Antífona
Ⓒ **Suba a ti mi oración como el incienso;**
el alzar de mis manos como ofrenda de la tarde.

Texto: Salmo 141
Música: Gerhard Cartford
Música © 1998 Augsburg Fortress

Cántico de María

Magníficat

Se_a - le - gra mi es - pí - ri - tu en Dios, mi Sal - va - dor.

Proclama mi alma la grandeza del Señor,*
    se alegra mi espíritu en Dios, mi Salvador,
porque ha mirado *
    la humildad de su esclava. *Antífona*

Desde ahora me felicitarán todas las generaciones,*
    porque el Poderoso ha hecho obras grandes por mí;
su nombre es santo*
    y su misericordia llega a sus fieles,
    de generación en generación. *Antífona*

El hace proezas con su brazo:*
    dispersa a los soberbios de corazón,
derriba del trono a los poderosos,
enaltece a los humildes,*
    a los hambrientos los colma de bienes
    y a los ricos los despide vacíos. *Antífona*

Auxilia a Israel, su siervo,*
    acordándose de la misericordia
como lo había prometido a nuestros padres*
    en favor de Abraham y su descendencia por siempre.

Gloria al Padre, y al Hijo,*
    y al Espíritu Santo;
como era en el principio, ahora y siempre,*
    por los siglos de los siglos. Amén *Antífona*

Texto: Lucas 1:46-55
Música: Gerhard Cartford
Música © 1998 Augsburg Fortress

Cántico de María
Magnificat

265

Antífona

Mi al - ma a - la - ba al Se - ñor, mi_es -
pí - ri - tu se_a - le - gra en el Dios que me sal - va,

1, 2
que me sal - va.

3
que me sal - va, que me sal - va. *Fin*

Estrofas
1 En ver - dad el To - do - po - de - ro - so_ha he - cho
gran - des co - sas en mí. Re - co - noz - can que san - to es su
nom - bre, que sus fa - vo - res al - can - zan a
to - dos los que le te - men a él y pro - si - guen
en sus hi - jos.

2 El sa-có a los po-de-ro-sos de sus tro-nos y
pu-so en su lu-gar a la gen-te de hu-mil-de co-ra-
zón, y re-ple-tó a los ham-
brien-tos de to-do lo que es bue-no y des-pi-dió va-
cí-os a los ri-cos.

Texto: Lucas 1:46-55, adap. Lorenzo Florián
Música: Lorenzo Florián
Texto y música © 1991 GIA Publications

Oración al fin del día

266

Versículos

Do   Sol

Ⓛ Que el Se - ñor todopoderoso nos conceda una no - che tran - quila

mi m   Fa   Sol   Do

y paz al final de nues - tros días. Ⓒ A - mén

Fa   Do   Sol   Do⁷

Ⓛ Es bueno darte gracias, oh Se-ñor, Ⓒ y can - tarle, oh Altísimo, a tu nombre;

Fa   Do   Sol   Do

Ⓛ a - nun - ciando tu amor por la ma - ñana, Ⓒ y tu fide - li - dad to - da la noche.

Texto: Apertura tradicional de la Oración al fin del día
Música: Ángel Mattos
Música © 1998 Augsburg Fortress

267

Responsorio

Ⓛ En tus ma - nos, oh Se - ñor, en - co - mien - do mi es-pí - ri - tu.

Ⓒ En tus ma - nos, oh Se - ñor, en - co - mien - do mi es-pí - ri - tu.

Ⓛ Tú me has re - di - mi - do, oh Se - ñor, Dios de ver - dad.

Ⓒ En tus ma - nos, oh Se - ñor, en - co - mien - do mi es-pí - ri - tu.

[L] Gloria al Padre y al Hijo y al Espíritu Santo.

[C] En tus manos, oh Señor, encomiendo mi espíritu.

Texto: Salmo 31:5
Música: canto llano

Cántico de Simeón

268

Antífona

Guíanos despiertos, oh Señor, y guárdanos dormidos;
para que velemos con Cristo y reposemos en paz.

Cántico

Has cumplido tu palabra, Señor; despide ahora a tu siervo en paz. Con mis propios ojos he visto la salvación que has preparado en presencia de

todas las na - cio - nes,   co - mo luz pa - ra con - du - cir - las   y co - mo glo - ria de tu pue - blo Is - ra - el.

Glo - ria al Pa - dre, y al Hi - jo,   y al Es - pí - ri - tu San - to;   co - mo e - ra al prin - ci - pio, es a - ho - ra y se - rá por siem - pre. A - mén, a - mén.

Antífona

Guí - a - nos des - pier - tos, oh Se - ñor, y guár - da - nos dor - mi - dos para que ve - le - mos con Cris - to   y re - po - se - mos en paz.

Bendición

L El Señor todopoderoso y misericordioso—el Padre, el ✝ Hijo, y el Espí - ri - tu Santo—nos bendiga y nos guarde. C A - mén

Texto: *Nunc dimittis*
Música: José Ruiz
Música © 1998 Augsburg Fortress

Gloria a nuestro Dios

269

Glo - ria, glo - ria, glo - ria, glo - ria a nues - tro Dios.

Cie - lo y tie - rra lle - nos, lle - nos es - tán,

lle - nos de tu glo - ria y de tu a - mor.

A - sí can - ta - mos y re - go - ci - ja - mos en nues - tro Se - ñor.

Te a - la - ba - mos, te ben - de - ci - mos,

te a - do - ra - mos, oh Dios de la paz.

Glo - ri - fi - ca - do se - a tu nom - bre

por to - do el si - glo siem - pre se - a. A - mén. ¡A - mén!

Texto: *Gloria in exclesis Deo*, adap. Mitchell Eickmann
Música: Mitchell Eickmann
Texto y música © Mitchell Eickmann

270 Gloria a Dios en las alturas

(música)

1 Glo-ria a Dios en las al-tu-ras, y en la tie-rra que ha-ya paz. Tu

bon-dad es-tá en la gen-te, a quien a-mas de ver-dad.

Estribillo
Por tu in-men-sa glo-ria da-mos mu-chas gra-cias sin ce-

sar; te a-do-ra-mos, te a-la-ba-mos, Pa-dre nues-tro ce-les-tial.

1 Gloria a Dios en las alturas,
   y en la tierra que haya paz.
   Tu bondad está en la gente,
   a quien amas de verdad.

   Estribillo
   Por tu inmensa gloria damos
   muchas gracias sin cesar;
   te adoramos, te alabamos,
   Padre nuestro celestial.

2 Tú que quitas el pecado
   siendo víctima pascual
   no te olvides de tu pueblo,
   de nosotros ten piedad. *Estribillo*

3 Porque sólo tú eres santo;
   Jesucristo, ten piedad,
   tú que estas a la derecha
   de Dios, Padre inmortal. *Estribillo*

Texto: *Gloria in excelsis Deo*; adap. *Misa popular nicaragüense*
Música: *Misa popular nicaragüense*
Texto y música de *Misas Centroamericanas*, permiso solicitado

271 Sean abundantes

Se-an a-bun-dan-tes, se-an a-bun-
Se-a nues-tra tie-rra ver-de y re-bo-

dan-tes nues-tras ver-des mil-pas y fri-jo-la-res.
san-te con la del ve-ci-no y sus fa-mi-lia-res.

Estrofas

1 Re-co-ge en tu co-se-cha los fru-tos de a-mor, a-que-llos que te lle-nan de a-le-grí-a y vi-gor. Se-rán los que te im-pul-sen a vi-vir con va-lor; ten-drás el a-li-men-to de nues-tro Se-ñor.

Estribillo final

Se-an a-bun-dan-tes, se-an a-bun-dan-tes nues-tras ver-des mil-pas y fri-jo-la-res.

Se-a nues-tra tie-rra ver-de y re-bo-san-te con la del ve-ci-no y sus fa-mi-lia-res.

Estribillo
Sean abundantes, sean abundantes
nuestras verdes milpas y frijolares.
Sea nuestra tierra verde y rebosante
con la del vecino y sus familiares.

1 Recoge en tu cosecha los frutos de amor,
aquellos que te llenan de alegría y vigor.
Serán los que te impulsen a vivir con valor;
tendrás el alimento de nuestro Señor. *Estribillo*

2 Frondosos cafetales con todo su olor;
altivos, generosos, los cañales en flor:
así como la tierra su fruto nos da,
así nos da fecunda, su vida, el Señor. *Estribillo*

3 Pongamos bien la mesa con todo el honor,
tendremos su presencia en el banquete de amor.
Pongamos nuestros sueños por un mundo mejor;
lo que hemos cosechado con nuestro sudor. *Estribillo final*

Texto: *La nueva misa mesoamericana*, Guillermo Cuéllar
Música: Guillermo Cuéllar
Texto y música © 1994 Guillermo J. Cuéllar

272

Santo es el Señor

Texto: *La nueva misa mesoamericana*, Guillermo Cuéllar
Música: Guillermo Cuéllar
Texto y música © 1994 Guillermo J. Cuéllar

Estribillo
Santo, santo, santo, santo es el Señor,
Dios del universo, Dios de la creación.
Santo, santo, santo, santo es el Señor,
fuerza de su pueblo en liberación.

1 Llenos están los cielos y la tierra de tu gloria;
fuente de vida nueva, de justicia y dignidad.
Orgullosos estamos de tenerte a nuestro lado;
celebramos la suerte de contar con tu amistad.
Estribillo

2 Bendito es el que viene en el nombre del Señor
abriendo nuevos caminos con enseñanza veraz.
Con él hemos renacido a una vida con amor.
¡Hosanna en las alturas y en la tierra que haya paz!
Estribillo

Santo es nuestro Dios

Santo, santo, santo

San - to, san - to, san - to, san - to, san - to, san - to es nues - tro
San - to, san - to, san - to, san - to, san - to, san - to es nues - tro

Dios. Se-ñor de to-da la tie - rra; san-to, san-to es nues-tro Dios. Dios.
Dios. Se-ñor de to-da la his-to-ria; san-to, san-to es nues-tro Dios. Dios.

Que a - com - pa - ña a nues - tro pue - blo, que
Ben - di - tos los que en su nom - bre el

vi - ve en nues - tras lu - chas, del u - ni - ver - so en -
e - van - ge - lio a - nun - cian: la bue - na y gran no -

te - ro el ú - ni - co Se - ñor.
ti - cia de la li - be - ra - ción.

Texto: *Sanctus*, adap. *Misa popular salvadoreña*, Guillermo Cuéllar
Música: Guillermo Cuéllar
Texto y música © 1996 GIA Publications

274

Pregón Pascual

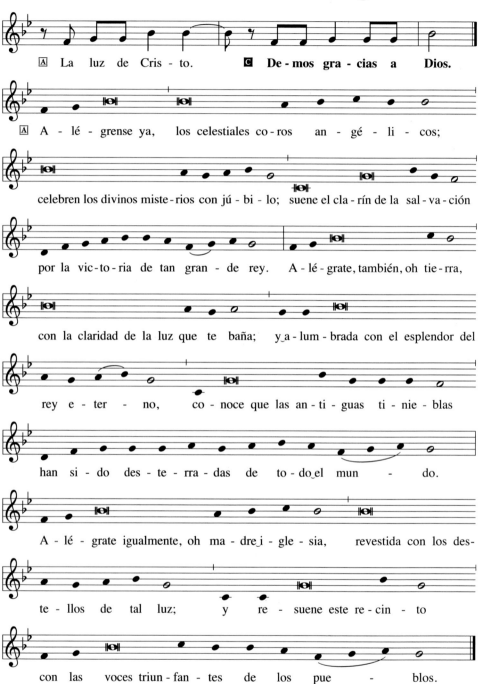

A La luz de Cristo. **C** De-mos gra-cias a Dios.

A A - lé - grense ya, los celestiales co-ros an - gé - li - cos;

celebren los divinos miste-rios con jú - bi - lo; suene el cla - rín de la sal-va-ción

por la vic-to-ria de tan gran - de rey. A - lé - grate, también, oh tie-rra,

con la claridad de la luz que te baña; y_a - lum - brada con el esplendor del

rey e - ter - no, co - noce que las an - ti - guas ti - nie - blas

han si - do des - te - rra - das de to-do_el mun - do.

A - lé - grate igualmente, oh ma - dre_i - gle - sia, revestida con los des-

te - llos de tal luz; y re - suene este re - cin - to

con las voces triun - fan - tes de los pue - blos.

Texto: *Exsultet*, oración tradicional de Vigilia Pascual
Música: canto llano, adap. Gerhard Cartford
Música © 1998 Augsburg Fortress

Caminamos hacia el sol 275

1 Ca-mi-na-mos   ha-cia el sol   es-pe-ran-do   la ver-dad;   la men-ti-ra,   la o-pre-sión,   cuan-do ven-gas   ce-sa-rán.

Estribillo
Lle-ga-rá   con la luz   la es-pe-ra-da   li-ber-tad. Lle-ga-rá   con la luz   la es-pe-ra-da   li-ber-tad.

1 Caminamos hacia el sol
esperando la verdad;
la mentira, la opresión,
cuando vengas cesarán.

Estribillo
Llegará con la luz
la esperada libertad.
Llegará con la luz
la esperada libertad.

2 Construimos hoy la paz
en la lucha y el dolor;
nuestro mundo surge ya
en la espera del Señor. *Estribillo*

3 Te esperamos; tú vendrás
a librarnos del temor.
La alegría, la amistad
son ya signos de tu amor. *Estribillo*

Texto: Juan A. Espinosa
Música: Juan A. Espinosa
Texto y música © 1972 Juan Espinosa, admin. OCP Publications

276

Despertad

1 ¡Des - per - tad!, que a to - dos lla - ma del
Aun - que_es me - dia - no - che,_es ho - ra. Se_es -

guar - da fiel la gran pro - cla - ma: "¡Des - pier - ta, pue - blo de Da - vid!"
cu - cha ya la voz so - no - ra: "¡Pru - den - tes vír - ge - nes, sa - lid!

La lám - pa - ra_en - cen - ded, y_al fiel es - po - so

ved." ¡A - le - lu - ya! ¡Pres - to_a - cu - did al A - da -

lid! Con jú - bi - lo_a sus bo - das id.

1 ¡Despertad!, que a todos llama
del guarda fiel la gran proclama:
"¡Despierta, pueblo de David!"
Aunque es medianoche, es hora.
Se escucha ya la voz sonora:
"¡Prudentes vírgenes, salid!
La lámpara encended, y al fiel esposo ved."
¡Aleluya! ¡Presto acudid al Adalid!
Con júbilo a sus bodas id.

2 Sión escucha a su vigía;
despierta ya con alegría;
levántase y va a recibir
al que es fuerte y poderoso,
a su leal y fiel esposo
que desde el cielo va a venir.
¡Oh ven, bendito tú, eterno rey Jesús!
Canta hosanna todo mortal que va al real
festín del reino celestial.

3 Gloria sea a ti cantando,
por querubines entonando
con arpas su sonora voz.
Una perla en cada entrada
que nos conduce a la añorada
mansión de paz de nuestro Dios.
Jamás el ojo vio; ningún oído oyó
lo que espera al fiel mortal: el sin igual
cantar del coro celestial.

Texto: Philipp Nicolai; trad. Dimas Planas-Belfort
Música: Philipp Nicolai
Texto © 1989 Editorial Avance Luterano

El Dios de paz, Verbo divino

1 El Dios de paz, Ver - bo di - vi - no, qui - so na - cer en un por - tal. Él es la luz, vi - da y ca - mi - no; gra - cia y per - dón tra - jo al mor - tal.

Estribillo
Ven, Sal - va - dor, ven sin tar - dar; tu pue - blo san - to es - pe - ran - do es - tá.

1 El Dios de paz, Verbo divino,
   quiso nacer en un portal.
   Él es la luz, vida y camino;
   gracia y perdón trajo al mortal.

   Estribillo
   Ven, Salvador, ven sin tardar;
   tu pueblo santo esperando está.

2 Vino a enseñarnos el sendero,
   vino a traernos el perdón.
   Vino a morir en un madero,
   precio de nuestra redención. *Estribillo*

3 Por una senda oscurecida
   vamos en busca de la luz;
   luz y alegría sin medida
   encontraremos en Jesús. *Estribillo*

4 Nuestro Señor vendrá un día
   lleno de gracia y majestad.
   De nuestro pueblo él será guía;
   juntos iremos a reinar. *Estribillo*

Texto: anónimo
Música: tradicional hebrea

278

Vendrá una nueva luz

Estribillo
Vendrá una nueva luz sobre la tierra:
la luz de la justicia y la verdad.
Vendrá el Libertador de las naciones,
vendrá la libertad.

1 Esperamos en las sombras la radiante claridad.
   Nuestros pasos en la noche van buscando la verdad;
   pero al fin un nuevo día ya comienza a alborear.
   Vendrá la libertad. *Estribillo*

2 Nuestras vidas van sin rumbo en espera de otro sol,
   tierra nueva, mundo nuevo, sin tristeza ni dolor.
   Nuestras manos, hacia el cielo, sólo esperan salvación.
   Vendrá la libertad. *Estribillo*

3 Una luz recién nacida vencerá la oscuridad,
   resurgiendo, entre sus sombras, una nueva humanidad.
   No tememos a la noche, pronto el día llegará.
   Vendrá la libertad. *Estribillo*

Texto: Emilio Vicente Mateu
Música: Emilio Vicente Mateu
Texto y música © 1976 Emilio Mateu y Ediciones Musical PAX, admin. OCP Publications

Tiempo de esperanza 279

Estribillo
Tiempo de espera,
tiempo de esperanza,
es el Señor el que llega.
Ven a salvarnos, Señor.

1 Tú que sueñas otros días,
   otros cielos, otra tierra:
   se han cumplido ya los tiempos,
   es la hora del Señor. *Estribillo*

2 Tú que marchas en las sombras,
   tú que buscas claridades,
   tú que en medio de las cosas
   vas buscando la verdad: *Estribillo*

3 Tú que luchas por un mundo
   de justicia verdadera,
   tú que buscas otras sendas
   de unidad y libertad: *Estribillo*

4 Tú que sufres en la espera,
   tú que tengas la esperanza:
   el Señor es el que llega,
   él nos da la salvación. *Estribillo*

Texto: Emilio Vicente Mateu
Música: Emilio Vicente Mateu
Texto y música © 1980 Emilio Mateu y Ediciones Musical PAX, admin. OCP Publications

280

Ven, Señor, no tardes

Ven, Señor, no tardes en llegar,
y la paz al mundo le darás.
Con tu luz podremos caminar:
la noche se vuelve claridad.

1 El misterio de un pecado
vino a ser una promesa.
El milagro de la culpa
fue causa de redención. *Estribillo*

2 Del cantar de los profetas
fue brotando la esperanza;
la sonrisa de una Virgen,
dio al mundo la salvación. *Estribillo*

3 Por las sendas de la vida
se abren nuevos horizontes.
En las sombras de las penas
un nuevo sol brillará. *Estribillo*

4 La tristeza de las gentes
se convierte en alegría.
El rencor de las naciones
se ha convertido en amor. *Estribillo*

Texto: Gregorio Fernández
Música: Gregorio Fernández
Texto y música © 1976 Gregorio Fernández y San Pablo Internacional—SSP, admin. OCP Publications

Oh ven, oh ven, Emanuel

281

1 Oh ven, oh ven, E - ma - nu - el, li - bra al cau - ti - vo

Is - ra - el, que su - fre des - te - rra - do a - quí y es -

pe - ra al Hi - jo de Da - vid. ¡A - lé - gra - te, oh

Is - ra - el! Ven - drá, ya vie - ne E - ma - nu - el.

1 Oh, ven, oh ven, Emanuel,
libra al cautivo Israel,
que sufre desterrado aquí
y espera al Hijo de David.
¡Alégrate, oh Israel!
Vendrá, ya viene Emanuel.

2 Oh ven, tú, Vara de Isaí,
redime al pueblo infeliz
del poderío infernal,
y dale vida celestial.
¡Alégrate, oh Israel!
Vendrá, ya viene Emanuel.

3 Oh ven, tú, Aurora celestial,
alúmbranos con tu verdad;
disipa toda oscuridad,
y danos días de solaz.
¡Alégrate, oh Israel!
Vendrá, ya viene Emanuel.

4 Oh ven, tú, Llave de David,
abre el celeste hogar feliz;
haz que lleguemos bien allá,
y cierra el paso a la maldad.
¡Alégrate, oh Israel!
Vendrá, ya viene Emanuel.

Texto: *Psalteriolum Cantionum Catholicarum*; trad. Alfred Ostrom
Música: tradicional de Francia
Texto de *Culto Cristiano*, © 1964 Publicaciones "El Escudo"

Ya viene la Navidad

It's Christmas coming again

282

Ya viene, ya viene, ya viene la Navidad;
It's com - ing, it's com - ing, it's Christ-mas com - ing a - gain; it's

viene, ya viene, ya viene la Navidad.
com - ing, it's com - ing, it's Christ - mas com - ing a - gain.

1 En - cen-da - mos la ve - la, la ve - la del a - mor; mor; y
1 Light a can - dle for love, light a can - dle for love; love; and

con e - lla pren - di - da i - lu - mi - ne - mos el a - mor; y
light . . up the world . . with the love . . . of the Lord; and

con e - lla pren - di - da i - lu - mi - ne - mos el a - mor.
light . . up the world . . with the love . . . of the Lord.

Estribillo
Ya viene, ya viene, ya viene la Navidad;
ya viene, ya viene, ya viene la Navidad.

1 Encendamos la vela, la vela del amor;
encendamos la vela, la vela del amor;
y con ella prendida iluminemos el amor;
y con ella prendida iluminemos el amor.
Estribillo

2 Encendamos la vela, la vela de la paz;
encendamos la vela, la vela de la paz;
y con ella prendida iluminemos la paz;
y con ella prendida iluminemos la paz.
Estribillo

3 Encendamos la vela de la felicidad;
encendamos la vela de la felicidad;
y con ella prendida verás felicidad;
y con ella prendida verás felicidad.
Estribillo

4 Encendamos la vela de la esperanza;
encendamos la vela de la esperanza;
y con ella prendida esperanza tendrás;
y con ella prendida esperanza tendrás.
Estribillo

Refrain
It's coming, it's coming, it's Christmas coming again;
it's coming, it's coming, it's Christmas coming again.

1 *Light a candle for love, light a candle for love;*
  light a candle for love, light a candle for love;
  and light up the world with the love of the Lord;
  and light up the world with the love of the Lord.
  Refrain

2 *Light a candle for peace, light a candle for peace;*
  light a candle for peace, light a candle for peace;
  and light up the world with the peace of the Lord;
  and light up the world with the peace of the Lord.
  Refrain

3 *Light a candle for joy, light a candle for joy;*
  light a candle for joy, light a candle for joy;
  and light up the world with the joy of the Lord;
  and light up the world with the joy of the Lord.
  Refrain

4 *Light a candle for hope, light a candle for hope;*
  light a candle for hope, light a candle for hope;
  and light up the world with the hope of the Lord;
  and light up the world with the hope of the Lord.
  Refrain

Texto y música: Victor Jortack, alt.
© 1998 Augsburg Fortress

Cantad, cantad, el día llegó 283

Can - tad, can - tad, el dí - a lle - gó, a
tra - ba - jar y an - ti - ci - par el rei - no de Dios. Si so - mos fie - les
al Se - ñor su a - po - yo no nos fal - ta - rá.

Cantad, cantad, el día llegó,
a trabajar y anticipar el reino de Dios.
Si somos fieles al Señor
su apoyo no nos faltará.

Texto: Campamento Villa Ventana
Música: Campamento Villa Ventana
Texto y música © ISEDET

Las Posadas

En nombre del cielo

284

(Fuera) 1 En nom - bre del cie - lo,
(Dentro) A - quí no es me - són, ...

os pi - do po - sa - da,
si - gan a - de - lan - te,

pues no pue - de_an - dar
pues no pue - do_a - brir,

ya mi_es - po - sa_a - ma - da.
no se_a_al - gún tu - nan - te.

285

Ya se va María

Ya se va Ma - rí - a muy des - con - so - la - da

por - que_en es - ta ca - sa no le dan po - sa - da,

por - que_en es - ta ca - sa no le dan po - sa - da.

Peregrinos [284]	Posaderos [284]	Todos [285]
1 En nombre del cielo, os pido posada, pues no puede andar ya mi esposa amada.	Aquí no es mesón, sigan adelante, pues no puedo abrir, no sea algún tunante.	Ya se va María muy desconsolada porque en esta casa no le dan posada.
Peregrinos 2 No seas inhumano, tennos caridad, que el Dios de los cielos te lo premiará.	*Posaderos* Ya se pueden ir y no molestar, porque si me enfado, los voy a apalear.	*Todos* Ya se va María muy desconsolada porque en esta casa no le dan posada.
Peregrinos 3 Venimos rendidos desde Nazaret; yo soy carpintero de nombre José.	*Posaderos* No me importa el nombre; déjenme dormir, porque ya les digo que no hemos de abrir.	*Todos* Ya se va María muy desconsolada porque en esta casa no le dan posada.
Peregrinos 4 Mi esposa es María, bendita del cielo, y madre va a ser del divino Verbo.	*Posaderos* ¿Eres tú José? ¿Tu esposa es María? Entren, peregrinos, no los conocía.	*Todos* Ya se va María muy desconsolada porque en esta casa no le dan posada.
Peregrinos 5 Dios pague, Señores, vuestra caridad, y os colme el cielo de felicidad.	*Posaderos* ¡Dichosa la casa que alberga este día a la Virgen pura, la hermosa María!	*Todos* [286] Entren, santos peregrinos

Entren, santos peregrinos 286

Todos

Entren, santos peregrinos, peregrinos, reciban este rincón, no de esta pobre morada, sino de mi corazón.	Entren, santos peregrinos, peregrinos, reciban este rincón, no de esta pobre morada, sino de mi corazón.

Texto y música: tradicional

Ya se ha abierto el cielo

287

Nochebuena

Capó 3

1 Ya se ha a-bier-to_el cie - lo de_un mun-do_en ti -
mien - to se_in-quie - ta la

nie - blas y_en un pue-ble-ci - to la luz des-cen - dió;
tie - rra, de_es-pe-ran-za_el po - bre em-pie-za_a vi - vir,

cu - na de Be - lén, no - che de_es-plen - dor en un tier-no
y_en su co-ra - zón re - na - ce la fe, por-que_el Cris-to

ni - ño flo-re - ce_el a - mor. A su na-ci -
ni - ño le_a-yu - da_a cre - er.

Estribillo

Por e-so,que na - die se duer-ma_es-ta no - che; vi-gi-lia de

cuer-das y bom-bos se - rá, por-que Dios se_a-so - ma_en el ros - tro del

ni - ño y_a-nun-cia la_au-ro - ra de la_hu - ma-ni - dad. Por e-so,que

na - die se duer-ma_es-ta no - che; vi-gi-lia de cuer-das y bom-bos se -

ra, por - que Dios se_a - so - ma_en el ros - stro del ni - ño_a-nun -

cian-do_u-na_au-ro - ra de paz.   2 Los sa-bios del   paz.

1   Ya se ha abierto el cielo de un mundo en tinieblas
    y en un pueblecito la luz descendió;
    cuna de Belén, noche de esplendor
    en un tierno niño, florece el amor.
    A su nacimiento se inquieta la tierra,
    de esperanza el pobre empieza a vivir,
    y en su corazón renace la fe,
    porque el Cristo niño le ayuda a creer.

    Estribillo
    Por eso, que nadie se duerma esta noche;
    vigilia de cuerdas y bombos será,
    porque Dios se asoma en el rostro del niño
    y anuncia la aurora de la humanidad.
    Por eso, que nadie se duerma esta noche;
    vigilia de cuerdas y bombos será,
    porque Dios se asoma en el rostro del niño
    anunciando una aurora de paz.

2   Los sabios del mundo que buscan señales,
    inician su marcha camino a Belén,
    hacia la verdad de una nueva luz,
    que al fin de la senda se hará sangre y cruz.
    Los tiranos tiemblan ante esta noticia
    de un rey que ni cetro ni espada tendrá,
    pero que de amor, de justicia y paz,
    su reino en la tierra establecerá. *Estribillo*

3   Siglos han pasado desde su venida,
    cada nochebuena le anuncia otra vez;
    y en el corazón que sabe esperar,
    de la vida, el rumbo comienza a cambiar.
    Ricos potentados son hoy sólo sombras,
    sus glorias con ellos murieron al fin;
    pero de Jesús el reino de paz
    por todos los tiempos prevalecerá. *Estribillo*

Texto: Federico Pagura
Música: Homero Perera
Texto © Federico J. Pagura; música © Homero Perera

288 Al mundo gozo proclamad

1 Al mundo gozo proclamad,
ya vino su Señor.
Loor sin par y sin cesar
cantad al Salvador,
cantad al Salvador,
cantad, cantad al Salvador.

2 Al mundo viene a gobernar
con tierna compasión.
Sosegará, perdón dará
y paz al corazón,
y paz al corazón,
y paz, y paz al corazón.

3 Al mundo libra de maldad,
bondad nos da y amor.
Reciba al rey su santa grey,
al fiel y buen pastor,
al fiel y buen pastor,
al fiel, al fiel y buen pastor.

4 ¡Al mundo gozo! Levantad
de júbilo canción.
La voz alzad, y gracias dad
a Dios por su gran don,
a Dios por su gran don,
a Dios, a Dios por su gran don.

Texto: Isaac Watts; trad. Albert Lehenbauer
Música: G. F. Handel, adap.
Texto de *Culto Cristiano.* © 1964 Publicaciones "El Escudo"

Cristianos: alegrémonos

1 Cris - tia - nos: a - le - gré - mo - nos con nues - tro co - ra - zón y voz.

Bue - nas nue - vas se_o - yen ya, Je - su - cris - to ya na - ció:

en un rús - ti - co me - són vi - no_al mun - do_el Sal - va - dor.

¡Cris - to ya na - ció! ¡Cris - to ya na - ció!

1 Cristianos: alegrémonos
con nuestro corazón y voz.
Buenas nuevas se oyen ya,
Jesucristo ya nació:
en un rústico mesón
vino al mundo el Salvador.
¡Cristo ya nació!
¡Cristo ya nació!

2 Cristianos: alegrémonos
con nuestro corazón y voz.
Bendiciones sin igual
Cristo nos ofrece hoy;
el camino nos abrió
de la eterna salvación.
¡Cristo nos salvó!
¡Cristo nos salvó!

3 Cristianos: alegrémonos
con nuestro corazón y voz.
Ya la muerte no podrá
inspirarnos más temor;
de tinieblas a la luz
nos conduce el buen Jesús.
¡Cristo el Salvador!
¡Cristo el Salvador!

Texto: villancico medieval; trad. Federico Pagura
Música: tradicional de Alemania
Texto © Federico J. Pagura

290

Ven a cantarle a Jesús

1 Ven a can-tar-le a Je - sús que ya lle-gó no-che-bue-na,

ven a pos-trar-te a sus pies pa-ra of-re-cer-le tus pe-nas.

Mi - ra que llo-ra tam - bién y la Vir-gen lo con-sue-la;

mi-ra que llo-ra tam - bién y la Vir-gen lo con-sue-la.

Estribillo

Cán-ta-le un a-le-gre son, cán-ta-le un jun-co gua-ji-ra

pon-le a tu can-to ca-lor por-que de frí-o de-li-ra.

Di - le que vuel-va la paz a nues-tra tie-rra tan be-lla;

di-le que vuel-va a bri-llar en nues-tros cie-los es-tre-llas.

1 Ven a cantarle a Jesús
que ya llegó nochebuena,
ven a postrarte a sus pies
para ofrecerle tus penas.
Mira que llora también
y la Virgen lo consuela;
mira que llora también
y la Virgen lo consuela.

Estribillo
Cántale un alegre son,
cántale un junco guajira
ponle a tu canto calor
porque de frío delira.
Dile que vuelva la paz
a nuestra tierra tan bella;
dile que vuelva a brillar
en nuestros cielos estrellas.

2 Acuérdate del palmar
donde se mece la brisa,
y de nuestra Navidad
hecha de azúcar y risa.
Recuerda el ritmo del mar
y los anchos del camino,
y vengan todos a ver
al niñito que ha nacido.
Estribillo

Texto: anónimo
Música: anónimo

Flores de pascua

291

1 Flo-res de pas-cua te trai-go yo_a tí, flo-res y fru-tas de ri-co sa-bor,

flo-res y fru-tas cu-ba-nas, del lla-no_y de la mon-ta-ña: son mi re-

ga-lo, Ni-ño_a-do-ra-do. Ah

ah

1 Flores de pascua te traigo yo a ti,
flores y frutas de rico sabor,
flores y frutas cubanas,
del llano y de la montaña:
son mi regalo, Niño adorado.
Ah

2 Caña de azúcar te traigo también,
ricas naranjas y rico café.
Yo lo he sembrado en la tierra,
son lo mejor de la sierra:
son mi regalo, Niño adorado.
Ah

Texto: villancico de Cuba
Música: villancico de Cuba

292

En el frío invernal

1 En el frí - o in - ver - nal del mes de di - ciem - bre,
un ca - pu - llo del ro - sal bro - ta en un pe - se - bre;
y el ca - lor pri - ma - ve - ral ha - ce al mun - do des - per -
tar, ¡qué fra - gan - te o - lor de tan be - lla flor! yo e - sa ro-, yo e - sa
ro-, yo e - sa ro - sa an - he - lo del jar - din del cie - lo.

1 En el frío invernal del mes de diciembre,
un capullo del rosal brota en un pesebre;
y el calor primaveral hace al mundo despertar,
¡qué fragante olor de tan bella flor!
yo esa ro-, yo esa ro-,
yo esa rosa anhelo del jardin del cielo.

2 Las tinieblas del ayer huyen prontamente,
la mañana deja ver sol resplandeciente;
en nocturna oscuridad busca el mundo claridad,
¡qué felicidad esta Navidad!
ya la lu-, ya la lu-,
ya la luz divina al mundo ilumina.

3 Va el capullo a florecer rosa blanca y pura,
su fragancia va a ofrecer a toda criatura;
ese aroma sin igual nueva vida da al mortal,
es de Dios el don, sumo galardón
que al mun-, que al mun-,
que al mundo ha dado, es su Hijo amado.

Texto: "Lo desembre congelat," villancico de Cataluña; trad. Skinner Chávez-Melo
Música: villancico de Cataluña
Texto © Skınner Chávez-Melo, admin. Juan Francisco Chávez

Llegó la Navidad

Haciendo Navidad

Estribillo
Lle - gó la Na - vi - dad, lle - gó, lle - gó; la nue - va cre - a - ción, lle - gó el a - mor. Lle - gó la Na - vi - dad, lle - gó, lle gó; la tie - rra re - na - ció, lle - gó el a - mor.

Estrofas
1 Que no ha - lla des - cui - dos en nues - tra a - mis - tad. Vi - va - mos u - ni - dos ha - cien - do Na - vi - dad, pues to - do lo de - más es so - lo va - ni - dad. Vi - so - lo va - ni - dad.

Estribillo
Llegó la Navidad, llegó, llegó;
la nueva creación, llegó el amor.
Llegó la Navidad, llegó, llegó;
la tierra renació, llegó el amor.

1 Que no halla descuidos en nuestra amistad.
Vivamos unidos haciendo Navidad,
pues todo lo demás es sólo vanidad;
vivamos unidos haciendo Navidad,
pues todo lo demás es sólo vanidad.
Estribillo

2 Jesús sólo vino a enseñarnos a amar;
si amamos hermanos hacemos Navidad,
pues todo lo demás es sólo vanidad;
si amamos hermanos hacemos Navidad,
pues todo lo demás es sólo vanidad.
Estribillo

3 Que nuestra alegría se llene de paz.
Sembremos canciones, hagamos Navidad,
pues todo lo demás es sólo vanidad;
sembremos canciones, hagamos Navidad,
pues todo lo demás es sólo vanidad.
Estribillo

Texto: Fernando San Romualdo
Música: Fernando San Romualdo
Texto y música © 1977 F. San Romualdo y Ediciones Musical PAX, admin. OCP Publications

294 Es noche de alegría

Es no-che de_a-le - grí - a, de can-ción y de paz;

los ni - ños se duer - men pen-san-do_en Je - sús. En

un po - bre pe - se - bre del pue - blo de Be - lén, na -

ció un ni - ño_hu - mil-de_y se con - vir - tió en rey.

Re - yes y pas - to - res pa - sa - ron por a - llí, de -

jan - do los pre - sen - tes de - lan - te de sus pies.

Es no-che de_a-le - grí - a, de can-ción y de paz.

Es no-che de_a-le - grí - a, de can-ción y de paz,

de can-ción y de paz, de can-ción y de paz.

Es noche de alegría, de canción y de paz;
los niños se duermen pensando en Jesús.
En un pobre pesebre del pueblo de Belén,
nació un niño humilde y se convirtió en rey.
Reyes y pastores pasaron por allí,
dejando los presentes delante de sus pies.
Es noche de alegría, de canción y de paz.
Es noche de alegría, de canción y de paz,
de canción y de paz, de canción y de paz.

Texto: Nicola de Fluri
Música: Grupo "Valparaiso"
Texto y música con permiso de ISEDET

Ya llegó la nochebuena 295

1 Ya llegó la nochebuena,
ya llegó la Navidad:
cantaremos alabanzas
para el niño que vendrá.

Estribillo
Vamos todos a esperarlo,
vamos todos a Belén;
que Jesús en un pesebre
para todos va a nacer.

2 Llevaremos para el niño
lo mejor del corazón:
el deseo de encontrarlo,
la esperanza del perdón. *Estribillo*

3 Recibamos la enseñanza
que este niño hoy nos da:
siendo rico se hizo pobre
por amor a los demás. *Estribillo*

Texto: tradicional de Argentina
Música: tradicional de Argentina

Yo conozco un pueblito chiquito

Ha venido

Capó 3

1 Yo co - nozco_un pue - bli - to chi - qui - to; un pue -
ni - ño ro - sa - do_y tra - vie - so que co -

bli - to lla - ma - do Be - lén; y_es a - llí don - de_en no - che de_es -
no - ce_el ba - rro y_el ja - bón, un pi - bi - to que ha - ce pi -

tre - llas en - vuel - to_en pa - ña - les lle - gó_el ni - ño
rue - tas, que co - rre, que jue - ga y llo - ra tam -

luz, y_es a - llí don - de_en no - che de_es - tre - llas, en - vuel - to_en pa -
bién; un pi - bi - to que ha - ce pi - rue - tas, que co - rre, que

ña - les lle - gó Je - sús. Es un
jue - ga y llo - ra tam - bién.

Estribillo

Y Je - sús es ni - ño y_es Dios, es mi_a - mi - go_y mi pro - tec -

tor. Él te quie - re, te bus - ca, te lla - ma, te_in - vi - ta_a su

ca - sa, te lle - va a pes - car. Él es Hi - jo del Pa - dre del

cie - lo, que vie - ne tra - yen - do la Na - vi - dad.

1 Yo conozco un pueblito chiquito;
   un pueblito llamado Belén;
   y es allí donde en noche de estrellas,
   envuelto en pañales llegó el niño luz,
   y es allí donde en noche de estrellas,
   envuelto en pañales llegó Jesús.
   Es un niño rosado y travieso
   que conoce el barro y el jabón,
   un pibito que hace piruetas,
   que corre, que juega y llora también;
   un pibito que hace piruetas,
   que corre, que juega y llora también.

   Estribillo
   Y Jesús es niño y es Dios,
   es mi amigo y mi protector.
   Él te quiere, te busca, te llama,
   te invita a su casa, te lleva a pescar.
   Él es Hijo del Padre del cielo,
   que viene trayendo la Navidad.

2 Las caritas sonríen felices,
   las pupilas rebosan de luz;
   es que ha sucedido el milagro
   y el rey ha venido trayendo la paz;
   es que ha sucedido el milagro
   y el rey ha venido trayendo la paz.
   Su palacio está en el cielo,
   su pileta es el ancho mar,
   sus amigos son los pajaritos,
   las flores, las nubes, los niños también;
   sus amigos son los pajaritos,
   las flores, las nubes, los niños también. *Estribillo*

Texto: Betty Sainz de Rodriguez
Música: Betty Sainz de Rodriguez
Texto y música © Betty Sainz de Rodriguez

Gloria en las alturas
Glory in the highest

Estribillo

¡Glo-ria en las al - tu - ras y en la tie - rra paz!
Glo - ry in the high - est and peace on the earth!

¡Glo-ria en las al - tu - ras y en la tie - rra paz! Di-
Glo - ry in the high - est and peace on the earth! Sing

gá - mos - le al mun - do: "¡Cris - to es Na - vi - dad!" Di-
out the glad tid - ings of our Sav - ior's birth! Sing

gá - mos - le al mun - do: "¡Cris - to es Na - vi - dad!"
out the glad tid - ings of our Sav - ior's birth!

Estribillo
¡Gloria en las alturas y en la tierra paz!
¡Gloria en las alturas y en la tierra paz!
Digámosle al mundo: "¡Cristo es Navidad!"
Digámosle al mundo: "¡Cristo es Navidad!"

1 Jesús ya no quiere posada en mesón;
Jesús ya no quiere posada en mesón;
él busca morada en tu corazón;
él busca morada en tu corazón.
Estribillo

2 Ábrele tus puertas y déjalo entrar;
ábrele tus puertas y déjalo entrar;
y todos los días será Navidad;
y todos los días será Navidad.
Estribillo

Estribillo y estrofas se cantan con la misma tonada.
Un solista puede cantar las estrofas y la congregación el estribillo.

Refrain
Glory in the highest and peace on the earth!
Glory in the highest and peace on the earth!
Sing out the glad tidings of our Savior's birth!
Sing out the glad tidings of our Savior's birth!

1 *Jesus seeks no lodging that sets him apart;*
   Jesus seeks no lodging that sets him apart;
   he looks for a dwelling, a home in your heart;
   he looks for a dwelling, a home in your heart.
   Refrain

2 *Open up your heart, then, for Christ to come in;*
   open up your heart, then, for Christ to come in;
   and all of your days will be Christmas again;
   and all of your days will be Christmas again.
   Refrain

Texto: tradicional de Puerto Rico; trad. Gerhard Cartford
Música: tradicional de Puerto Rico
Texto en inglés © 1998 Augsburg Fortress

Cristo nació en Belén 298

1 Cristo nació en Belén,
   Cristo nació en Belén.
   Cristo nació en un humilde pesebre,
   y puede nacer en tu corazón.

2 Él no encontró en el mesón
   donde pudiera nacer.
   Cristo nació en un humilde pesebre
   mas puede nacer en tu corazón.

3 Quiere morar en tu ser;
   ábrele tu corazón.
   Cristo nació en un humilde pesebre
   y quiere nacer en tu corazón.

4 Hoy el niñito Jesús
   quiere brindarte su amor,
   y aunque nació en un humilde pesebre
   él quiere nacer en tu corazón.

5 Gracias le doy a mi Dios;
   por siempre le alabaré,
   pues aunque Cristo nació en un pesebre,
   también él nació en mi corazón.

Texto: Ángel Mattos-Nieves
Música: Ángel Mattos-Nieves
Texto y música © 1998 Augsburg Fortress

299 Este ramito de flores

1 Es-te ra-mi-to de flo-res, fres-cas son de mi jar-dín;

flo-res de mu-chos co-lo-res pa-ra_el ni-ño de Be-lén:

Estribillo Tu-li-pa-nes, no-che-bue-na, nar-dos, ro-sas en bo-tón, cri-san-

te-mos, a-zu-ce-nas y_ho-jas ver-des de li-món.

1 Este ramito de flores
frescas son de mi jardín;
flores de muchos colores
para el niño de Belén:

Estribillo
Tulipanes, nochebuena,
nardos, rosas en botón,
crisantemos, azucenas
y hojas verdes de limón.

2 Bella flor de nochebuena
en tu color de rubí;
veo en el Calvario con pena:
cómo sufrió él por mí. *Estribillo*

3 Blanca y hermosa gardenia,
¡oh! que fragante es tu olor;
nos lleva a aquella mañana
cuando el mundo renació. *Estribillo*

4 El lirio azul con dorado
es como el cielo y el sol,
donde el niño está sentado
y ángeles al derredor. *Estribillo*

5 Se las pondré en un jarrito
en el pesebre a sus pies,
y que su aroma bonito
lo haga soñar muy feliz. *Estribillo*

Texto: Skinner Chávez-Melo
Música: Skinner Chávez-Melo
Texto y música © Skinner Chávez-Melo, admin. Juan Francisco Chávez

Pastorcito de Belén

300

Estribillo

Pas - tor - ci - to de Be - lén, mi - ra la_es - tre - lla_en lo al - to, los

án - ge - les le_ha - cen co - ro y ya lo_es - tán a - nun - cian - do; los

án - ge - les le_ha - cen co - ro y ya lo_es - tán a - nun - cian - do. *Fin*

Estrofas

1 A - nun - cian - do las bon - da - des del ni - ñi - to de Be - lén que na -

ció_y quie - re_en - se - ñar - te a vi - vir pen - san - do_en él. Los bu -

rri - tos, las o - ve - jas y la va - ca_a - mi - ga_es - tán, to - dos

le dan de su_a - lien - to y - su_a - mor que - sa - be_a miel. *Estribillo*

Estribillo
Pastorcito de Belén,
mira la estrella en lo alto,
los ángeles le hacen coro
y ya lo están anunciando;
los ángeles le hacen coro
y ya lo están anunciando.

1 Anunciando las bondades
del niñito de Belén
que nació y quiere enseñarte
a vivir pensando en él.
Los burritos, las ovejas
y la vaca amiga están,
todos le dan de su aliento
y su amor que sabe a miel.
Estribillo

2 Si te acuerdas de este niño,
si lo quieres adorar,
si en tu corazón ha entrado
no lo dejes ir jamás.
El será quien le dé dicha
y sentido a tu vivir.
No lo dejes, no te apartes:
el será como un candil.
Estribillo

Texto: Gloria Padros de Henning
Música: Ana María Gattinoni de Urcola
Texto © Gloria Padros de Henning; música © Ana María Gattinoni de Urcola

301

Noche de paz

Capó 1

1 ¡No - che de paz, no - che de_a - mor! To - do duer - me_en de - rre - dor. En - tre los as - tros que_es - par - cen su luz, be - lla_a - nun - cian - do_al ni - ñi - to Je - sús bri - lla la_es - tre - lla de paz, bri - lla la_es - tre - lla de paz.

1   ¡Noche de paz, noche de amor!
    Todo duerme en derredor.
    Entre los astros que esparcen su luz,
    bella anunciando al niñito Jesús
    brilla la estrella de paz,
    brilla la estrella de paz.

2   ¡Noche de paz, noche de amor!
    Oye humilde el fiel pastor
    coros celestes que anuncian salud;
    gracias y glorias en gran plenitud
    por nuestro buen redentor,
    por nuestro buen redentor.

3   ¡Noche de paz, noche de amor!
    Ved qué bello resplandor
    luce en el rostro del niño Jesús,
    en el pesebre, del mundo la luz,
    astro de eterno fulgor,
    astro de eterno fulgor.

Texto: Joseph Mohr; trad. Federico Fliedner
Música: Franz Gruber

Cantemos con alegría

302

Can-te-mos con a-le-grí-a por-que_es Na-vi-dad; el

pue-blo de Dios ca-mi-na con go-zo_al por-tal.

1 Dios ha ba-ja-do has-ta no-so-tros, pa-ra que_a-sí vol-

va-mos a Dios. Es-ta no-ti-cia es la_a-le-

grí-a de los sen-ci-llos de co-ra-zón.

Estribillo
Cantemos con alegría
porque es Navidad;
el pueblo de Dios camina
con gozo al portal.

1 Dios ha bajado hasta nosotros,
para que así volvamos a Dios.
Esta noticia es la alegría
de los sencillos de corazón. *Estribillo*

2 Dios no valora ciencia ni plata,
chico ni grande, hombre o mujer;
Dios sólo quiere gente sencilla
como María, como José. *Estribillo*

3 Jesús nos pide, desde la cuna,
la transparencia del corazón:
amar a todos con alegría,
somos hermanos en el Señor. *Estribillo*

Texto: José Sánchez López
Música: José Sánchez López
Texto y música © 1979 J. López y P. Josico y Ediciones Musical Pax, admin. OCP Publications

303

Seguid, pastores, seguid

Texto: Rafael Hernández
Música: Rafael Hernández
Texto y música © Peer Music de Puerto Rico

1 Seguid, pastores, seguid,
que ya la estrella nos guía.
Cantad, pastores, cantad,
cantad con mucha alegría.
Nació nuestro redentor
en un portal de Belén
y allí juntito con Dios,
Jesús, José y María.

Estribillo
¡Aleluya, aleluya!
Alabado sea el Señor
y cantemos ¡aleluya!
¡Aleluya, aleluya!
Alabado sea el Señor
y cantemos ¡aleluya!

2 Bajando por las montañas
vienen los jíbaritos,
con maracas, tiple y
güiro a cantarle al niñito.
Cantemos, todos cantemos
y olvidemos las penas
y al cielo demos las gracias
por la paz en la tierra.
Estribillo

Tú dejaste tu trono

1 Tú dejaste tu trono y corona por mí
al venir en Belén a nacer.
Mas, a ti no fue dado el entrar al mesón,
y en pesebre te hicieron nacer.

Estribillo
Ven a mi corazón, oh Cristo,
pues en el hay lugar para ti.
Ven a mi corazón, oh Cristo, ven,
pues en el hay lugar para ti.

2 Alabanzas celestes los ángeles dan
en que rinden al Verbo loor.
Mas, humilde viniste a la tierra, Señor,
a dar vida al más vil pecador. *Estribillo*

3 Siempre pueden las zorras sus cuevas tener,
y las aves sus nidos también;
mas, el Hijo del Hombre no tuvo un lugar
en el cual reclinara su sien. *Estribillo*

4 Alabanzas sublimes los cielos darán
cuando vengas glorioso de allí;
y tu voz entre nubes dirá: "Ven a mí,
que hay lugar junto a mí para ti." *Estribillo*

Texto: Emily E. S. Elliot; trad. anónimo
Música: Ira D. Sankey

Pastores: a Belén

305

Oh, come to Bethlehem

1 Pas - to - res: a Be - lén va - mos con a - le -
1 Oh, come to Beth - le - hem; you shep - herds, hur - ry,

grí - a, que ha na - ci - do ya el hi - jo de Ma -
hur - ry to see the new - born child, the Christ, the son of

rí - a. A - llí, a - llí nos es - pe - ra Je - sús. A -
Mar - y. Look here, look here! The child of hope is born. Look

llí, a - llí nos es - pe - ra Je - sús. Lle - ve - mos
here, look here! The child of hope is born. Now bring a

pues, tu - rro - nes y miel pa - ra o - fre - cer al ni - ño Ma - nuel. Lle -
gift so sweet to the child; in one so small our God . . has smiled. Now

ve - mos pues, tu - rro - nes y miel pa - ra o - fre - cer al ni - ño Ma - nuel.
bring a gift so sweet to the child; in one so small our God . . has smiled.

Estribillo

Va - mos, va - mos, va - mos a ver, va - mos a ver al
Quick - ly, quick - ly, come now and see, come now and see the

re - cién na - ci - do, va - mos a ver al ni - ño Ma - nuel.
child in the man - ger. Come now and see Em - man - u - el.

1 Pastores: a Belén vamos con alegría,
que ha nacido ya el hijo de María.
Allí, allí nos espera Jesús.
Allí, allí nos espera Jesús.
Llevemos pues, turrones y miel
para ofrecer al niño Manuel.
Llevemos pues, turrones y miel
para ofrecer al niño Manuel.

Estribillo
Vamos, vamos, vamos a ver,
vamos a ver al recién nacido,
vamos a ver al niño Manuel.

2 Oh Niño celestial, bendice a los pastores,
que corren al portal cantando tus loores.
Corred, volad, sus glorias alcanzad.
Corred, volad, sus glorias alcanzad.
Ofrece a mil amor y virtud;
traed, zagal, al niño Jesús.
Ofrece a mil amor y virtud;
traed, zagal, al niño Jesús. *Estribillo*

1 *Oh, come to Bethlehem; you shepherds, hurry, hurry*
to see the newborn child, the Christ, the Son of Mary.
Look here, look here! The child of hope is born.
Look here, look here! The child of hope is born.
Now bring a gift so sweet to the child;
in one so small our God has smiled.
Now bring a gift so sweet to the child;
in one so small our God has smiled.

Refrain
Quickly, quickly, come now and see,
come now and see the child in the manger.
Come now and see Emmanuel.

2 *O Jesus, heav'nly child, lift up your hand and bless us.*
We seek to touch your face, and find that you caress us.
Rejoice, rejoice! All glory be to God!
Rejoice, rejoice! All glory be to God!
For grace and strength a thousand times more
than we could know, our God adore!
For grace and strength a thousand times more
than we could know, our God adore! Refrain

Texto: tradicional de Puerto Rico; trad. Martin A. Seltz
Música: tradicional de Puerto Rico
Texto en inglés © 1998 Augsburg Fortress

306 Soy un pobre pastorcito

1 Soy un pobre pastorcito
que camina hacia Belén.
Voy buscando al que ha nacido,
Dios con nosotros, Manuel.

Estribillo
Caminando camina ligero,
no te canses, no, de caminar;
que te esperan José y María
con el niño en el portal.

2 Aunque pobre, yo le llevo
un blanquísimo vellón,
para que le haga su madre
un cotoncito querendón. *Estribillo*

3 Guardadito aquí en el pecho,
yo le llevo el mejor don;
al niñito que ha nacido
le llevo mi corazón. *Estribillo*

Texto: anónimo
Música: anónimo

Tutaina

Estribillo
Tutaina tuturumá,
tutaina tuturumaina,
tutaina tuturumá turumá,
tutaina tuturumaina.

1 Los pastores de Belén
quieren adorar al Niño;
la Virgen y San José
los reciben con cariño.
Estribillo

2 Los reyes vienen también
con incienso, mirra y oro
a adorar al niño Dios
que en sí mismo es un tesoro.
Estribillo

3 En mi casa yo también,
rezo, canto de alegría
en honor al Salvador
que ha llegado en este día.
Estribillo

Texto: tradicional de España, adap. Carlos Díaz
Música: tradicional de España

308

Un niño viene

1 Un niño viene en camino,
   muchos siglos se tardó,
   por el Espíritu Santo
   en María se hospedó;
   por el Espíritu Santo
   en María se hospedó.

   Estribillo
   Niño de Dios, quédate aquí,
   sé nuestra paz para vivir;
   Niño de Dios, no te vayas,
   sé con nosotros al despertar.

2 José, su padre en la tierra,
   un signo de comprensión,
   lo guiará por la senda
   para cumplir su misión;
   lo guiará por la senda
   para cumplir su misión. *Estribillo*

3 Jesús Emanuel se llama,
   Dios salva, su traducción:
   con nosotros se derrama
   como signo de perdón;
   con nosotros se derrama
   como signo de perdón. *Estribillo*

Texto: Ricardo Pietrantonio
Música: Ricardo Pietrantonio
Texto y música © Ricardo Pietrantonio

Venid, fieles todos

1. Venid, fieles todos, a Belén vayamos de gozo triunfantes, henchidos de amor, y al rey de los cielos humildes veremos. Venid, adoremos; venid, adoremos; venid, adoremos a Cristo el Señor.

1   Venid, fieles todos, a Belén vayamos
    de gozo triunfantes, henchidos de amor,
    y al rey de los cielos humildes veremos.
    Venid, adoremos; venid, adoremos;
    venid, adoremos a Cristo el Señor.

2   En pobre pesebre yace él reclinado,
    al mundo ofreciendo eternal salvación.
    Al santo Mesías, el Verbo humanado,
    venid, adoremos; venid, adoremos;
    venid, adoremos a Cristo el Señor.

3   Cantad jubilosas, celestes criaturas:
    resuenen los cielos con vuestra canción.
    ¡Al Dios bondadoso gloria en las alturas!
    Venid, adoremos; venid, adoremos;
    venid, adoremos a Cristo el Señor.

4   Jesús, celebramos su bendito nombre
    con himnos solemnes de grato loor.
    Por siglos eternos la humanidad te honre.
    Venid, adoremos; venid, adoremos;
    venid, adoremos a Cristo el Señor.

Texto: atrib. John F. Wade; trad. Juan Bautista Cabrera
Música: atrib. John F. Wade

María, pobre María
Oh, Mary, gentle poor Mary

310

Ma - rí - a, po - bre Ma - rí - a, tan po - bre, tan per - se - gui - da;
Oh, Mar - y, gen - tle poor Mar - y, so des - ti - tute and so wea - ry,

el car - pin - te - ro Jo - sé y Je - sús, el E - ma - nuel;
with a car - pen - ter named Jo - seph, and Je - sus Em - man - u - el;

el car - pin - te - ro Jo - sé y Je - sús, el E - ma - nuel.
with a car - pen - ter named Jo - seph, and Je - sus Em - man - u - el.

1 So - bre la a - re - na de E - gip - to ya la tar - de ha ca -
1 As they cross the sands of E - gypt, day - light fad - ing in - to

í - do. Som - bras que se ven pa - sar: Jo - sé, Ma - rí - a y el
eve - ning, fu - gi - tives, they dare not pause: Jo - seph, Mar - y, and the

ni - ño, do - bla - das por el can - san - cio.
Christ child, a deep wea - ri - ness en - dur - ing.

Estribillo
María, pobre María,
tan pobre, tan perseguida;
el carpintero José y Jesús, el Emanuel;
el carpintero José y Jesús, el Emanuel.

1 Sobre la arena de Egipto
ya la tarde ha caído.
Sombras que se ven pasar:
José, María y el niño,
dobladas por el cansancio. *Estribillo*

2 María, pobre María,
tan pobre, tan perseguida.
Mas la luna alumbra ya
tu niñito de ojos negros.
No temas, niñito Dios. *Estribillo*

3 Ya regresan del desierto
caminando bien erguidos.
María la madre buena,
el trabajador José
y el niño, nuestro Emanuel. *Estribillo*

Refrain
Oh, Mary gentle poor Mary,
so destitute and so weary,
with a carpenter named Joseph,
and Jesus Emmanuel;
with a carpenter named Joseph,
and Jesus Emmanuel.

2 *Mary bears her holy burden,*
fleeing from the sword of Herod;
in the moonlight two bright eyes
gaze in trust at the young mother:
don't fear, little child from heaven. Refrain

1 *As they cross the sands of Egypt,*
daylight fading into evening,
fugitives, they dare not pause:
Joseph, Mary, and the Christ child,
a deep weariness enduring. Refrain

3 *Now returning from the desert,*
stronger now, the angel guiding,
pressing on to Galilee:
Joseph, Mary, and the Christ child,
Emmanuel, our God Incarnate. Refrain

Texto: Luis A. Pereyra; trad. Gerhard Cartford
Música: Rudy Espinoza
Texto y música © 1998 Augsburg Fortress

Oh, santísimo, felicísimo

311

1 ¡Oh, santísimo, felicísimo,
grato tiempo de Navidad!
Al mundo perdido
Cristo le ha nacido.
¡Alegría, alegría, cristiandad!

2 ¡Oh, santísimo, felicísimo,
grato tiempo de Navidad!
Coros celestiales
oyen los mortales.
¡Alegría, alegría, cristiandad!

3 ¡Oh, santísimo, felicísimo,
grato tiempo de Navidad!
Principe del cielo,
danos tu consuelo.
¡Alegría, alegría, cristiandad!

Texto: Johannes Falk; trad. Federico Fliedner
Música: tradicional de Sicilia

312

Venid, pastores

Texto: villancico de Puerto Rico
Música: villancico de Puerto Rico

Vamos todos a Belén

Estribillo
Vamos todos a Belén con amor y gozo;
adoremos al Señor nuestro redentor.

1 Derrama una estrella divino dulzor,
hermosa doncella nos da al Salvador. *Estribillo*

2 La noche fue día; un ángel bajó,
nadando entre luces, que así nos habló. *Estribillo*

3 Felices pastores, la dicha triunfó;
el cielo se rasga, la vida nació. *Estribillo*

4 Felices suspiros mi pecho dará,
y ardiente mi lengua tu amor cantará. *Estribillo*

Texto: tradicional
Música: tradicional

Van hacia el pesebre

Los ojos del Mesías

314

1 Van ha - cia el pe - se - bre, lle - van en sus
ma - nos o - ro, in - cien - so y mi - rra, al ni - ño re - ga - los.
Vie - nen di - ri - gi - dos mi - ran - do u - na es -
tre - lla, bus - can - do al na - ci - do en la no - che a - que - lla.
Tres re - yes de o - rien - te traen en la mi -
ra - da la i - lu - sión, la an - gus - tia tras lar - ga jor - na - da;
los tres re - yes ma - gos que van a Be -
lén bus - can la es - pe - ran - za en el Ni - ño Rey.

Y lle-va-dos por la_es-tre-lla has-ta_el pe-se-bre lle-ga-ron;

y su can-sa-da mi-ra-da gran a-li-vio re-ci-bió.

Se_en-con-tra-ron con los o-jos de_un pe-que-ño que na-ci-do,

con su mi-rar de_es-pe-ran-za sus mi-ra-das trans-for-mó.

1 Van hacia el pesebre, llevan en sus manos
oro, incienso y mirra, al niño regalos.
Vienen dirigidos mirando una estrella,
buscando al nacido en la noche aquella.
Tres reyes de oriente traen en la mirada
la ilusión, la angustia tras larga jornada;
los tres reyes magos que van a Belén
buscan la esperanza en el Niño Rey.

Y llevados por la estrella
hasta el pesebre llegaron;
y su cansada mirada
gran alivio recibió.
Se encontraron con los ojos
de un pequeño que nacido,
con su mirar de esperanza
sus miradas transformó.

2 Gaspar de muy lejos, mirada cansada,
sus ojos supieron llorar las mañanas;
seguía afanoso al la estrella alumbrar,
sus ojos deseaban al niño encontrar.
Y Melchor miraba cargado y dolido,
paciente soñaba con el Dios nacido.
Tímido y lejano mira Baltazar,
añorando pronto al Rey adorar.

Los reyes que dirigidos
por la estrella en aquel día
hallaron nuevas miradas
en los ojos del Mesías.
Con el mirar de este niño,
del pequeñito Jesús,
las miradas fueron nuevas
se hacen de amor y de luz.

Texto: Elga E. García y Rubis M. Camacho
Música: Elga E. García y Rubis M. Camacho
Texto y música © Elga E. García Casillas y Rubis M. Camacho

315 Los que andaban en la oscuridad

1 Los que_an - da - ban en la_os - cu - ri - dad han
2 Al mi - rar de la vi - da el sol, na -

vis - to_u - na glo - rio - sa luz; so - bre e - llos la_au - ro - ra rom -
cio - nes se_a - cer - can en paz, tan fe - li - ces, cual fiel se - ga -

pió i - lu - mi - nán - do - les la cruz.
dor lle - van - do fru - tos al ho - gar.

3 A no - so - tros nos na - ce un Se - ñor, a_un

ni - ño le_es da - da sa - lud; le_o - be - de - cen del mun - do la

grey co - mo del cie - lo mul - ti - tud.

4 Es el prín - ci - pe_e - ter - no de paz; se -

rá ad - mi - ra - ble_en su po - der, y_un Dios in - ven - ci - ble ha -

brá, y_un Pa - dre_e - ter - no por do - quier.

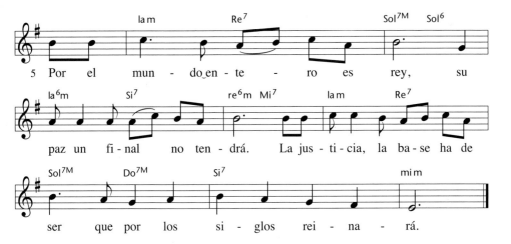

5 Por el mun-do en-te - ro es rey, su
paz un fi - nal no ten - drá. La jus - ti - cia, la ba - se ha de
ser que por los si - glos rei - na - rá.

Texto: Samuel J. Velez-Santiago
Música: José Ruiz
Texto © Samuel J. Velez-Santiago; música © 1998 Augsburg Fortress

Astro el más bello 316

1 As - tro el más be - llo en la re - gia co - hor - te,
sua - ve, ar - gen - ti - na, mi - ra - mos tu luz;
haz - nos vi - si - ble el le - ja - no ho - ri - zon - te;
guía - nos al le - cho del ni - ño Je - sús.

1 Astro el más bello en la regia cohorte,
suave, argentina, miramos tu luz;
haznos visible el lejano horizonte;
guíanos al lecho del niño Jesús.

2 Vedlo dormido, por cuna un pesebre;
quiso entre pobres, humilde nacer;
ángeles ven en aquél niño endeble
al que dispone de todo poder.

3 ¿Qué le traeremos? ¿La mirra más fina?
¿Ricos aromas del último mar?
¿Oro sacado de todas las minas?
¿Cómo la fe en él podemos mostrar?

4 Vanos serían tan ricos presentes:
ellos no pueden su gracia alcanzar;
muévenle aquellos que llevan fervientes
preces del alma, que puede aceptar.

Texto: Reginald Heber; trad. Thomas M. Westrup
Música: James P. Harding

Los magos que llegaron a Belén
The magi who to Bethlehem did go

317

Anuncio re m

Los ma - gos que lle - ga - ron a Be - lén a - nun -
The ma - gi who to Beth - le - hem did go were the

cia - ron la lle - ga - da del Me - sí - as, y no - so - tros con a - le -
her - alds of the com - ing of Mes - si - ah; and with joy we would al - so

grí - a la_a - nun - cia - mos hoy tam - bién. Los bién. ¡Ah!
has - ten to an - nounce the good . . news. The news. Ah!

Estrofas

1 De tie - rra le - ja - na ve - ni - mos a ver - te,
From a dis - tant land we come with hum - ble greet - ing,

nos sir - ve de guí - a la_es - tre - lla de_o - rien - te.
where the east - ern star our car - a - van is lead - ing.

Estribillo

Oh bri - llan - te_es - tre - lla que_a - nun - cias la_au - ro - ra,
Ev - er - shin - ing star, God's bril - liant dawn re - veal - ing,

no nos fal - te nun - ca tu luz bien - he - cho - ra.
ev - er guide our way, God's pre - sence still as - sur - ing.

Glo - ria_en las al - tu - ras al Hi - jo de Dios;
Glo - ry be to God, who sent the child of hea - ven,

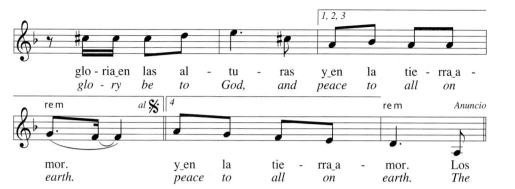

glo - ria_en las al - tu - ras y_en la tie - rra_a -
glo - ry be to God, and peace to all on

mor. y_en la tie - rra_a - mor. Los
earth. peace to all on earth. The

Anuncio
Los magos que llegaron a Belén
anunciaron la llegada del Mesías,
y nosotros con alegría
la anunciamos hoy también. ¡Ah!

1 De tierra lejana
venimos a verte,
nos sirve de guía
la estrella de oriente.

Estribillo
Oh brillante estrella
que anuncias la aurora,
no nos falte nunca
tu luz bienhechora.
Gloria en las alturas al Hijo de Dios;
gloria en las alturas y en la tierra amor.

2 Al recién nacido
que es Rey de los reyes,
oro le regalo para
honrar sus sienes. *Estribillo*

3 Como es Dios
el niño le regalo incienso,
perfume con alas
que sube hasta el cielo. *Estribillo*

4 Al niño del cielo
que bajó a la tierra,
le regalo mirra
que inspira tristeza. *Estribillo*

Conclusión
Los magos que llegaron a Belén
anunciaron la llegada del Mesías,
y nosotros con alegría
la anunciamos hoy también.

Introduction
The magi who to Bethlehem did go
were the heralds of the coming of Messiah;
and with joy we would also hasten
to announce the good news. Ah!

1 *From a distant land*
we come with humble greeting,
where the eastern star
our caravan is leading.

Refrain
Ever-shining star,
God's brilliant dawn revealing,
ever guide our way,
God's presence still assuring.
Glory be to God, who sent the child of heaven,
glory be to God, and peace to all on earth.

2 *To the newborn child,*
who has no earthly treasure,
I have come with gold
to bring delight and pleasure. Refrain

3 *To the child of God*
rich incense I am bringing,
with aroma sweet
that heavenward is winging. Refrain

4 *To the child who came*
to bring us heaven's gladness,
I have come with myrrh,
a sign of coming sadness. Refrain

Conclusion
The magi who to Bethlehem did go
were the heralds of the coming of Messiah;
and with joy we would also hasten
to announce the good news.

Texto: Manuel Fernández Juncos; trad. Carolyn Jennings
Música: tradicional de Puerto Rico
Texto en inglés © 1993 Pilgrim Press

318

Fruto del amor divino

1 Fru-to del a-mor di-vi-no, gé-ne-sis de la crea-ción;
el es Al-fa y es O-me-ga, es prin-ci-pio y con-clu-sión
de lo que es, de lo que ha si-do, de lo nue-vo en for-ma-ción:
y por siem-pre a-sí se-rá.

1 Fruto del amor divino,
génesis de la creación;
el es Alfa y es Omega,
es principio y conclusión
de lo que es, de lo que ha sido,
de lo nuevo en formación:
y por siempre así será.

2* ¡Cuán bendito nacimiento!
pues la Virgen concibió,
por la gracia del Espíritu,
al que al mundo redimió.
A través del niño santo,
Dios, su amor manifestó:
y por siempre así será.

3 Es el mismo que el profeta
vislumbrara en su visión
y encendiera en el salmista
la más alta inspiración;
ahora brilla y es corona
de la antigua expectación:
y por siempre así será.

4 Las legiones celestiales
ahora canten su loor;
los dominios hoy le adoren
como rey y redentor;
y los pueblos de la tierra
le proclamen su Señor:
y por siempre así será.

Estrofa alterna para Navidad

Texto: Marcus Aurelius Clemens Prudentius; trad. Federico Pagura
Música: Rudy Espinoza
Texto en español © Federico J. Pagura; música © 1998 Augsburg Fortress

Yo soy la luz del mundo

I am the light of nations

1

Yo soy la luz del mun-do. El que me si-ga ten-
I am the light of na - tions, light for the whole wide

drá la luz que le da la vi-da y
world, the light that re - pels the dark - ness, and

nun - ca_an - da - rá_en la_os - cu - ri - dad. Yo
guides all who fol - low me in faith. I

2

¡A - le - lu - ya, a - le - lu - ya,
La, la, la, la, la, la, la, la,

a - le - lu - ya, a - le - lu! La, la, la, la, la, la.
la, la, la, la, la, la, la, la, la, la, la, la.

3

Dios es la luz, Dios es la paz, Dios es a - mor.
God is our light, God is our peace, God is our love.

Dios es la luz, Dios es la paz, Dios es a - mor.
God is our light, God is our peace, God is our love.

Se puede combinar en varias maneras—una, dos y/o tres voces simultáneamente.

Texto: basado en Juan 8:12; trad. Gerhard Cartford
Música: Rodolfo Ascencio
Texto en inglés © 1998 Augsburg Fortress; música en *Canciones de Fe y Compromiso* © 1978

320

Brillante en celestial fulgor

1 Bri - llan - te en ce - les - tial ful - gor, su luz es -
El dí - a a - nun - cia de so - laz, de li - ber -

par - ce al - re - de - dor la es - tre - lla ma - tu - ti - na.
tad y dul - ce paz en ho - ra ya ve - ci - na

cuan - do dan - do a nues - tra al - ma la fiel pal - ma

de vic - to - ria Dios nos lle - va - rá a la glo - ria.

1 Brillante en celestial fulgor,
su luz esparce alrededor
la estrella matutina.
El día anuncia de solaz,
de libertad y dulce paz
en hora ya vecina
cuando dando a nuestra alma
la fiel palma de victoria
Dios nos llevará a la gloria.

2 Veré con gozo sin igual
Jerusalén la celestial,
ya dentro de sus puertas;
porque el Cordero que murió
y con su sangre me compró,
ya me las tiene abiertas.
Cruenta cuenta ha pagado,
cuando ajado, moribundo,
dio la vida por el mundo.

3 No ya con ojos de la fe,
sin velo allí contemplaré
el rostro del Dios mío;
del alto rey la majestad,
la gloria de su santidad,
de cerca ver confío.
Tanto cuanto fue escondido
al sentido, bella, pura,
celestial, alta hermosura.

4 ¡Luz bella, te presiento ya!
En ropa blanca alegre está,
y espérate la esposa.
Llama: "Jesús, ven pronto, ven."
"Pronto vendré," dice él también,
a mi alma fiel, ansiosa.
Santo canto, honra, gloria,
loor, victoria doy muriendo:
mi alma en tu mano encomiendo.

Texto: Philipp Nicolai; trad. Federico Fliedner
Música: Philipp Nicolai

Del oriente venimos tres

321

1 Del o - rien - te ve - ni - mos tres, ri - cos do - nes a o - fre - cer;

ha na - ci - do_el pro - me - ti - do el rey de Is - ra - el.

Estribillo

¡Oh, as - tro de su - bli - me_ar - dor, de di - vi - no res - plan - dor!

Nun - cio be - llo, tus des - te - llos nos guia - rán con su ful - gor.

1 Del oriente venimos tres,
ricos dones a ofrecer;
ha nacido el prometido
el rey de Israel.

Estribillo
¡Oh, astro de sublime ardor,
de divino resplandor!
Nuncio bello, tus destellos
nos guiarán con su fulgor.

2 Oro traigo para el rey
que nacido es en Belén;
rey excelso, rey eterno,
del mundo sumo bien. *Estribillo*

3 Del lucero vamos en pos,
nos conduce al Hijo de Dios;
yo le ofrezco dulce incienso,
ferviente adoración. *Estribillo*

4 Bajo la estrella de luz,
mirra yo le ofrezco a Jesús,
mirra pura, amargura,
símbolo de la cruz. *Estribillo*

5 Rey supremo, Dios Salvador,
cielo y tierra le dan loor:
¡aleluya, aleluya!
cantemos con fervor. *Estribillo*

Texto: John Henry Hopkins Jr., trad. Effie Chastain de Naylor
Música: John Henry Hopkins Jr.

322

Gloriosa luz

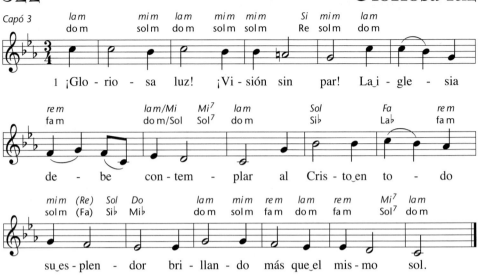

1. ¡Gloriosa luz! ¡Visión sin par!
La iglesia debe contemplar
al Cristo en todo su esplendor
brillando más que el mismo sol.

2. Radiante faz luce el Señor
y sus vestidos blancos son;
así nos quiere revelar
la gloria de la eternidad.

3. Y el corazón se exalta al ver
el gran misterio de su ser;
con gozo eleva su canción,
se postra humilde en oración.

4. Oh, trino Dios, concédenos
que cara a cara por tu amor,
al fin podamos contemplar
tu eterna gloria y majestad.

Texto: himno de Sarum (Inglaterra); trad. Federico Pagura
Música: tradicional de Inglaterra
Texto en español © Federico J. Pagura

Estos cuarenta días hoy

1. Estos cuarenta días hoy
   celebraremos con unción
   pues por quien Dios todo creó,
   él mismo ayunó y oró.

2. Allá en ayunas vio Moisés
   al Dios de amor que dio la ley,
   y Elías ayunando vio
   el carro en llamas que le alzó.

3. Daniel oró con devoción,
   al ser librado del león;
   Juan en ayunas y oración
   fue de Jesús anunciador.

4. Permítenos, Señor, también
   en prez y ayuno a ti volver;
   y por tu gracia y tu poder
   en júbilo tu rostro ver.

Texto: himno latino; trad. Ángel Mattos-Nieves
Música: Ángel Mattos
Texto en español y música © 1998 Augsburg Fortress

tonada alterna: véase #399, Sostennos firmes

324 La alegría en el perdón

1 La_a-le-grí - a más her - mo-sa_es la_a-le-gría en el per-dón que_en el cie-lo_hay mu-cha fies - ta cuan-do vuel-ve_un pe-ca-dor. Si la_o-ve - ja se_ha per - di - do, a bus - car - la va_el pas-tor. Que_en el cie-lo_hay mu-cha fies - ta cuan-do vuel-ve_un pe-ca-dor.

Estribillo La_a-le - grí - a más her-mo - sa, la_a-le - grí - a_en el per-dón. Que_en el cie-lo_hay mu-cha fies - ta cuan-do vuel - ve_un pe - ca - dor.

1 La alegría más hermosa es la alegría en el perdón
que en el cielo hay mucha fiesta cuando vuelve un pecador.
Si la oveja se ha perdido, a buscarla va el pastor.
Que en el cielo hay mucha fiesta cuando vuelve un pecador.

Estribillo
La alegría más hermosa, la alegría en el perdón.
Que en el cielo hay mucha fiesta cuando vuelve un pecador.
La alegría más hermosa, la alegría en el perdón.
Que en el cielo hay mucha fiesta cuando vuelve un pecador.

2 Cuando el hijo se fue lejos triste el padre se quedó.
Y qué inmensa su alegría cuando el hijo regresó.
Cada día, cada instante por su ausencia se apenó.
Y qué inmensa su alegría cuando el hijo regresó. *Estribillo*

3 La mujer buscaba triste las monedas que perdió.
   Y saltaba de alegría cuando al fin las encontró.
   Qué afanosa rebuscaba; toda su casa barrió.
   Y saltaba de alegría cuando al fin las encontró. *Estribillo*

4 Una tarde hubo fiesta, fiesta grande en Jericó.
   Tú, Jesús, estás contento, pues Zaqueo te encontró.
   ¡Qué alegría más hermosa la que allá se celebró!
   Tú, Jesús, estás contento, pues Zaqueo te encontró. *Estribillo*

Texto: Cesáreo Gabarain
Música: Cesáreo Gabarain
Texto y música © 1982 Cesáreo Gabarain, admin. OCP Publications

De entre la ceniza y polvo 325

1 De entre la ceniza y polvo
   Dios a todos vida dio,
   y a la creación del lodo
   en Edén la convirtió;
   y a la creación del lodo
   en Edén la convirtió.

2 Entre el polvo y la ceniza
   la inocencia se perdió,
   y el amor que agoniza
   por soberbia se extinguió;
   y el amor que agoniza
   por soberbia se extinguió.

3 En ceniza y polvo triste
   toda la creación cayó,
   y en pecado el hombre existe
   entre guerra, odio y temor;
   y en pecado el hombre existe
   entre guerra, odio y temor.

4 De entre la ceniza y polvo
   la esperanza resurgió
   en humana forma el Verbo
   nos la dio y nos redimió;
   en humana forma el Verbo
   nos la dio y nos redimió.

5 Con ceniza y polvo santo
   nuestras frentes señaló,
   con la cruz de su quebranto
   salvación nos regaló;
   con la cruz de su quebranto
   salvación nos regaló.

Texto: Esther E. Bertieaux y Áureo Andino
Música: Ginny Andino-Bertieaux
Texto y música © 1998 Augsburg Fortress

Hombre a hombre, pueblo a pueblo

El joven rico

326

1 Hombre a hombre, pueblo a pueblo,
  pasaba hablando el Señor.
  Se le acercó un joven rico
  y le pidió su opinión.

  Estribillo
  Vende todo lo que tienes
  y, si quieres tener más,
  da tu dinero a los pobres
  y yo te doy mi amistad.
  Vende todo lo que tienes
  y, si quieres tener más,
  da tu dinero a los pobres
  y yo te doy mi amistad.

2 Era joven y cumplía
  los mandamientos de Dios,
  pero el amor al dinero
  movía su corazón. *Estribillo*

3 "Qué difícil es que un rico
  consiga la salvación."
  El joven se fue muy triste
  a solas con su ambición. *Estribillo*

Texto: J. A. Olivar
Música: J. Iturralde
Texto y música © 1981 José Antonio Olivar, J. Iturralde y San Pablo Internacional—SSP, admin. OCP Publications

Gloria sea a Cristo

Estribillo
Glo - ria se - a_a Cris - to que por su pa - sión
dio su san - ta san - gre pa - ra mi per - dón;
dio su san - ta san - gre pa - ra mi per - dón. *Fin*

Estrofas
1 Gra - cia, vi - da_e - ter - na por Je - sús lo - gré;
gran mi - se - ri - cor - dia en su san - gre_ha - llé;
gran mi - se - ri - cor - dia en su san - gre_ha - llé. *Estribillo*

Estribillo
Gloria sea a Cristo que por su pasión
dio su santa sangre para mi perdón;
dio su santa sangre para mi perdón.

1 Gracia, vida eterna por Jesús logré;
gran misericordia en su sangre hallé;
gran misericordia en su sangre hallé.
Estribillo

2 Alabanza démos por tan noble don,
pues al mundo libra de la maldición;
pues al mundo libra de la maldición.
Estribillo

3 Cuando los mortales cantan dulce prez,
en el cielo suenan himnos a la vez;
en el cielo suenan himnos a la vez.
Estribillo

4 Nuestra voz alcemos en adoración,
por el grato precio de la redención;
por el grato precio de la redención.
Estribillo

5 Entonemos juntos cantos de hermandad
mientras celebramos la Santa Trinidad;
mientras celebramos a la Trinidad.
Estribillo

6 Gloria sea al Padre, al Hijo también,
y al Santo Espíritu para siempre. Amén;
y al Santo Espíritu para siempre. Amén.
Estribillo

Texto: tradicional de Italia; trad. Andrés Meléndez
Música: Ángel Mattos
Texto de *Culto Cristiano* © 1964 Publicaciones "El Escudo"; música © 1998 Augsburg Fortress

328 Junto a los ríos de Babilonia

Capó 3

1 Jun - to a los rí - os de Ba - bi - lo - nia
2 Nues - tros cap - to - res en tie - rra ex - tra - ña

nos sen - tá - ba - mos a llo - rar,
nos pe - dí - an u - na can - ción;

al re - cor - dar a nues - tra tie - rra
que le can - tá - ra - mos u - na me - lo - dí - a

jun - to a los sau - ces de a - quel lu - gar.
que re - cor - da - ra

la tie - rra de Sión. 3 ¿Có - mo can -

tar - las en es - te e - xi - lio?

Se - ñor, no de - jes que ol - vi - de mi ho - gar.

Nues - tra voz ca - lle si lo ol - vi - da - mos,

si_a-quél te-rru - ño de - ja-mos de_a - mar.

¿Có - mo can - 4 Haz que tu

cruz, Se - ñor, sea el con - sue - lo

pa - ra_a-que - llos en o-pre - sión.

Que el Cris - to re-su-ci-ta - do

trai-ga_a-mor y paz al co-ra - zón.

1 Junto a los ríos de Babilonia
nos sentábamos a llorar,
al recordar a nuestra tierra
junto a los sauces de aquel lugar.

2 Nuestros captores en tierra extraña
nos pedían una canción;
que le cantáramos una melodía
que recordara la tierra de Sión.

3 ¿Cómo cantarlas en este exilio?
Señor, no dejes que olvide mi hogar.
Nuestra voz calle si lo olvidamos,
si aquél terruño dejamos de amar.
¿Cómo cantarlas en este exilio?
Señor, no dejes que olvide mi hogar.
Nuestra voz calle si lo olvidamos,
si aquél terruño dejamos de amar.

4 Haz que tu cruz, Señor, sea el consuelo
para aquellos en opresión.
Que el Cristo resucitado
traiga amor y paz al corazón.

Texto: Salmo 137, adap. Ewald Bash; trad. Ángel Mattos-Nieves y Victor Jortack
Música: Victor Jortack y Ángel Mattos
Texto y música © 1998 Augsburg Fortress

329

Allí está Jesús

1 A - llí_es - tá Je - sús, a - llí_es - tá Je - sús ha - blan-do; en el mon-te, en la cam-pi - ña, cer-ca del mar; jun-to_al tem-plo. Si ha-blan - do no le cre - ye - ron, sus he-chos lo lo - gra - rí - an. Je - su - cris - to, con tus he - chos dis - te vi - da_a tus pa - la - bras. Je - su - cris - to, con tus he - chos dis - te vi - da_a tus pa - la - bras.

1 Allí está Jesús, allí está Jesús hablando;
   en el monte, en la campiña,
   cerca del mar; junto al templo.
   Si hablando no le creyeron,
   sus hechos lo lograrían.

   Jesucristo, con tus hechos
   diste vida a tus palabras.
   Jesucristo, con tus hechos
   diste vida a tus palabras.

2 Allá va Jesús, allá va Jesús andando;
   junto a él por el camino
   hombres, mujeres y niños.
   Si viviendo lo negaron,
   lo aceptarían muriendo.

   Jesucristo, con tu muerte
   diste al mundo nueva vida.
   Jesucristo, con tu muerte
   diste al mundo nueva vida.

Texto: Alberto B. Giacumbo
Música: Pablo Sosa
Texto © Alberto Giacumbo; música © Pablo Sosa

Sobre estas tierras

1 Sobre estas tierras que el sudor regó
por tantos siglos de sangre y dolor,
vemos levantarse ya de nuevo el sol,
porque Dios proclama su liberación.

Estribillo
Cristo está rompiendo al fin
cadenas de opresión;
llega a nuestros pueblos
plena redención.

2 Pueblos cansados de tanto gemir,
bajo su aliento han de revivir.
Nuestros cuerpos y almas viene a restaurar;
él trae justicia; él es nuestra paz. *Estribillo*

3 Más que otros mundos, quiere él conquistar
la ciudadela de esta humanidad;
quiere a todos darnos nuevo corazón,
donde el odio muera y triunfe el amor. *Estribillo*

Texto: Federico Pagura
Música: Alejandro Nuñez Allauca
Texto © Federico J. Pagura; música © Alejandro Nuñez Allauca, permico solicitado

331 Tierra bendita y divina

1. Tierra bendita y divina
es la de Palestina, donde nació Jesús;
eres, de las naciones, cumbre
bañada por la lumbre que derramó su luz.

Estribillo
Eres la historia inolvidable,
porque en tu seno se derramó
la sangre, preciosa sangre,
del unigénito Hijo de Dios;
la sangre, preciosa sangre,
del unigénito Hijo de Dios.

2. Cuenta la historia del pasado
que en tu seno sagrado vivió el Salvador,
y en tus hermosos olivares,
habló a los millares la palabra de amor.
Estribillo

3. Quedan en ti testigos mudos,
que son los viejos muros de la Jerusalén;
viejas paredes ya destruidas,
que si tuvieran vida, nos hablarían bien.
Estribillo

Texto: anónimo
Música: tradicional de Cuba

Cabalga majestuoso 332

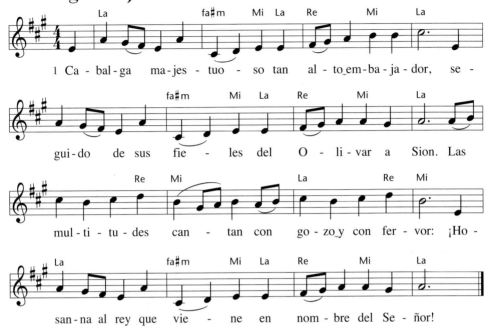

1 Ca - bal - ga ma - jes - tuo - so tan al - to_em - ba - ja - dor, se -
gui - do de sus fie - les del O - li - var a Sion. Las
mul - ti - tu - des can - tan con go - zo_y con fer - vor: ¡Ho -
san - na al rey que vie - ne en nom - bre del Se - ñor!

1 Cabalga majestuoso tan alto embajador,
seguido de sus fieles del Olivar a Sión.
Las multitudes cantan con gozo y con fervor:
¡Hosanna al rey que viene en nombre del Señor!

2 Con palmas y con ramos el pueblo marcha en pos,
aclámanle los niños, rindiendo gloria a Dios.
Las multitudes cantan con gozo y con fervor:
¡Hosanna al rey que viene en nombre del Señor!

3 Cubrid de mirto y flores la senda del Señor,
con corazón y labios rendidle adoración.
Cantadle, multitudes, con gozo y con fervor:
¡Hosanna al rey que viene en nombre del Señor!

Texto: Jeanette Threlfall; trad. Severa Euresti
Música: *Gesangbuch der Herzogl. Hofkapelle*, 1784

Mantos y palmas

Hosanna

333

Do   Fa⁶/Do

1 Man - tos y pal - mas es - par - cien - do va
1 Filled with ex - cite - ment, all the hap - py throng

fa dism⁷/Do   Do

el pue - blo_a - le - gre de Je - ru - sa - lén,
spread cloaks and branch - es on the cit - y streets.

          Fa⁶/Do

a - llá_a lo le - jos se_em - pie - za_a mi - rar
There in the dis - tance they be - gin to see,

fa dism⁷/Do   Do

en un po - lli - no al Hi - jo de Dios.
there on a don - key comes the Son of God.

Estribillo

Fa   mi m

Mien - tras, mil vo - ces re - sue - nan por do - quier: Ho -
From ev - 'ry cor - ner a thou - sand voic - es sing . . . . . .

Fa   Sol⁷   Do   Do⁷

sa - nna_al que vie - ne_en el nom - bre del Se - ñor.
praise to the one who comes in the name of God.

Fa   mi m

Con un a - lien - to de gran ex - cla - ma - ción pro -
With one great shout of . . . ac - cla - ma - tion loud, tri -

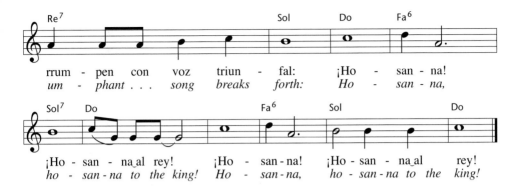

1. Mantos y palmas esparciendo va
   el pueblo alegre de Jerusalén,
   allá a lo lejos se empieza a mirar
   en un pollino al Hijo de Dios.

   Estribillo
   Mientras, mil voces resuenan por doquier:
   Hosanna al que viene en el nombre del Señor.
   Con un aliento de gran exclamación
   prorrumpen con voz triunfal:
   ¡Hosanna! ¡Hosanna al rey!
   ¡Hosanna! ¡Hosanna al rey!

2. Como en la entrada de Jerusalén
   todos cantamos a Jesús, el rey,
   al Cristo vivo que nos llama hoy
   para seguirle con amor y fe. *Estribillo*

1. *Filled with excitement, all the happy throng*
   spread cloaks and branches on the city streets.
   There in the distance they begin to see,
   there on a donkey comes the Son of God.

   Refrain
   From ev'ry corner a thousand voices sing
   praise to the one who comes in the name of God.
   With one great shout of acclamation loud,
   triumphant song breaks forth:
   Hosanna, hosanna to the king!
   Hosanna, hosanna to the king!

2. *As in that entrance to Jerusalem,*
   hosannas we will sing to Jesus Christ,
   to our redeemer who still calls today,
   asks us to follow with our love and faith. Refrain

Texto: Rubén Ruiz; trad. Gertrude C. Suppe
Música: Rubén Ruiz
Texto y música © 1972, 1979, 1989 The United Methodist Publishing House

334

Bendito el rey que viene

1 ¡Ben - di - to_el rey que vie - ne_en el nom - bre del Se - ñor! ¡Al -
zad, al - zad las puer - tas del du - ro co - ra - zón! No
vie - ne re - ves - ti - do de su ro - pa - je real; su
tú - ni - ca_es de sier - vo, su ce - tro de_hu - mil - dad.

1   ¡Bendito el rey que viene en el nombre del Señor!
    ¡Alzad, alzad las puertas del duro corazón!
    No viene revestido de su ropaje real;
    su túnica es de siervo, su cetro de humildad.

2   ¡Bendito el rey que viene en el nombre del Señor!
    Atentos los oídos, atentos a su voz.
    Pues ¡ay! del que orgulloso no quiera percibir
    al Cristo prometido que viene a redimir.

3   ¡Bendito el rey que viene en el nombre del Señor!
    que muestra a los humildes la faz del Santo Dios;
    a quien le han sido dadas la gloria y el poder,
    que al fin de las edades los pueblos han de ver.

4   ¡Bendito el rey que viene en el nombre del Señor!
    que ofrece a los cansados descanso y salvación.
    Es manso y es humilde y en su servicio está
    el yugo que nos lleva a eterna libertad.

Texto: Federico Pagura
Música: Raquel Mora Martínez
Texto © Federico J. Pagura; música © 1996 Raquel Mora Martínez

Jerusalén, ciudad de Dios
Jerusalem, the city of God

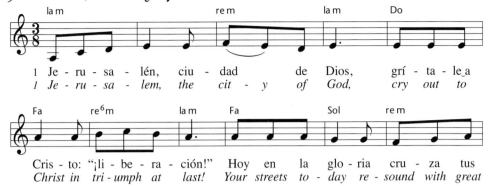

1   Jerusalén, ciudad de Dios,
    grítale a Cristo: "¡liberación!"
    Hoy en la gloria cruza tus calles.
    ¡Jerusalén, Jerusalén!

2   Con su palabra al pueblo enseñó,
    entre tus niños habló de amor,
    fue entre los pobres líder de paz.
    ¡Jerusalén, Jerusalén!

3   Tú lo esperaste siglos de ayer,
    tú lo aclamaste rey de Israel,
    tú le gritaste: "¡muerte de cruz!"
    ¡Jerusalén, Jerusalén!

1   *Jerusalem, the city of God,*
    cry out to Christ in triumph at last!
    Your streets today resound with great joy.
    Jerusalem, Jerusalem!

2   *He brought the people God's saving word,*
    he taught the children all about love,
    a man of peace, the friend of the poor.
    Jerusalem, Jerusalem!

3   *You have awaited him through the years,*
    you have acclaimed him Israel's king.
    And now you cry out: "Death on the cross!"
    Jerusalem, Jerusalem!

Texto: Equipo Joven, trad. al inglés Gerhard Cartford
Música: Equipo Joven
Texto en español y música © Equipo Joven, permiso solicitado; texto en inglés © 1984 Lutheran World Federation

336

No hay mayor amor

Estribillo
No hay mayor amor que dar la vida;
no hay mayor amor, no hay mayor amor.
No hay mayor amor que dar la vida;
no hay mayor amor, no hay mayor amor.

1 Este es mi cuerpo y mi sangre,
todo esto es lo que soy.
Quedo por siempre entre ustedes,
aunque parta, no me voy. *Estribillo*

2 No teman, amigos míos,
si algún tiempo no me ven;
pues, si entre ustedes se quieren,
me verán a mí también. *Estribillo*

3 Les enviaré mi Espíritu,
que consuele en el dolor;
alentará la esperanza,
traerá fuego al corazón. *Estribillo*

4 El miedo no es sentimiento
que abrigue al que cree en mí.
Recuerden estas palabras:
"Al mundo yo lo vencí." *Estribillo*

Texto: Alejandro Mayol
Música: José Antonio Machado
Texto © Alejandro Mayol, permiso solicitado; música © José Antonio Machado

Donde hay caridad

337

Estribillo
Donde hay caridad y amor, allí está el Señor, allí está el Señor.

1 Una sala y una mesa, una copa, vino y pan,
   los hermanos compartiendo en amor y en unidad.
   Nos reúne la presencia y el recuerdo del Señor;
   celebramos su memoria y la entrega de su amor. *Estribillo*

2 Invitados a la mesa del banquete del Señor,
   recordamos su mandato de vivir en el amor.
   Comulgamos en el cuerpo y en la sangre que él nos da,
   y también en el hermano si lo amamos de verdad. *Estribillo*

3 Este pan que da la vida y este cáliz de salud,
   nos reúne a los hermanos en el nombre de Jesús;
   anunciamos su memoria, celebramos su pasión,
   el misterio de su muerte y de su resurrección. *Estribillo*

Texto: Joaquín Madurga
Música: Joaquín Madurga
Texto y música © 1981 Joaquín Madurga y San Pablo Internacional—SSP, admin. OCP Publications

338

Con gozo y con santo temor

1 Con gozo y con santo temor,
   debemos dar amor;
   con mente, alma y corazón,
   amemos con fervor.

   Estribillo
   Donde hay amor y caridad,
   allí siempre está Dios;
   unidos con sinceridad.
   Cristo está aquí con nos.
   Unidos con sinceridad.
   Cristo está aquí con nos.

2 A los que nos hicieron mal
   siempre hay que perdonar;
   amémosles con grande amor:
   a Cristo hay que imitar. *Estribillo*

3 Que entre nosotros mora Dios,
   nunca hemos de olvidar.
   Vivamos siempre con amor;
   él nunca ha de faltar. *Estribillo*

4 En el amor no hay distinción
   de razas o color;
   de todos se hizo Padre Dios,
   y de él nació el amor. *Estribillo*

Texto: himno latino, trad. *Liturgia Luterana*
Música: Santos Dávila
Texto de *Liturgia Luterana*, © 1983; música © Santos Dávila

Perdona a tu pueblo, Señor

Estribillo
Perdona a tu pueblo, Señor.
Perdona a tu pueblo, perdónale, Señor.

1 Por esos hierros que te clavaron,
   por las espinas que te punzaron,
   perdónale, Señor. *Estribillo*

2 Por tus sangrientas llagas tan crueles,
   por los insultos y por las hieles,
   perdónale, Señor. *Estribillo*

3 Por tus heridas de pies y manos,
   por los azotes tan inhumanos,
   perdónale, Señor. *Estribillo*

4 Por la abertura de tu costado,
   por haber muerto abandonado,
   perdónale, Señor. *Estribillo*

Texto: anónimo
Música: anónimo

340 Santo Cordero

1 San - to Cor - de - ro, en cruz cla - va - do, mue - res car -
ga - do con mi mal - dad. ¡A - mor ex - cel - so! Mis
pe - nas pa - gas, y por tus lla - gas sa - lud me das.

1 Santo Cordero, en cruz clavado,
mueres cargado con mi maldad.
¡Amor excelso! Mis penas pagas,
y por tus llagas salud me das.

2 Por mis pecados sé que has sufrido,
y que te ha herido mi rebelión;
lo reconozco, mis culpas lloro,
y triste imploro, Señor, perdón.

3 Del Padre eterno desamparado,
por mi pecado sufres la cruz;
por eso el alma de amor vencida,
queda rendida, a ti, Jesús.

Texto: anónimo
Música: José Ruiz
Música © 1998 Augsburg Fortress

341 Cristo se humilló a sí mismo

Cris - to se hu - mi - lló a sí mis - mo, Cris - to se hu - mi -
lló a sí mis - mo, he - cho o - be - dien - te has - ta la
muer - te, y muer - te de cruz.

Texto: Filipenses 2:8
Música: José Ruiz
Música © 1998 Augsburg Fortress

Cabeza ensangrentada

342

1. Cabeza ensangrentada, cubierta de sudor,
   de espinas coronada, y llena de dolor:
   ¡oh, celestial cabeza, tan maltratada aquí,
   tu sin igual belleza es gloria para mí!

2. Cubrió tu noble frente la palidez mortal,
   cual velo transparente de tu sufrir señal.
   Cerróse aquella boca, la lengua enmudeció:
   la fría muerte toca al que la vida dio.

3. Señor, lo que has llevado, yo solo merecí;
   la culpa que has pagado al juez, yo la debí.
   Mas, mírame; confío en tu cruz y pasión.
   Otórgame, bien mío, la gracia del perdón.

4. Agradecido vengo a ti, mi redentor,
   por tu bondad sin cuento, tu muerte y tu dolor.
   Aquí prometo y juro que te obedeceré,
   amigo fiel, seguro consumador de fe.

5. En mi última agonía, revélame tu faz;
   tu cruz será mi guía, en paz me llevarás:
   tu imagen contemplando entrego mi alma a ti
   sólo en tu cruz confiando. ¡Feliz quien muere así!

Texto: atrib. Bernardo de Clairvaux; trad. Federico Fliedner
Música: Hans Leo Hassler

343

Oh cruz de la esperanza

Texto: Cristof Mohl
Música: anónimo
Texto © Cristof Mohl

¿Presenciaste la muerte del Señor? 344

1 ¿Presenciaste la muerte del Señor? / ¿Presenciaste la muerte del Señor? / Oh, al recordarlo a veces tiemblo, tiemblo, tiemblo. / ¿Presenciaste la muerte del Señor?

1 ¿Presenciaste la muerte del Señor?
   ¿Presenciaste la muerte del Señor?
   Oh, al recordarlo a veces tiemblo,
   tiemblo, tiemblo.
   ¿Presenciaste la muerte del Señor?

2 ¿Viste cuando claváronle en la Cruz?
   ¿Viste cuando claváronle en la Cruz?
   Oh, al recordarlo a veces tiemblo,
   tiemblo, tiemblo.
   ¿Viste cuando claváronle en la Cruz?

3 ¿Viste tú cuando el sol se oscureció?
   ¿Viste tú cuando el sol se oscureció?
   Oh, al recordarlo a veces tiemblo,
   tiemblo, tiemblo.
   ¿Viste tú cuando el sol se oscureció?

4 ¿Viste cuando su espíritu entregó?
   ¿Viste cuando su espíritu entregó?
   Oh, al recordarlo a veces tiemblo,
   tiemblo, tiemblo.
   ¿Viste cuando su espíritu entregó?

5 ¿Viste cuando la tumba le encerró?
   ¿Viste cuando la tumba le encerró?
   Oh, al recordarlo a veces tiemblo,
   tiemblo, tiemblo.
   ¿Viste cuando la tumba le encerró?

Texto: espiritual afroamericano; trad. Federico Pagura
Música: espiritual afroamericano
Texto © Federico J. Pagura

345

Venid al Gólgota

Ve-nid al Gól-go-ta, ve-nid, la voz del Sal-va-dor o-íd que des-de a-que-lla ho-rren-da cruz pre-go-na vi-da, paz, sa-lud.

1. ¡Por sus ver-du-gos, ved-le o-rar! "Per-dó-na-les el mal o-brar; no sa-ben, Pa-dre, el ho-rror del cri-men que co-me-ten hoy."

¡Oh, in-ter-ce-de tú por mí! Fui yo, fui yo quien te he-rí con mi pe-ca-do y re-be-lión; hu-mil-de im-pló-ro te per-dón.

Anuncio

Ⓛ Venid al Gólgota, venid,
la voz del Salvador oíd
que desde aquella horrenda cruz
pregona vida, paz, salud.

1 Ⓛ ¡Por sus verdugos, vedle orar!
"Perdónales el mal obrar;
no saben, Padre, el horror
del crimen que cometen hoy."

Ⓒ **¡Oh, intercede tú por mí!**
Fui yo, fui yo quien te herí
con mi pecado y rebelión;
humilde implórote perdón.

2 Ⓛ Aquel ladrón contrito oyó
palabra de piedad y amor:
"Verdad te digo, hoy estarás
conmigo en célico solaz."

Ⓒ **Jesús, acuérdate de mí,**
pues yo también soy reo y vil;
dame en la hora de expirar
entrada en tu celeste hogar.

3 Ⓛ El duelo de su madre vio
y tiernamente le habló:
"Mujer, tu hijo, helo ahí,"
y a Juan: "Tu madre, hela ahí."

Ⓒ **Al verme solo en lucha cruel**
envíame un hermano fiel
que me consuele en el dolor
con los destellos de tu amor.

4 Ⓛ ¡Qué voz de angustia y de dolor!
¡Jamás se oyó igual clamor!
"¿Por qué, Dios mío, en esta lid,
me abandonaste tú así?"

Ⓒ **Tú, por mi culpa y transgresión,**
sufriste amarga confusión,
y así jamás la sufriré;
mas por tu muerte viviré.

5 Ⓛ "Sed tengo—dijo el Salvador—
cual hoja seca es mi vigor,"
y diéronle vinagre y hiel
cumpliendo así palabra fiel.

Ⓒ **La copa amarga de mi mal**
tan rebosante e infernal
bebiste tú allá por mí;
saciada está mi sed en ti.

6 Ⓛ Con grande voz de vencedor
por cielo y tierra resonó,
triunfal proclama de salud:
"Cumplido está," clamó Jesús.

Ⓒ **En dos el velo se rasgó**
y el hondo infierno retembló;
de par en par abierto está
portal de salvación y paz.

7 Ⓛ "Entrégote mi espíritu,
oh Padre fiel," clamó Jesús.
Su rostro exangüe se inclinó
y por nosotros expiró.

Ⓒ **Jesús, enséñame a vivir**
y salvo al fin en ti morir,
la cruz en pos de ti llevar
y en tus senderos caminar.

Texto: Arnfeld C. Morck
Música: melodía de Colombia, adap. Gerhard Cartford
Texto y música © 1998 Augsburg Fortress

346

Todo acabó

1. Todo acabó en una tumba,
   todo acabó en una cruz;
   todos los sueños forjados
   en años de lucha
   de asombro y dolor.
   Nadie responde a esta angustia.
   ¿Ha enmudecido hasta Dios?
   Se ha puesto el sol en el mundo, Señor,
   y murió la esperanza.

2. "¿Por qué me has abandonado?"
   dijo, muriendo, Jesús;
   y así clamamos nosotros,
   cercados de sombras,
   en la soledad.
   Se hace pesada la vida
   cuando no vemos su fin;
   y hoy se ha tragado
   la tierra la luz
   que alumbraba el camino.

3. Todo acabó en una tumba;
   nadie pregunte por qué.
   Mudos la tierra y el cielo
   contemplan la muerte
   de un soplo de fe.
   Nadie nos busque consuelo,
   nadie nos dé explicación;
   en esa tumba la vida acabó,
   sólo reina la muerte.

4. Crece el clamor de la gente
   viendo morir a Jesús;
   pero a la noche de sombras
   sucede una aurora
   radiante de luz.
   Porque él murió por nosotros,
   y por su resurrección
   en nuestros propios
   calvarios, Señor,
   brilla hoy la esperanza.

Texto: Federico Pagura
Música: Homero Perera
Texto © Federico J. Pagura; música © Homero R. Perera

Vean la luz que nos alumbra

Vean la luz que nos a-lum-bra, es la luz de nues-tro Dios;

luz ra-dian-te, luz her-mo-sa, de_e-lla va-mos hoy en pos.

Luz bri-llan-te, vic-to-rio-sa, que_a la muer-te de-rro-tó.

E-le-va-mos nues-tras pre-ces, ¡Cris-to ya re-su-ci-tó!

1 Vean la luz que nos alumbra, es la luz de nuestro Dios;
luz radiante, luz hermosa, de ella vamos hoy en pos.
Luz brillante, victoriosa, que a la muerte derrotó.
Elevamos nuestras preces, ¡Cristo ya resucitó!

2 Vean la luz que va marchando en nuestra comunidad;
hemos visto ya su gloria en toda su santidad.
Hoy te vemos y adoramos, nuestro hermano y redentor;
el Cordero nos precede, santo e inmortal Señor.

3 Tú estás aquí con nosotros, nunca tú nos dejarás;
porque tú eres viva llama que jamás se apagará.
Ya la muerte conquistaste destruyendo su poder;
es tu pueblo quien te alaba, Dios de gloria y de poder.

Texto: Frederick W. Meuser; trad. Ángel Mattos
Música: Ludwig van Beethoven
Texto © 1998 Augsburg Fortress

348 Suenen campanas, suenen tambores

1. Suenen campanas, suenen tambores, suenen guitarras y hosannas a Dios. Renace el día, surge la luz; cantemos, hermanos, un himno a Jesús.

Estribillo
¡Porque Cristo resucitó!

1 Suenen campanas, suenen tambores,
   suenen guitarras y hosannas a Dios.
   Renace el día, surge la luz;
   cantemos, hermanos, un himno a Jesús.

   Estribillo
   ¡Porque Cristo resucitó!
   ¡Porque Cristo resucitó!
   ¡Porque Cristo resucitó!

2 Canta el ave, brinca el ganado;
   toda tristeza ya es del pasado.
   Hoy la alegría inunda a la gente,
   del niño al más grande, del rico al más pobre. *Estribillo*

3 La vida nueva irrumpe en el mundo;
   hay en las cosas un cambio profundo.
   Pascua de Cristo, resurrección,
   abre el paso a la vida de Dios. *Estribillo*

4 Desde hoy la muerte ha sido vencida,
   y es nuestra fe un canto a la vida.
   Suenen campanas, suenen tambores,
   suenen guitarras y hosannas a Dios. *Estribillo*

Texto: Osvaldo Catena
Música: Miguel Bertolino
Texto © Editorial Bonum; música con permiso de Seminario Bíblico Latinoamericano

A los tres días

1 A los tres días, resucitó.
   A Magdalena se apareció.
   "Dinos, María: ¿Qué has visto tú?"
   "He visto vivo a Cristo Jesús."

   Estribillo
   Éste es el día que hizo el Señor.
   Éste es el día en que Cristo triunfó.
   Canten los pueblos, aleluya;
   es nuestra Pascua, aleluya.

2 Fiera batalla hoy se libró;
   cayó el pecado, venció el amor.
   Cristo glorioso resucitó.
   De vida y muerte es el Señor. *Estribillo*

3 Hacia el sepulcro van Pedro y Juan.
   Está vacío. ¿Él dónde está?
   Resucitado, como anunció.
   A todos juntos se apareció. *Estribillo*

Texto: Bernard Kyamanywa; trad. José Burgos
Música: tradicional de Tanzania
Texto en español © 1979 José Burgos y Ediciones Musical PAX, admin. OCP Publications

Dios nos envió a su Hijo

350

Porque él vive

1 Dios nos en-vió a su Hi-jo, Cris-to;
él es sa-lud, paz y per-dón.
Vi-vió y mu-rió por mi pe-ca-do;
va-cí-a es-tá la tum-ba por-que él triun-fó.

Estribillo

Por-que él vi-ve triun-fa-ré ma-ña-na,
por-que él vi-ve ya no hay te-mor;
por-que yo sé que el fu-tu-ro es su-yo,
la vi-da va-le más y más só-lo por él.

1 Dios nos envió a su Hijo, Cristo;
  él es salud, paz y perdón.
  Vivió y murió por mi pecado;
  vacía está la tumba porque él triunfó.

  Estribillo
  Porque él vive triunfaré mañana,
  porque él vive ya no hay temor;
  porque yo sé que el futuro es suyo,
  la vida vale más y más sólo por él.

2 Grato es tener a un tierno niño;
  tocar su piel gozo nos da;
  pero es mejor la dulce calma
  que Cristo el rey nos puede dar, pues vivo está.
  Estribillo

3 Yo sé que un día el río cruzaré,
  con el dolor batallaré;
  y al ver la vida triunfando invicta,
  veré gloriosas luces y veré al rey.
  Estribillo

Texto: William J. Gaither y Gloria Gaither; trad. S. D. Gullen
Música: William J. Gaither
Texto y música © 1971 Gaither Copyright Management

Día de alegría *La paz de la Pascua* 351

1 ¡Día, día, día
  de alegría y de resurrección!
  ¡Vida, vida, vida!
  El Señor con fuerza se paró.

  Estribillo
  Paz con ustedes sea del Señor;
  paz con ustedes, de mi redentor.
  Paz con ustedes sea del Señor;
  paz con ustedes, de mi redentor.

2 ¡Oye, oye, oye!
  A nosotros nos llama Jesús.
  Respondamos fuerte
  que vamos a tomar nuestra cruz. *Estribillo*

3 Bienaventurado
  todo el que sin verlo ya creyó.
  Bienaventurado
  el que sin mirarlo percibió. *Estribillo*

se paró = se levantó

Texto: Ricardo Pietrantonio
Música: Ricardo Pietrantonio
Texto y música © Ricardo Pietrantonio

352 ¡Aleluya! Resucitó ya Cristo

¡A - le - lu - ya, a - le - lu - ya, a - le - lu - ya!

1 Re - su - ci - tó ya Cris - to_el Se - ñor, de_in - fier - no_y

muer - te ya_es ven - ce - dor: sue - nen pues him - nos

en su lo - or. ¡A - le - lu - ya!

¡A - le - lu - ya, a - le - lu - ya, a - le - lu - ya!

¡Aleluya, aleluya, aleluya!

1 Resucitó ya Cristo el Señor,
de infierno y muerte ya es vencedor:
suenen pues himnos en su loor.
¡Aleluya!

2 Cristo muriendo salva a Israel;
vive y da vida a su pueblo fiel;
y nuestra dicha está sólo en él.
¡Aleluya!

3 Son sus heridas nuestra salud;
y confirmados por su virtud
siempre andaremos en rectitud.
¡Aleluya!

4 Nuestro rescate Cristo pagó;
franca la puerta del cielo abrió;
su gracia libre nos concedió.
¡Aleluya!

5 Suenen pues himnos en su loor,
y celebremos su inmenso amor:
Cristo ha triunfado. ¡Gloria al Señor!
¡Aleluya!

¡Aleluya, aleluya, aleluya!

Texto: *Symphonia Sirenum*, Köln, 1695; trad. Juan Bautista Cabrera
Música: Giovanni Pierluigi da Palestrina, adap.

Hoy celebramos con gozo

Cristo vive

1 Hoy ce-le-bra-mos con go-zo   al Dios to-do-po-de-ro-so,

al cre-a-dor de la tie-rra   y da-dor de to-do bien;

al que vi-no has-ta no-so-tros   y mu-rió en u-na cruz,

que ha ven-ci-do a las ti-nie-blas   y a la muer-te des-tru-yó.

Estribillo

¡Cris-to vi-ve! Ce-le-bre-mos   y es-pe-re-mos su gran

don;   San-to Es-pí-ri-tu di-vi-no,   ven a nues-tro co-ra-zón.

---

1 Hoy celebramos con gozo
al Dios todopoderoso,
al creador de la tierra
y dador de todo bien;
al que vino hasta nosotros
y murió en una cruz,
que ha vencido a las tinieblas
y a la muerte destruyó.

Estribillo
¡Cristo vive! Celebremos
y esperemos su gran don;
Santo Espíritu divino,
ven a nuestro corazón.

2 Hoy celebramos festivos
al Dios de la salvación
que da vida y esperanza
y se goza en el perdón.
Con palmas y con panderos
entonamos la canción;
celebrando al Dios viviente
danza nuestro corazón. *Estribillo*

3 Hoy acudimos, hermanos,
a esta fiesta del amor;
hemos sido convocados
por el Padre celestial.
Hoy celebramos unidos
este día del Señor.
Estrechándonos las manos,
somos hijos del Señor. *Estribillo*

Texto: Mortimer Arias
Música: Antonio Auza
Texto © Mortimer Arias; música © la herencia de Antonio Auza

354

Amor es vida

1 Amor es vida, vida es alegría;
   quien nunca amó vivió sin ilusión.
   Alegres cantan sus melodías
   las ansiedades del corazón.
   Alegres cantan sus melodías
   las ansiedades del corazón.

Estribillo
Alegre estoy, cantando voy,
este es el día que hizo el Señor.
Alegre estoy, cantando voy,
este es el día que hizo el Señor.

2 Cuando recuerdo aquel amor divino,
   que siendo Dios, al suelo descendió:
   mi alma canta, mi alma goza,
   porque la vida me dio el Señor;
   mi alma canta, mi alma goza,
   porque la vida me dio el Señor. *Estribillo*

3 Yo soy feliz por cada día nuevo,
   por la ilusión de ver amanecer,
   por las estrellas y por el cielo,
   por la alegría de renacer;
   por las estrellas y por el cielo,
   por la alegría de renacer. *Estribillo*

4 Por los caminos áridos del mundo,
   busco la huella de un amor feliz;
   soy peregrino, soy vagabundo,
   un cielo eterno brilla hoy en mí;
   soy peregrino, soy vagabundo,
   un cielo eterno brilla hoy en mí. *Estribillo*

Texto: Martín V. Barajas
Música: Martín V. Barajas
Texto y música © 1980 Martín Verde Barajas y San Pablo Internacional—SSP, admin. OCP Publications

El Señor resucitó   355

1 El Señor resucitó, ¡Aleluya!
   muerte y tumba ya venció, ¡Aleluya!
   con su fuerza y su virtud, ¡Aleluya!
   cautivó la esclavitud. ¡Aleluya!

2 El que al polvo se humilló, ¡Aleluya!
   con poder se levantó; ¡Aleluya!
   y a su eterna majestad, ¡Aleluya!
   cantará la cristiandad: ¡Aleluya!

3 Y el que tanto así sufrió, ¡Aleluya!
   y en desolación se vio, ¡Aleluya!
   hoy en gloria celestial, ¡Aleluya!
   reina vivo e inmortal. ¡Aleluya!

4 Quien así su vida dio, ¡Aleluya!
   quien así nos redimió, ¡Aleluya!
   es la víctima pascual, ¡Aleluya!
   que remedia nuestro mal. ¡Aleluya!

5 Jesús, nuestro Salvador, ¡Aleluya!
   de la muerte vencedor, ¡Aleluya!
   en ti haznos esperar, ¡Aleluya!
   y cantemos sin cesar: ¡Aleluya!

Texto: himno latino; trad. Juan Bautista Cabrera
Música: *Lyra Davidica*, 1708

356

Se ha levantado Cristo

1 Se_ha le - van - ta - do Cris - to del mar - ti - rio; go - zo - sos pro - cla - ma - mos: Cris - to_es nues - tro_am - pa - ro. Ký - ri - e, e - léi - son.

2 Nos ha li - bra - do de con - de - na jus - ta; y hoy por su vic - to - ria dá - mos - le la glo - ria. Ký - ri - e, e - léi - son.

3 ¡A - le - lu - ya, a - le - lu - ya, a - le - lu - ya! Go - zo - sos pro - cla - ma - mos: Cris - to_es nues - tro_am - pa - ro. Ký - ri - e, e - léi - son.

1 Se ha levantado Cristo del martirio;
  gozosos proclamamos: Cristo es nuestro amparo.
  Kýrie, eléison.

2 Nos ha librado de condena justa;
  y hoy por su victoria dámosle la gloria.
  Kýrie, eléison.

3 ¡Aleluya, aleluya, aleluya!
  Gozosos proclamamos: Cristo es nuestro amparo.
  Kýrie, eléison.

Texto: himno de Alemania; trad. A. Scottin, J. A. Scottin y Roberto E. Rios
Música: J. Klug, *Geistliche Lieder*, 1533

Brota ya el retoño   357

1 Brota ya el retoño en el seco erial;
  la semilla en tierra vuelve a germinar;
  nace a la luz de plena oscuridad.
  Vuelve ya el amor cual primavera en flor.

2 En oscura tumba vino a descansar;
  nunca imaginaron que iba a despertar.
  ¡Más él venció la muerte con poder!
  Vuelve ya el amor cual primavera en flor.

3 Bella la mañana cuando revivió
  él que por tres dias las tinieblas vió.
  Vino Jesús la muerte a conquistar.
  Vuelve ya el amor cual primavera en flor.

4 Si en los corazones hay pena y dolor,
  basta su caricia para dar calor.
  Perfecta paz tan sólo él puede dar.
  Vuelve ya el amor cual primavera en flor.

Texto: John M. C. Crum; trad. Skinner Chávez-Melo
Música: villancico de Francia
Texto en español © Skinner Chávez-Melo, admin. Juan Francisco Chávez

358

Al Cristo vivo sirvo

Capó 1

1 Al Cris-to vi-vo sir-vo pues en el mun-do_es-tá: aun-
que_o-tros le ne-ga-ren yo sé que_él vi-ve ya. Su
ma-no tier-na ve-o, su voz con-sue-lo da, y
cuan-do yo le lla-mo muy cer-ca_es-tá.

Estribillo
Él vi-ve, él vi-ve, hoy vi-ve_el Sal-va-dor, con-
mi-go_es-tá_y me guar-da-rá mi_a-man-te re-den-tor. Él
vi-ve, él vi-ve, im-par-te sal-va-ción. Sé
que_él vi-vien-do_es-tá, por-que vi-ve_en mi co-ra-zón.

1 Al Cristo vivo sirvo pues en el mundo está:
aunque otros le negaren yo sé que él vive ya.
Su mano tierna veo, su voz consuelo da,
y cuando yo le llamo muy cerca está.

Estribillo
Él vive, él vive, hoy vive el Salvador;
conmigo está y me guardará mi amante redentor.
Él vive, él vive, imparte salvación.
Sé que él viviendo está, porque vive en mi corazón.

2 En todo el mundo siempre contemplo su amor,
y al sentirme triste consuélame el Señor.
Seguro estoy que Cristo mi vida guía ya,
y que otra vez al mundo regresará. *Estribillo*

3 Gozaos, oh cristianos, hoy himnos entonad:
eternas aleluyas a Cristo el rey cantad.
Ayuda y esperanza es del mundo pecador,
no hay otro tan amante como el Señor. *Estribillo*

Texto: Alfred H. Ackley; trad. George P. Simmonds
Música: Alfred H. Ackley
Texto en español © 1967 The Rodeheaver Co. (div. de Word, Inc.); música © 1953 Homer Rodeheaver, ren. 1961

Tuyo es el reino 359

Tu-yo es el rei-no, tu-yo el po-der, tu-ya la glo-ria y siem-pre ha de ser, siem-pre ha de ser, siem-pre ha de ser.

Tu-yo es el rei-no, el po-der y la glo-ria y siem-pre ha de ser. A-mén

Tuyo es el reino, tuyo el poder, tuya la gloria y siempre ha de ser,
siempre ha de ser, siempre ha de ser.
Tuyo es el reino, el poder y la gloria y siempre ha de ser. Amén

Texto: del Padrenuestro
Música: Pablo Sosa
Música © Pablo Sosa

360

Cristo ha vencido a la muerte

1 Cristo ha vencido a la muerte,
   no morirá nunca más;
   ha restaurado la vida,
   ha rescatado la paz.

   Estribillo
   El Señor resucitó, aleluya.
   En su vida está la luz, aleluya.
   El Señor nos rescató, aleluya.
   Somos pueblo del Señor, aleluya.

2 El hombre viejo ha muerto
   junto a la cruz de Jesús:
   brilla de nuevo la vida;
   nace radiante la luz. *Estribillo*

3 Él volverá con su gloria.
   lleno de luz y esplendor.
   Todos seremos testigos:
   sólo Jesús es Señor. *Estribillo*

Texto: Emilio Vicente Mateu
Música: Emilio Vicente Mateu
Texto y música © 1980 Emilio Mateu y Ediciones Musical PAX, admin. OCP Publications

¡Aleluya! Cristo resucitó

Estribillo

Estribillo
¡Aleluya! Cristo resucitó
de madrugada el domingo.

1 Fueron mujeres al sepulcro.
 La piedra, un ángel removió;
 les dijo: "Ha resucitado."
 Y al irse, les salió el Señor. *Estribillo*

2 La Magdalena fue a llorarlo
 y Cristo se le apareció;
 le pidió ir a sus hermanos
 con un encargo que le dio. *Estribillo*

3 A los discipulos, de tarde,
 Cristo también se presentó.
 Les enseñó las cinco heridas;
 dando la paz los saludó. *Estribillo*

4 Tomás no estaba en ese encuentro;
 y ver, pidió, para creer.
 Cristo volvió, le dijo: "Mira,
 palpa mi herida y ten fe." *Estribillo*

Texto: Luis Bojos
Música: Luis Bojos
Texto y música © Luis Bojos, permiso solicitado

¿Qué venías conversando?

El peregrino de Emaús

362

1 "¿Qué ve - ní - as con - ver - san - do?" me di - jis - te, buen a - mi - go, y me de - tu - ve a - som - bra - do a la ve - ra del ca - mi - no. "¿No sa - bes lo que ha pa - sa - do a - yer en Je - ru - sa - lén, de Je - sús de Na - za - ret, a quien cla - va - ron en cruz? Por e - so me vuel - vo tris - te a mi al - de - a de E - ma - ús."

Estribillo

Por el ca - mi - no de E - ma - ús un pe - re - gri - no i - ba con - mi - go. No lo co - no - cí al ca - mi - nar; a - ho - ra sí, al com - par - tir el pan.

1   "¿Qué venías conversando?" me dijiste, buen amigo,
    y me detuve asombrado a la vera del camino.
    "¿No sabes lo que ha pasado ayer en Jerusalén,
    de Jesús de Nazaret, a quien clavaron en cruz?
    Por eso me vuelvo triste a mi aldea de Emaús."

    Estribillo
    Por el camino de Emaús un peregrino iba conmigo.
    No lo conocí al caminar; ahora sí, al compartir el pan.

2   "Van tres días que se ha muerto y se acaba mi esperanza;
    dicen que algunas mujeres al sepulcro fueron de alba;
    me dijeron que algunos otros hoy también allá buscaron;
    mas se acaba mi confianza. No encontraron a Jesús,
    por eso me vuelvo triste a mi aldea de Emaús." *Estribillo*

3   "¡Qué tardíos corazones! ¡Qué ignorancia de los profetas!
    En la ley ya se anunció que el Mesías padeciera,
    y por llegar a la gloria escogiera la aflicción."
    En la tarde de aquél día, yo sentí que con Jesús
    nuestro corazón ardía a la vista de Emaús. *Estribillo*

4   Hizo señas de seguir más allá de nuestra aldea;
    ya la luz del sol poniente pareció que se muriera.
    "Quédate, forastero. Ponte a la mesa y bendice."
    Y al destello de tu luz, en la bendición del pan,
    mis ojos conocerán al amigo de Emaús. *Estribillo*

1   *As I walked home to Emmaus, you, dear stranger, asked in passing:*
    "What is this I hear you saying?" And I paused right there, astounded:
    "Why, haven't you heard what has happened to Jesus of Nazareth,
    how they nailed him to a cross outside the city wall?
    And so I'm returning sadly to Emmaus and my home."

    Refrain
    When on the Emmaus road that day there came a stranger walking beside me.
    I did not remember who he was; but now I see, as he breaks bread with me.

2   *"Now three days have passed already, and my hope has all but vanished.*
    It is said there were some women who went out at dawn to seek him;
    and they tell me that others were hopeful of finding him in the tomb.
    But my confidence is waning: they all searched for him in vain.
    And so I'm returning sadly to Emmaus and my home." Refrain

3   *"Oh, you slow of heart and reason, why do you ignore the prophets?*
    In the law we have it written: 'The Messiah comes to suffer,
    and so to fulfill God's intention he would have to suffer death.'"
    On that quiet walk with Jesus, as daylight turned to dusk,
    our spirits were burning in us as we pondered what he said. Refrain

4   *He made signs he would continue well beyond our humble village.*
    In the length'ning evening shadows it appeared the day was over.
    "Good friend, stay with us, bless our table, and share with us food and rest."
    In the brightness of your light and the blessing of the bread
    my eyes will perceive the true friend of the Emmaus road that day. Refrain

Texto: Los Perales, Rafael Jiménez; trad. Gerhard Cartford
Música: *Misa panamericana*
Texto en inglés © 1998 Augsburg Fortress

Canten, canten himnos a Dios
Clap your hands, all you people

363

Estribillo

[L] ¡Can - ten, can - ten him - nos a Dios!
Clap your hands, all you peo - ple, and sing.

[C] ¡Can - ten, can - ten him - nos a nues - tro rey!
Clap your hands, all you peo - ple, and sing to God.

[L] ¡Dios, el Se - ñor, ha su - bi - do a su tro - no!
God has gone up with a shout . . . of tri - umph.

[C] ¡Dios, el Se - ñor, ha su - bi - do a su tro - no! ¡A - le - lu - ya!
God has gone up with a shout . . of tri - umph, al - le - lu - ia!

[L] ¡En - tre gri - tos de a - le - grí - a y to - ques
Sound the ram's horn and be joy - ful, for God reigns

de trom - pe - ta! ¡Can - ten, can - ten him - nos a Dios!
o - ver all. Clap, clap your hands, all you peo - ple, and sing.

[C] ¡Can - ten, can - ten him - nos a nues - tro rey!
Clap your hands, all you peo - ple, and sing to God.

[L] ¡A - le - lu - ya! [C] ¡A - le - lu - ya,
Al - le - lu - ia! Al - le - lu - ia,

a - le - lu - ya!
al - le - lu - ia!

Entonación para cantar el salmo

Versos

L Aplaudan, pueblos todos;
aclamen a Dios con gritos de alegría;
**C porque el Señor, el Altísmo, es terrible,
es el gran rey de toda la tierra;**

L destrozó pueblos y naciones,
y los sometió a nuestro yugo.
**C Nos ha escogido
nuestra herencia,
que es orgullo de Jacob, a quien amó.**

L Dios, el Señor, ha subido a su trono
entre gritos de alegría y toques
de trompeta.
**C Canten, canten himnos a Dios:
canten, canten himnos a nuestro rey.**
Estribillo

L Canten un poema a Dios,
porque es el rey de toda la tierra.
**C Dios es el rey de las naciones;
Dios está sentado en su santo trono.**

L La gente importante
de las naciones
se unen al pueblo del Dios de Abraham,
**C pues de Dios son los poderes del mundo:
Dios está por encima de todo.**
Estribillo

Verses

L *Clap your hands, all you peoples;
shout to God with a cry of joy.*
**C *For the Lord Most High is to be feared,
the great king over all the earth.***

L *The Lord subdues the peoples under us,
and the nations under our feet.*
**C *The Lord chooses
our inheritance for us,
the pride of Jacob whom God loves.***

L *God has gone up with a shout,
the Lord with the sound
of the ram's horn.*
**C *Sing praises to God, sing praises;
sing praises to our king, sing praises.***
Refrain

L *For God is king of all the earth;
sing praises with all your skill.*
**C *God reigns over the nations;
God sits enthroned in holy splendor.***

L *The nobles of the peoples
have gathered together
with the people of the God of Abraham.*
**C *The rulers of the earth belong to God,
and God is highly exalted.***
Refrain

Texto: Salmo 47; texto en inglés *Book of Common Prayer*; estrib. Gerhard Cartford
Música: Gerhard Cartford
Texto de estribillo y música © 1998 Augsburg Fortress

364 Aleluya, es la fiesta del Señor

Estribillo
Aleluya, aleluya, es la fiesta del Señor.
Aleluya, aleluya, el Señor resucitó.
Aleluya, aleluya, es la fiesta del Señor.
Aleluya, aleluya, el Señor resucitó.

1 Ya no hay miedo, ya no hay muerte;
ya no hay penas que llorar;
porque Cristo sigue vivo,
la esperanza abierta está. *Estribillo*

2 Cuando alguien a tu lado
ya no sabe caminar,
no le dejes de la mano,
dale tu felicidad. *Estribillo*

3 Cuando alguien te pregunte
dónde está la libertad,
que en tus obras él descubra
que Jesús es quien la da. *Estribillo*

Texto: Carmelo Erdozain
Música: Carmelo Erdozain
Texto y música © 1979 Carmelo Erdozain, admin. OCP Publications

Envía, Señor, tu Espíritu

365

Estribillo Sol — Re⁷ — Sol

En - ví - a, Se - ñor, tu Es - pí - ri - tu, que re -

Do — la m — Re⁷ — Sol — *Fin*

nue - ve nues - tros co - ra - zo - nes.

Estrofas Sol — Do — Sol

1 En - ví - a - nos, Se - ñor, tu luz y tu ca - lor, que a -

la m — La⁷ — Re⁷

lum - bre nues - tros pa - sos, que en - cien - da nues - tro a - mor. En -

Sol — la m — Re⁷

ví - a - nos tu Es - pí - ri - tu, y un ra - yo de tu luz; en -

Sol — Do — Sol/Re — la m — Re⁷ — Sol — *Estribillo*

cien - da nues - tras vi - das en lla - mas de vir - tud.

Estribillo
Envía, Señor, tu Espíritu,
que renueve nuestros corazones.

1 Envíanos, Señor, tu luz y tu calor,
    que alumbre nuestros pasos, que encienda nuestro amor.
    Envíanos tu Espíritu, y un rayo de tu luz;
    encienda nuestras vidas en llamas de virtud. *Estribillo*

2 Envíanos, Señor, tu fuerza y tu valor,
    que libre nuestros miedos, que anime nuestro ardor;
    envíanos tu Espíritu, impulso creador,
    que infunda en nuestras vidas la fuerza de tu amor. *Estribillo*

3 Envíanos, Señor, la luz de tu verdad,
    que alumbre tantas sombras de nuestro caminar.
    Envíanos tu Espíritu, su don renovador
    engendre nueva gente con nuevo corazón. *Estribillo*

Texto: Joaquín Madurga
Música: Joaquín Madurga
Texto y música © 1979 J. Madurga y San Pablo Internacional—SSP, admin. OCP Publications

366

Santo Espíritu, excelsa paloma

1 Santo Espíritu, excelsa paloma
   inmutable ser del trino Dios;
   mensajero de paz que procedes del Padre,
   hoy consuélanos con suave voz.
   Tu vivífico aroma anhelamos;
   con él llena tu templo, tu altar;
   que la sombra feliz de tus alas de gracia
   nos cobije, oh Amigo sin par.

2 Santo Espíritu, fuego celeste,
   que en el día de Pentecostés,
   cual la nube de gloria bajaste a la iglesia,
   como al templo de Sión otra vez.
   Para el nuevo cristiano eres sello,
   cada uno recibe tu don.
   Todo hijo de Dios elegido es y goza
   ya las arras de tu salvación.

3 Santo Espíritu, aceite bendito,
  fiel producto del verde olivar;
  luminaria y calor en la tienda sagrada
  donde Aarón se acercaba a adorar.
  Agua viva y regeneradora,
  santifícanos contra el mal;
  somos uno en Jesús los creyentes del mundo
  por tu santo lavar bautismal.

4 Santo Espíritu, viento potente,
  fuente y fuerza de paz y de amor;
  Paracleto veraz que ante el trono del Justo
  nuestra causa abogáis con ardor.
  Sé la luz que ilumine la Biblia,
  nuestros pies dirige al caminar.
  Hoy rendimos a ti nuestras almas ansiosas;
  sólo ungidos podremos triunfar.

Texto: Felipe Blycker J.
Música: Felipe Blycker J.
Texto y música © 1977 Philip W. Blycker

Oh ven, Espíritu Creador

367

1 Oh ven, Es - pí - ri - tu Crea - dor,
vi - si - ta nues - tro co - ra - zón.
Tú lo cre - as - te: llé - na - lo
del fue - go de tu san - to a - mor.

1 Oh ven, Espíritu Creador,
  visita nuestro corazón.
  Tú lo creaste, llénalo
  del fuego de tu santo amor.

2 Auxiliador benéfico,
  supremo don de nuestro Dios,
  raudal de luz purísima,
  y espiritual consolación,

3 tus santos dones místicos
  son rayos del eterno sol.
  Los labios mueva, férvidos,
  tu celestial inspiración.

4 Tu gracia encienda, pródiga
  en los sentidos su fulgor;
  florezca en santos ímpetus:
  infunda al cuerpo su vigor.

5 Defiéndenos del pérfido
  que busca nuestra perdición,
  hallemos paz dulcísima
  en ti, divino protector.

6 A Dios el Padre, muéstranos,
  y al Hijo, eterno Redentor;
  con ellos, Santo Espíritu,
  recibe nuestra adoración.

Texto: atrib. Rhabanus Maurus; trad. *Cantos Sagrados*
Música: *Methodist Harmonist*, 1821

Soplo de Dios

368

O living Breath of God

1 So-plo de Dios vi-vien-te que en el prin-ci-pio cu-bris-te el a - gua,
1 O liv-ing Breath of God, wind up-on the wa-ters at the be-gin-ning;

So-plo de Dios vi-vien-te que fe-cun-das-te la cre-a-ción:
O liv-ing Breath of God, bear-ing the cre-a-tion to won-drous birth:

Estribillo

Ven hoy a nues-tras al-mas, in-fún-de-nos tus do-nes;
Come now, and fill our spir-its; pour out your gifts a-bun-dant.

So-plo de Dios vi-vien-te, oh San-to Es-pí-ri-tu del Se-ñor.
O liv-ing Breath of God, Ho-ly Spir-it, breathe in us as we pray.

1 Soplo de Dios viviente
que en el principio cubriste el agua,
Soplo de Dios viviente
que fecundaste la creación:

Estribillo
Ven hoy a nuestras almas,
infúndenos tus dones;
Soplo de Dios viviente,
oh Santo Espíritu del Señor.

2 Soplo de Dios viviente
por quien el Hijo se hizo hombre,
Soplo de Dios viviente
que renovaste la creación:
Estribillo

3 Soplo de Dios viviente
por quien nacemos en el bautismo,
Soplo de Dios viviente
que consagraste la creación:
Estribillo

1 O living Breath of God,
wind upon the waters at the beginning;
O living Breath of God,
bearing the creation to wondrous birth:

Refrain
Come now, and fill our spirits;
pour out your gifts abundant.
O living Breath of God,
Holy Spirit, breathe in us as we pray.

2 O living Breath of God,
by whose pow'r the Son came to birth among us;
O living Breath of God,
who to the creation gives life anew:
Refrain

3 O living Breath of God,
bearing us to life through baptismal waters;
O living Breath of God,
sighing with creation for freedom's birth:
Refrain

Texto: Osvaldo Catena, trad. Gerhard Cartford
Música: tradicional de Suecia
Texto en español © 1979 Editorial Bonum; texto en inglés © 1998 Augsburg Fortress

En un aposento alto

369

Capó 3

1 En un a-po-sen-to al - to, con u - ná - ni-me fer - vor,
cien-to vein-te es-pe-ra - ban la pro-me - sa del Se - ñor.
Con es-truen - do de los cie - los des-cen -
dió la gran vir - tud; to-dos fue - ron in-spi -
ra - dos por el fiel Con - so-la - dor.

1 En un aposento alto, con unánime fervor,
   ciento veinte esperaban la promesa del Señor.
   Con estruendo de los cielos descendió la gran virtud;
   todos fueron inspirados por el fiel Consolador.

2 Este gran poder antiguo es del fiel celeste don;
   prometido a los creyentes de humilde corazón.
   Dios está restituyendo este gran Pentecostés
   y el Espíritu sus dones nos reparte otra vez.

3 En un aposento alto, con unánime fervor,
   ciento veinte esperaban la promesa del Señor.

Texto: H. W. Cragin
Música: Roberto Milano, alt.
Música © Abingdon Press, admin. Copyright Company

Santo Espíritu, plenitud pascual
Holy Spirit, our font of love

Estribillo

Santo Espíritu, plenitud pascual,
Holy Spirit, our . . . font of love,

alma de la iglesia, fuego celestial.
fill our souls with fire, . . . sent from heav'n above.

Santo Espíritu, desciende otra vez; ven a re-
Holy Spirit, fill us once again; in our hearts

Última vez al Coda

-novarnos que necesitamos un Pentecostés.
enkindle ev-'ry high desire for a new Pentecost.

Estrofas

1 Ven, Santo Espíritu, ven a transformarlo todo,
ven, Santo Espíritu, nuevo espacio y nuevo tiempo,
ven, Santo Espíritu, ven para que renazcamos,
ven, Santo Espíritu, y que seas para todos,

ven, Santo Espíritu, con el soplo de tu amor;
ven, Santo Espíritu, de una nueva creación;
ven, Santo Espíritu, por tu amor a la verdad;
ven, Santo Espíritu, cotidiana Navidad.

Ven, Santo Espíritu. Ven, Santo Espíritu.

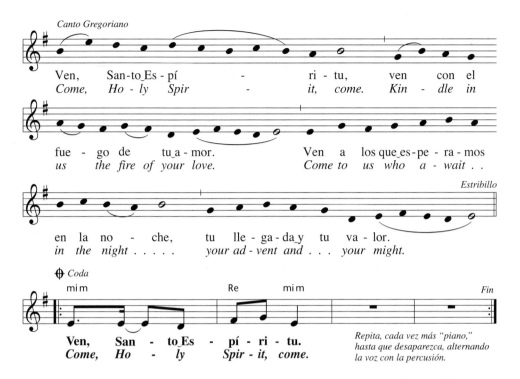

Canto Gregoriano

Ven, San-to Es - pí - ri - tu, ven con el
Come, Ho - ly Spir - it, come. Kin - dle in

fue - go de tu a - mor. Ven a los que es - pe - ra - mos
us the fire of your love. Come to us who a - wait . .

Estribillo

en la no - che, tu lle - ga - da y tu va - lor.
in the night . . . . . your ad - vent and . . . your might.

Coda

mi m Re mi m *Fin*

Ven, San - to Es - pí - ri - tu.
Come, Ho - ly Spir - it, come.

*Repita, cada vez más "piano,"
hasta que desaparezca, alternando
la voz con la percusión.*

Estrofa 2
Ven, Santo Espíritu,
. . . que tu sabia se haga vida,
. . . que tu lluvia se haga pan;
. . . que se encarne en cada uno,
. . . el amor por los demás;
. . . ven a revivir los muertos,
. . . con la hoguera de tu don;
. . . y que en nuestras almas ardan,
. . . fuegos de resurrección.

Ven, Santo Espíritu. Ven, Santo Espíritu.

Estrofa 3 (se puede omitir)
Come, Holy Spirit, come,
. . . liberate us from this darkness,
. . . light the way with truth divine;
. . . give us strength to spread the good news,
. . . sowing seeds of righteousness;
. . . give us your empow'ring wisdom,
. . . resurrect our weakened faith;
. . . may our hearts burn with desire,
. . . to bring peace to humankind.

Come, Holy Spirit, come. Come, Holy Spirit, come.

Texto: Roger Hernández, trad. María Pérez-Rudisill
Música: Roger Hernández
Texto y música © 1993 GIA Publications, Inc.

371

¡Santo, santo, santo!

1 ¡San-to, san-to, san - to! Se - ñor om-ni-po-ten-te,

siem-pre_el la - bio mí - o lo - o - res te da-rá.

¡San - to, san - to, san - to! te_a - do - ro re - ve - ren - te,

Dios en tres per - so - nas, ben - di - ta Tri - ni - dad.

1 ¡Santo, santo, santo! Señor omnipotente,
   siempre el labio mío loores te dará.
   ¡Santo, santo, santo! te adoro reverente,
   Dios en tres personas, bendita Trinidad.

2 ¡Santo, santo, santo! En numeroso coro
   santos escogidos te adoran con fervor;
   de alegría llenos, y sus coronas de oro
   rinden ante el trono glorioso del Señor.

3 ¡Santo, santo, santo! La inmensa muchedumbre
   de ángeles que cumplen tu santa voluntad,
   ante ti se postra, bañada con tu lumbre,
   ante ti que has sido, que eres y serás.

4 ¡Santo, santo, santo! Por más que estés velado
   e imposible sea tu gloria contemplar;
   santo tú eres sólo, y nada hay a tu lado
   en poder perfecto, pureza y caridad.

5 ¡Santo, santo, santo! La gloria de tu nombre
   vemos en tus obras en cielo, tierra y mar.
   ¡Santo, santo, santo! La humanidad te honre,
   Dios en tres personas, bendita Trinidad.

Texto: Reginald Heber; trad. Juan Bautista Cabrera
Música: John B. Dykes

A Dios dad gracias

1 A Dios dad gra-cias, dad ho-nor y glo-ria_en las al - tu - ras; pues,

sa-bio_y gran-de pro - tec-tor, ben - di - ce_a sus cria - tu - ras; con

fuer - te_y bue - na vo - lun - tad re - me - dia la ne -

ce - si - dad y_a - li - via las tris - tu - ras.

1 A Dios dad gracias, dad honor
y gloria en las alturas;
pues, sabio y grande protector,
bendice a sus criaturas;
con fuerte y buena voluntad
remedia la necesidad
y alivia las tristuras.

2 Te damos gracias y loor,
Señor, por tu clemencia;
porque es sin límites tu amor,
sin fin tu omnipotencia;
tu voluntad se ha de cumplir:
enséñanos a bendecir
tu sabia providencia.

3 Oh Jesucristo, Salvador
de los que están perdidos,
del Padre tú eres resplandor,
luz de los redimidos.
Cordero santo, don de Dios,
en nuestra muerte ampáranos
y salva a tus ungidos.

4 Oh Santo Espíritu de Dios,
con tu eficaz consuelo
en dura lid defiéndenos,
cual padre al pequeñuelo.
Por la pasión y amarga cruz
de Cristo, nuestro bien y luz,
elévanos al cielo.

Texto: Nikolaus Decius; trad. Federico Fliedner
Música: adap. Nikolaus Decius

373

¿Quién eres tú?

Texto: Cesáreo Gabarain
Música: Cesáreo Gabarain
Texto y música © 1977 Cesáreo Gabarain, admin. OCP Publications

Estribillo
¿Quién eres tú, quién eres tú?
Quiero saber, Jesús, quién eres tú.
¿Eres un Dios, eres un hombre?
Quiero saber, Jesús, quién eres tú.

1 Eres el Verbo y un niño que no habla;
   vives oculto y eres tú la luz.
   Eres eterno y naces de una madre;
   eres la vida y mueres en la cruz.
   Estribillo

2 Eres el cielo y vienes a la tierra;
   eres la fuerza y te vistes de humildad.
   Tú que eres grande y has hecho cuanto existe
   vienes buscando mi ayuda y mi amistad.
   Estribillo

3 Eres inmenso y cabes en la cuna;
   eres presencia de un Dios que se acercó.
   Eres misterio y quieres que te toque;
   eres la gloria y sufres como yo.
   Estribillo

El Dios de inmensa majestad

374

1 El Dios de in - men - sa ma - jes - tad, a quien a -
do - ra to - do ser, hu - mil - de des - cen -
dió_a mo - rar en la más pu - ra_y fiel mu - jer;
hu - mil - de des - cen - dió a mo - rar
en la más pu - ra_y fiel mu - jer.

1 El Dios de inmensa majestad,
   a quien adora todo ser,
   humilde descendió a morar
   en la más pura y fiel mujer;
   humilde descendió a morar
   en la más pura y fiel mujer.

2 El Dios a quien la luna y sol
   le sirven siempre, sin cesar,
   por obra del Consolador
   tomó en María lo mortal;
   por obra del Consolador
   tomó en María lo mortal.

3 Es ella, pues, la más feliz,
   en cuyo seno Dios moró,
   y de ella quiso substituir
   quien es del pan el Creador;
   y de ella quiso substituir
   quien es del pan el Creador.

4 Bendita el ángel la llamó,
   bendita más por su virtud,
   bendita sea, pues, nos dio
   a Cristo, nuestra vida y luz;
   bendita sea, pues, nos dio
   a Cristo, nuestra vida y luz.

Texto: Lorenzo Álvarez
Música: Santos Dávila
Música © 1997 Santos Dávila

375 El ángel del cielo anunció a María

1 El án - gel del cie - lo a - nun - ció a Ma - rí -
a que Dios la es - co - gí - a. To - da la
tie - rra ca - lla - ba por - que_un li - rio flo - re - cí - a.

Estribillo

En mi Dios mi Sal - va - dor me sal - ta_el al - ma de
go - zo, pues el San - to_y Po - de - ro - so. Ha he - cho_en
mí ma - ra - vi - llas por ser pe - que - ña_y sen - ci - lla.

1 El ángel del cielo anunció a María
que Dios la escogía.
Toda la tierra callaba
porque un lirio florecía.

Estribillo
En mi Dios mi Salvador
me salta el alma de gozo,
pues el Santo y Poderoso.
Ha hecho en mí maravillas
por ser pequeña y sencilla.

2 "¿Cómo lo tendré?, si no estoy casada,
sólo desposada
con el señor, San José.
Mas a mi Dios creeré." *Estribillo*

3 El ángel contesta: "No temas, María.
Para su venida
te cubrirá con su manto
el Espíritu Santo." *Estribillo*

4 Se inclinó la Virgen con santo temor
en adoración,
y respondió: "Que así sea
según el Señor lo desea." *Estribillo*

5 Y el Verbo divino encontró morada
en niña guardada;
entre todas las mujeres,
una sola la agraciada. *Estribillo*

Texto: Los Perales
Música: Los Perales

Apóstoles Dios hizo

Siguiendo la verdad en amor

Apóstoles Dios hizo

Siguiendo la verdad en amor

1. A-pós-to-les Dios hi-zo a_al-gu-nos; a_o-tros los hi-zo pro-fe-tas; a o-tros, e-van-ge-lis-tas, pas-to-res y tam-bién ma-es-tros:

Estribillo si-guien-do la ver-dad en a-mor crez-ca-mos en el Se-ñor; si-guien-do la ver-dad en a-mor crez-ca-mos en to-do en el Se-ñor.

1 Apóstoles Dios hizo a algunos;
a otros los hizo profetas;
a otros, evangelistas,
pastores y también maestros:

Estribillo
siguiendo la verdad en amor
crezcamos en el Señor;
siguiendo la verdad en amor
crezcamos en todo en el Señor.

2 Para preparar a los santos—
a ti y a mí que creemos—
para servir en el mundo
y edificar a la iglesia: *Estribillo*

3 Hasta que todos lleguemos
en fe y en conocimiento
a la madurez cristiana
de la plenitud de Cristo: *Estribillo*

Texto: Efesios 4:11-16, adap. Lois C. Kroehler
Música: Lois C. Kroehler
Texto y música © 1971 Lois C. Kroehler

377
Oh nuestro Padre, nuestro Dios

1 Oh nues-tro Pa - dre, nues - tro Dios, que guí - as
al mor - tal: el a - ño nue - vo a
ti, Se - ñor, que-re - mos con - sa - grar.

1 Oh nuestro Padre, nuestro Dios,
   que guias al mortal:
   el año nuevo a ti, Señor,
   queremos consagrar.

2 El cielo, el orbe, el mundo están
   diciendo tu bondad;
   la vida, el tiempo pasarán
   según tu voluntad.

3 Haznos sentir la vanidad
   de cuanto existe aquí;
   grandezas, bienes, potestad
   perecerán al fin.

4 Oh Dios, pedimos que nos des
   en tu servicio ardor;
   firme esperanza, viva fe
   y más ardiente amor.

Texto: anónimo
Música: John B. Dykes

tonada alterna: Auld lang syne

Quince años Dios te concede

378

Quince años Dios te concede
en este mundo vivir,
y guardarte siempre quiere,
oh quinceañera feliz;
dale a Cristo la gloria
por tu feliz existir,
nunca desprecies su gracia;
quiérele siempre servir.

Gózate hoy, quinceañera feliz;
dale al Señor tu vida y corazón;
y vivirás bajo su fiel protección,
y en cada paso que das
tú tendrás gran bendición.

Texto: anónimo
Música: anónimo

Manantial de vida nueva

Aguas de la tierra

379

Estribillo
Manantial de vida nueva, de este pueblo el corazón;
aguas de la tierra, fuente de vida y amor,
aguas de la tierra, fuente de vida y amor.

1   Aguas de la tierra, fuente de vida y amor,
a un pueblo fortalecen en su lucha y liberación,
a un pueblo que camina y trabaja bajo el sol. *Estribillo*

2   Aguas de la tierra, fuente de vida y amor,
nuestro pueblo va en tu busca, eres fuente de verdad.
Del silencio surge el grito: ¡la justicia reinará! *Estribillo*

3 Aguas de la tierra, fuente de vida y amor;
tierra nueva, cielo nuevo tú nos llamas a forjar,
pueblo nuevo caminando a la nueva sociedad. *Estribillo*

4 Aguas de la tierra, fuente de vida y amor,
del diluvio la esperanza de otra tierra surge ya,
y al cantar de la paloma los colores brillarán. *Estribillo*

Texto: Cuco Chávez
Música: Mauricio Centeno
Texto y música © 1991 GIA Publications, Inc.

Agua, Dios nuestro   380

1 Agua, Dios nuestro, donde tu bondad,
es maravilla de tu creación.
Con el prodigio de tu potestad
crea de nuevo nuestro corazón.

2 Agua, Dios nuestro, bella y celestial,
un arco iris que promesa da;
que nuestras vidas sean por igual
fiel colorido de tu voluntad.

3 Agua, Dios nuestro, milagroso don,
cual en Caná se diera de beber;
en nuestras almas nueva vida pon,
que tu milagro hoy podamos ser.

4 Agua, Dios nuestro, agua natural,
la que sacó del pozo una mujer.
Tú que eres agua de otro manantial,
sácianos hoy y no tendremos sed.

5 Agua, Dios nuestro, agua del Jordán,
con la que Juan a Cristo bautizó;
con tu poder, Dios, y tu santidad,
bautízanos, Espíritu de Dios.

Texto: Alberto Merubia
Música: Roberto Milano
Texto y música © 1996 Abingdon Press, admin. Copyright Company

381 Este niño bautizamos

1. Este niño bautizamos
en tu nombre, buen Señor;
te pedimos que lo laves
en la fuente de tu amor;

2. Que lo acojas como tuyo
y le des tu protección,
y lo cuentes desde ahora
en la grey del Buen Pastor;

3. Que salvado por la sangre
de Jesús el Salvador,
siga siempre sus pisadas
con fe viva y con amor;

4. Que tu Espíritu divino
le dirija y dé sostén
en la lucha por la vida
y lo guíe hasta el Edén.

Texto: anónimo
Música: Charlotte A. Barnard

Somos bautizados
Bautizados, renovados

382

1. Somos bautizados, somos renovados,
somos revestidos del Señor.
Pueblo suyo somos, a Dios confesamos.
Démosle la gloria y todo honor.

2. Pueblo redimido, pueblo consagrado
para hacer la obra del Señor.
Pueblo suyo somos, a Dios confesamos.
Démosle la gloria y todo honor.

Texto: Raquel Mora Martínez
Música: Raquel Mora Martínez
Texto y música © 1996 Raquel Mora Martínez

Fuente bautismal

383

Fuen-te bau-tis-mal de don-de bro-ta la fe;

ru-ta de la luz, ca-mi-no de sal-va-ción.

Hi-jos de Dios por la gra-cia, miem-bros de Cris-to en su i-gle-sia,

to-dos su cuer-po for-ma-mos; en Cris-to so-mos her-ma-nos.

Hoy te re-ci-be la i-gle-sia en su fa-mi-lia cris-tia-na

y en go-zo y jú-bi-lo u-ni-dos la i-gle-sia to-da se u-fa-na.

Fuente bautismal de donde brota la fe;
ruta de la luz, camino de salvación.
Fuente bautismal de donde brota la fe;
ruta de la luz, camino de salvación.

Hijos de Dios por la gracia,
miembros de Cristo en su iglesia,
todos su cuerpo formamos;
en Cristo somos hermanos.
Hoy te recibe la iglesia
en su familia cristiana
y en gozo y júbilo unidos
la iglesia toda se ufana.

Fuente bautismal de donde brota la fe;
ruta de la luz, camino de salvación.
Fuente bautismal de donde brota la fe;
ruta de la luz, camino de salvación.

Aquí del pan partido tomaré

Here would I feast

384

1 Aquí del pan partido tomaré,
y de la copa de tu comunión;
tu nombre, mi buen Dios, invocaré
y gozaré la paz de salvación.

2 La culpa del pecado mía fue;
mas tuya fue la sangre de tu cruz.
Por ella y tu justicia tengo, sé,
perdón, consuelo y paz, Señor Jesús.

3 Nos levantamos de la cena aquí;
la fiesta pasa, mas no así el amor.
Todo se va, mas tú te quedas, sí,
cerca, muy cerca, amado Salvador.

1 *Here would I feast upon the bread of God,
here drink with thee the royal wine of heav'n;
here would I lay aside each earthly load,
here taste afresh the calm of sin forgiv'n.*

2 *Mine is the sin, but thine the righteousness;
mine is the guilt, but thine the cleansing blood;
here is my robe, my refuge, and my peace:
thy blood, thy righteousness, O Lord, my God.*

3 *Too soon we rise; the vessels disappear;
the feast, though not the love, is past and gone.
The bread and wine remove, but thou art here,
nearer than ever, still my shield and sun.*

Texto: Horatius Bonar; trad. en español T. W. Speaks
Música: José Ruiz
Música © 1989 Augsburg Fortress

Oh buen Jesús

1 Oh buen Je - sús, yo cre - o fir - me - men - te
que por mi bien es - tás en el al - tar;
que das tu cuer - po_y san - gre jun - ta - men - te
al al - ma fiel con in - fi - ni - to_a - mor,
al al - ma fiel con in - fi - ni - to_a - mor.

1 Oh buen Jesús, yo creo firmemente
que por mi bien estás en el altar;
que das tu cuerpo y sangre juntamente
al alma fiel con infinito amor,
al alma fiel con infinito amor.

2 Señor pequé: mil veces te he ofendido;
ingrato fui, confieso mi maldad,
contrito ya, misericordia pido;
eres mi Dios, imploro tu piedad,
eres mi Dios, imploro tu piedad.

3 Indigno soy de ser tu convidado,
de recibir la santa comunión.
Jesús, que ves mi nada y mi pecado,
prépara tú mi pobre corazón,
prépara tú mi pobre corazón.

4 Señor Jesús, Cordero fiel y amante,
mi corazón te abraza en santo ardor;
si te olvidé, hoy juro que constante
he de vivir tan sólo de tu amor,
he de vivir tan sólo de tu amor.

5 Celeste pan, que das salud y vida,
cáliz que quitas toda mi maldad,
ven a aliviar esta alma que afligida
por ti suspira: calma mi ansiedad,
por ti suspira: calma mi ansiedad.

Texto: anónimo
Música: H. León

386

El Señor nos ama hoy

Capó 1

1 El Se - ñor nos a - ma hoy co - mo na - die nos a - mó. El nos
guí - a co - mo_un fa - ro en un mar de_os - cu - ri - dad. Al co -
mer jun - tos el pan, él nos brin - da su_a - mis - tad; es el
pan de Dios, el pan de la_u - ni - dad.

Estribillo

"Es mi cuer - po: to - mad y co - med. Es mi san - gre:
to - mad y be - bed. Pues yo soy la vi - da,
yo soy el a - mor." ¡Oh Se - ñor, con - dú - ce - nos has - sta tu_a - mor!

1 El Señor nos ama hoy como nadie nos amó.
El nos guía como un faro en un mar de oscuridad.
Al comer juntos el pan, él nos brinda su amistad;
es el pan de Dios, el pan de la unidad.

Estribillo
"Es mi cuerpo: tomad y comed.
Es mi sangre: tomad y bebed.
Pues yo soy la vida, yo soy el amor."
¡Oh Señor, condúcenos hasta tu amor!

2 El Señor nos ama hoy como nadie nos amó.
"Donde dos o tres amigos impulsados por mi amor,
os juntéis para cantar, estaré presente yo";
esta fue la fiel promesa del Señor. *Estribillo*

3 El Señor nos ama hoy como nadie nos amó.
"El mayor entre vosotros hágase como el menor;
yo he lavado vuestros pies, aunque soy vuestro Señor;
repetid entre vosotros mi lección." *Estribillo*

4 El Señor nos ama hoy como nadie nos amó.
"Los que tengan hambre y sed vengan a mí y los saciaré
pues yo soy el pan vital y agua que no da más sed,
y por siempre en vuestras vidas moraré." *Estribillo*

Texto: anónimo
Música: Charles Albert Tindley

Venid, tomad el cuerpo del Señor · 387

1 Venid, to-mad el cuer-po del Se-ñor; be-bed la san-gre que en la cruz ver-tió.

1 Venid, tomad el cuerpo del Señor;
bebed la sangre que en la cruz vertió.

2 Quien se ofreció por todos en común;
la víctima y el sacerdote aún.

3 Aproximaos con fe y solicitud,
y recibid los sellos de salud.

4 El que a sus fieles guarda y da sostén,
la vida eterna les dará también.

5 A los hambrientos pan del cielo es él,
y el agua viva a los que tienen sed.

6 Señor Jesús, que al mundo juzgarás,
hoy tu presencia nos sustentará.

Texto: tradicional de Irlanda; trad. Alfred Ostrom
Música: Gerhard Cartford
Texto de *Culto Cristiano*, © 1964 Publicaciones "El Escudo"; música © 1998 Augsburg Fortress

Vengo a ti, Jesús amado
Soul, adorn yourself with gladness

388

1 Ven-go_a ti, Je-sús a-ma-do: lí-bra-me de mi pe-ca-do.
1 Soul, a-dorn your-self with glad-ness, leave the gloom-y haunts of sad-ness,

Cal-ma, Re-den-tor, mi llan-to; he pe-ca-do tan-to, tan-to.
come in-to the day-light's splen-dor, there with joy your prais-es ren-der.

Con la san-gre que ver-tis-te das con-sue-lo_al al-ma tris-te;
Bless the one whose grace un-bound-ed this a-maz-ing ban-quet found-ed;

ham-bre tor-nas en har-tu-ra, sal-va-ción me das se-gu-ra.
he, though heav'n-ly, high, and ho-ly, deigns to dwell with you most low-ly.

Estribillo

¡Oh Cris-to! ¡Oh Cris-to!
Be thank-ful! Be thank-ful!

Ge-ne-ros-o tú me_o-fre-ces la sa-lud,
Soul, a-dorn your-self with glad-ness, and re-joice!

que_a los tu-yos siem-pre das con ple-ni-tud.
Bless the one whose grace un-bound-ed is our joy.

1 Vengo a ti, Jesús amado:
  líbrame de mi pecado.
  Calma, Redentor, mi llanto;
  he pecado tanto, tanto.
  Con la sangre que vertiste
  das consuelo a mi alma triste;
  hambre tornas en hartura,
  salvación me das segura.

Estribillo
¡Oh Cristo!
Generoso tú me ofreces
la salud,
que a los tuyos siempre das
con plenitud.

2 Vida ofrece, y paz preciosa
  tu palabra poderosa;
  por unirse al elemento
  hace el santo sacramento.
  Con el pan y vino adquiero
  cuerpo y sangre del Cordero.
  ¡Oh, misterio tan profundo!
  ¿Quién lo entiende en este mundo?
  Estribillo

3 En tu mesa bendecida,
  tú me das la bienvenida:
  los misterios de tu gloria
  hoy celebro en tu memoria.
  Con tu santo cuerpo y sangre
  sacias hoy de mi alma el hambre.
  Haz que en fe, amor, constancia,
  frutos lleve en abundancia.
  Estribillo

4 Ya mi alma tú libraste,
  y el pecado tú quitaste,
  cual preludio de tu cielo,
  hoy me gozo en tu consuelo.
  Cielos, tierra, noche y día
  te den gracias a porfía:
  "Por tus múltiples favores,
  ¡gracias mil y mil loores!"
  Estribillo

1 *Soul, adorn yourself with gladness,*
  leave the gloomy haunts of sadness,
  come into the daylight's splendor,
  there with joy your praises render.
  Bless the one whose grace unbounded
  this amazing banquet founded;
  he, though heavenly, high, and holy,
  deigns to dwell with you most lowly.

Refrain
Be thankful!
Soul, adorn yourself with gladness,
and rejoice!
Bless the one whose grace unbounded
is our joy.

2 *Hasten as a bride to meet him,*
  eagerly and gladly greet him.
  There he stands already knocking;
  quickly, now, your gate unlocking,
  open wide the fast-closed portal,
  saying to the Lord immortal:
  "Come, and leave your loved one never;
  dwell within my heart forever."
  Refrain

3 *Now in faith I humbly ponder*
  over this surpassing wonder
  that the bread of life is boundless
  though the souls it feeds are countless;
  with the choicest wine of heaven
  Christ's own blood to us is given.
  Oh, most glorious consolation,
  pledge and seal of my salvation.
  Refrain

4 *Jesus, source of lasting pleasure,*
  truest friend, and dearest treasure,
  peace beyond all understanding,
  joy into all life expanding:
  humbly now, I bow before you,
  love incarnate, I adore you;
  worthily let me receive you,
  and, so favored, never leave you.
  Refrain

Texto, estrofas: Johann Franck; trad. al español Albert Lehenbauer; trad. al inglés *Lutheran Book of Worship*
Texto, estribillo: Esther E. Bertieaux; trad. compuesta
Música: Evy Lucío
Texto en español (estrofas) de *Culto Cristiano* © 1964 Publicaciones "El Escudo"; texto en español (estribillo) © Augsburg Fortress; texto en inglés © 1978, 1998 Augsburg Fortress
Música © Peer Music International

389 ¡Vengan, vengan, vengan!

1 ¡Ven-gan, ven-gan, ven-gan! Ce-le-bre-mos la ce-na del Se-ñor.

Ha-ga-mos to-dos jun-tos un pan e-nor-me

y pre-pa-re-mos mu-cho vi-no, co-mo en las bo-das de Ca-ná.

¡Ven-gan, ven-gan, ven-gan! Ce-le-bre-mos la ce-na del Se-ñor.

Estribillo La-ra, la-ra, la-ra-lá, la-ra, la-ra, la-ra,

la-ra, la-ra, la-ra-lá, la-ra, la-ra, la-ra.

2da y 3ra vez D.C. Fin

2 Que las mu-je-res no se ol-vi-den de la sal, que los

hom-bres con-si-gan le-va-du-ra, que ven-gan mu-chos

in - vi - ta - dos: cie - gos, sor - dos, co - jos, pre - sos, po - bres.

¡Ven - gan, ven - gan, ven - gan!   Ce - le - bre - mos la ce - na del Se - ñor.

1   ¡Vengan, vengan, vengan!
Celebremos la cena del Señor.
Hagamos todos juntos un pan enorme
y preparemos mucho vino, como en las bodas de Caná.
¡Vengan, vengan, vengan!
Celebremos la cena del Señor.

Estribillo
Lara, lara, laralá, lara, lara, lara,
lara, lara, laralá, lara, lara, lara.

2   Que las mujeres no se olviden de la sal,
que los hombres consigan levadura,
que vengan muchos invitados:
ciegos, sordos, cojos, presos, pobres.
¡Vengan, vengan, vengan!
Celebremos la cena del Señor. *Estribillo*

3   ¡Pronto, pronto, pronto!
Sigamos la receta del Señor.
Batamos ya la masa con nuestras manos
y contemplemos con gran alegría cómo crece el pan.
¡Pronto, pronto, pronto!
Sigamos la receta del Señor. *Estribillo*

4   ¡Vengan, vengan, vengan!
Celebremos la cena del Señor.
Con Cristo celebramos hoy nuestro encuentro
y renovamos nuestro compromiso con el reino de Dios:
nadie, nadie, nadie
se quedará con hambre desde hoy. *Estribillo*

Texto: Elsa Tamez
Música: Pablo Sosa
Texto con permiso de Seminario Bíblico Latinoamericano; música © Pablo Sosa

Toma mi mano, hermano

Ven, hermano

1 To-ma mi ma-no, her-ma - no, Cris-to re-su-ci - tó;

ven con-mi-go a la me - sa que nos o-fre-ce Dios.

To-ma mi ma-no, her-ma - no, Cris-to re-su-ci - tó.

Estribillo

Ven, her-ma-no, ven; to-ma mi ma-no y ven.

Ven a la me - sa de nues-tro re-den - tor,

u-ni-dos en la i-gle-sia por la fe y el a - mor.

1 Toma mi mano, hermano,
Cristo resucitó;
ven conmigo a la mesa
que nos ofrece Dios.
Toma mi mano, hermano,
Cristo resucitó.

Estribillo
Ven, hermano, ven;
toma mi mano y ven.
Ven a la mesa
de nuestro redentor,
unidos en la iglesia
por la fe y el amor.

2 Al ver nuestra tristeza
Cristo al mundo llegó,
y en la cruz de sus brazos
la vida derramó.
Toma mi mano, hermano,
Cristo en la cruz murió.
Estribillo

3 El vino de su sangre
nuestro dolor borró,
y en pan de harina y vida
nueva vida nos dio.
Toma mi mano, hermano,
Cristo nos redimió.
Estribillo

4 Hoy comemos su cuerpo,
trigo de redención;
bebemos de su sangre,
vino de cruz y amor.
Toma mi mano, hermano,
alabemos a Dios.
Estribillo

Texto: Waldino Suárez
Música: Waldino Suárez y Osvaldo Catena
Texto y música © Editorial Bonum

Jesucristo nos convida

Estribillo
Jesucristo nos convida
a su santa comunión;
nos ofrece el pan de vida
y la copa del perdón.

1 A tu dulce llamamiento
acudimos, oh Señor.
¡Que en tu comunión, aumento
hallen nuestra fe y amor! *Estribillo*

2 Respondiendo a tantos dones,
¿qué podemos ofrecer?
Toma nuestros corazones,
nuestras almas, nuestro ser. *Estribillo*

3 Hoy venimos a tu mesa
en amor y santa unión
celebrando jubilosos
tu perdón y redención. *Estribillo*

4 En tu mesa prometemos
en tu santo amor vivir;
y que fieles te seremos,
buen Jesús, hasta el morir. *Estribillo*

Texto: Juan Bautista Cabrera
Música: Ángel Mattos
Música © 1998 Augsburg Fortress

Una espiga

392

Grains of wheat

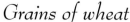
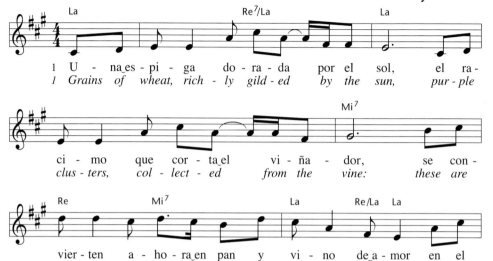

1 U - na es - pi - ga do - ra - da por el sol, el ra -
1 Grains of wheat, rich - ly gild - ed by the sun, pur - ple

ci - mo que cor - ta el vi - ña - dor, se con -
clus - ters, col - lect - ed from the vine: these are

vier - ten a - ho - ra en pan y vi - no de a - mor en el
al - tered, be - com - ing love's own bread and sweet wine, now for

cuer - po y la san - gre del Se - ñor.
us Je - sus' bod - y and his blood.

1 Una espiga dorada por el sol,
el racimo que corta el viñador,
se convierten ahora en pan y vino de amor
en el cuerpo y la sangre del Señor.

2 Comulgamos la misma comunión;
somos trigo del mismo sembrador.
Un molino, la vida, nos tritura con dolor;
Dios nos hace eucaristía en el amor.

3 Como granos que han hecho el mismo pan,
como notas que tejen un cantar,
como gotas de agua que se funden en el mar,
los cristianos un cuerpo formarán.

4 En la mesa de Dios se sentarán:
como hijos su pan comulgarán.
Una misma esperanza, caminando, cantarán;
en la vida, como hermanos se amarán.

1 Grains of wheat, richly gilded by the sun,
   purple clusters, collected from the vine:
   these are altered, becoming love's own bread and sweet wine,
   now for us Jesus' body and his blood.

2 We enjoy true communion in this meal,
   many grains God has planted and made thrive;
   like the grain we are ground beneath life's sorrowful wheel,
   in the bread, like the grain, we come alive.

3 As the grains join to form one loaf of bread,
   as the notes come together in one song,
   as the raindrops unite into the single vast sea,
   so in Jesus' one body we belong.

4 We shall all sit together at the feast
   sharing bread as God's children, joined in one:
   in this hope we rejoice as we go forward in peace,
   loving sisters and brothers of the Son.

Texto: Cesáreo Gabarain; trad. Madeleine Forell Marshall
Música: Cesáreo Gabarain

Texto en español y música © 1973 Cesáreo Gabarain, admin. OCP Publications; texto en inglés © 1995 Madeleine Forell Marshall, admin. Augsburg Fortress

Somos pueblo que camina

Acudamos jubilosos **393**

1 So - mos pue - blo que ca - mi - na por la sen - da del do - lor.

Estribillo

A - cu - da - mos ju - bi - lo - sos a la ce - na del Se -

ñor, a la ce - na del Se - ñor.

1 Somos pueblo que camina
  por la senda del dolor.

  Estribillo
  Acudamos jubilosos
  a la cena del Señor,
  a la cena del Señor.

2 Los humildes y los pobres
  invitados son de Dios.
  Estribillo

3 Este pan que Dios nos brinda,
  alimenta nuestra unión.
  Estribillo

Texto: *Misa popular nicaragüense*
Música: *Misa popular nicaragüense*
Texto y música de *Misas Centroamericanas*, permiso solicitado

394

Te damos gracias

1 Te da-mos gra-cias, Pad-re_om-ni-po-ten-te, por el pan y_el vi-no que_en la me-sa_es-tán. Son las o-fren-das de nues-tro tra-ba-jo; son vir-tud y gra-cia pa-ra ce-le-brar.

Estribillo
Que_el com-par-tir la me-sa_en u-nión, que_el dis-fru-tar de_es-ta co-mu-nión, nos den vi-gor pa-ra_a-nun-ciar tu rei-no: lu-cha, com-pro-mi-so, de-sa-fío, mi-sión.

1 Te damos gracias, Padre omnipotente,
   por el pan y el vino que en la mesa están.
   Son las ofrendas de nuestro trabajo;
   son virtud y gracia para celebrar.

   Estribillo
   Que el compartir la mesa en unión,
   que el disfrutar de esta comunión,
   nos den vigor para anunciar tu reino:
   lucha, compromiso, desafío, misión.

2 A ti ofrecemos nuestras alegrías:
   pan de cada día, dádivas de amor.
   También traemos nuestros sufrimientos,
   canciones de exilio, privación, dolor.
   Estribillo

3 Aquí venimos a evocar de nuevo
   la pasión y muerte de nuestro Señor,
   como él vivió junto a su pueblo humilde,
   y ascendió a la gloria, Rey y Salvador.
   Estribillo

4 Te suplicamos hoy que nos bendigas
   como cuerpo vivo al partir el pan;
   que compartamos toda nuestra vida,
   vino que las manos entregando van.
   Estribillo

5 Alimentados todos con tu gracia,
   nos iremos juntos con tu señal;
   que, andando nuestra senda por el mundo,
   proclamemos vida, siendo luz y sal.
   Estribillo

Texto: Simei Monteiro; trad. Pablo Sosa
Música: Simei Monteiro

La mesa del Señor

1 La mesa del Señor hoy nos invita;
venimos a su casa en oración.
El Dios de la familia ha preparado
el pan que comeremos en unión.
El Dios de la familia ha preparado
el pan que comeremos en unión.

2 Señor, llevaste la pesada carga.
Abriste con tu paso el camino.
Tu fuerza y tu valor hoy nos contagia
al compartir la copa con tu pueblo.
Tu fuerza y tu valor hoy nos contagia
al compartir la copa con tu pueblo.

3 Es signo de la alianza renovada
la marcha de tus santos redimidos.
Caminan hacia un nuevo horizonte,
abierto por el triunfo de la cruz.
Caminan hacia un nuevo horizonte,
abierto por el triunfo de la cruz.

Texto: Luis A. Pereyra
Música: Rudy Espinoza
Texto y música © 1998 Augsburg Fortress

396

Arriba los corazones

Estribillo
A - rri - ba los co - ra - zo - nes, va - ya - mos to - dos al pan de vi - da, que_es fuen-te de glo - ria_e-ter - na, de for - ta - le - za y de_a - le - grí - a.

Estrofas
1 A ti_a - cu - di - mos se - dien - tos, ¡ven, Se - ñor!, te - ne - mos fe_en tu mis - te - rio, ¡ven, Se - ñor! Que - re - mos dar - te la vi - da, ¡ven, Se - ñor!, con sus do - lo - res y di - chas, ¡ven, Se - ñor!

Estribillo
Arriba los corazones,
vayamos todos al pan de vida,
que es fuente de gloria eterna,
de fortaleza y de alegría.

1 A ti acudimos sedientos, ¡ven, Señor!,
tenemos fe en tu misterio, ¡ven, Señor!
Queremos darte la vida, ¡ven, Señor!,
con sus dolores y dichas, ¡ven, Señor!
Estribillo

2 Perdona nuestros pecados, ¡ven, Señor!,
por eso en ti confiamos, ¡ven, Señor!,
Y hallaremos las fuerzas, ¡ven, Señor!,
para olvidar las ofensas, ¡ven, Señor!
Estribillo

3 Que no haya luchas fraternas, ¡ven, Señor!,
ni esclavitud, ni miserias, ¡ven, Señor!
Aparta el odio del mundo, ¡ven, Señor!,
que exista un orden más justo, ¡ven, Señor!
Estribillo

Texto: anónimo de Panamá
Música: anónimo de Panamá

Nuestro Padre nos invita

God extends an invitation

Nues-tro Pa-dre nos in-vi-ta a la me-sa de la vi-da, don-de hay vi-no, luz y pan; y no-so-tros nos reu-ni-mos, y lo nues-tro com-par-ti-mos, pues a-sí_es la co-mu-nión; pues a-sí_es la co-mu-nión.

God ex-tends an in-vi-ta-tion to the ta-ble of cre-a-tion, where there's wine and light and bread. Here we gath-er in thanks-giv-ing and we of-fer all our liv-ing. Here the feast of life is spread; here the feast of life is spread.

Nuestro Padre nos invita
a la mesa de la vida,
donde hay vino, luz y pan;
y nosotros nos reunimos,
y lo nuestro compartimos,
pues así es la comunión;
pues así es la comunión.

God extends an invitation
to the table of creation,
where there's wine and light and bread.
Here we gather in thanksgiving
and we offer all our living.
Here the feast of life is spread;
here the feast of life is spread.

Texto: Miria T. Kolling; trad. en español e inglés Gerhard Cartford
Música: Miria T. Kolling
Texto en español e inglés © 1998 Augsburg Fortress; música © Miria T. Kolling

398

Palabra que fue luz

1 Pa - la - bra que fue luz el pri - mer dí - a y en
2 Pa - la - bra co - mo zar - za siem - pre ar - dien - te, pa -
4 Pa - la - bra que, sin ser pa - la - bra va - na, es
5 Pa - la - bra que es el "Sí" de - fi - ni - ti - vo: "A -

bo - ca de pro - fe - tas fue cla - mor, de -
la - bra co - mo llu - via en pe - dre - gal, pa -
car - ne y san - gre de nues - tro e - xis - tir, y
mén" y con - clu - sión de nues - tra fe, el

nun - cia, com - pro - mi - so y fuer - za vi - va, e -
la - bra co - mo el sol en nues - tra fren - te, im -
rí - e, llo - ra y se ha - ce voz hu - ma - na y
dí - a en que ve - re - mos al Dios vi - vo, vi -

1, 4

ter - no res - plan - dor.
sa - be com - par - tir.

2, 5

pul - so has - ta el fi - nal.
vien - do siem - pre en él.

3 Pa - la - bra que en la tie - rra ha - bi - ta - rí - a cuan - do el tiem - po lle -

gó a la ple - ni - tud. Pa - la - bra que en el se - no de Ma -

rí - a nos tra - jo la sa - lud.

1 Palabra que fue luz el primer día
y en boca de profetas fue clamor,
denuncia, compromiso y fuerza viva,
eterno resplandor.

2 Palabra como zarza siempre ardiente,
palabra como lluvia en pedregal,
palabra como el sol en nuestra frente,
impulso hasta el final.

3 Palabra que en la tierra habitaría
cuando el tiempo llegó a la plenitud.
Palabra que en el seno de María
nos trajo la salud.

4 Palabra que, sin ser palabra vana,
es carne y sangre de nuestro existir,
y ríe, llora y se hace voz humana
y sabe compartir.

5 Palabra que es el "Sí" definitivo:
"Amén" y conclusión de nuestra fe,
el día en que veremos al Dios vivo,
viviendo siempre en él.

Texto: Alberto Taulé
Música: Alberto Taulé
Texto y música © 1982 Alberto Taulé, admin. OCP Publications

Sostennos firmes 399

1 Sostennos firmes, oh Señor,
en la palabra de tu amor;
refrena a los que en su maldad
tu reino quieren derribar.

2 Demuestra tu poder, Jesús,
pues Rey de reyes eres tú;
haz que tu amada cristiandad
te alabe con sinceridad.

3 Oh Santo Espíritu de Dios,
escucha de tu grey la voz;
conserva en ella la unidad
y guárdala en tu santa paz.

Texto: Martin Luther; trad. Leopoldo Cabán
Música: Martin Luther
Texto de *Culto Cristiano*, © 1964 Publicaciones "El Escudo"

400

Sólo tú tienes palabras

Estribillo

Só - lo tú tie - nes pa - la - bras de vi - da e-

ter - na; só - lo tú tie - nes pa - la - bras de ver - dad.

Estrofas

1 Tú e - res sem - bra - dor de u - na pro - me - sa que

lle - na de es - pe - ran - za nues - tra vi - da. Sem - bras - te tú pa - la - bra en nues - tra

tie - rra y si - gue dan - do fru - to su se - mi - lla.

2 Por más que pa - se el tiem - po, tu pa - la - bra man -

tie - ne su in - mu - ta - ble tra - yec - to - ria, por que e - lla es nues - tro puer - to y nues - tra

ca - sa, por que e - lla es par - te ya de nues - tra his - to - ria.

Estribillo
Sólo tú tienes palabras de vida eterna;
sólo tú tienes palabras de verdad.

1 Tú eres sembrador de una promesa
que llena de esperanza nuestra vida.
Sembraste tú palabra en nuestra tierra
y sigue dando fruto su semilla. *Estribillo*

2 Por más que pase el tiempo, tu palabra
mantiene su inmutable trayectoria,
porque ella es nuestro puerto y nuestra casa,
por que ella es parte ya de nuestra historia. *Estribillo*

Texto: J. A. Olivar
Música: Juan A. Espinosa
Texto © 1992 J. Antonio Olivar y Ediciones Musical PAX, admin. OCP Publications; música © 1992 Juan A. Espinosa, admin. OCP Publications

Busca el hombre vanamente 401

1 Busca el hombre vanamente
entre afanes su solaz;
solo Dios con su palabra
paz eterna le dará.

Estribillo
¡Nueva y prodigiosa era
de invención y confusión!
Ilumine tu sendero
la eternal revelación.

2 Lo que el hombre crea y hace
pronto aquí terminará,
mas de Dios la fiel palabra
para siempre durará. *Estribillo*

3 Las Sagradas Escrituras
nos ofrecen de Jesús
testimonio que da vida
por su muerte en la cruz. *Estribillo*

Texto: Ángel Mattos-Nieves
Música: Ángel Mattos
Texto y música © 1998 Augsburg Fortress

La Biblia es palabra de vida
A life-giving word is the Bible

Estribillo Mi — Si⁷

La Bi-blia_es pa-la-bra de vi-da, la
A life-giv-ing word is the Bi-ble, a

Mi — La

Bi-blia_es pa-la-bra de Dios; y es la pa-la-bra del
word which is spo-ken by God; a word of a peo-ple who

Mi — Si⁷

pue-blo que bus-ca_y cons-tru-ye su li-be-ra-
strug-gle for dream-ing and build-ing their free-dom and

Mi — La

ción; y es la pa-la-bra del
hope; a word of a peo-ple who

Mi — Si⁷ — Mi *Fin*

pue-blo que bus-ca_y cons-tru-ye su li-be-ra-ción.
strug-gle for dream-ing and build-ing their free-dom and hope.

Estrofas Mi — Si⁷

1 La Bi-blia_es can-dil que_i-lu-mi-na en
1 The Bi-ble will shine like a can-dle and

Mi

me-dio de la_os-cu-ri-dad, y es la pa-la-bra que
shed on our path-way its light, to mark all the steps of God's

La — Mi/Si — Si⁷ — Mi *Estribillo*

guí-a_a to-da la co-mu-ni-dad.
peo-ple as they make their way through the night.

Estribillo
La Biblia es palabra de vida,
la Biblia es palabra de Dios;
y es la palabra del pueblo
que busca y construye su liberación;
y es la palabra del pueblo
que busca y construye su liberación.

1 La Biblia es candil que ilumina
   en medio de la oscuridad,
   y es la palabra que guía
   a toda la comunidad.
   Estribillo

2 La Biblia es como nuestra cuma,
   con ella hay que chapodar
   toditas las amarguras
   que hay en nuestra realidad.
   Estribillo

3 La Biblia es como la lluvia
   que hace crecer nuestras milpas,
   que hace crecer las semillas
   del amor y la alegría.
   Estribillo

4 La Biblia es como las tortillas
   que hacemos en el comal,
   porque es para compartirla,
   para hacer fraternidad.
   Estribillo

cuma = cuchillo
chapodar = podar
milpas = tierra en que se cultiva el maíz y otras semillas
comal = utensilio que se usa para cocer las tortillas de maíz

Refrain
A life-giving word is the Bible,
a word which is spoken by God;
a word of a people who struggle for dreaming
and building their freedom and hope;
a word of a people who struggle for dreaming
and building their freedom and hope.

1 *The Bible will shine like a candle*
   and shed on our pathway its light,
   to mark all the steps of God's people
   as they make their way through the night.
   Refrain

2 *The Bible will serve as a sickle*
   with which we can open a swath:
   a way through the brambles and thickets,
   all the bitterness in our path.
   Refrain

3 *The Bible can be like the showers*
   which water our green fields of corn.
   It wakens the seeds God has planted
   from which love and gladness are born.
   Refrain

4 *The Bible is like the tortillas,*
   a blessing from heaven above.
   Like them, it is made for sharing
   and for building mutual love.
   Refrain

Texto: Miguel Cavada; trad. Dimas Planas-Belfort
Música: Miguel Cavada
Texto en español y música © Miguel Cavada Diez; texto en inglés © Editorial Avance Luterano

Castillo fuerte es nuestro Dios

403

A mighty fortress is our God

1 Cas - ti - llo fuer - te es nues - tro Dios, de -
1 A might - y for - tress is our God, a

fen - sa y buen es - cu - do. Con su po - der nos li - bra -
sword and shield vic - to - rious; he breaks the cruel op - pres - sor's

rá en to - do tran - ce a - gu - do. Con fu - ria y con a -
rod and wins sal - va - tion glo - rious. The old sa - tan - ic

fán a - có - sa - nos Sa - tán; por ar - mas de - ja ver as -
foe has sworn to work us woe! With craft and dread - ful might he

tu - cia y gran po - der: cual él no hay en la tie - rra.
arms him - self to fight. On earth he has no e - qual.

1 Castillo fuerte es nuestro Dios,
defensa y buen escudo.
Con su poder nos librará
en todo trance agudo.
Con furia y con afán
acósanos Satán;
por armas deja ver
astucia y gran poder:
cual él no hay en la tierra.

2 Nuestro valor es nada aquí,
con él todo es perdido.
Mas por nosotros luchará
de Dios el escogido.
Es nuestro rey, Jesús,
el que venció en la cruz,
Señor y Salvador,
y siendo él solo Dios,
él triunfa en la batalla.

3 Y si demonios mil están
prontos a devorarnos,
no temeremos, porque Dios
sabrá como ampararnos.
¡Que muestre su vigor
Satán, y su furor!
Dañarnos no podrá,
pues condenado es ya
por la palabra santa.

4 Esa palabra del Señor
que el mundo no apetece
por el Espíritu de Dios
muy firme permanece.
Nos pueden despojar
de bienes, nombre, hogar,
el cuerpo destruir,
mas siempre ha de existir
de Dios el reino eterno.

1 A mighty fortress is our God,
a sword and shield victorious;
he breaks the cruel oppressor's rod
and wins salvation glorious.
The old satanic foe
has sworn to work us woe!
With craft and dreadful might
he arms himself to fight.
On earth he has no equal.

2 No strength of ours can match his might!
We would be lost, rejected.
But now a champion comes to fight,
whom God himself elected.
You ask who this may be?
The Lord of hosts is he!
Christ Jesus, mighty Lord,
God's only Son, adored.
He holds the field victorious.

3 Though hordes of devils fill the land
all threat'ning to devour us,
we tremble not, unmoved we stand;
they cannot overpow'r us.
Let this world's tyrant rage;
in battle we'll engage!
His might is doomed to fail;
God's judgment must prevail!
One little word subdues him.

4 God's word forever shall abide,
no thanks to foes, who fear it;
for God himself fights by our side
with weapons of the Spirit.
Were they to take our house,
goods, honor, child, or spouse,
though life be wrenched away,
they cannot win the day.
The kingdom's ours forever!

Texto: Martin Luther; trad. en español Juan Bautista Cabrera; trad. en inglés *Lutheran Book of Worship*
Música: Martin Luther
Texto en inglés © 1978 *Lutheran Book of Worship*

Mi pensamiento eres tú, Señor 404

Texto: anónimo
Música: anónimo

405 Cántale a Dios tu risa y esperanza

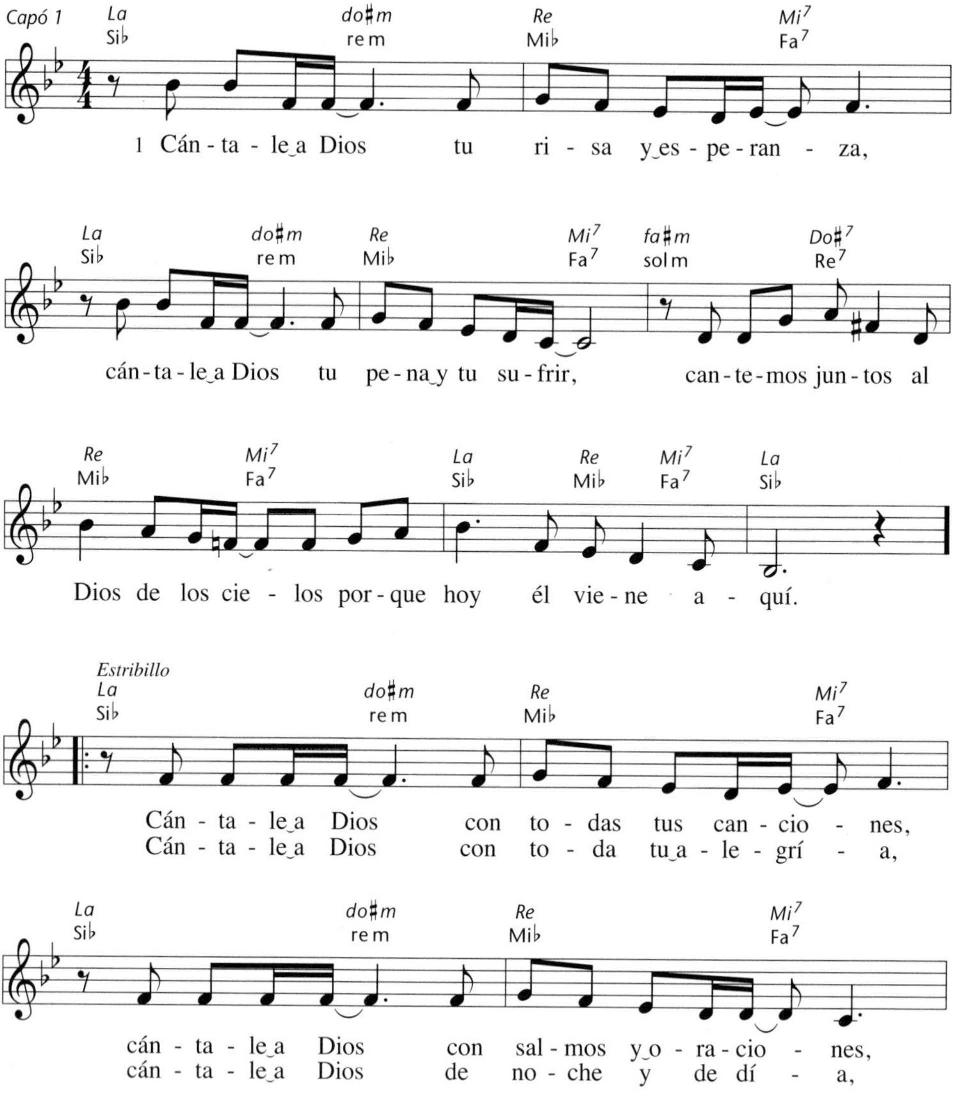
Capó 1
La do♯m Re Mi7
Si♭ re m Mi♭ Fa7
1 Cán - ta - le‿a Dios tu ri - sa y‿es - pe - ran - za,
La do♯m Re Mi7 fa♯m Do♯7
Si♭ re m Mi♭ Fa7 sol m Re7
cán - ta - le‿a Dios tu pe - na‿y tu su - frir, can - te - mos jun - tos al
Re Mi7 La Re Mi7 La
Mi♭ Fa7 Si♭ Mi♭ Fa7 Si♭
Dios de los cie - los por - que hoy él vie - ne a - quí.
Estribillo
La do♯m Re Mi7
Si♭ re m Mi♭ Fa7
Cán - ta - le‿a Dios con to - das tus can - cio - nes,
Cán - ta - le‿a Dios con to - da tu‿a - le - grí - a,
La do♯m Re Mi7
Si♭ re m Mi♭ Fa7
cán - ta - le‿a Dios con sal - mos y‿o - ra - cio - nes,
cán - ta - le‿a Dios de no - che y de dí - a,

cán - ta - le a Dios de to - das ma - ne - ras por - que
cán - ta - le a Cris - to, al Dios de los cie - los por - que

hoy se vuel - ve a ti, se vuel - ve a ti.

hoy es - tá a - quí.

1 Cántale a Dios tu risa y esperanza,
cántale a Dios tu pena y tu sufrir,
cantemos juntos al Dios de los cielos
porque hoy él viene aquí.

Estribillo
Cántale a Dios con todas tus canciones,
cántale a Dios con salmos y oraciones,
cántale a Dios de todas maneras
porque hoy se vuelve a ti, se vuelve a ti.
Cántale a Dios con toda tu alegría,
cántale a Dios de noche y de día,
cántale a Cristo, al Dios de los cielos
porque hoy está aquí.

2 Con gozo comencemos la mañana
y jubilosos demos el sudor,
que Cristo ayuda nos da en la faena,
porque hoy él viene aquí. *Estribillo*

3 Cantad a Dios el pueblo reunido
libres del mal y libres de opresión;
ya no hay cadenas, las penas pasaron
porque hoy él viene aquí. *Estribillo*

4 Tu mano extiende, toma pan y vino,
ya no hay más sed, el desierto se acabó;
un manantial de agua y luz nos rodea
porque hoy él viene aquí. *Estribillo*

5 Cántale a Dios, no dejes de cantarle,
cántale tú y todo alrededor;
que el gozo inmenso inunde tu alma
porque hoy él viene aquí. *Estribillo*

Texto: Heber Romero
Música: Heber Romero
Texto y música © 1980 Sta. Clara, Liturgia Criolla

Con gran gozo y placer
Bienvenidos

406

Capó 1

1 Con gran go-zo y pla-cer nos vol-ve-mos hoy a ver; nues-tras ma-nos o-tra vez es-tre-cha-mos. Se con-ten-ta_el co-ra-zón en-san-chán-do-se de_a-mor: to-dos a_u-na voz a Dios gra-cias da-mos.

Estribillo

¡Bien-ve-ni-dos! ¡Bien-ve-ni-dos! Los her-ma-nos hoy a-quí nos go-za-mos en de-cir: ¡Bien-ve-ni-dos! ¡Bien-ve-ni-dos! Al vol-ver-nos a reu-nir, ¡Bien-ve-ni-dos!

1 Con gran gozo y placer
   nos volvemos hoy a ver;
   nuestras manos otra vez estrechamos.
   Se contenta el corazón
   ensanchándose de amor:
   todos a una voz a Dios gracias damos.

   Estribillo
   ¡Bienvenidos! ¡Bienvenidos!
   Los hermanos hoy aquí
   nos gozamos en decir:
   ¡Bienvenidos! ¡Bienvenidos!
   Al volvernos a reunir, ¡Bienvenidos!

2 Dios a todos ayudó,
   ni un momento nos dejó,
   y otra vez nos reunió, ¡Bienvenidos!
   El Señor su amor nos dio,
   su poder nos amparó,
   del peligro nos guardó, ¡Bienvenidos!
   Estribillo

3 Dios nos guarde en este amor,
   para que de corazón,
   consagrados al Señor le alabemos:
   en la eterna reunión
   do no habrá separación,
   ni tristeza ni aflicción: ¡Bienvenidos!
   Estribillo

Texto: Enrique S. Turrall
Música: James A. R. Murray

Vienen con alegría

Estribillo
Vienen con alegría, Señor,
cantando vienen con alegría, Señor,
los que caminan por la vida, Señor,
sembrando tu paz y amor.
Vienen con alegría, Señor,
cantando vienen con alegría, Señor,
los que caminan por la vida, Señor,
sembrando tu paz y amor.

1 Vienen trayendo la esperanza
a un mundo cargado de ansiedad,
a un mundo que busca y que no alcanza
caminos de amor y de amistad. *Estribillo*

2 Vienen trayendo entre sus manos
esfuerzos de hermanos por la paz,
deseos de un mundo más humano
que nacen del bien y la verdad. *Estribillo*

3 Cuando el odio y la violencia
no existan en nuestro corazón,
el mundo sabrá que por herencia
le aguardan la paz y el amor. *Estribillo*

Texto: Cesáreo Gabarain
Música: Cesáreo Gabarain
Texto y música © 1978 Cesáreo Gabarain, admin. OCP Publications

Unidos en la fiesta
United at the table

408

Estribillo

U - ni - dos en la fies - ta, la a - le - grí - a se ha - ce can - ción.
U - nit - ed at the ta - ble: all our joy is joined . . in song.

U - ni - dos en la fe, la a - le - grí - a se ha - ce o - ra - ción.
U - ni - ted in the faith: all our joy to God . . . be - longs.

Estrofas

1 Can - ta - re - mos al Se - ñor a - le - lu - yas con
1 We will praise God, we will sing al - le - lu - ias with

him - nos y sal - mos, por - que gran - de es el a -
hymns and with psalm - o - dy; we will praise God for the

mor que en no - so - tros por siem - pre mos - tró.
love that sus - tains us e - ter - nal - ly.

Estribillo
Unidos en la fiesta,
la alegría se hace canción.
Unidos en la fe,
la alegría se hace oración.

Refrain
United at the table:
all our joy is joined in song.
United in the faith:
all our joy to God belongs.

1 Cantaremos al Señor
aleluyas con himnos y salmos,
porque grande es el amor
que en nosotros por siempre mostró.
Estribillo

1 *We will praise God, we will sing*
alleluias with hymns and with psalmody;
we will praise God for the love
that sustains us eternally.
Refrain

2 Cantaremos la bondad
del Señor que nos sienta a su mesa,
y nos llama a comulgar
como hermanos su vino y su pan.
Estribillo

2 *We will praise God, we will feast*
at the bountiful table of life and grace;
we will praise God, and give thanks
for communion with ev'ry race.
Refrain

3 Cantaremos al Señor
aleluyas al son de instrumentos,
y será nuestra canción
la alabanza que ensalza su amor.
Estribillo

3 *We will praise God, we will play*
alleluias with rhythm and instruments;
we will praise God for the love
that invites all creation to dance.
Refrain

Texto: Joaquín Madurga; trad. Ángel Mattos y Gerhard Cartford
Música: Joaquín Madurga
Texto en español y música © 1979 J. Madurga y Ediciones Musical PAX, admin. OCP Publications; texto en inglés © 1998 Augsburg Fortress

Todo se hace para gloria de Dios

409

1. To - do se_ha-ce pa - ra glo-ria de Dios. ¡A - mén, a - mén!

Siem - pre_y cuan-do nos di - ri - ja su_a-mor. ¡A - mén, a -

mén, a - mén, a - mén, a - mén! To - do se_ha-ce pa - ra

glo - ria de Dios. ¡A - mén, a - mén!

1 Todo se hace para gloria de Dios. ¡Amén, **amén!**
  Siempre y cuando nos dirija su amor.
  ¡Amén, **amén, amén, amén, amén!**
  Todo se hace para gloria de Dios. ¡Amén, **amén!**

2 Nuestra vida es para gloria de Dios. ¡Amén, **amén!**
  Siempre y cuando nos dirija su amor.
  ¡Amén, **amén, amén, amén, amén!**
  Nuestra vida es para gloria de Dios. ¡Amén, **amén!**

3 Este culto es para gloria de Dios. ¡Amén, **amén!**
  Siempre y cuando nos dirija su amor.
  ¡Amén, **amén, amén, amén, amén!**
  Este culto es para gloria de Dios. ¡Amén, **amén!**

4 Las ofrendas, para gloria de Dios. ¡Amén, **amén!**
  Siempre y cuando nos dirija su amor.
  ¡Amén, **amén, amén, amén, amén!**
  Las ofrendas, para gloria de Dios. ¡Amén, **amén!**

5 Todo el mundo es para gloria de Dios. ¡Amén, **amén!**
  Siempre y cuando nos dirija su amor.
  ¡Amén, **amén, amén, amén, amén!**
  Todo el mundo es para gloria de Dios. ¡Amén, **amén!**

(agregar otros motivos espontaneamente)

Texto: Abel Nkuinji; trad. Pablo Sosa
Música: Abel Nkuinji
Texto y música © Abel Nkuinji, permiso solicitado; texto en español © Pablo Sosa

Vamos todos al banquete
Let us go now to the banquet

410

Estribillo

Va - mos   to - dos   al ban - que - te,   a la
Let   us   go   now   to   the   ban - quet,   to the

me - sa de la crea - ción;   ca - da cual con su ta - bu -
feast of the u - ni - verse. The ta - ble's set and a place is

re - te   tie - ne_un pues - to y_u - na mi - sión.
wait - ing; come, ev - 'ry - one, with your gifts to share.

Estrofas

1 Hoy me le - van - to muy tem - pra - no;   ya me_es -
1 I   will rise   in   the ear - ly morn - ing;   the com -

pe - ra la co - mu - ni - dad;   voy su - bien - do_a - le - gre la
mu - ni - ty's wait - ing for me.   With a   spring in my step I'm

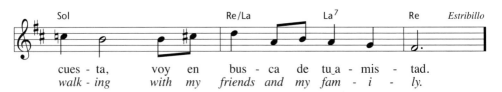

cues - ta,   voy en bus - ca de tu_a - mis - tad.
walk - ing   with my friends and my fam - i - ly.

Estribillo
Vamos todos al banquete,
a la mesa de la creación;
cada cual con su taburete
tiene un puesto y una misión.

Refrain
Let us go now to the banquet,
to the feast of the universe.
The table's set and a place is waiting;
come, ev'ryone, with your gifts to share.

1 Hoy me levanto muy temprano;
ya me espera la comunidad;
voy subiendo alegre la cuesta,
voy en busca de tu amistad.
Estribillo

1 I will rise in the early morning;
the community's waiting for me.
With a spring in my step I'm walking
with my friends and my family.
Refrain

2* Venimos desde Soyapango,
San Antonio de la Zacamil,
Mexicanos, ciudad Delgado,
Santa Tecla y de La Bernal.
Estribillo

2 We are coming from Soyapango,
San Antonio, and from Zacamil,
Mexicanos, Ciudad Delgado,
Santa Tecla and La Bernal.
Refrain

3 Dios invita a todos los pobres
a esa mesa común por la fe,
donde no hay acaparadores
y a nadie le falta el conqué.
Estribillo

3 God invites all the poor and hungry
to the banquet of justice and good
where the harvest will not be hoarded
so that no one will lack for food.
Refrain

4 Dios nos manda a hacer de este mundo
una mesa donde haya igualdad,
trabajando y luchando juntos,
compartiendo la propiedad.
Estribillo

4 May we build such a place among us
where all people are equal in love.
God has called us to work together
and to share everything we have.
Refrain

* barrios de San Salvador; se pueden sustituir por nombres de comunidades locales
conqué = comida de Centroamérica

Texto: *Misa popular salvadoreña*, Guillermo Cuéllar; trad. Bret Hesla y William Dexheimer-Pharris
Música: Guillermo Cuéllar
Texto y música © 1996 GIA Publications

411 Vamos a la fiesta popular

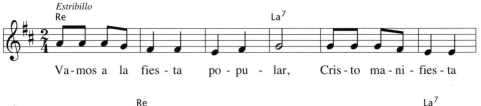

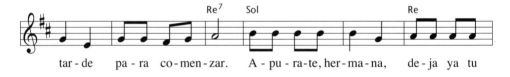

Estribillo
Vamos a la fiesta popular,
Cristo manifiesta solidaridad.
Vamos a la misa popular,
nos está esperando la comunidad.

1 Apurate, hermano, deja ya tu casa,
que llegamos tarde para comenzar.
Apurate, hermana, deja ya tu casa,
que llegamos tarde para comenzar.
Estribillo

2 Una rueda hagamos, nadie dé la espalda,
todos cara a cara vamos a cantar.
Una rueda hagamos, nadie dé la espalda,
todos cara a cara vamos a cantar.
Estribillo

3 Hasta el más humilde es la voz de Dios;
nadie se nos quede sin participar.
Hasta el más humilde es la voz de Dios;
nadie se nos quede sin participar.
Estribillo

4 Las inconsecuencias y desavenencias
reconozcamos con sinceridad.
Las inconsecuencias y desavenencias
reconozcamos con sinceridad. *Estribillo*

5 No tengamos pena, démos nuestra idea;
la palabra hagamos una realidad.
No tengamos pena, démos nuestra idea;
la palabra hagamos una realidad. *Estribillo*

6 El cuerpo de Cristo por todos compartido,
nuestra lucha anima por la libertad.
El cuerpo de Cristo por todos compartido,
nuestra lucha anima por la libertad. *Estribillo*

pena = timidez

Texto: Miguel Cavada
Música: Miguel Cavada
Texto y música © Miguel Cavada Diez

Imploramos tu presencia 412

1 Imploramos tu presencia,
Santo Espíritu de Dios:
vivifique tu influencia
nuestra débil fe y amor.

2 Da a la mente luz divina,
y tu gracia al corazón;
nuestro pecho a Dios inclina
en sincera adoración.

3 Que ante el Dios bendito tenga
nuestro culto aceptación,
y que sobre todos venga
en raudales bendición.

Texto: Juan Bautista Cabrera
Música: William W. Coe

413

Me alegré cuando me dijeron

Me_a-le - gré cuan-do me di - je-ron: va-mos a la

ca - sa del Se - ñor. Me_a-le - gré cuan-do me di -

je - ron: va-mos a la ca - sa del Se - ñor.

Estrofas

1 Ya nues-tros pa - sos de - tie - nen su_an - dar, ¡Je - ru - sa - lén,

Je - ru - sa - lén!, an - te tus puer-tas con ad - mi - ra - ción.

¡Je - ru - sa - lén, Je - ru - sa - lén!

Estribillo
Me alegré cuando me dijeron:
vamos a la casa del Señor.
Me alegré cuando me dijeron:
vamos a la casa del Señor.

1   Ya nuestros pasos detienen su andar,
¡Jerusalén, Jerusalén!,
ante tus puertas con admiración.
¡Jerusalén, Jerusalén! *Estribillo*

2   Que haya paz para todos aquí;
¡Jerusalén, Jerusalén!,
que se amen todos por amor a Dios.
¡Que haya paz; reine el amor! *Estribillo*

3   Que sea alabado y bendito el Señor,
el Dios de Abram, Dios de Israel.
Que se dé gloria y honor a Yavé,
a nuestro Dios, gloria y honor. *Estribillo*

Texto: Carlos Rosas, basado en Salmo 122
Música: Carlos Rosas
Texto y música © 1977 Carlos Rosas, admin. OCP Publications

Bendigamos al Señor

1 Bendigamos al Señor.
Demos gracias a nuestro Dios.
Que el Dios omnipotente
nos bendiga. Amén
Bendigamos al Señor.
Demos gracias a nuestro Dios.
Que el Dios omnipotente
nos bendiga. Amén

Estribillo
Vayamos junto con él,
sirvamos al mundo,
pueblo de Dios.
Obremos para que reine
en nuestro tiempo
la paz y el amor.

2 Nuestros cuerpos vamos a dar;
nuestras mentes a iluminar
porque su justicia reine
para siempre. Amén
Nuestros cuerpos vamos a dar;
nuestras mentes a iluminar
porque su justicia reine
para siempre. Amén *Estribillo*

3 Bendigamos al Señor.
Demos gracias a nuestro Dios.
Que el Dios omnipotente
nos bendiga. Amén
Bendigamos al Señor.
Demos gracias a nuestro Dios.
Que el Dios omnipotente
nos bendiga. Amén

Texto: *Missa en jazz*, Homero Perera
Música: Homero Perera
Texto y música © Homero R. Perera

Enviado soy de Dios
The Lord now sends us forth

En - via - do soy de Dios, mi ma - no lis - ta_es - tá pa -
The Lord now sends us forth to serve, ex - hort and give, and

ra cons - truir con él un mun - do fra - ter - nal.
make of all the earth a bet - ter place to live.

Los án - ge - les no son en - via - dos a cam - biar un
The an - gels are not sent in - to our world of pain to

mun - do de do - lor por un mun - do me - jor; me
do what we were meant to do in Je - sus' name; that

ha to - ca - do_a mí ha - cer - lo rea - li - dad. A -
falls to you and me and all who are made free. Help

yú - da - me, Se - ñor, a_ha - cer tu vo - lun - tad.
us, O Lord, we pray, to do your will to - day.

Texto: anónimo de Centroamérica; trad. Gerhard Cartford
Música: anónimo de Centroamérica
Texto en inglés © 1998 Augsburg Fortress

Cristo te necesita

1   Cristo te necesita para amar, para amar;
    Cristo te necesita para amar.
    Al que sufre y al triste, dale amor, dale amor,
    al humilde y al pobre, dale amor.

Estribillo
No te importen las razas, ni el color de la piel,
ama a todos como hermanos, y haz el bien.
No te importen las razas, ni el color de la piel,
ama a todos como hermanos, y haz el bien.

2   Al que vive a tu lado dale amor, dale amor,
    al que viene de lejos, dale amor.
    Al que habla otra lengua, dale amor, dale amor,
    al que piensa distinto, dale amor. *Estribillo*

3   Al amigo de siempre dale amor, dale amor,
    y al que no te saluda, dale amor.
    Cristo te necesita para amar, para amar;
    Cristo te necesita para amar. *Estribillo*

Texto: Cesáreo Gabarain
Música: Cesáreo Gabarain
Texto y música © 1979 Cesáreo Gabarain, admin. OCP Publications

417

No basta sólo una mano

1 No bas-ta só-lo_u-na ma-no si yu-yos hay que_a-rran-car; el
pas-to de los cam-pos en sur-cos se vol-ve-rá. Va-mos
jun-tos de la ma-no, hay tan-to pa-ra plan-tar.

Estribillo

Gra-nos muer-tos hoy ma-ña-na bro-ta-rán,
y_en la es-pe-ran-za la_i-gle-sia cre-ce-rá.
Pue - blo de_her-ma-nos de la ma-no va.

1 No basta sólo una mano
   si yuyos hay que arrancar;
   el pasto de los campos
   en surcos se volverá.
   Vamos juntos de la mano,
   hay tanto para plantar.

   Estribillo
   Granos muertos hoy
   mañana brotarán,
   y en la esperanza
   la iglesia crecerá.
   Pueblo de hermanos
   de la mano va.

2 No basta sólo una mano
   contra la soledad
   que, si la vida pesa,
   el amor puede más.
   Vamos juntos de la mano,
   fuego es la amistad. *Estribillo*

3 No basta sólo una mano
   si vamos a construir
   una iglesia de testigos
   que anuncie a Cristo, sí.
   Vamos juntos de la mano
   que solo no puedes ir. *Estribillo*

yuyos = abrojos, matojos

Texto: Juan Damián
Música: Irene S. de Alvarez
Texto © Juan Damián; música © Irene S. de Alvarez

A este santo templo

Reunidos o dispersos

1 A este santo templo vinimos a adorar,
al salir sabemos no quedas aquí.
Estás en el mundo, delante vas también,
y de allí nos llamas contigo a servir.

Estribillo
Reunidos o dispersos,
contigo estaremos.
De gracia nos diste
de gracia daremos.

2 Hemos confesado nuestro pecado a ti,
y hemos recibido tu voz de perdón.
Ahora nos volvemos gozando de tu don,
hacia nuestro hermano para perdonar.
Estribillo

3 Hemos escuchado en la proclamación,
tus santas promesas y tu exhortación.
No simples oidores nos dice el Señor,
sino hacedores de tu voluntad.
Estribillo

4 Al cruzar la puerta y al mundo regresar,
tu llamada oímos para la misión.
Predicad la nueva: "Sal de la tierra sois,
me seréis testigos." "Amados, amad."
Estribillo

Texto: Mortimer Arias
Música: Antonio Auza
Texto © Mortimer Arias; música © la herencia de Antonio Auza

419 Cuando el pobre crea en el pobre

Cuan-do_el po-bre cre-a_en el po-bre ya po-dre-mos can-tar: ¡li-ber-

tad! Cuan-do_el po-bre cre-a_en el po-bre con-strui-re-mos la fra-ter-ni-dad.

1 Has-ta lue-go, mis her-ma-nos, que la mi-sa ter-mi-nó. Ya_es-cu-

cha-mos lo que Dios nos ha-bló. Aho-ra sí, ya_es-ta-mos cla-ros, ya po-

de-mos ca-mi-nar; la ta-re-a de-be-mos con-ti-nuar.

Estribillo
Cuando el pobre crea en el pobre
ya podremos cantar: ¡libertad!
Cuando el pobre crea en el pobre
construiremos la fraternidad.

1 Hasta luego, mis hermanos,
que la misa terminó.
Ya escuchamos lo que Dios nos habló.
Ahora sí, ya estamos claros,
ya podemos caminar;
la tarea debemos continuar.
Estribillo

2 Todos nos comprometimos
en la mesa del Señor
a construir en este mundo el amor.
Que al luchar por los hermanos
se hace la comunidad;
Cristo vive en la solidaridad.
Estribillo

3 Cuando el pobre busca al pobre
y nace la organización
es que empieza nuestra liberación.
Cuando el pobre anuncia al pobre
la esperanza que él nos dio,
ya su reino entre nosotros nació.
Estribillo

Texto: *Misa popular salvadoreña*, Guillermo Cuéllar
Música: Guillermo Cuéllar
Texto y música © 1996 GIA Publications

¡Aleluya! te bendecimos
Hallelujah! We sing your praises

Estribillo

¡A - le - lu - ya! te ben - de - ci - mos, e - res
Hal - le - lu - jah! We sing your prais - es, all our

nues - tra_a - le - grí - a. ¡A - le - lu - ya! te ben - de -
hearts are filled with glad - ness. Hal - le - lu - jah! We sing your

ci - mos, e - res nues - tra_a - le - grí - a.
prais - es, all our hearts are filled with glad - ness.

Estrofas

1 Je - su - cris - to nos di - jo: yo soy vi - no y pan, yo soy
Christ the Lord .. to us said: I am wine, I am bread, I am

vi - no y pan, pa - ra to - da sed y ham - bre.
wine, I am bread, give to all who thirst and hun - ger.

Estribillo
¡Aleluya! te bendecimos,
eres nuestra alegría.
¡Aleluya! te bendecimos,
eres nuestra alegría.

1 Jesucristo nos dijo:
  Yo soy vino y pan,
  yo soy vino y pan,
  para toda sed y hambre. *Estribillo*

2 Ya nos manda a salir,
  fuertes en nuestra fe,
  fuertes en nuestra fe,
  anunciando la palabra. *Estribillo*

Refrain
Hallelujah! We sing your praises,
all our hearts are filled with gladness.
Hallelujah! We sing your praises,
all our hearts are filled with gladness.

1 *Christ the Lord to us said:*
  I am wine, I am bread,
  I am wine, I am bread,
  give to all who thirst and hunger. Refrain

2 *Now he sends us all out*
  strong in faith, free of doubt,
  strong in faith, free of doubt,
  tell to all the joyful Gospel. Refrain

Texto: tradicional sudafricano
Música: tradicional sudafricano
Texto en inglés © 1984 Utryck, admin. Walton Corp.

La mañana es especial

Este es el día

1 La ma - ña - na es es - pe - cial, lo sien - to al le - van - tar - me.

La ma - ña - na es es - pe - cial, lo sien - to al le - van - tar - me.

La ma - ña - na es la can - ción de Dios; la ma -

ña - na es la can - ción de Dios. La ma - ña - na es la can -

ción de Dios; la ma - ña - na es la can - ción de Dios.

Estribillo

Es - te es el dí - a que el Se - ñor ha cre - a - do pa - ra ti.

1 La mañana es especial,
lo siento al levantarme.
La mañana es especial,
lo siento al levantarme.
La mañana es la canción de Dios;
la mañana es la canción de Dios.
La mañana es la canción de Dios;
la mañana es la canción de Dios.

Estribillo
Este es el día que el Señor
ha creado para ti.
Este es el día que el Señor
ha creado para ti.

2 Cada tarde es especial,
siento cuanto trabajo.
Cada tarde es especial,
siento cuanto trabajo.
El trabajo es la canción de Dios;
el trabajo es la canción de Dios.
El trabajo es la canción de Dios;
el trabajo es la canción de Dios. *Estribillo*

3 Cada noche es especial,
lo siento al acostarme.
Cada noche es especial,
lo siento al acostarme.
El descanso es la canción de Dios,
el descanso es la canción de Dios.
El descanso es la canción de Dios,
el descanso es la canción de Dios. *Estribillo*

Texto: Victor Jortack
Música: Victor Jortack
Texto y música © 1998 Augsburg Fortress

Al despuntar en la loma el día

1. Al des-pun-tar en la lo-ma_el dí - a, al ver tu glo-ria na - cer,
se lle-na_el cam-po de tu_a-le-grí - a, se ve la yer-ba cre - cer;
y yo, Se - ñor, que te - mí - a que no fue-ra co-mo_a-yer,
te ve-o_a-quí co-mo siem-pre en mi vi - da y_en mi ser;
te ve-o_a-quí co-mo siem-pre en mi vi - da y_en mi ser.

1 Al despuntar en la loma el día,
   al ver tu gloria nacer,
   se llena el campo de tu alegría,
   se ve la yerba crecer;
   y yo, Señor, que temía
   que no fuera como ayer,
   te veo aquí como siempre
   en mi vida y en mi ser;
   te veo aquí como siempre
   en mi vida y en mi ser.

2 Se mezcla el sol en el horizonte
   con un verde cafetal,
   en la espesura canta el sinsonte,
   vuelve la vida al corral;
   y siento el aire fragante,
   mezcla de aroma y sudor,
   y tú me pides que cante,
   y te canto, mi Señor;
   y tú me pides que cante,
   y te canto, mi Señor.

3 Quisiera ser como aquel arroyo,
   grato para refrescar,
   o el arrullar de tu pensamiento
   que se escucha en el palmar.
   Como el cantío de un gallo,
   como el trinar del zorzal,
   mi voz se alza en el viento,
   oh mi Dios, para cantar;
   mi voz se alza en el viento,
   oh mi Dios, para cantar.

sinsonte, zorzal = aves

Texto: Heber Romero
Música: Heber Romero
Texto y música © 1980 Sta. Clara, Liturgia Criolla

423
Brillante el sol alumbra ya

1 Bri - llan - te el sol a - lum - bra ya,
des - pier - to to - do el mun - do es - tá.
A Dios dad gra - cias, dad lo - or,
que nos cui - dó con tan - to a - mor.
A Dios dad gra - cias, dad lo - or,
que nos cui - dó con tan - to a - mor.
A - mén, a - mén.

1 Brillante el sol alumbra ya,
despierto todo el mundo está.
A Dios dad gracias, dad loor,
que nos cuidó con tanto amor.
A Dios dad gracias, dad loor,
que nos cuidó con tanto amor.

2 De todo mal hoy guárdanos,
Señor Jesús; concédenos
que tu ángel fiel y protector
esté de guardia en derredor;
que tu ángel fiel y protector
esté de guardia en derredor.

3 Que sea nuestro corazón
  fiel cumplidor de tu misión;
  que toda nuestra actividad
  concuerde con tu voluntad;
  que toda nuestra actividad
  concuerde con tu voluntad.

4 Toda obra nuestra haz prosperar,
  que frutos buenos pueda dar.
  Concede al fin que con fervor
  lo hagamos todo en tu loor.
  Concede al fin que con fervor
  lo hagamos todo en tu loor. Amén, amén.

Texto: Nikolaus Herman; trad. David Schmidt
Música: Santos Dávila
Texto de *Culto Cristiano*, © 1964 Publicaciones "El Escudo"; música © Santos Dávila

Despunta el alba 424

1 Despunta el alba del nuevo día;
  canten las aves al Creador.
  Todo es hermoso cuando amanece;
  demos con gozo gloria al Señor.

2 Cae la lluvia sobre la hierba
  como al principio de la creación.
  Dios es loado, pues nos ha dado,
  con el rocío, su bendición.

3 Suya es la aurora, suyo es el día;
  todo perfecto Dios lo creó.
  Una alabanza siempre elevemos
  cada mañana al Creador.

Texto: Eleanor Farjeon; trad. Comisión del Himnario "Albricias"
Música: tradicional de Irlanda
Texto en español © 1987 Comisión del Himnario Español "Albricias"

425

Por la mañana

1 Por la ma-ña-na di-ri-gi-mos la_a-la-ban-za a Dios que_ha
si-do_y es nues-tra ú-ni-ca_es-pe-ran-za. Por la ma-
ña-na le_in-vo-ca-mos con el al-ma, le su-pli-ca-mos que nos dé su dul-ce
cal-ma. Él nos es-cu-cha, pues nos a-ma tan-to, y nos a-
li-via de cual-quier que-bran-to. Nos da su ma-no, po-de-ro-sa_y
fuer-te pa-ra li-brar-nos de la mis-ma muer-te.

1 Por la mañana dirigimos la alabanza
a Dios que ha sido y es nuestra única esperanza.
Por la mañana le invocamos con el alma,
le suplicamos que nos dé su dulce calma.
Él nos escucha, pues nos ama tanto,
y nos alivia de cualquier quebranto.
Nos da su mano, poderosa y fuerte
para librarnos de la misma muerte.

2 Cuando la noche se aproxima tenebrosa
en elevarle mi oración mi alma se goza;
siento paz inagotable, dulce y grata
porque temores y ansiedad Cristo los mata.
También elevo mi cantar al cielo
cuando a la tierra baja oscuro velo.
El sol se oculta pero queda Cristo,
a quién mis ojos en el sueño han visto.

3 Veo la sangre de sus manos que han brotado,
veo la sangre brotando en un costado;
una corona con espinas en su frente,
la multitud escarneciéndole insolente.
¡Pero qué dicha cuando al cielo sube,
lleno de gloria en majestuosa nube!
¡Pero qué dicha cuando al cielo sube,
lleno de gloria en majestuosa nube!

Texto: Alfredo Colom
Música: Alfredo Colom
Texto y música © 1954, ren. 1982 Singspiration Music

La noche abre su mano   426

1 La no-che_a-bre su ma-no mis-te-rio-sa,   i - gual que_el sem-bra-

dor que suel-ta_el gra - no;   la_au - ro-ra_es u - na_a - le - gre pri-ma -

ve - ra   de luz y de ro - cí - o so-bre_el mun - do.

1 La noche abre su mano misteriosa,
igual que el sembrador que suelta el grano;
la aurora es una alegre primavera
de luz y de rocío sobre el mundo.

2 Palabras de evangelio son los granos
y gracia del amor es el rocío;
se alza ya el Señor sobre la tierra,
el sol que no conoce la caída.

3 La tierra de las gentes se sonríe
igual que los chiquillos junto al fuego;
y siente el corazón el bullir nuevo,
la fuerza de la vida que despierta.

4 Las mieses se iluminan de esperanza
al ver la aurora nueva del verano;
tus hijos, como frutos que maduran,
esperan la cosecha del amor.

5 A ti, Señor, la gloria para siempre,
al brote de la aurora y al ocaso;
que encuentren sazonado nuestro fruto
los ojos del lucero vespertino.

Texto: Rafael Arracho
Música: Tomás Aragüés
Texto © Rafael Arracho, permiso solicitado; música © Tomás Aragüés, permiso solicitado

427

Loor a tí, mi Dios

1. Loor a tí, mi Dios, en esta noche
por todas tus bondades de este día.
Oh, guárdame y que tus potentes alas
sean por siempre la defensa mía.
De cuántas faltas hoy he cometido
perdóname, Señor, por tu Hijo amado.
Contigo, con el prójimo y conmigo
quede yo antes de dormir reconciliado.
Contigo, con el prójimo y conmigo
quede yo antes de dormir reconciliado.

2. Enséñame a vivir, que no me espante
la tumba más que el lecho del reposo;
enséñame a morir, a fin que pueda
a tu llamada despertar glorioso.
Oh, logre reposar en tí mi alma,
cierre mis párpados el dulce sueño,
un sueño que vigor pueda prestarme
para servirte, al despertar, mi Dueño;
un sueño que vigor pueda prestarme
para servirte, al despertar, mi Dueño.

Texto: Thomas Ken; trad. Juan Bautista Cabrera
Música: Ángel Mattos
Música © 1998 Augsburg Fortress

Mi alma glorifica al Señor

428

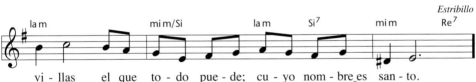

Estribillo
Mi alma glorifica al Señor, mi Dios;
gózase mi espíritu en mi Salvador.
Él es mi alegría, es mi plenitud;
él es todo para mí.

1 Ha mirado la bajeza de su sierva;
muy dichosa me dirán todos los pueblos,
porque en mí ha hecho grandes maravillas
el que todo puede; cuyo nombre es santo.
Estribillo

2 Su clemencia se derrama por los siglos
sobre aquellos que le temen y le aman.
Desplegó el gran poder de su derecha;
dispersó a los que piensan que son algo.
Estribillo

3 Derribó a los potentados de sus tronos
y ensalzó a los humildes y a los pobres.
Los hambrientos se saciaron de sus bienes
y alejó de sí, vacíos, a los ricos.
Estribillo

4 Acogió a Israel, su humilde siervo,
acordándose de su misericordia;
como había prometido a nuestros padres,
a Abraham y descendencia para siempre.
Estribillo

Texto: Lucas 1:46-55, adap. Francisco Palazón
Música: Francisco Palazón
Texto y música © 1979 E. Pascual, F. Palazón y San Pablo Internacional—SSP, admin. OCP Publications

Tú, Señor, que brillas
Danos tu luz

429

Estribillo

Tú, Se - ñor, que bri - llas en las ti -
You, dear Lord, re - splen - dent with - in our

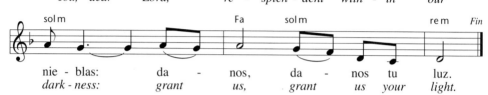

nie - blas: da - nos, da - nos tu luz.
dark - ness: grant us, grant us your light.

Estrofas

1 Mi co - ra - zón es - tá san - gran - do, me sien - to
1 This heart of mine is in deep an - guish. I feel so

le - jos, le - jos de ti. La vi - da_es tris - te si tú nos
far off, so far from you. How sad our life, Lord, if you should

de - jas, si tú nos de - jas so - los, sin luz.
leave us, if you should leave us with - out your light.

Estribillo
Tú, Señor, que brillas en las tinieblas:
danos, danos tu luz.

1 Mi corazón está sangrando,
me siento lejos, lejos de ti.
La vida es triste si tú nos dejas,
si tú nos dejas solos, sin luz. *Estribillo*

2 En esta noche sigo tus pasos,
aunque no vea clara tu luz.
Guíanos, tú, por esta vida,
por esta vida hasta la luz. *Estribillo*

3 Pronto vendrá el nuevo día,
amanecer de eterna luz.
Nace en nosotros paz y esperanza,
juntos veremos la luz sin fin. *Estribillo*

Refrain
You, dear Lord, resplendent within our darkness:
grant us, grant us your light.

1 This heart of mine is in deep anguish.
I feel so far off, so far from you.
How sad our life, Lord, if you should leave us,
if you should leave us without your light. *Refrain*

2 This night I follow in your footsteps,
but cannot clearly behold your light.
You, Lord, must guide us throughout our lifetime,
throughout our lifetime to that clear light. *Refrain*

3 We soon shall see the new day dawning,
shall see the dawning of eternal light.
May we in loving and peaceful living
behold together your endless light. *Refrain*

Texto: anónimo, trad. Fred Pratt Green
Música: Gerhard Cartford
Texto en inglés © 1982 Hope Publishing Co.; música © Lutheran World Federation

Dios bendiga las almas unidas

1 Dios ben - di - ga las al - mas u - ni - das por los la - zos de_a - mor sa - cro-

san - to, y las guar - de de to - do que - bran - to en el

mun - do de_es - pi - nas e - rial. Que_el ho - gar que_a for - mar - se co-

mien - za con la_u - nión de_es - tos dos co - ra - zo - nes, go - ce

siem - pre de mil ben - di - cio - nes al am - pa - ro del Dios de_Is - ra - el.

1 Dios bendiga las almas unidas
por los lazos de amor sacrosanto,
y las guarde de todo quebranto
en el mundo de espinas erial.
Que el hogar que a formarse comienza
con la unión de estos dos corazones,
goce siempre de mil bendiciones
al amparo del Dios de Israel.

2 Que el Señor con su dulce presencia,
cariñoso estas bodas presida,
y conduzca por sendas de vida
a los que hoy se han jurado lealtad.
Les recuerde que nada en el mundo
es eterno, que todo termina,
y por tanto con gracia divina,
cifrar deben la dicha en su Dios.

3 Que los dos que al altar se aproximan
a jurarse su fe mutuamente,
busquen siempre de Dios en la fuente
el secreto de dicha inmortal.
Y si acaso de duelo y tristeza
se empañasen sus sendas un día,
en Jesús hallarán dulce guía
que otra senda les muestre mejor.

Texto: Daniel Hall
Música: *Colección Española*

431 — El amor

1 El amor, el amor es sufrido y sacrificial. Quien
a - ma es ca-paz de mo-rir, quien a-ma siem-pre de-be tratar de no he-rir. El a - mor es be-
nig - no y_es a - sí por-que Dios es a - mor.

1 El amor, el amor es sufrido y sacrificial.
Quien ama es capaz de morir,
quien ama siempre debe tratar de no herir.
El amor es benigno
y es así porque Dios es amor.

2 El amor, el amor nunca piensa sólo para sí;
se goza siempre de la verdad,
perdona y nunca guarda rencor; todo lo cree.
El amor verdadero
es así porque Dios es amor.

Texto: Rafael D. Grullón, basado en 1 Corintios 13
Música: Rafael D. Grullón
Texto y música © 1987 Abingdon Press, admin. Copyright Company

432 — Todo debo a ti

To - do de - bo_a ti, Se - ñor, y te quie - ro gra-cias
dar. Nues-tros pa - sos guí-a hoy y ben -
di - ce nues-tro_ho-gar. ¡A - le - lu - ya! A - mén.

Texto: Beatriz Cabrera Shaw
Música: Beatriz Cabrera Shaw
Texto y música © Beatriz Cabrera Shaw, permiso solicitado

Amar es entregarse

1 A - mar es en-tre - gar-se, ol-vi - dán - do-se de sí, bus -
can - do lo que al o - tro pue - da_ha - cer - le fe - liz, bus -
can - do lo que al o - tro pue - da_ha - cer - le fe - liz.

Estribillo

¡Qué lin-do_es vi - vir pa - ra_a - mar! ¡Qué gran - de_es te - ner
pa - ra dar! Dar a - le - grí - a, fe - li - ci - dad,
dar - se_u - no mis - mo, e - so_es a - mar. Dar a - le - grí - a,
fe - li - ci - dad, dar - se_u - no mis - mo, e - so_es a - mar.

1 Amar es entregarse,
olvidándose de sí,
buscando lo que al otro
pueda hacerle feliz;
buscando lo que al otro
pueda hacerle feliz.

Estribillo
¡Qué lindo es vivir para amar!
¡Qué grande es tener para dar!
Dar alegría, felicidad,
darse uno mismo, eso es amar.
Dar alegría, felicidad,
darse uno mismo, eso es amar.

2 Si amas como a ti mismo,
y te entregas a los demás;
verás que no hay egoísmo
que no puedas superar;
verás que no hay egoísmo
que no puedas superar.
Estribillo

Texto: tradicional
Música: tradicional

434

Tan grande amor no habrá

1 Tan gran - de_a - mor no_ha - brá que_a - quél que Dios mos - tró por mí. Yo

su ca - mi - no de - se - ché e_in - di - fe - ren - te me mos - tré. Yo le_o - fen-

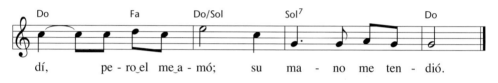

dí, pe - ro_el me_a - mó; su ma - no me ten - dió.

1 Tan grande amor no habrá
que aquel que Dios mostró por mí.
Yo su camino deseché
e indiferente me mostré.
Yo le ofendí, pero el me amó;
su mano me tendió.

2 Tan grande amor no habrá
que aquel que Dios mostró por mí.
Siendo Señor, él se humilló;
de augusto trono descendió.
Forma de hombre él tomó
y así me rescató.

3 Tan grande amor no habrá
que aquel que Dios mostró por mí.
Él mi pecado perdonó,
mi sitio en cruenta cruz tomó.
Culpable soy, y aún así
Jesús murió por mí.

Texto: Ángel Mattos-Nieves
Música: Ángel Mattos-Nieves
Texto y música © 1998 Augsburg Fortress

¿A dónde podré esconderme?

1 ¿A dón - de po-dré_es-con-der - me del mal y del e - rror? Oh,

¿quién po - drá_o - cul - tar - me de_e - ter - na con - de - na - ción?

Estribillo

En las he - ri - das de Je - sús ha - lla re - fu - gio_el pe - ca-dor;

en las he - ri - das de Je - sús se - gu-ro_am-pa - ro_en-con-tra - rás.

1 ¿A dónde podré esconderme
del mal y del error?
Oh, ¿quién podrá ocultarme
de eterna condenación?

Estribillo
En las heridas de Jesús
halla refugio el pecador;
en las heridas de Jesús
seguro amparo encontrarás.

2 ¿A dónde hallaré refugio
de la tempestad del mal?
¿A dónde hallaré consuelo,
que el mundo no me da? *Estribillo*

3 Oh, ¿quién podrá librarme
del juicio que vendrá?
Oh, ¿quién podrá librarme
de eterna perdición? *Estribillo*

4 ¿Qué amparo enjuga el llanto
del pobre corazón?
Tornando mi lloro en canto
de paz y redención. *Estribillo*

Texto: Rafael Muñoz Apango
Música: Rafael Muñoz Apango

Camina, pueblo de Dios

436

Nueva creación

Ca - mi - na, pue - blo de Dios, ca - mi - na, pue - blo de Dios: nue - va

ley, nue - va a - lian - za, en la nue - va cre - a - ción. Ca -

mi - na, pue - blo de Dios, ca - mi - na, pue - blo de Dios.

Estrofas

1 Mi - ra_a - llá_en el Cal - va - rio en la ro - ca hay u - na cruz;

muer - te que_en - gen - dra la vi - da, es - pe - ran - za, nue - va luz.

Cris - to nos ha sal - va - do con su muer - te_y re - su - rrec - ción;

to - das las co - sas re - na - cen en la nue - va cre - a - ción.

Estribillo
Camina, pueblo de Dios, camina, pueblo de Dios:
nueva ley, nueva alianza, en la nueva creación.
Camina, pueblo de Dios, camina, pueblo de Dios.

1 Mira allá en el Calvario, en la roca hay una cruz;
muerte que engendra la vida, esperanza, nueva luz.
Cristo nos ha salvado con su muerte y resurrección;
todas las cosas renacen en la nueva creación. *Estribillo*

2 Cristo toma en su cuerpo el pecado, la esclavitud;
al destruirlos, nos trae una nueva plenitud.
Pone en paz a la gente, a las cosas y al creador;
todo renace a la vida en la nueva creación. *Estribillo*

3 Cielo y tierra se abrazan, nuestra alma halla el perdón;
vuelven a abrirse los cielos para el mundo que es pecador.
Israel peregrino, vive y canta tu redención;
hay nuevos mundos abiertos en la nueva creación. *Estribillo*

Texto: Cesáreo Gabarain
Música: Cesáreo Gabarain
Texto y música © 1979 Cesáreo Gabarain, admin. OCP Publications

Sublime gracia

437

1 Sublime gracia del Señor,
que a un pecador salvó;
perdido andaba, él me halló,
su luz me rescató.

2 Su gracia me enseñó a vencer,
mis dudas disipó.
¡Qué gozo siento en mi ser!
Mi vida él cambió.

3 Peligros, lucha y aflicción
los he tenido aquí;
su gracia siempre me libró,
consuelo recibí.

4 Y cuando en Sión por siglos mil
brillando esté cual sol,
yo cantaré por siempre allí
a Cristo el Salvador.

Texto: John Newton; trad. Cristóbal E. Morales
Música: *Southern Harmony*, 1835

438   Canto, oh Señor, por tu gracia

1 Can-to, oh Se-ñor, por tu gra-cia in-fi-ni-ta y glo-rio-sa,
2 Qui-ta, oh Se-ñor, el pe-ca-do que me con-ta-mi-na.

que des-de la e-ter-ni-dad em-pe-ñas-te por mí.
Haz que mis o-jos con tu luz so-lo se i-lu-mi-nen;

In-dig-no soy an-te ti, mi pe-ca-do es tan gran-de;
que de ti ven-gan mi fuer-za y á-ni-mo dia-rio;

na-da en mi car-ne es a-cep-to, pues san-to e-res tú.
cual a-ve fuer-te mi fe se al-ce siem-pre a ti.

Lo que la ley y mis o-bras ja-más lo-gra-rí-an,
Haz que los dí-as que que-den los u-se cual sa-bio,

en mi lu-gar to-da deu-da tu san-gre bo-rró.
fiel ins-tru-men-to i-dó-neo, de tu gra-cia, sí;

To-da mi cul-pa lle-vas-te, fui jus-ti-fi-ca-do;
pa-ra que cuan-do yo es-té an-te ti en tu tro-no,

to - do lo su - cio, por gra - cia cual nie - ve que - dó.
ve - as en mí al - go que trai - ga glo - ria a ti.

3 Can - to, Se - ñor, de mi al - ma i - nun - da - da de go - zo,

pues en tu a - mor, por tu san - gre ya lim - pio yo soy.

An - te tu tro - no, hu - mil - de te doy hon - ra y glo - ria,

y aun - que im - per - fec - to an - te ti me a - cer - co a a - do - rar.

Gra - cias, Se - ñor, por la vi - da que me re - ga - las - te;

y la es - pe - ran - za de ver - te en ce - les - te ho - gar;

y la es - pe - ran - za de ver - te en ce - les - te ho - gar.

Texto: David M. Surpless
Música: David M. Surpless
Texto y música © 1994 David M. Surpless

439

Grande gozo hay en mi alma

Capó 1

1 Gran - de go - zo hay en mi al - ma hoy, pues Je -
sús con - mi - go_es - tá; y su paz, que ya go - zan - do_es-
toy por siem - pre du - ra - rá.

Estribillo

Gran - de go - zo, ¡cuán her - mo - so! Pa - so
to - do_el tiem - po muy fe - liz; por - que veo de Cris - to
la son - rien - te faz, gran - de go - zo sien - to_en mí.

1 Grande gozo hay en mi alma hoy,
pues Jesús conmigo está;
y su paz, que ya gozando estoy
por siempre durará.

Estribillo
Grande gozo, ¡cuán hermoso!
Paso todo el tiempo muy feliz;
porque veo de Cristo la sonriente faz,
grande gozo siento en mí.

2 Hay un canto en mi alma hoy,
melodías a mi rey;
en su amor feliz y libre soy,
y salvo por la fe. *Estribillo*

3 Paz divina hay en mi alma hoy,
porque Cristo me salvó;
las cadenas rotas ya están,
Jesús me libertó. *Estribillo*

4 Gratitud hay en mi alma hoy,
y alabanzas a Jesús;
por su gracia a la gloria voy,
gozándome en la luz. *Estribillo*

Texto: Eliza E. Hewitt; trad. anónimo
Música: John R. Sweney

Crea en mí un corazón limpio

440

Crea en mí un corazón limpio,
renuévame con tu Espíritu.
No me apartes de tu presencia
ni me retires tu Santo Espíritu.
Restaura en mí el gozo de tu salvación.
Sosténme con tu Santo Espíritu.

Texto: Salmo 51:10-12
Música: Rudy Espinoza
Música © 1998 Augsburg Fortress

441

Si fui motivo de dolor

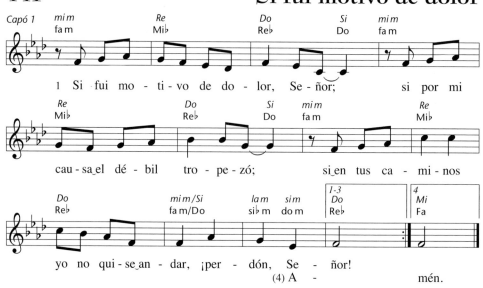

1 Si fui mo - ti - vo de do - lor, Se - ñor; si por mi
cau - sa el dé - bil tro - pe - zó; si en tus ca - mi - nos
yo no qui - se an - dar, ¡per - dón, Se - ñor! (4) A - mén.

1 Si fui motivo de dolor, Señor;
   si por mi causa el débil tropezó;
   si en tus caminos yo no quise andar,
   ¡perdón, Señor!

2 Si vana y fútil mi palabra fue;
   si al que sufría en su dolor dejé
   no me condenes, tú, por mi maldad:
   ¡perdón, Señor!

3 Si por la vida quise andar en paz,
   tranquilo, libre y sin luchar por ti
   cuando anhelabas verme en la lid,
   ¡perdón, Señor!

4 Escucha, oh Dios, mi pobre confesión,
   y líbrame de tentación sutil;
   preserva siempre mi alma en tu redil.
   Amén, amén.

Texto: C. Maud Battersby; trad. Sara Menéndez de Hall
Música: Pablo Sosa

Crea en mí, oh Dios
Create in me a clean heart

442

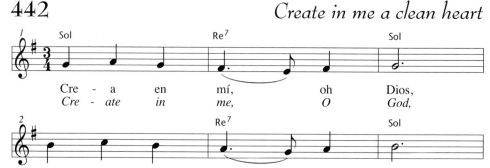

Cre - a en mí, oh Dios,
Cre - ate in me, O God,
un lim - pio co - ra - zón,
cre - ate in me a clean heart.

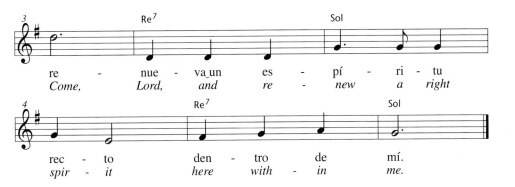

re - nue - va_un es - pí - ri - tu
Come, Lord, and re - new a right

rec - to den - tro de mí.
spir - it here with - in me.

Crea en mí, oh Dios, un limpio corazón,
renueva un espíritu recto dentro de mí.

Create in me, O God, create in me a clean heart.
Come, Lord, and renew a right spirit here within me.

Texto: Salmo 51:10, adap.
Música: Graciela Pets
Texto en inglés © 1998 Augsburg Fortress; música © Graciela I. Pets

Perdon, Señor, soy pobre pecador   443

Per - dón, Se - ñor, soy po - bre pe - ca - dor, in - dig - no de tu com - pa - sión.

1 Soy u - na som - bra que va de - trás de

ti, y te si - gue_ar - dien - do en sed de tu per - dón.

Estribillo
Perdón, Señor, soy pobre pecador,
indigno de tu compasión.

1 Soy una sombra que va detrás de ti,
y te sigue ardiendo en sed de tu perdón.
Estribillo

2 Soy una hoja que el viento llevará,
pero eleva a ti un susurro de clamor.
Estribillo

3 Soy una vida, vida prestada,
que en su nada tu infinito ama, Señor.
Estribillo

Texto: Judy Santiago
Música: José Ruiz
Texto © Judy Santiago; música © 1998 Augsburg Fortress

tonada alterna: Exodus

444

Heme aquí, Jesús bendito

1 He-me_a-quí, Je-sús ben-di-to, a-go-bia-do ven-go_a ti,
3 He-me pues en tu pre-sen-cia; lí-bra-me de mi_an-sie-dad;

y_en mis ma-les ne-ce-si-to que te_a-pia-des tú de mí.
que_es tan gran-de tu po-ten-cia co-mo gran-de_es tu pie-dad.

Ya no pue-do con la car-ga que me_o-pri-me sin ce-sar:
Y ja-más ha re-cu-rri-do sin buen é-xi-to_a tu_a-mor

es mi vi-da tan a-mar-ga, tan in-ten-so mi pe-sar.
por con-sue-lo_el a-fli-gi-do, por per-dón el pe-ca-dor.

2 Por au-xi-lio cla-mo_en va-no aun-que lo bus-qué do-
Pe-ro tú, Je-sús, me_in-vi-tas con cor-dial so-li-ci-

quier. Ni_el a-mi-go, ni_el her-ma-no
tud, tú me li-bras de mis cui-tas

me_han po-di-do so-co-rrer.
y me_o-fre-ces la sa-lud.

1 Heme aquí, Jesús bendito,
agobiado vengo a ti,
y en mis males necesito
que te apiades tú de mí.
Ya no puedo con la carga
que me oprime sin cesar;
es mi vida tan amarga,
tan intenso mi pesar.

2 Por auxilio clamo en vano
aunque lo busqué doquier.
Ni el amigo, ni el hermano
me han podido socorrer.
Pero tú, Jesús, me invitas
con cordial solicitud,
tú me libras de mis cuitas
y me ofreces la salud.

3 Heme pues en tu presencia;
líbrame de mi ansiedad;
que es tan grande tu potencia
como es grande tu piedad.
Y jamás ha recurrido
sin buen éxito a tu amor
por consuelo el afligido,
por perdón, el pecador.

Texto: Juan Bautista Cabrera
Música: Victor Jortack y Ángel Mattos
Música © 1998 Augsburg Fortress

Tal como soy de pecador 445

1 Tal co - mo soy de pe - ca - dor, sin
o - tra fian - za que tu a - mor. A tu lla - ma - do
ven - go a ti: Cor - de - ro de Dios, he - me a - quí.

1 Tal como soy de pecador,
sin otra fianza que tu amor.
A tu llamado vengo a ti:
Cordero de Dios, heme aquí.

2 Tal como soy, buscando paz,
en mi aflicción y mal tenaz,
combate rudo siento en mí:
Cordero de Dios, heme aquí.

3 Tal como soy, con mi maldad,
miseria, pena y ceguedad;
pues hay remedio pleno en ti:
Cordero de Dios, heme aquí.

4 Tal como soy me acogerás,
perdón y alivio me darás;
pues, tu promesa ya creí:
Cordero de Dios, heme aquí.

5 Tal como soy, tu inmenso amor
aleja todo mi temor.
Mi vida entera ofrezco a ti:
Cordero de Dios, heme aquí.

Texto: Charlotte Elliott; trad. Thomas M. Westrup, alt.
Música: William B. Bradbury

446

Crea en mí, oh Dios

Crea en mí, oh Dios, un puro corazón;
pon en mí, oh Dios, un espíritu firme.
No me rechaces lejos de tu rostro,
ni apartes de mí tu Espíritu Santo.
Dame tu salvación que regocija
y mantén en mí un alma generosa.

Texto: Salmo 51:10-12
Música: José Ruiz
Música © 1998 Augsburg Fortress

Me hirió el pecado

En la cruz

1 Me hi-rió el pe-ca-do, fui a Je-sús, mos-tre-le mi do - lor; per -

di - do, e-rran-te, vi su luz, ben - dí - jo-me en su a - mor.

Estribillo

En la cruz, en la cruz, do pri - me-ro vi la luz, y las

man - chas de mi al - ma yo la - vé; fue a - llí por fe do

vi a Je - sús, y siem - pre fe - liz con él se - ré.

1 Me hirió el pecado, fui a Jesús,
mostréle mi dolor;
perdido, errante, vi su luz,
bendíjome en su amor.

Estribillo
En la cruz, en la cruz,
do primero vi la luz,
y las manchas de mi alma yo lavé;
fue allí por fe do vi a Jesús,
y siempre feliz con él seré.

2 Sobre una cruz, mi buen Señor
su sangre derramó
por este pobre pecador
a quien así salvó. *Estribillo*

3 Venció la muerte con poder,
y al cielo se exaltó;
confiar en él es mi placer,
morir no temo yo. *Estribillo*

4 Aunque él se fue, solo no estoy,
mandó al consolador,
divino Espíritu que hoy,
me da perfecto amor. *Estribillo*

Texto: Isaac Watts y Ralph E. Hudson; trad. Pedro Grado Valdes
Música: Ralph E. Hudson y John H. Hewitt

En el hambre

Zamba de confesión

448

La   Re   La   fa♯m

1 En el ham - bre de nues-tra_ig - no - ran - cia, llé - na-nos, Se-
1 *In our hun - ger and ig - no - rance, fill us, fill us now, O*

Mi   Re   La

ñor: "Yo soy el pan de la vi - da, el que_a mí
Lord: "I am the bread .. of life, . . . I'll nev - er

Mi   La   Re

vie - ne ja - más ten - drá ham-bre." "Yo soy el pan de la
leave you to hun - ger a - gain. . . I am the bread .. of

La   Mi   La

vi - da, el que_a mí vie - ne ja - más ten - drá ham-bre."
life, . . . I'll nev - er leave you to hun - ger a - gain." . .

Estribillo

Do♯7   fa♯m   Do♯7

A ti, Se - ñor, con - fe - sa - mos nues-tras cul - pas, nues-tros pe -
To you, O Lord, we con - fess now all our sin, our guilt, our mis -

fa♯m   Re   La

ca - dos. A ti, Se - ñor, im - plo - ra - mos tu per -
do - ing. We come to ask that you hear us, in your

Mi   La7   Re

dón y tu_a - mor al hu - ma - no. A ti, Se - ñor, im - plo -
love that you heal and for - give us. We come to ask that you

La   Mi7   La

ra - mos tu per - dón y tu_a - mor al hu - ma - no.
hear us, in your love that you heal and for - give us.

1 En el hambre de nuestra ignorancia,
llénanos, Señor:
"Yo soy el pan de la vida,
el que a mí viene
jamás tendrá hambre."
"Yo soy el pan de la vida,
el que a mí viene
jamás tendrá hambre."

Estribillo
A ti, Señor, confesamos
nuestras culpas, nuestros pecados.
A ti, Señor, imploramos
tu perdón y tu amor al humano.
A ti, Señor, imploramos
tu perdón y tu amor al humano.

2 Ante la ceguedad del orgullo,
danos luz, Señor:
"Yo soy la luz de este mundo,
el que me sigue
andará sin tinieblas."
"Yo soy la luz de este mundo,
el que me sigue
andará sin tinieblas." *Estribillo*

3 En el vano placer que caímos,
muévenos, Señor:
"Les digo que tomen su cruz;
quien no lo hace,
no es digno de mí."
"Les digo que tomen su cruz;
quien no lo hace,
no es digno de mí." *Estribillo*

4 Por tropiezos en nuestro sendero,
guíanos, Señor:
"Yo soy la verdad y la vida,
que es el camino que lleva
hacia Dios."
"Yo soy la verdad y la vida,
que es el camino que lleva
hacia Dios." *Estribillo*

1 In our hunger and ignorance, fill us,
fill us now, O Lord:
"I am the bread of life,
I'll never leave you
to hunger again."
"I am the bread of life,
I'll never leave you
to hunger again."

Refrain
To you, O Lord, we confess now
all our sin, our guilt, our misdoing.
We come to ask that you hear us,
in your love that you heal and forgive us.
We come to ask that you hear us,
in your love that you heal and forgive us.

2 In the blindness of our pride, Lord,
give to us your light:
"I am the light of this world
just follow me and
you'll walk not in darkness."
"I am the light of this world
just follow me and
you'll walk not in darkness." Refrain

3 From the vanities leaving us empty,
move us now, O Lord:
"Take up your cross and follow,
all who would worthier
servants now be."
"Take up your cross and follow,
all who would worthier
servants now be." Refrain

4 Through the stumbling blocks in our pathway,
guide us, Lord, we pray:
"I am the truth and the light,
I am the path
that will lead you to God."
"I am the truth and the light,
I am the path
that will lead you to God." Refrain

Texto: Hugo Armand Pilón y Alvaro Michelín Salomón
Música: Hugo Armand Pilón y Alvaro Michelín Salomón
Texto y música © Hugo Armand Pilón y Alvaro Michelín Salomón

¿Por qué te nombro con miedo?

449

Yo sé que sé

1 ¿Por qué te nom-bro con mie-do, co-mo si fue-ras vien-to?
¿Por qué te gri-to de le-jos, co-mo_es-pe-ran-do_un e-co?
¿Por qué te for-jo_en-tre nu-bes, si_e-res de san-gre_y de tie-rra?
Yo sé que sé, pe-ro no_en-tien-do, yo sé qué bus-co, y sin em-bar-go es-toy des-nu-do en me-dio de_un mis-te-rio. ¡Sí, Se-ñor! ¡Sí, Se-ñor! Qui-sie-ra no pre-gun-tar pe-ro_hoy no pue-do.

1 ¿Por qué te nombro con miedo,
como si fueras viento?
¿Por qué te grito de lejos,
como esperando un eco?
¿Por qué te forjo entre nubes,
si eres de sangre y de tierra?
Yo sé que sé, pero no entiendo,
yo sé qué busco, y sin embargo
estoy desnudo en medio de un misterio.
¡Sí, Señor! ¡Sí, Señor!
Quisiera no preguntar
pero hoy no puedo.

2 ¿Por qué te quiero en mis manos,
como un puñado de arena?
¿Por qué te formo en estatua,
si eres amor en mis venas?
¿Por qué te digo lucero,
y me pareces de niebla?
Yo sé que sé, pero no entiendo,
yo sé qué busco, y sin embargo
estoy desnudo en medio de un misterio.
¡Sí, Señor! ¡Sí, Señor!
Tan sólo quiero confiar
en tu palabra.

Texto: Juan Damián
Música: Pablo Sosa
Texto © Juan Damián; música © Pablo Sosa

De los cuatro rincones del mundo 450

1 De los cua - tro rin - co - nes del mun - do se com - bi - na la san - gre en las ve - nas de_es - te pue - blo que can - ta sus pe - nas, de_es - te pue - blo que gri - ta su fe; re - cia san - gre tra - í - da de_Es - pa - ña, no - ble san - gre del in - dio su - fri - do, fuer - te san - gre de_es - cla - vo_o - pri - mi - do; to - da san - gre com - pra - da_en la cruz.

1 De los cuatro rincones del mundo
se combina la sangre en las venas
de este pueblo que canta sus penas,
de este pueblo que grita su fe;
recia sangre traída de España,
noble sangre del indio sufrido,
fuerte sangre de esclavo oprimido;
toda sangre comprada en la cruz.

2 De los cuatro rincones del mundo,
de florida campiña cubana,
desde Asia y la costa africana,
de Borinquen, Quisqueya y Aztlán:
a esta hora bendita nos trajo
el secreto designio divino
que a todos ató en un destino
y de todos un reino creará.

3 Por los cuatro rincones del mundo
el pecado construye barreras;
mas la fe no respeta fronteras,
la justicia y la paz triunfarán.
A los cuatro rincones del mundo
somos pueblo que anuncia el mañana,
cuando a todos en paz soberana
Dios en lazos de amor unirá.

Texto: Justo L. González
Música: George Lockwood
Texto © 1996 Abingdon Press, admin. Copyright Company; música © 1992 George Lockwood

Cristo es la peña de Horeb
Christ is the Mountain of Horeb

451

1 Cris-to es la pe-ña de Ho-reb, que es-tá bro-tan-do
1 Christ is the Moun-tain of Ho-reb o-ver-flow-ing,

a - gua de vi - da sa - lu - da - ble pa - ra ti.
the source of wa - ter giv - ing ev - er - last - ing life.

Cris-to es la pe-ña de Ho-reb, que es-tá bro-tan-do
Christ is the Moun-tain of Ho-reb o-ver-flow-ing,

a - gua de vi - da sa - lu - da - ble pa - ra ti.
the source of wa - ter giv - ing ev - er - last - ing life.

Ven a to - mar la que es más dul - ce que la miel;
Come now and taste this foun - tain flow - ing ev - er sweet,

re - fres - ca el al - ma, re - fres - ca to - do tu ser.
re - fresh your spir - it, re - fresh your bod - y and soul.

Cris-to es la pe-ña de Ho-reb, que es-tá bro-tan-do
Christ is the Moun-tain of Ho-reb o-ver-flow-ing,

a - gua de vi - da sa - lu - da - ble pa - ra ti.
the source of wa - ter giv - ing ev - er - last - ing life.

1 Cristo es la peña de Horeb, que está brotando
agua de vida saludable para ti.
Cristo es la peña de Horeb, que está brotando
agua de vida saludable para ti.
Ven a tomarla que es más dulce que la miel;
refresca el alma, refresca todo tu ser.
Cristo es la peña de Horeb, que está brotando
agua de vida saludable para ti.

2 Cristo es el lirio del valle de las flores,
él es la rosa hermosa y pura de Sarón.
Cristo es la vida y amor de los amores.
Él es la eterna fuente de la salvación.
Ven a buscarla en tu triste condición,
refresca el alma, refresca todo tu ser.
Cristo es el lirio del valle de las flores,
él es la rosa hermosa y pura de Sarón.

1 *Christ is the Mountain of Horeb overflowing,*
the source of water giving everlasting life.
Christ is the Mountain of Horeb overflowing,
the source of water giving everlasting life.
Come now and taste this fountain flowing ever sweet
refresh your spirit, refresh your body and soul.
Christ is the Mountain of Horeb overflowing,
the source of water giving everlasting life.

2 *Christ is the flower of the Lily of the Valley,*
He is the Rose of Sharon, beautiful and pure.
Christ is the life and the love of truest loving.
He is the source of our salvation evermore.
Come now and find the cure for all your grief and pa
refresh your spirit, refresh your body and soul.
Christ is the flower of the Lily of the Valley,
He is the Rose of Sharon, beautiful and pure.

Texto: anónimo; trad. Alice Parker
Música: tradicional de Puerto Rico
Texto en inglés © 1996 Abingdon Press, admin. Copyright Company

Como las cañas

452

Danos esa paz

1 Co - mo las ca - ñas en la llu - via_en - cuen - tran
to - da_her - mo - su - ra y ri - co sa - bor,
en ti mi al - ma la paz va bus - can - do:
tú_e - res mi ro - ca, mi li - ber - ta - dor.

Estribillo

Da - nos e - sa paz que_an - he - la to - da la gen - te,
da - nos e - sa paz que Cris - to nos pro - me - tió;
te pe - di - mos hoy que_i - nun - des to - da la tie - rra
con tu san - ta paz, ben - di - to Se - ñor.

1 Como las cañas en la lluvia encuentran
toda hermosura y rico sabor,
en ti mi alma la paz va buscando:
tú eres mi roca, mi libertador.

Estribillo

Danos esa paz que anhela toda la gente,
danos esa paz que Cristo nos prometió;
te pedimos hoy que inundes toda la tierra
con tu santa paz, bendito Señor.

2 Hoy nos visita el Dios de los pobres,
   el Dios del surco, del humo y calor,
   él nos ayuda, nos quita dolores,
   y le da frutos a nuestra labor. *Estribillo*

3 En monte y llano hoy vemos tu gloria,
   tus hijos todos te cantan loor;
   y yo con gozo estrecho a mi hermano,
   la paz nos une, ya no hay más temor. *Estribillo*

4 Tú has prometido salvar a tu pueblo
   y darle vida por la eternidad;
   en tus palabras están nuestras fuerzas,
   en tus promesas nuestra libertad. *Estribillo*

Texto: Heber Romero
Música: Heber Romero
Texto y música © 1980 Sta. Clara, Liturgia Criolla

En presencia estar de Cristo   453

1 En presencia estar de Cristo,
   ver su rostro, ¿qué será,
   cuando al fin en pleno gozo
   mi alma le contemplará?

   Estribillo
   Cara a cara espero verle
   más allá del cielo azul,
   cara a cara en plena gloria
   he de ver a mi Jesús.

2 Sólo tras obscuro velo,
   hoy lo puedo aquí mirar,
   mas ya pronto viene el día,
   que su gloria ha de mostrar. *Estribillo*

3 Cuánto gozo habrá con Cristo
   cuando no haya más dolor,
   cuando cesen los peligros
   y ya estemos en su amor. *Estribillo*

4 Cara a cara, ¡cuán glorioso
   ha de ser así vivir!
   Ver el rostro de quien quiso
   nuestras almas redimir. *Estribillo*

Texto: Carrie E. de Breck; trad. Vicente Mendoza
Música: Grant Colfax Tullar

454

La iglesia es Cristo en el mundo

1 La iglesia es Cristo en el mundo,
pueblo de Dios puesto en marcha
hacia la Pascua del cielo,
la promesa hecha esperanza;
hacia la Pascua del cielo,
la promesa hecha esperanza.

Estribillo
Señor, orienta a tu iglesia:
ha puesto en ti su confianza.
Tu amor la impulse adelante,
su fe puesta en tu palabra.
Tu amor la impulse adelante,
su fe puesta en tu palabra.

2 Nació libre en el madero:
la cruz fue alianza pactada;
precio la sangre de Cristo
por el amor derramada;
precio la sangre de Cristo
por el amor derramada. *Estribillo*

3 La gracia, amor sin medida,
nos llama a pueblos y razas:
respuesta exige del pueblo,
pues Dios es fiel a su alianza;
respuesta exige del pueblo,
pues Dios es fiel a su alianza. *Estribillo*

Texto: M. Bazán
Música: M. Bazán
Texto y música © M. Bazán, permiso solicitado

Comprado con sangre por Cristo 455

1 Comprado con sangre por Cristo, con gozo al cielo yo voy; librado por gracia infinita, ya sé que su hijo yo soy.

Estribillo Lo sé, lo sé, comprado con sangre yo soy; lo sé, lo sé, con Cristo al cielo yo voy.

1 Comprado con sangre por Cristo,
con gozo al cielo yo voy;
librado por gracia infinita,
ya sé que su hijo yo soy.

Estribillo
Lo sé, lo sé,
comprado con sangre yo soy;
lo sé, lo sé,
con Cristo al cielo yo voy.

2 Soy libre de pena y culpa,
su gozo él me hace sentir,
él llena de gracia mi alma,
con él es tan dulce vivir. *Estribillo*

3 En Cristo yo siempre medito,
y nunca le puedo olvidar;
callar sus favores no quiero,
voy siempre a Jesús alabar. *Estribillo*

4 Yo sé que me espera corona,
la cual a los fieles dará
Jesús, Salvador; en el cielo
mi alma con él estará. *Estribillo*

Texto: Fanny J. Crosby; trad. J. R. Rios y W. C. Brand
Música: William J. Kirkpatrick

La esperanza no es ansia

Nuestra esperanza

456

1 La_es-pe - ran - za no es an - sia, no es ga - nas, no se
ran - za, co-mo sol en la ma - ña - na, va que-

com - pra por más co - las que tú ha - gas, co - mo_un
bran - do la ne - bli - na que nos pa - ra, es la

so - plo se res - pi - ra si la ga - nas cuan-do
car - ta que se a - bre a tu nom - bre con sor-

si - gues su luz que_a - tra - e_y lla - ma. La_es - pe -
pre - sa de - trás del ho - ri - zon - te.

Estribillo

La_es - pe - ran - za es po - bre y frá - gil, va sin car - ga_y

na - da guar-da. La_es - pe - ran - za es in - de - fen - sa,

va sin ar - mas y li - bre an - da. En Je - sús es -

tá su fuer - za; en sus pa - sos, sus pa - la - bras.

1 La esperanza no es ansia, no es ganas,
no se compra por más colas que tú hagas,
como un soplo se respira si la ganas
cuando sigues su luz que atrae y llama.
La esperanza, como sol en la mañana,
va quebrando la neblina que nos para,
es la carta que se abre a tu nombre
con sorpresa detrás del horizonte.

Estribillo
La esperanza es pobre y frágil,
va sin carga y nada guarda.
La esperanza es indefensa,
va sin armas y libre anda.
En Jesús está su fuerza;
en sus pasos, sus palabras.

2 Quien espera va y se arriesga sin certezas,
lleva un mundo en las venas que se inventa,
tras las ruinas del presente que se quiebra
se construye lo nuevo que libera.
Los que esperan somos pueblo, es la iglesia
que camina tras la tierra prometida,
caravana de los pobres que confían,
que se gana en la lucha cada día. *Estribillo*

Texto: Juan Damián
Música: Graciela Pets
Texto © Juan Damián; música © Graciela I. Pets

Cristo, recuérdame
Jesus, remember me

457

Cris-to, re-cuér-da-me cuan-do ven-gas en tu rei-no.
Je-sus, re-mem-ber me when you come in-to your king-dom.

Cristo, recuérdame cuando vengas en tu reino.
Cristo, recuérdame cuando vengas en tu reino.

Jesus, remember me when you come into your kingdom.
Jesus, remember me when you come into your kingdom.

Texto: Lucas 23:42
Música: Jacques Berthier
Música © Les Presses de Taizé, admin. GIA Publications, Inc.

Porque él entró en el mundo

Tenemos esperanza

458

1 Por - que él en - tró en el mun - do y en la his -
to - ria; por - que él que - bró el si - len - cio y la a - go -
ní - a; por - que lle - nó la tie - rra de su
glo - ria; por - que fue luz en nues - tra no - che frí - a;

(3ra estrofa comienza aquí)

por - que él na - ció en un pe - se - bre os -
cu - ro; por - que él vi - vió sem - bran - do a - mor y
vi - da; por - que par - tió los co - ra - zo - nes
du - ros y le - van - tó las al - mas a - ba - ti - das:

Estribillo

Por e - so es que hoy te - ne - mos es - pe - ran - za; por
e - so es que hoy lu - cha - mos con por - fí - a; por

e - so_es que_hoy mi - ra - mos con con - fian - za el por - ve -
nir, en es - ta tie - rra mí - a. Por
e - so_es que_hoy te - ne - mos es - pe - ran - za; por
e - so_es que_hoy lu - cha - mos con por - fí - a; por
e - so_es que_hoy mi - ra - mos con con - fian - za el por - ve -
nir.

1 Porque él entró en el mundo y en la historia;
porque él quebró el silencio y la agonía;
porque llenó la tierra de su gloria;
porque fue luz en nuestra noche fría;
porque él nació en un pesebre oscuro;
porque él vivió sembrando amor y vida;
porque partió los corazones duros
y levantó las almas abatidas:

Estribillo
Por eso es que hoy tenemos esperanza;
por eso es que hoy luchamos con porfía;
por eso es que hoy miramos con confianza
el porvenir, en esta tierra mía.
Por eso es que hoy tenemos esperanza;
por eso es que hoy luchamos con porfía;
por eso es que hoy miramos con confianza
el porvenir.

2 Porque atacó a ambiciosos mercaderes
y denunció maldad e hipocresía;
porque exaltó a los niños, las mujeres,
y rechazó a los que de orgullo ardían;
porque él cargó la cruz de nuestras penas
y saboreó la hiel de nuestros males;
porque aceptó sufrir nuestra condena
y así morir por todos los mortales:
Estribillo

3 Porque una aurora vio su gran victoria
sobre la muerte, el miedo, las mentiras;
ya nada puede detener su historia,
ni de su reino eterno la venida:
Estribillo

Texto: Federico Pagura
Música: Homero Perera
Texto © Federico J. Pagura; música © Homero R. Perera

Que se alegren los pobres
May the poor people be joyful

459

1 Que se_a - le - gren los po - bres de la tie - rra,
1 May the poor peo - ple of the earth be joy - ful,

por-que de_e-llos es el fue-go y la_es-pe - ran - za. Fe -
for with - in them are the burn-ing flames of hope. May the

li - ces los hu - mil - des sen - ci - llos, por - que
hum - ble peo - ple of the earth be hap - py, for . . .

de_e - llos es la vi - da_y la_a - le - grí - a.
theirs . . is the life of deep - est joy. . . .

1 Que se alegren los pobres de la tierra,
porque de ellos es el fuego y la esperanza.
Felices los humildes sencillos,
porque de ellos es la vida y la alegría.

2 Que se alegren los que sudan por su pan,
porque ellos comerán a manos llenas.
Felices si comparten cada día,
porque de ellos es el pan de la vida.

3 Que se alegren los que sufren por su tierra,
porque ellos sembrarán los nuevos surcos.
Felices los que aman y esperan,
porque ellos gozarán del nuevo día.

4 Que se alegren los que son perseguidos,
porque a ellos el amor los ha herido.
Felices los que mueren por su pueblo,
porque de ellos será la patria nueva.

5 Que se alegren los que luchan por la paz,
porque ellos serán "simiente nueva."
Felices los que defienden la vida,
porque ellos vivirán para siempre.

1 May the poor people of the earth be joyful,
  for within them are the burning flames of hope.
  May the humble people of the earth be happy,
  for theirs is the life of deepest joy.

2 May the people toiling for their bread be joyful;
  they will one day eat their fill of all that's good.
  May those who share with ev'ryone be happy,
  for theirs is the true bread of life.

3 May the farmers fighting for their land be joyful;
  they will one day plant in new and fertile fields.
  May those who harbor hope and love be happy;
  they will dance in the dawn of a new day.

4 May the persecuted people now be joyful,
  for their wounds are a symbol of their love.
  May the martyrs in the struggle now be happy,
  for the new land to come belongs to them.

5 May the people who strive for peace be joyful;
  they will be the very seeds of the new life.
  May those who defend all life be happy,
  for they are the ones who never die.

Texto: Gilmer Torres; trad. Bret Hesla
Música: Gilmer Torres
Texto en español y música © Gilmer Torres Ruiz; texto en inglés © Augsburg Fortress.

Ayudar y servir

Nuestra oración   460

1 A - yu - dar y ser - vir en tu nom - bre es el
fin que que - re - mos lo - grar; y si hi - cie - ra aún fal - ta, po -
der - te de - cir: "Nues - tra vi - da te da - mos, Se - ñor."

1 Ayudar y servir en tu nombre
  es el fin que queremos lograr;
  y si hiciera aún falta, poderte decir:
  "Nuestra vida te damos, Señor."

2 Pero esto será muy difícil
  de lograrlo sin tu bendición.
  Y por eso primero queremos pedir
  tu perdón y tu guía, Señor.

Texto: Rodolfo Míguez
Música: Rodolfo Míguez
Texto y música © 1960 Rodolfo Míguez

461

Juntos para soñar

1   Juntos miramos la vida, juntos al amanecer;
    juntos formamos la espiga del día nuevo que va a nacer.
    Estribillo

2   Juntos alzamos la copa llena hasta el borde de luz;
    juntos bebemos estrellas en brindis nuevo de juventud.
    Estribillo

3   Juntos marchamos unidos como escuadrón de amor;
    juntos templamos en forja la paz de un mundo nuevo y mejor.
    Estribillo

4   Juntos tendemos los ojos sobre el espejo de Dios;
    juntos sentimos la tierra mientras cantamos "Dios es amor."
    Estribillo

Texto: Tomás Aragüés
Música: Tomás Aragüés
Texto y música © 1973 T. Aragüés y Ediciones Musical PAX, admin. OCP Publications

Pues si vivimos
When we are living

1 Pues si vi - vi - mos, pa - ra él vi - vi - mos,
1 When we are liv - ing, it is in Christ Je - sus,

y si mo - ri - mos pa - ra él mo - ri - mos.
and when we're dy - ing, it is in the Lord. . . .

Sea que vi - va - mos o que mu - ra - mos,
Both in our liv - ing and in our dy - ing,

so - mos del Se - ñor, so - mos del Se - ñor.
we be - long to God, we be - long to God.

1 Pues si vivimos, para él vivimos,
y si morimos para él morimos.
Sea que vivamos o que muramos,
somos del Señor, somos del Señor.

2 En esta vida frutos hay que dar
y buenas obras hemos de ofrendar
sea que demos o recibamos,
somos del Señor, somos del Señor.

3 En la tristeza y en el dolor,
en la belleza y en el amor,
sea que suframos o que gocemos,
somos del Señor, somos del Señor.

4 En este mundo por doquier habrá
gente que llora y sin consolar.
Sea que ayudemos o alimentemos,
somos del Señor, somos del Señor.

*1 When we are living, it is in Christ Jesus,
and when we're dying, it is in the Lord.
Both in our living and in our dying,
we belong to God, we belong to God.*

*2 Through all our living, we our fruits must give.
Good works of service are for offering.
When we are giving, or when receiving,
we belong to God, we belong to God.*

*3 'Mid times of sorrow and in times of pain,
when sensing beauty or in love's embrace,
whether we suffer, or sing rejoicing,
we belong to God, we belong to God.*

*4 Across this wide world, we shall always find
those who are crying with no peace of mind;
and when we help them, or when we feed them,
we belong to God, we belong to God.*

Texto: estr. 1 basada en Romanos 14:8; Roberto Escamilla, estr. 2-4; trad. estr. 1, Elise S. Eslinger y estr. 2-4, George Lockwood
Música: tradicional de España
Texto estrs. 2,3,4 © 1983 Abingdon Press, admin. Copyright Company; texto en inglés © 1989 The United Methodist Publishing House, admin. Copyright Company

Un poco después del presente

Jesucristo, esperanza del mundo

1 Un po-co des-pués del pre-sen-te a - le-gre_el fu-tu-ro pro-cla-ma la fu-ga to-tal de la no-che, la luz que ya_el dí - a de - rra-ma.

Estribillo
Ven-ga tu rei - no, Se - ñor; la fies-ta del mun-do re - cre - a, y nues-tra_es-pe - ra_y do - lor trans-for-ma en ple-na_a-le-grí - a, y nues-tra_es-pe - ra_y do - lor trans - for - ma en ple - na_a-le - grí - a. Ai - e, ei - a, a - e, a - e, a - e; ai - e, ei - a, a - e, a - e, a - e.

1   Un poco después del presente
    alegre el futuro proclama
    la fuga total de la noche,
    la luz que ya el día derrama.

    Estribillo
    Venga tu reino, Señor;
    la fiesta del mundo recrea,
    y nuestra espera y dolor
    transforma en plena alegría,
    y nuestra espera y dolor
    transforma en plena alegría.
    Aie, eia, ae, ae, ae;
    aie, eia, ae, ae, ae.

2   Capullo de amor y esperanza,
    anuncio de flor que será
    promesa de hallar tu presencia
    que vida abundante traerá. *Estribillo*

3   Anhelo de tierras sin males,
    Edén de las plumas y flores,
    de paz y justicia hermanando
    un mundo sin odio y dolores. *Estribillo*

4   Anhelo de un mundo sin guerras
    nostalgia de paz e inocencia
    de cuerpos y manos que se unen
    sin armas, sin muerte o violencia. *Estribillo*

5 Anhelo de un mundo sin dueños,
  sin débiles y poderosos,
  derrota de todo sistema
  que crea palacios y ranchos. *Estribillo*

6 Nos diste, Señor, la simiente,
  señal de que el reino es ahora;
  futuro que alumbra el presente,
  viniendo ya estás, sin demora. *Estribillo*

Texto: Edmundo Reinhardt; trad. Pablo Sosa
Música: João Carlos Gottinari
Texto en español © Pablo Sosa; música con permiso de Seminario Bíblico Latinoamericano

Vos, que entregaste tu sangre 464

1 Vos, que entregaste tu sangre,
  pura y generosa,
  por la redención;
  tiende, ahora, tu mano
  y siembra los desiertos
  con tu inmenso amor.

Estribillo
Brota de la tierra,
escucha el clamor;
¡Cordero del mundo,
nuestro Salvador!
Brota de la tierra
esta sed de paz;
¡Cordero del pueblo,
y la libertad!

2 Da nueva vida a los ríos
  y surja, entre sus aguas,
  limpio, un nuevo sol;
  tiende la luz de esperanza
  y haz que en nuestra casa
  germine el amor. *Estribillo*

Texto: *La nueva misa mesoamericana*, Paulino Espinoza C.
Música: Paulino Espinoza C.
Texto y música © 1994 Paulino Espinoza C., admin. Guillermo Cuéllar

Cuando se va la esperanza

465

Canto de esperanza

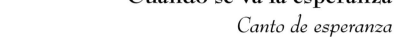

1 Cuando se va la esperanza, Cristo nos habla y nos dice:
"mira a tu hermano que vive y lucha buscando un mundo mejor,
mira a tu hermana que vive y lucha buscando un mundo mejor."

Estribillo
Cantemos a nuestro Dios, quien es el Dios de la vida,
porque él está con nosotros creando la esperanza y la libertad.
Cantemos a nuestro Dios, quien es el Dios de la vida,
porque él está con nosotros creando la esperanza y la libertad.

2 Cuando se va la esperanza, Cristo nos habla y nos dice:
"acércate a tu hermano y trabajen juntos buscando la paz,
acércate a tu hermana y trabajen juntos buscando la paz." *Estribillo*

3 Cuando se va la esperanza, Cristo nos habla y nos dice:
"no se alejen de mi lado; permanezcan firmes, yo les sostendré,
no se alejen de mi lado; permanezcan firmes, yo les sostendré." *Estribillo*

Texto: Ester Cámac
Música: Edwin Mora
Texto y música con permiso de Seminario Bíblico Latinoamericano

Dios os guarde

466

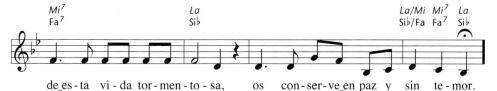

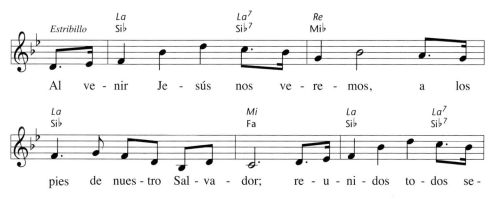

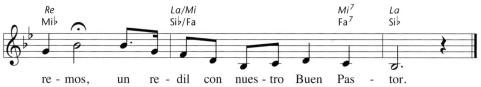

1 Dios os guarde siempre en santo amor;
en la senda peligrosa,
de esta vida tormentosa,
os conserve en paz y sin temor.

Estribillo
Al venir Jesús nos veremos,
a los pies de nuestro Salvador;
reunidos todos seremos,
un redil con nuestro Buen Pastor.

2 Dios os guarde siempre en santo amor;
os conduzca su bandera;
y os esfuerce en gran manera,
con su Espíritu consolador. *Estribillo*

3 Dios os guarde siempre en santo amor;
hasta el día en que lleguemos,
a la patria do estaremos
para siempre con el Salvador. *Estribillo*

4 Dios os guarde siempre en santo amor;
con su gracia os sostenga,
hasta que en justicia venga
Jesucristo, nuestro redentor. *Estribillo*

Texto: Jeremiah E. Rankin; trad. anónimo
Música: William G. Tomer

467

Con alegría te queremos loar

1 Con a - le - grí - a te que - re - mos lo - ar,

a ti ve - ni - mos hoy con go - zo a can - tar.

Tus man - da - mien - tos cum - pli - mos con a - mor,

y nues - tras vi - das te en - tre - ga - mos, Se - ñor.

Pa - ra los po - bres y per - di - dos sal - var

por tu pa - la - bra va - mos a tra - ba - jar.

Estribillo

Y te can - ta - mos por - que a - quí tú vi - ves,

nos has sal - va - do, nos has he - cho li - bres.

1 Con alegría te queremos loar,
a ti venimos hoy con gozo a cantar.
Tus mandamientos cumplimos con amor,
y nuestras vidas te entregamos, Señor.
Para los pobres y perdidos salvar
por tu palabra vamos a trabajar.

Estribillo
Y te cantamos porque aquí tú vives,
nos has salvado, nos has hecho libres.
Y te cantamos porque aquí tú vives,
nos has salvado, nos has hecho libres.

2 ¿Qué más pudiéramos pedirte, Señor?
Nos diste manos y creaste el sudor;
te regocijas con nosotros labrar
la dura tierra, y la llenas de pan;
y pones ánimo en el corazón
de gozo eterno por la salvación. *Estribillo*

3 Nos alegramos de tu visitación,
como el rocío a nuestras manos llegó;
formaste en gloria nuestra comunidad,
nos bautizaste con amor y verdad;
y un himno nuevo en nuestros labios también
que te proclama, por los siglos. Amén. *Estribillo*

Texto: Heber Romero
Música: Heber Romero
Texto y música © 1980 Sta. Clara, Liturgia Criolla

Miren qué bueno

468

Estribillo
¡Miren qué bueno, qué bueno es!
¡Miren qué bueno, qué bueno es!

1 Miren qué bueno es cuando
nos reunimos todos juntos;
es como aceite bueno
derramado sobre Aarón. *Estribillo*

2 Miren qué bueno es cuando
nos reunimos todos juntos;
se parece al rocío
sobre los montes de Sión. *Estribillo*

3 Miren qué bueno es cuando
nos reunimos todos juntos;
porque el Señor ahí manda
vida eterna y bendición. *Estribillo*

Texto: Salmo 133, adap. Pablo Sosa
Música: Pablo Sosa
Texto y música © Pablo Sosa

Un nuevo amanecer

469

Aurora de esperanza: A dawn of hope

1, 4 Un nue - vo a - ma - ne - cer / co - mien - za a flo - re - cer. / Bus-
1, 4 A dawn of hope be - gins / to flour - ish in our hearts. / We

ca - mos un ma - ña - na de jus - ti - cia y de i - gual - dad. / Los
seek a just to - mor - row filled with true e - qual - i - ty. / The

pue - blos se u - ni - rán / y jun - tos mar - cha - rán / lle-
peo - ples will u - nite / and some day march as one / to

van - do la se - mi - lla de la paz y la ver - dad.
plant the seeds of peace, and sing the songs of truth and love.

Estribillo

So - mos el gran pue - blo de Dios que
We are one peo - ple be - fore God. . . .

mar - cha en bus - ca del a - mor. Can-
We are u - nit - ed in God's love. . . .

ta - mos u - na nue - va can - ción de es - pe-
We sing with voic - es of the heart songs of

1, 2 Fin
ran - za y re - con - ci - lia - ción.
hope . . . and rec - on - cil - i - a - tion.

3
ci - lia - ción.
cil - i - a - tion.

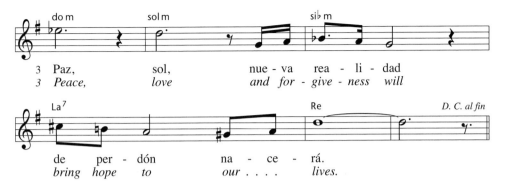

3 Paz,   sol,   nue - va rea - li - dad
3 Peace,   love   and for - give - ness will

de   per - dón   na - ce - rá.
bring hope   to   our . . . . lives.

1 Un nuevo amanecer
comienza a florecer.
Buscamos un mañana
de justicia y de igualdad.
Los pueblos se unirán
y juntos marcharán
llevando la semilla
de la paz y la verdad.

Estribillo
Somos el gran pueblo de Dios
que marcha en busca del amor.
Cantamos una nueva canción
de esperanza y reconciliación.

2 La historia queda atrás,
tenemos que avanzar
a construir futuros
de armonía y libertad.
Es Cristo quien nos
llama en esta nueva aurora,
para llevar al mundo
su palabra salvadora.
Estribillo

3 Paz, sol, nueva realidad
de perdón nacerá.

Con lazos de hermandad,
cultura y tradición,
se juntan las naciones
con espíritu de amor.
Los pueblos todos van
en solidaridad; con Cristo trabajando
habrá vida y conversión.
Estribillo

1 *A dawn of hope begins*
to flourish in our hearts.
We seek a just tomorrow
filled with true equality.
The peoples will unite
and some day march as one
to plant the seeds of peace,
and sing the songs of truth and love.

Refrain
We are one people before God.
We are united in God's love.
We sing with voices of the heart
songs of hope and reconciliation.

2 *Our hist'ry lies behind,*
we need to move ahead.
Let's build a better future
where we all may live in peace.
In Christ we find forgiveness,
God's Word brings us together.
We sing with joy a song of love
proclaiming God's salvation.
Refrain

3 *Peace, love, and forgiveness*
will bring hope to our lives.

With gifts of ev'ry kind,
tradition, culture, song,
the nations gather in the bond
of true community.
The people walk as one in solidarity;
with Christ they seek the morning
of a life renewed by hope.
Refrain

Texto: José Carrera; trad. José Carrera, alt.
Música: José Carrera
Texto en español e inglés y música © 1993 GIA Publications, Inc.

Somos uno en Cristo

470

We are all one in Christ

Somos u-no en Cris-to, so-mos u-no. So-mos u-no, u-no
We are all one in Christ, we are one bod-y, all one peo-ple out of

so-lo. So-mos u-no en Cris-to, so-mos u-no. So-mos
man-y. We are all one in Christ, we are one bod-y, all one

u-no, u-no so-lo. Un so-lo Dios, un so-lo Se-
peo-ple out of man-y. There is one God, and on-ly one

ñor, u-na so-la fe, un so-lo-a-mor. Un so-lo bau-
Lord; there is one faith, one ho-ly love. There is . . one

tis-mo, un so-lo-Es-pí-ri-tu, y-e-se-es el con-so-la-dor.
bap-tism; there is one Spir-it, who is God the com-fort-er.

Somos uno en Cristo, somos uno.
Somos uno, uno solo.
Somos uno en Cristo, somos uno.
Somos uno, uno solo.
Un solo Dios, un solo Señor,
una sola fe, un solo amor.
Un solo bautismo, un solo Espíritu,
y ese es el consolador.

We are all one in Christ, we are one body,
all one people out of many.
We are all one in Christ, we are one body,
all one people out of many.
There is one God, and only one Lord;
there is one faith, one holy love.
There is one baptism; there is one Spirit,
who is God the comforter.

Texto: anónimo; trad. Gerhard Cartford
Música: anónimo
Texto en inglés © 1998 Augsburg Fortress

La paz del Señor
The peace of the Lord

1 La paz del Se - ñor, la paz del Se - ñor, la
1 The peace of the Lord, the peace of the Lord, the

paz del Re - su - ci - ta - do: la
peace of the ris - en Lord Je - sus: the

paz del Se - ñor a ti y_a mí a
peace of the Lord is for you and for me, and

to - dos al - can - za - rá; la
al - so for all of God's chil - dren. The

1 La paz del Señor, la paz del Señor,
   la paz del Resucitado:
   la paz del Señor a ti y a mí,
   a todos alcanzará;
   la paz del Señor a ti y a mí,
   a todos alcanzará.

2 La paz del Señor, la paz del Señor,
   la paz del Resucitado:
   se hace presente ahora y aquí
   apréstate a recibirla;
   se hace presente ahora y aquí
   apréstate a recibirla.

3 La paz del Señor, la paz del Señor,
   la paz del Resucitado:
   no puede vivir encerrada en sí,
   apréstate a compartirla;
   no puede vivir encerrada en sí,
   apréstate a compartirla.

1 The peace of the Lord, the peace of the Lord,
   the peace of the risen Lord Jesus:
   the peace of the Lord is for you and for me,
   and also for all of God's children.
   The peace of the Lord is for you and for me,
   and also for all of God's children.

2 The peace of the Lord, the peace of the Lord,
   the peace of the risen Lord Jesus:
   the peace of the Lord is among us right now,
   so open yourselves to receive it.
   The peace of the Lord is among us right now,
   so open yourselves to receive it.

3 The peace of the Lord, the peace of the Lord,
   the peace of the risen Lord Jesus:
   the peace of the Lord kept within cannot live
   so open yourselves now to share it.
   The peace of the Lord kept within cannot live
   so open yourselves now to share it.

Texto: Anders Ruuth; trad. Gerhard Cartford
Música: Anders Ruuth
Texto en español y música © Anders Ruuth; texto en inglés © Lutheran World Federation

Eran cien ovejas

472

Las cien ovejas

1 E-ran cien o-ve-jas que ha-bí-a en el re-ba-ño.

E-ran cien o-ve-jas que a-man-te cui-dó.

Un dí-a en la tar-de al con-tar-las to-das, le fal-ta-ba

u-na, le fal-ta-ba u-na, y tris-te llo-ró.

Estribillo

Las no-ven-ta y nue-ve de-jó en el a-pris-co,

y por las mon-ta-ñas a bus-car-la fue.

La en-con-tró gi-mien-do, tem-blan-do de frí-o,

la to-mó en sus bra-zos, un-gió sus he-ri-das, y al re-dil vol-vió.

1 Eran cien ovejas que había en el rebaño.
Eran cien ovejas que amante cuidó.
Un día en la tarde al contarlas todas,
le faltaba una, le faltaba una,
y triste lloró.

Estribillo
Las noventa y nueve dejó en el aprisco,
y por las montañas a buscarla fue.
La encontró gimiendo, temblando de frío,
la tomó en sus brazos, ungió sus heridas
y al redil volvió.

2 Yo era esta oveja que andaba perdida,
lejos de mi Cristo, lejos de Jesús.
Pero un día el maestro me tendió su mano,
me tomó en sus brazos, ungió mis heridas
y al redil volvió. *Estribillo*

3 Esta misma historia vuelve a repetirse;
todavía hay ovejas que extraviadas van.
Van por este mundo sin Dios, sin consuelo,
sin Dios, sin consuelo, sin Dios, sin consuelo,
buscando perdón. *Estribillo*

4 Tú eres esta oveja sin que darte cuenta,
vas por este mundo sin Dios y sin fe.
Tu pastor amante llamándote espera;
sufrió tus heridas, sufrió tus heridas
por salvarte a ti. *Estribillo*

Texto: Juan Romero, alt.
Música: Juan Romero
Texto y música © 1969 Juan Romero

La bendición del Dios de Sara 473

La ben-di-ción del Dios de Sa-ra, A-
gar y A-bra-ham; la ben-di-ción, la
ben-di-ción del Hi-jo, que de Ma-rí-a na-ció; la
ben-di-ción del San-to_Es-pí-ri-tu de_a-mor, que
ve-la por no-so-tros, cual ma-dre por sus hi-jos; la
ben-di-ción des-cien-da_a-quí y_a-ho-ra. A-mén

Texto: Pablo Sosa
Música: Santos Dávila
Texto © Pablo Sosa; música © Santos Dávila

474

La paz de Dios

Texto: Carlos Negrón
Música: Carlos Negrón
Texto y música © Carlos Negrón Sanchez

Mirad cuán bueno

Behold, how good and delightful

Mi - rad cuán bue - no y cuán de - li - cio - so es;
Be - hold, how good and de - light - ful a gift it is;

mi - rad cuán bue - no y cuán de - li - cio - so es
be - hold, how good and de - light - ful a gift it is

ha - bi - tar los her - ma - nos jun - tos en ar - mo - ní - a,
when sis - ters and broth - ers join hands to live in u - ni - ty.

por - que_a - llí en - ví - a_el Se - ñor ben - di - ción y vi - da_e - ter -
There the bless - ing of God de - scends; there is life now and for - ev -

- na, por - que_a - llí en - ví - a_el Se - ñor ben - di - ción.
- er. There the bless - ing of God de - scends: end - less life.

Mirad cuán bueno y cuán delicioso es;
mirad cuán bueno y cuán delicioso es
habitar los hermanos juntos en armonía,
porque allí envía el Señor
bendición y vida eterna,
porque allí envía el Señor bendición.

Behold, how good and delightful a gift it is;
behold, how good and delightful a gift it is
when sisters and brothers join hands to live in unity.
There the blessing of God descends; there is life now and forever.
There the blessing of God descends: endless life.

Texto: Salmo 133, tradicional de Puerto Rico; trad. Martin A. Seltz
Música: tradicional de Puerto Rico
Texto en inglés © 1998 Augsburg Fortress

Tú diste a Israel

Una nueva comunidad en Cristo

476

1 Tú dis-te a Is-ra-el, oh Dios, por gra-cia, li-ber-tad; tu le-van-tas-te en Moi-sés cau-di-llo pro-vi-den-cial; y un pue-blo se for-jó y ju-ró ha-cer tu vo-lun-tad; y un pue-blo se for-jó y ju-ró ha-cer tu vo-lun-tad.

1 God, with a might-y hand you saved the chil-dren of Is-ra-el; God, by a ho-ly plan you raised up Mo-ses to lead them well: A peo-ple forged in free-dom, ded-i-cat-ed to your will; a peo-ple forged in free-dom, ded-i-cat-ed to your will.

1 Tú diste a Israel, oh Dios, por gracia, libertad;
   tú levantaste en Moisés caudillo providencial;
   y un pueblo se forjó y juró hacer tu voluntad;
   y un pueblo se forjó y juró hacer tu voluntad.

2 Un nuevo pueblo en Jesús recibe libertad.
   Cristo abolió la esclavitud: por su muerte, vida da.
   Por su poder y su virtud redime a la humanidad.
   Por su poder y su virtud redime a la humanidad.

3 Renueva, oh Dios, tu iglesia hoy, sacúdela, Señor;
   haz que recobre tu visión y anuncie con nuevo ardor
   que Cristo obró la redención, mostrando así su amor;
   que Cristo obró la redención, mostrando así su amor.

4 Que en esta edad de inquietud, pasión y enemistad,
   vibre el mensaje de la cruz que acerque a la humanidad,
   y un nuevo pueblo en gratitud hará reinar tu paz;
   y un nuevo pueblo en gratitud hará reinar tu paz.

1 *God, with a mighty hand you saved the children of Israel;*
God, by a holy plan you raised up Moses to lead them well;
a people forged in freedom, dedicated to your will;
a people forged in freedom, dedicated to your will.

2 *Free from the chains of sin, in Christ a new people comes alive.*
Free by the Savior's death, a new community starts to thrive.
With pow'r and strength our Lord renews the whole humanity.
With pow'r and strength our Lord renews the whole humanity.

3 *Shake the church today, O God; revive us to bear your name.*
Wake the church today, O God, and set us with faith aflame
to spread the great good news of Christ revealed in saving love;
to spread the great good news of Christ revealed in saving love.

4 *Now in a troubled time, we hear the voices of hate and strife;*
now to a weary world, we sing the cross with its healing life.
Give thanks, O new community; proclaim the peace of God!
Give thanks, O new community; proclaim the peace of God!

Texto: Ángel Mattos-Nieves; trad. Martin A. Seltz
Música: José Ruiz
Texto en español e inglés y música © 1998 Augsburg Fortress

Todos unidos formando
Iglesia peregrina

477

1 To - dos u - ni - dos for - man - do_un so - lo cuer - po, un
pue-blo que_en la Pas - cua na - ció, miem - bros de Cris - to en
san-gre re - di - mi - dos, i - gle - sia pe - re - gri - na de Dios.

Vi - ve_en no - so - tros la fuer - za del Es - pí - ri - tu que_el
Hi - jo des - de_el Pa - dre_en - vi - ó; él nos em - pu - ja, nos
guí - a_y a - li - men - ta, i - gle - sia pe - re - gri - na de Dios.

Estribillo

So - mos en la tie - rra se - mi - lla de_o - tro rei - no,
so - mos tes - ti - mo - nio de_a - mor:

1 Todos unidos formando un solo cuerpo,
un pueblo que en la Pascua nació,
miembros de Cristo, en sangre redimidos,
iglesia peregrina de Dios.
Vive en nosotros la fuerza del Espíritu
que el Hijo desde el Padre envió;
él nos empuja, nos guía y alimenta,
iglesia peregrina de Dios.

Estribillo
Somos en la tierra semilla de otro reino,
somos testimonio de amor:
paz para las guerras y luz entre las sombras,
iglesia peregrina de Dios;
paz para las guerras y luz entre las sombras,
iglesia peregrina de Dios.

2 Rugen tormentas y a veces nuestra barca
parece que ha perdido el timón.
Miras con miedo, no tienes confianza,
iglesia peregrina de Dios.
Una esperanza nos llena de alegría:
presencia que el Señor prometió.
Vamos cantando, él viene con nosotros,
iglesia peregrina de Dios. *Estribillo*

3 Todos nacidos en un solo bautismo,
unidos en la misma comunión,
todos viviendo en una misma casa,
iglesia peregrina de Dios.
Todos prendidos en una misma suerte,
ligados a la misma salvación,
somos un cuerpo, y Cristo es la cabeza,
iglesia peregrina de Dios. *Estribillo*

Texto: Cesáreo Gabarain
Música: Cesáreo Gabarain
Texto y música © 1979 Cesáreo Gabarain, admin. OCP Publications

478

Porque él venció

1 Por - que_él ven - ció_en la muer - te la con - ju - ra de
que_él al po - bre le - van - tó del lo - do y

las ma - lig - nas fuer - zas de la_his - to - ria, se -
re - cha - zó_el ha - la - go del di - ne - ro, sa -

gui - mos no a_un hé - roe ni a_un már - tir,
be - mos don - de_es - tán nues - tras leal - ta - des

se - gui - mos al Se - ñor de la vic - to - ria.
y_a quién ha - bre - mos

Por -
de ser - vir pri - me - ro.

Por - que_él ha - bló de cruz y la car - ga - ba; de

sen - da_es - tre - cha_y la si - guió sin pau - sa; se -

guir sus hue - llas es nues - tro ca - mi - no; con

él sem - brar - nos: é - sa_es nues - tra cau - sa.

1 Porque él venció en la muerte la conjura
  de las malignas fuerzas de la historia,
  seguimos no a un héroe ni a un mártir,
  seguimos al Señor de la victoria.
  Porque él al pobre levantó del lodo
  y rechazó el halago del dinero,
  sabemos dónde están nuestras lealtades
  y a quién habremos de servir primero.
  Porque él habló de cruz y la cargaba;
  de senda estrecha y la siguió sin pausa;
  seguir sus huellas es nuestro camino;
  con él sembrarnos: ésa es nuestra causa.

2 Porque él habló del reino, sin cansancio,
  y nos llamó a buscarlo una y mil veces;
  debemos hoy entre mil reinos falsos
  buscar el único que permanece.
  Porque él es el Señor del universo,
  principio y fin del mundo y de la vida,
  nada ni nadie usurpará su trono
  ni detendrá su triunfo y su venida.
  Por eso, pueblos de esta tierra hermosa,
  que han conocido siglos de opresiones,
  afirmen sus espaldas agobiadas
  y eleven al Señor sus corazones.

3 Y todos los cristianos, sin distingos,
  que hemos usado en vano el nombre santo,
  enderecemos presto los caminos,
  antes que nuestras risas se hagan llanto.
  Porque él vendrá, por sendas conocidas
  o por ocultos rumbos ignorados,
  y hará justicia a pobres y oprimidos
  y destruirá los antros del pecado.
  Y entonces, sí, la iglesia verdadera,
  la que dio santos, mártires, testigos,
  y no inclinó su frente ante tiranos
  ni por monedas entregó a sus hijos,—

4 Ha de resplandecer con esa gloria
  que brota no del oro ni la espada,
  pero que nace de esa cruz de siglos
  en el oscuro Gólgota enclavada.
  Al Padre gloria, gratitud al Hijo
  y al Espíritu Santo la alabanza.
  Vayamos hoy al mundo, sostenidos
  por el amor de Cristo y su esperanza.

Texto: Federico Pagura
Música: Homero Perera
Texto © Federico J. Pagura; música © Homero R. Perera

479

Un solo fundamento

Capó 1

1 Un so-lo fun-da-men-to y so-lo_un fun-da-dor la
san-ta_i-gle-sia tie - ne en Cris-to, su Se - ñor. Ha-
cién-do-la su_es-po - sa, del cie - lo des-cen-dió, y
por su pro-pia san - gre su li-ber-tad com-pró.

1 Un solo fundamento
   y solo un fundador
   la santa iglesia tiene
   en Cristo, su Señor.
   Haciéndola su esposa,
   del cielo descendió,
   y por su propia sangre
   su libertad compró.

2 Aunque es de muchas razas,
   disfruta de unidad:
   sólo una fe confiesa
   en santa caridad.
   Es uno su bautismo,
   un pan de santidad;
   por gracia siempre espera
   una felicidad.

3 El mundo la contempla
   pasmado y con desdén:
   de cismas desgarrada,
   de error y por vaivén.
   Mas santos de vigilia
   no cesan en su orar,
   y pronto por la noche
   oirán gozo y cantar.

4 Cercada de tumultos,
   de guerra y confusión,
   la paz eterna espera,
   serena en su visión:
   al fin, ya victoriosa,
   la iglesia terrenal
   recibe por su premio
   descanso celestial.

5 Mas ella aquí disfruta
   celeste comunión
   con Dios y con los santos
   en paz y perfección.
   Jesús, cabeza nuestra,
   concédenos lugar
   con los que habitan siempre
   en tu celeste hogar.

Texto: Samuel J. Stone; trad. Lefferd M. A. Haughwout
Música: Samuel S. Wesley
Texto de *Culto Cristiano*, © 1964 Publicaciones "El Escudo"

Unidos en tu nombre

480

Unidos, unidos, en tu nombre unidos.
Unidos, unidos, en tu nombre unidos,
pues en este mundo paz y amor queremos,
pues en este mundo paz y amor queremos.

Unidos, siempre unidos,
tomándonos las manos,
iremos por el mundo cantando al amor.
La gloria de Jesús, al fin resplandecerá
y al mundo llenará de amor y de paz.

Texto: Benjamín Villanueva
Música: Benjamín Villanueva
Texto y música © 1983 Abingdon Press, admin. Copyright Company

481 El mundo solidario

1 El mun-do so-li-da-rio_es-tá_en la vi-da del
Ni-ño que nos mi-ra sin ha-blar-nos, tra-yén-do-nos la bri-sa de lo
nue - vo y to-da su_hu-mil-dad des-de_un es - ta-blo. El
mun-do so-li-da-rio_es-tá_en no-so-tros, si so-mos tes-ti-mo-nio_y com-pro-
mi - so, si so-mos pro-vee-do-res de jus -
ti - cia del rei-no_al que nos lla-ma Je-su-cris-to.

Estribillo
Va - ya-mos ha-cia_un mun-do so - li - da - rio, un
mun-do so-li-da-rio_i-gual al fue-go que_i-rra-dia sen-si-ti-vo su ca-

lor, un mun-do so-li-da-rio_i-gual al ai - re. Va -
ya - mos ha-cia_un mun-do so - li - da - rio, un
mun-do so-li-da-rio_i-gual al fue-go, un mun-do so-li-da-rio_i-gual al
ai - re, el so-plo que_a la vi-da le da Dios.

1 El mundo solidario está en la vida
del Niño que nos mira sin hablarnos,
trayéndonos la brisa de lo nuevo
y toda su humildad desde un establo.
El mundo solidario está en nosotros,
si somos testimonio y compromiso,
si somos proveedores de justicia
del reino al que nos llama Jesucristo.

Estribillo
Vayamos hacia un mundo solidario,
un mundo solidario igual al fuego
que irradia sensitivo su calor,
un mundo solidario igual al aire.
Vayamos hacia un mundo solidario,
un mundo solidario igual al fuego,
un mundo solidario igual al aire,
el soplo que a la vida le da Dios.

2 El mundo solidario está en los otros
si aceptan enfrentar junto al Maestro
la lucha por la vida y no la muerte,
y dejan que la paz borre sus miedos.
Si archivan el pasado como historia
¡seguro ha de nacer un mundo digno!
Entonces habrá vida en abundancia
sin prórrogas tardías. Ahora mismo. *Estribillo*

Texto: Alberto B. Giacumbo
Música: Edwin Mora

El reino de Dios ha llegado

Compasión derramada

482

Estribillo

El rei - no de Dios ha lle - ga - do ya con to - do su po - der; el rei - no de Dios ha lle - ga - do ya con com - pa - sión y con po - der.

Estrofas

1 So - mos se - mi - llas del rei - no, plan - ta - das pa - ra cre - cer y dar fru - to a - bun - dan - te; so - mos tes - ti - mo - nio de fe.

2 For - ma - mos el cuer - po de Cris - to for - ta - le - ci - dos en su co - ra - zón, co - ra - zón a - bier - to pa - ra es - cu - char, so - mos sus ma - nos . . . a - bier - tas pa - ra dar.

A - man - do hoy con com - pa - sión, sir - vien - do hoy con com - pa - sión:

com-pa-sión de-rra-ma-da so-bre el mun - do, com-pa-sión de-rra-ma-da en la cruz; com-pa-sión de-rra-ma-da de sus ma-nos, com-pa-sión que nos ha-ce ver la luz.

Estribillo
El reino de Dios ha llegado ya
con todo su poder;
el reino de Dios ha llegado ya
con compasión y con poder.

1 Somos semillas del reino,
plantadas para crecer
y dar fruto abundante;
somos testimonio de fe.
Amando hoy con compasión,
sirviendo hoy con compasión:
compasión derramada sobre el mundo,
compasión derramada en la cruz;
compasión derramada de sus manos,
compasión que nos hace ver la luz. *Estribillo*

2 Formamos el cuerpo de Cristo
fortalecidos en su corazón,
corazón abierto para escuchar,
somos sus manos abiertas para dar.
Amando hoy con compasión,
sirviendo hoy con compasión:
compasión derramada sobre el mundo,
compasión derramada en la cruz;
compasión derramada de sus manos,
compasión que nos hace ver la luz. *Estribillo*

Texto: Cuco Chávez
Música: Cuco Chávez
Texto y música © 1994 GIA Publications, Inc.

483 Celebrando lo que Dios ha hecho

1 Ce - le - bran - do lo que Dios ha he - cho, ce - le -
bran-do lo que Dios ha he - cho, can - ta - re-mos al - go di - fe -
ren - te, ce - le - bran-do lo que Dios ha he - cho.

Estribillo Que - re-mos ex - pre - sar lo que so - mos y com-par -
tir - lo a la gen - te; so - mos lla - ma - dos a ser -
vir, so - mos lla - ma - dos a ser - vir,
pa - ra cons - truir u - na his - to - ria di - fe - ren - te.

1 Celebrando lo que Dios ha hecho,
celebrando lo que Dios ha hecho,
cantaremos algo diferente,
celebrando lo que Dios ha hecho.

Estribillo
Queremos expresar lo que somos
y compartirlo a la gente;
somos llamados a servir,
somos llamados a servir, para construir
una historia diferente.

2 Celebrando lo que él está haciendo,
celebrando lo que él está haciendo,
cantaremos algo diferente,
celebrando lo que él está haciendo.
Estribillo

3 Celebrando lo que Dios ha hecho,
celebrando lo que Dios ha hecho,
cantaremos algo diferente,
celebrando lo que Dios ha hecho.
Estribillo

Texto: Taller de Seminario Bíblico Latinoamericano
Música: Tito Cevallos
Texto y música con permiso de Seminario Bíblico Latinoamericano

Oí la voz que decía
¿A quién he de enviar?

Estribillo
Oí la voz que decía:
"¿A quién he de enviar?"
Oí la voz que decía:
"¿A quién he de enviar?"
Respondí: "¡Heme aquí,
Señor, envíame a mí!"
Respondí: "¡Heme aquí,
Señor, envíame a mí!"

1 Envíame a dar luz al ciego,
al triste consolación,
al pobre y al oprimido
cantar su liberación,
a proclamar en el mundo:
"Es el día del Señor."
Estribillo

2 Envíame a que comparta
caminos de fe y amor,
los que recorre mi pueblo
con esperanza y dolor,
anunciando el evangelio:
"El Señor resucitó."
Estribillo

Texto: Juan A. Gattinoni y Néstor O. Míguez
Música: Juan A. Gattinoni y Néstor O. Míguez
Texto y música © Néstor Míguez y Juan Gattinoni

485

Hoy miramos al pasado

1 Hoy mi - ra - mos al pa - sa - do: ¡có - mo_al nues - tros
¡Sea tu nom - bre a - la - ba - do! pa - sos

pue - blo tu - yo_a - mas - te! ¡Có - mo_en bien tú nos for -
pa - sos di - ri - gis - te, y del mal nos pro - te -

mas - te dan - do vi - da, pan, sa - lúd!
gis - te: da - mos nues - tra gra - ti - tud.

2 Hoy vi - vi - mos el pre - sen - te fren - te_a los re - tos y_o - por - tu - ni -

da - des. Sea tu_i - gle - sia siem - pre fiel y_o - be - dien - te,

con tu pa - la - bra co - mo guí - a, y en do - lor y_en a - le -

grí - a con - fi - an - do só - lo_en ti.

3 Va-mos, pues, ha-cia el fu-tu-ro por sen-das des-co-no-ci-das; en tus ma-nos nues-tras vi-das hoy po-ne-mos sin te-mor. Ca-da cual en ti, se-gu-ro, se con-sa-gra a ha-cer tu o-bra; nun-ca tu_i-gle-sia zo-zo-bra: en ti fir-me_es-tá, Se-ñor.

1 Hoy miramos al pasado:
¡cómo al pueblo tuyo amaste!
¡Cómo en bien tú nos formaste
dando vida, pan, salud!
¡Sea tu nombre alabado!
nuestros pasos dirigiste,
y del mal nos protegiste:
damos nuestra gratitud.

2 Hoy vivimos el presente
frente a los retos
y oportunidades.
Sea tu iglesia siempre fiel
y obediente,
con tu palabra como guía,
y en dolor y en alegría
confiando sólo en ti.

3 Vamos, pues, hacia el futuro
por sendas desconocidas;
en tus manos nuestras vidas
hoy ponemos sin temor.
Cada cual en ti, seguro,
se consagra a hacer tu obra;
nunca tu iglesia zozobra:
en ti firme está, Señor.

Texto: Lois C. Kroehler
Música: José Ruiz
Texto © Lois C. Kroehler; música © 1998 Augsburg Fortress

Sois la semilla
Id y enseñad

486

1 Sois la se-mi-lla que ha de cre-cer, sois es-
  Sois la ma-ña-na que vuel-ve_a na-cer, sois es-

tre-lla que ha de bri-llar. Sois le-va-du-ra, sois
pi-ga que_em-pie-za_a gra-nar. Sois a-gui-jón y ca-

gra-no de sal, an-tor-cha que ha de_a-lum-brar.
ri-cia_a la vez, tes-ti-gos que voy a_en-vi-ar.

Estribillo

Id, a-mi-gos, por el mun-do, a-nun-cian-do_el_a-
Sed, a-mi-gos, los tes-ti-gos de mi re-su-rrec-

mor; men-sa-je-ros de la vi-da,
ción; id lle-van-do mi pre-sen-cia,

1 de la paz y_el per-dón.
2 con vo-so-tros es-toy.

1 Sois la semilla que ha de crecer,
  sois estrella que ha de brillar.
  Sois levadura, sois grano de sal,
  antorcha que ha de alumbrar.
  Sois la mañana que vuelve a nacer,
  sois espiga que empieza a granar.
  Sois aguijón y caricia a la vez,
  testigos que voy a enviar.

Estribillo
Id, amigos, por el mundo,
anunciando el amor;
mensajeros de la vida,
de la paz y el perdón.
Sed, amigos, los testigos
de mi resurrección;
id llevando mi presencia,
con vosotros estoy.

2 Sois una llama que ha de encender
resplandores de fe y caridad.
Sois los pastores que han de guiar
al mundo por sendas de paz.
Sois los amigos que quise escoger,
sois palabra que intento gritar.
Sois reino nuevo que empieza a engendrar
justicia, amor y verdad. *Estribillo*

3 Sois fuego y savia que vine a traer,
sois la ola que agita la mar.
La levadura pequeña de ayer
fermenta la masa del pan.
Una ciudad no se puede esconder,
ni los montes se han de ocultar;
en vuestras obras que buscan el bien,
la gente al Padre verán. *Estribillo*

Texto: Cesáreo Gabarain
Música: Cesáreo Gabarain
Texto y música © 1979 Cesáreo Gabarain, admin. OCP Publications

Un mandamiento nuevo 487

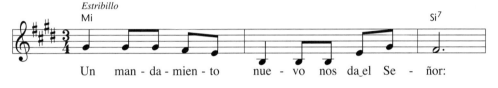

Un man-da-mien-to nue-vo nos da_el Se - ñor:

que nos a-me-mos to-dos co-mo nos a-ma Dios.

1 La se-ñal de los cris-tia-nos es a-mar-nos co-mo_her-ma-nos.
2 Per-do-ne-mos al her-ma-no co-mo Cris-to_ha per-do - na-do.

Estribillo
Un mandamiento nuevo nos da el Señor:
que nos amemos todos como nos ama Dios.

1 La señal de los cristianos es amarnos como hermanos.
2 Perdonemos al hermano como Cristo ha perdonado. *Estribillo*
3 Quien a sus hermanos no ama, miente si a Dios dice que ama.
4 Quiten odios y rencores de todos los corazones. *Estribillo*
5 Si al enfermo visitamos, a Dios mismo consolamos.
6 Cristo, luz, verdad y vida, al perdón y amor convida. *Estribillo*
7 En la vida y en la muerte, Dios nos ama para siempre.
8 En trabajos y fatigas, Cristo a todos nos anima. *Estribillo*
9 Comulguemos con frecuencia para amarnos a conciencia.
10 Gloria al Padre, gloria al Hijo, y al Espíritu divino. *Estribillo*

Texto: tradicional
Música: tradicional

Tengo que gritar

488 *Canción de Jeremías: Antes que te formaras*

Estribillo

Ten - go que gri - tar, ten - go que_a - rries - gar.
Ten - go que ha - blar, ten - go que lu - char.

¡Ay de mí si no lo ha - go! ¿Có - mo_es - ca - par de ti?
¡Ay de mí si no lo ha - go! ¿Có - mo_es - ca - par de ti?

¿Có - mo no_ha - blar, si tu voz me que - ma den - tro?
¿Có - mo no_ha - blar, si tu voz me que - ma den - tro?

Estrofas

1 An - tes que te for - ma - ras den - tro del
   Pa - ra ser mi pro - fe - ta, de las na -

vien - tre de tu ma - dre; an - tes que tú na -
cio - nes yo te_es - co - gí. I - rás don - de te_en -

cie - ras, te co - no - cí - a_y te con - sa - gré.
ví - e, y lo que man - de pro - cla - ma - rás.

Estribillo

Tengo que gritar, tengo que arriesgar. ¡Ay de mí si no lo hago!
¿Cómo escapar de ti? ¿Cómo no hablar, si tu voz me quema dentro?
Tengo que hablar, tengo que luchar. ¡Ay de mi si no lo hago!
¿Cómo escapar de ti? ¿Cómo no hablar, si tu voz me quema dentro?

1 Antes que te formaras dentro del vientre de tu madre;
   antes que tú nacieras, te conocía y te consagré.
   Para ser mi profeta, de las naciones yo te escogí.
   Irás donde te envíe, y lo que mande proclamarás. *Estribillo*

2 No temas arriesgarte, porque contigo yo estaré.
No temas anunciarme porque en tu boca yo hablaré.
Te encargo hoy a mi pueblo, para arrancar y derribar,
para edificar, destruirás y plantarás. *Estribillo*

3 Deja a tus hermanos, deja a tu padre y a tu madre;
abandona tu casa porque la tierra gritando está.
Nada traigas contigo porque a tu lado yo estaré.
Es hora de luchar porque mi pueblo sufriendo está. *Estribillo*

Texto: Gilmer Torres
Música: Gilmer Torres
Texto y música © Gilmer Torres Ruiz

Alzad la cruz

489

Estribillo
Alzad la cruz, emblema de su amor;
que el mundo al fin conozca al Salvador.

1 Vamos, cristianos, tras nuestro Señor;
el rey victorioso, Cristo, Hijo de Dios.
Estribillo

2 Cada soldado del que en cruz murió
en su frente lleva el signo en que venció.
Estribillo

3 Bajo este signo de su gran poder
el pueblo de Dios avanza sin temer.
Estribillo

4 Cuando te alzaron glorioso en la cruz,
así prometiste llevarnos a la luz.
Estribillo

5 Himnos de gloria alcemos sin cesar;
al rey vencedor que en cruz supo triunfar.
Estribillo

Texto: George W. Kitchin y Michael R. Newbolt; trad. Dimas Planas-Belfort y Ángel Mattos
Música: Sydney H. Nicholson
Texto en inglés y música © 1974 Hope Publishing Company; texto en español © 1997 Hope Publishing Company

Dios hoy nos llama

Momento nuevo

490

1 Dios hoy nos llama a un momento nuevo, a caminar junto con su pueblo, es hora de transformar lo que no da más y solo y aislado no hay nadie capaz.

Estribillo
¡Por eso ven!
Entra a la rueda con todos también.
Tú eres muy importante.
¡Por eso ven!
Entra a la rueda con todos también.
Tú eres muy importante. ¡Ven!

2 Ya no es posible creer que todo es fácil, hay muchas fuerzas que producen muerte, nos dan dolor, tristeza y desolación, es necesario afianzar nuestra unión.
Estribillo

3 La fuerza que hace hoy brotar la vida obra en nosotros dándonos su gracia, es Dios que nos convida a trabajar, su amor repartir y las fuerzas juntar.
Estribillo

Texto: obra colectiva; adap. Pablo Sosa
Música: obra colectiva
Texto © Pablo Sosa; música con permiso de ISEDET

Contaremos a todas naciones

1. Contaremos a todas naciones
   una historia del buen Jesús:
   historia de amor triunfante,
   historia de paz y luz,
   historia de paz y luz.

   Estribillo
   Porque ya las tinieblas se huyen
   ante el sol que es Cristo Jesús;
   y el reino de Dios llegando está,
   el reino de amor y luz.

2. Cantaremos a todas naciones
   un gran himno de salvación,
   que librará del pecado,
   de guerra y de opresión,
   de guerra y de opresión. *Estribillo*

3. Llevaremos a todas naciones
   el mensaje del buen Señor:
   mensaje grato de gracia,
   mensaje del Dios de amor,
   mensaje del Dios de amor. *Estribillo*

Texto: Colin Sterne; trad. William G. Arbaugh
Música: H. E. Nichols
Texto en español de *Manual de Culto Cristiano,* © 1940 United Lutheran Church in America

Aramos nuestros campos
We plow the fields

492

1 A - ra - mos nues - tros cam - pos, y lue - go_el sem - bra - dor en
1 We plow the fields and scat - ter the good seed on the land, but

e - llos la si - mien - te es - par - ce con a - mor. Mas
it is fed and wa - tered by God's al - might - y hand. God

es de Dios la ma - no que la_ha - ce ger - mi - nar, ca -
sends the snow in win - ter, the warmth to swell the grain, the

lor y llu - via dan - do a to - dos por i - gual.
breez-es and the sun - shine, and soft re - fresh - ing rain.

1 Aramos nuestros campos,
y luego el sembrador
en ellos la simiente
esparce con amor.
Mas es de Dios la mano
que la hace germinar,
calor y lluvia dando
a todos por igual.

1 We plow the fields and scatter
the good seed on the land,
but it is fed and watered
by God's almighty hand.
God sends the snow in winter,
the warmth to swell the grain,
the breezes and the sunshine,
and soft refreshing rain.

2 El hacedor supremo
de cuanto existe es él.
Su aroma da a las flores
y a las abejas miel.
Las aves alimenta,
de peces puebla el mar,
y da a las gentes todas
el cotidiano pan.

2 You only are the maker
of all things near and far.
You paint the wayside flower,
you light the evening star.
The winds and waves obey you,
by you the birds are fed;
much more to us, your children,
you give our daily bread.

3 Mil gracias, Dios, te damos
por cuanto bien nos das:
las flores y los frutos,
salud, la vida y pan.
No hay con qué paguemos
lo que nos da tu amor,
más que nuestro sincero
y humilde corazón.

3 We thank you, our creator,
for all things bright and good,
the seed-time and the harvest,
our life, our health, our food.
The gifts we have to offer
are what your love imparts
and, what you most would treasure,
our humble, thankful hearts.

Texto: Matthias Claudius; trad. Jane M. Campbell (inglés) y Ernesto Barocio (español)
Música: Luis Olivieri
Música © 1989 Abingdon Press, admin. Copyright Company

¡Qué lindo! ¡Cuánta belleza!

493

1. ¡Qué lin-do! ¡Cuán-ta be-lle-za, oh Dios, ve-mos en tu cre-a-ción!

¡Qué sor-pren-den-te que de_e-sa_ex-plo-sión tal her-mo-su-ra que-dó!

Por tu buen gus-to_y cre-a-ti-vi-dad te a-plau-di-mos, Se-ñor.

Gran-de tu fuer-za, gran-de tu po-der, ¡no_hay o-tro Dios co-mo vos!

Gran-de tu fuer-za, gran-de tu po-der, ¡no_hay o-tro Dios co-mo vos!

1. ¡Qué lindo! ¡Cuánta belleza, oh Dios, vemos en tu creación!
   ¡Qué sorprendente que de esa explosión tal hermosura quedó!
   Por tu buen gusto y creatividad te aplaudimos, Señor.
   Grande tu fuerza, grande tu poder, ¡no hay otro Dios como vos!
   Grande tu fuerza, grande tu poder, ¡no hay otro Dios como vos!

2. Gracias porque nos pusiste a vivir y tu tierra disfrutar.
   Gracias por montes, por campos, por mar, por este cielo y sol.
   Y sin embargo ¡cuánta destrucción nos permitimos causar!
   Y nuestros hijos nos preguntarán qué hicimos con tu creación.
   Y nuestros hijos nos preguntarán qué hicimos con tu creación.

3. Este es tu mundo, sabemos, buen Dios, la vida viene de vos.
   ¿Cómo es esto de creer muy normal, tu creación destrozar?
   Porque es tuya y la compartís, porque otros hijos vendrán,
   toda esta tierra vamos a cuidar y vivir juntos en paz,
   toda esta tierra vamos a cuidar y vivir juntos en paz.

Texto: Juan A. Gattinoni
Música: Juan A. Gattinoni
Texto y música © Juan A. Gattinoni

494

De colores

1 De co-lo-res, de co-lo-res se vis-ten los cam-pos en la pri-ma-ve-ra. De co-lo-res, de co-lo-res son los pa-ja-ri-llos que vie-nen de a-fue-ra. De co-lo-res, de co-lo-res es el ar-co-i-ris que ve-mos lu-cir. Y por e-so los gran-des a-mo-res de mu-chos co-lo-res me gus-tan a mí. Y por e-so los gran-des a-mo-res de mu-chos co-lo-res me gus-tan a mí.

1   De colores, de colores se visten los campos en la primavera.
    De colores, de colores son los pajarillos que vienen de afuera.
    De colores, de colores es el arcoiris que vemos lucir.
    Y por eso los grandes amores de muchos colores me gustan a mí.
    Y por eso los grandes amores de muchos colores me gustan a mí.

2 De colores, de colores brillantes y finos se viste la aurora.
   De colores, de colores son los mil reflejos que el sol atesora.
   De colores, de colores se viste el diamante que vemos lucir.
   Y por eso los grandes amores de muchos colores me gustan a mí.
   Y por eso los grandes amores de muchos colores me gustan a mí.

3 Jubilosos, jubilosos vivamos en gracia puesto que se puede.
   Saciaremos, saciaremos la sed ardorosa del rey que no muere.
   Jubilosos, jubilosos llevemos a Cristo un alma y mil más,
   difundiendo la luz que ilumina la gracia divina del gran ideal;
   difundiendo la luz que ilumina la gracia divina del gran ideal.

4 Canta el gallo, canta el gallo con el quiri, quiri, quiri, quiri, quiri;
   la gallina, la gallina con el cara, cara, cara, cara, cara;
   los polluelos, los polluelos con el pío, pío, pío, pío, pío.
   Y por eso los grandes amores de muchos colores me gustan a mí.
   Y por eso los grandes amores de muchos colores me gustan a mí.

Texto: tradicional
Música: tradicional

Por la fecunda tierra

Gracias, Señor   495

1 Por la fe-cun-da tie - rra,   por el do-ra-do pan,
   por la vi-da, por el te - cho,   el a-mor y la_a-mis-tad:
   ¡Gra - cias, Se - ñor; gra - cias, Se - ñor!

1 Por la fecunda tierra,
   por el dorado pan,
   por la vida, por el techo,
   el amor y la amistad:
   ¡Gracias, Señor; gracias, Señor!

2 Porque no llega a todos
   ese techo y ese pan,
   por sufrir el desatino
   de la injusta humanidad:
   ¡Perdón, Señor; perdón, Señor!

3 Porque en Cristo retomamos
   tu designio original
   y el milagro repetido
   de compartir nuestro pan:
   ¡Gracias, Señor; gracias, Señor!

Texto: Vicente J. Tripputi
Música: Claudio Tripputi
Texto © Vicente J. Tripputi; música © Claudio Tripputi

496

Al caer la lluvia

1 Al caer la lluvia resurge con verdor
toda la floresta. ¡Renueva la creación!
Mira el rojo lirio; el duende ya brotó.
¡Bella primavera que anuncia su fulgor!

Estribillo
Toda flor silvestre, la maya el cundeamor:
¡cómo manifiestan la gloria del Señor!
¡Cómo se te alaba en toda la creación!
Yo quisiera hacerlo en forma igual, Señor.

2 El coquí se alegra, se siente muy feliz;
canta en su alabanza: "¡coquí, coquí, coquí!"
El pitirre canta y trina el ruiseñor.
¡Cuán alegremente alaban al Creador! *Estribillo*

duende = flor
maya = planta
cundeamor = enredadera
coquí = ranita de Puerto Rico, que obtiene su nombre del sonido de su canto: "¡coquí!"
pitirre = avecilla

Texto: Pablo Fernández-Badillo
Música: Pablo Fernández-Badillo
Texto y música © 1977 Pablo Fernández-Badillo

Fuera con nuestro temor

1 Fue - ra con nues - tro te - mor   a lo que o - tros di - rán,
La tie - rra can - te al Se - ñor,   los cam - pos a - lé - gren - se,

can - te - mos nue - va can - ción,   a - la - be - mos a Dios
los mon - tes in - clí - nen - se   al Dios que rei - na - rá

con to - do nues - tro ser.   ¡A - le - lu -
pa - ra siem - pre, ja - más.

ya,   a - le - lu -   ya,   a - le - lu -

ya,   a - le - lu -   ya!

1 Fuera con nuestro temor a lo que otros dirán,
cantemos nueva canción, alabemos a Dios con todo nuestro ser.
La tierra cante al Señor, los campos alégrense,
los montes inclínense al Dios que reinará para siempre, jamás.
¡Aleluya, aleluya, aleluya, aleluya!

2 Entremos para ofrendar y nuestra vida entregar
a aquél que la suya dio sin pensar sólo en sí, pensando en los demás.
Callemos para escuchar de su palabra de amor
lo que a su pueblo dirá para la salvación de su generación.
¡Aleluya, aleluya, aleluya, aleluya!

3 Vayamos a compartir lo que el Señor hoy nos dio,
contemos su salvación, anunciemos su amor entre toda nación.
Alcemos al que cayó, al ciego démosle luz,
al oprimido, valor, al que oprime, perdón, y alabemos a Dios.
¡Aleluya, aleluya, aleluya, aleluya!

498

Dios nos hizo mayordomos

1 Dios nos hi - zo ma - yor - do - mos so - bre to - da la crea - ción;
he a - quí que nos ha da - do to - do pa - ra ben - di - ción.
Dios nos pu - so en es - ta tie - rra, di - jo que nues - tra mi - sión
es lle - nar - la y es cui - dar - la con tra - ba - jo cre - a - dor.

1 Dios nos hizo mayordomos sobre toda la creación;
   he aquí que nos ha dado todo para bendición.
   Dios nos puso en esta tierra, dijo que nuestra misión
   es llenarla y es cuidarla con trabajo creador.

2 Frente al mundo y sus problemas: ¿cuál será tu reacción?
   ¿Te guiará el evangelio? ¿Cumplirás tu vocación?
   Usa el don que has recibido para otros, con amor,
   de la multiforme gracia sé buen administrador.

3 Lo que somos, lo que hacemos con responsabilidad
   es buena mayordomía, es hacer su voluntad.
   Sea toda nuestra vida expresión de nuestra fe;
   seamos sal y luz del mundo cada instante y por doquier.

4 Al oír tu llamamiento me entrego, Dios, a ti
   en servicio y obediencia respondiendo: "Heme aquí."
   Habla, oh Padre, en mi palabra; mueve, Espíritu, mi acción;
   haya tu sentir, oh Cristo, en mi mente y corazón.

Texto: Lois C. Kroehler
Música: Lois C. Kroehler
Texto y música © 1970 Lois C. Kroehler

Oh Dios de lo creado

1 Oh Dios de lo creado en cielo, tierra y mar,
de cactus, yerbas, robles y aves al volar;
luz y color adornan la entera creación
e invitan a adorarte con gran admiración.

2 Nosotros tus criaturas al nuestro ser negar,
no hacemos del planeta el habitat global.
Restaura en nos tu imagen, renueva la visión;
modelos nuevos danos aquí, de fe y acción.

3 Si la creación dañamos, con egoísmo tal,
que los tesoros dados perdemos sin cuidar;
corrige nuestras faltas y enséñanos a amar.
Oh Cristo, te pedimos perdón por nuestro errar.

4 Venimos hoy confiados, nos libra tu verdad,
a obrar por la justicia, la integridad y paz.
Unidos a tu obra en relación vital
con bosques, mares, seres, en grata afinidad.

5 Oh Dios de lo creado, quien dijo, "Bueno es,"
que a todos nos hiciste distintos, mas ya ves,
reforma a tus criaturas en nueva relación
con lluvia, sol y estrellas y toda la creación.

Texto: Jane Parker Huber; trad. Ana Inés Braulio-Corchado
Música: Ángel Mattos
Texto de *Singing in Celebration* © 1996 Jane Parker Huber, admin. Westminster/John Knox Press; música © 1998 Augsburg Fortress

500   Dios de las aves

[Do] [mim] [lam] [rem] [Sol] [Do]

1 Dios de las a - ves, Dios del gran pez, de las es - tre - llas,

[Fa⁷ᴹ] [Mi] [lam] [mim] [Fa⁷ᴹ] [mim⁷]

Dios; ¡có - mo lo crea - do te te - me,

[lam] [rem] [1-5 Sol^sus4] [Sol] [6 Do]

có - mo lo crea - do te_a - do - ra!
(6) có - mo de - ci - mos ho -   gar!

1 Dios de las aves, Dios del gran pez,
de las estrellas, Dios;
¡cómo lo creado te teme,
cómo lo creado te adora!

2 Dios de los sismos, del temporal,
de la trompeta, Dios;
¡cómo lo creado te invoca,
cómo lo creado te implora!

3 Del arco iris, de la cruz
y del sepulcro, Dios;
¡cómo hablar de tu gracia,
cómo expresarte las gracias!

4 Dios del que enfermo o hambriento está
y del derrochador;
¡cómo los seres se cuidan
y cómo sienten la vida!

5 Dios del que es prójimo o rival,
del garfio de poder;
¡cómo de amor platicamos
y cómo de paz hablamos!

6 Dios de los tiempos, cercano Dios,
de amante corazón;
¡qué es en tus hijos el gozo,
cómo decimos hogar!

Texto: Jaroslav J. Vajda; trad. Federico Pagura
Música: Carl F. Schalk
Texto en español © 1996 Jaroslav Vajda; música © 1983 GIA Publications

501   Caminemos por la senda

[Do] [Fa] [Sol⁷]

1 Ca - mi - ne - mos por la sen - da que tra - zó nues - tro Se -

[Do] [Fa] [Sol⁷] [Do]

ñor; es es - tre - cha, mas po - de - mos ca - mi - nar - la por a - mor.

1 Caminemos por la senda
que trazó nuestro Señor;
es estrecha, mas podemos
caminarla por amor.

2 Dios promete ayudarnos
en empresa tan vital;
avancemos al amparo
del buen Padre celestial.

3 Su palabra nos inspira,
nos constriñe sin cesar
a caminar rectamente
y las almas a buscar.

4 Caminemos, pues, hermanos,
siempre atentos al clamor
de los pobres y los tristes,
que es el reclamo mayor.

5 Compartamos, pues, con ellos
todo lo que es menester,
y aunque la senda sea estrecha
marcharemos con placer.

6 No temamos los tropiezos
que tengamos que afrontar;
seguiremos adelante
hasta el triunfo conquistar.

Texto: Rosario Ojeda
Música: Rosario Ojeda
Texto y música © Rosario Ojeda

Al Dios creador damos gracias
Be thankful to God

502

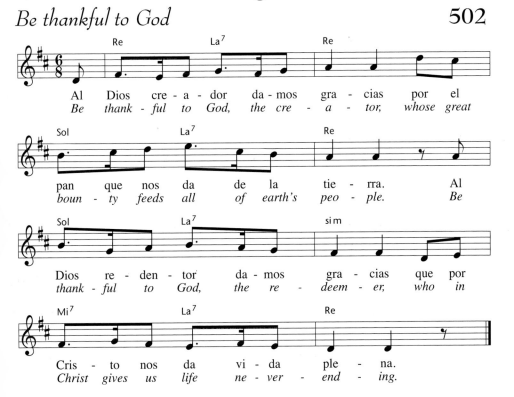

Al Dios creador damos gracias
por el pan que nos da de la tierra.
Al Dios redentor damos gracias
que por Cristo nos da vida plena.

Be thankful to God, the creator,
whose great bounty feeds all of earth's people.
Be thankful to God, the redeemer,
who in Christ gives us life never-ending.

Texto: Campamento Villa Ventana; trad. Gerhard Cartford
Música: Campamento Villa Ventana
Texto y música con permiso de ISEDET; texto en inglés © 1998 Augsburg Fortress

503   Dios hizo el agua cristalina

1 Dios hi-zo_el a-gua cris-ta - li-na,   tam - bién   la llu-via_y la tie - rra;   y   so-bre_el mar mo - vió su_Es - pí - ri - tu.

Estribillo A
(estrofas 1-4, 7-9)

Dios vio que_e - ra bue - no,   Dios vio que_e - ra bue - no, y   fue   la no-che_y la ma - ña - na.

Estribillo B
(estrofas 5-6)

Lo   bue - no se_a - ca - bó,   lo   bue - no se_a - ca - bó, y   fue   la no-che_y la ma - ña - na.

(alegre y movido)

1 Dios hizo el agua cristalina,
   también la lluvia y la tierra;
   y sobre el mar movió su Espíritu.

   Estribillo A
   Dios vio que era bueno,
   y fue la noche y la mañana.

2 Tejió después verdes alfombras,
   bordó las flores y los frutos,
   los árboles plantó en su huerto.
   Estribillo A

3 Les dio los peces a los mares
   y al cielo regaló las aves.
   Llenó la tierra de animales.
   Estribillo A

4 La humanidad creó a su imagen.
   Mujer y hombre en comunión
   su amor comparten, sus cuidados.
   Estribillo A

(lento y sombrío)

5 La creación: los niños mueren,
   contaminados son los mares,
   el paraiso se ha estropeado.

   Estribillo B
   Lo bueno se acabó,
   y fue la noche y la mañana.

6 El pacto hecho entre lo eterno
   y lo terreno ahora es roto.
   El mal gobierna en todas partes.
   Estribillo B

(un poco mas movido)

7 Cuando Jesús entró en la historia,
   nos recordó de nuestro origen:
   creados por Dios a su imagen.
   Estribillo A

(alegre y movido)

8 Cuando el Espíritu nos toca,
   volvemos a cuidar la tierra
   en compromiso y esperanza.
   Estribillo A

9 En Jesucristo se renueva
   la creación, la humanidad, la vida.
   Ya disfrutamos del futuro.
   Estribillo A

Texto: Olav Hartman, trad. Pablo Sosa
Música: José Ruiz
Texto © Pablo Sosa; música © 1998 Augsburg Fortress

504

Bienaventurados seremos

Estribillo
Bienaventurados seremos, Señor; seremos, Señor.

1   Seréis bienaventurados los desprendidos de la tierra;
    seréis bienaventurados porque tendréis el cielo.
    Seréis bienaventurados los que tenéis alma sencilla;
    seréis bienaventurados: vuestra será la tierra. *Estribillo*

2   Seréis bienaventurados los que lloráis, los que sufrís;
    seréis bienaventurados porque seréis consolados.
    Seréis bienaventurados los que tenéis hambre de mí;
    seréis bienaventurados porque seréis saciados. *Estribillo*

3 Seréis bienaventurados los que tenéis misericordia;
   seréis bienaventurados porque seréis perdonados.
   Seréis bienaventurados los que tenéis el alma limpia;
   seréis bienaventurados porque veréis a Dios. *Estribillo*

4 Seréis bienaventurados los que buscáis siempre la paz;
   seréis bienaventurados: hijos seréis de Dios.
   Seréis bienaventurados los perseguidos por mi causa;
   seréis bienaventurados porque tendréis mi reino. *Estribillo*

Texto: Mateo 5:1-12, adap. Emilio Vicente Mateu
Música: Emilio Vicente Mateu
Texto y música © 1973 Emilio Mateu y Ediciones Musical Pax, admin. OCP Publications

La mano de Dios 505

1 La mano de Dios en nuestro mundo está
   actuando con gracia y con poder;
   la iglesia debe ver el gran acontecer
   de la poderosa mano de Dios.

2 La mano de Dios en nuestro mundo está
   derribando estructuras de opresión.
   He aquí la destrucción de toda explotación,
   por la poderosa mano de Dios.

3 La mano de Dios en nuestro mundo está
   creando una nueva sociedad;
   con paz, con hermandad, justicia y libertad,
   por la poderosa mano de Dios.

4 La mano de Dios en nuestro mundo está
   mostrando su modo de vivir:
   servir, también sufrir, por otros aún morir
   sostenidos por la mano de Dios.

5 La mano de Dios en nuestro mundo está
   forjando una nueva humanidad;
   tenemos que luchar y juntos trabajar
   con la poderosa mano de Dios.

6 La mano de Dios en nuestro mundo está
   obrando con juicio y con amor.
   La iglesia sin temor se une con valor
   a estas obras de la mano de Dios.

Texto: Patrick Prescod; trad. Lois C. Kroehler
Música: Noel Dexter
Texto © 1970 Lois C. Kroehler; música © 1973 Caribbean Council of Churches

Corre el viento en esta gran ciudad

506

Perdón, Señor

1 Corre el viento en esta gran cuidad,
muchos temblarán:
perdón, Señor.
Para unos hoy habrá calor,
para otros, no;
perdón, Señor.

Estribillo
Ayúdanos a entender
nuestra culpa, oh Señor.
Nuestras alegrías son dolor
para muchos hoy;
perdón, Señor.

2 Esta gran cuidad progresará,
muchos sufrirán;
perdón, Señor.
Para unos, la oportunidad,
para otros, no;
perdón, Señor. *Estribillo*

3 Guerras y más guerras por la paz,
muchos morirán;
perdón, Señor.
Muchas manos se levantarán
reclamando pan;
perdón, Señor. *Estribillo*

Texto: Homero Perera
Música: Homero Perera
Texto y música © Homero R. Perera

Por todos los caminos

Santo

507

1. Por todos los caminos,
   veredas y cañadas
   divisoa Jesucristo,
   la luz de la verdad.

Estribillo
Vos sos tres veces santo,
vos sos tres veces justo,
libéranos del yugo,
danos la libertad.
Vos sos tres veces santo,
vos sos tres veces justo,
libéranos del yugo,
danos la libertad.

2. Vos sos el Dios parejo.
   No andas con carambadas.
   Vos sos hombre de ñeques,
   el mero tayacán. *Estribillo*

parejo = justo
carambadas = tonterías
hombre de ñeques = hombre fuerte
tayacán = madera muy dura

Texto: *Misa campesina nicaragüense*, Carlos Mejía Godoy
Música: Carlos Mejía Godoy
Texto y música © Carlos Mejía Godoy

Cuando el pobre
When the poor ones

508

1 Cuan-do el po - bre na - da tie - ne y aún re - par - te,
1 When the poor ones, who have noth-ing, still are giv-ing;

cuan - do al - guien pa - sa sed y a - gua nos da,
when the thirst - y pass the cup, wa - ter to share;

cuan-do el dé - bil a su her - ma - no for - ta - le - ce,
when the wound-ed of - fer oth-ers strength and heal - ing:

Estribillo

va Dios mis - mo en nues-tro mis - mo ca - mi - nar;
we see God, here by our side, walk - ing our way;

va Dios mis - mo en nues-tro mis - mo ca - mi - nar.
we see God, here by our side, walk - ing our way.

1 Cuando el pobre nada tiene y aún reparte,
cuando alguien pasa sed y agua nos da,
cuando el débil a su hermano fortalece,

Estribillo
va Dios mismo en nuestro mismo caminar;
va Dios mismo en nuestro mismo caminar.

2 Cuando alguno sufre y logra su consuelo,
cuando espera y no se cansa de esperar,
cuando amamos, aunque el odio nos rodee, *Estribillo*

3 Cuando crece la alegría y nos inunda,
cuando dicen nuestros labios la verdad,
cuando amamos el sentir de los sencillos, *Estribillo*

4 Cuando abunda el bien y llena los hogares,
cuando alguien donde hay guerra pone paz,
cuando "hermano" le llamamos al extraño, *Estribillo*

1 *When the poor ones, who have nothing, still are giving;*
  when the thirsty pass the cup, water to share;
  when the wounded offer others strength and healing:

  Refrain
  we see God, here by our side, walking our way;
  we see God, here by our side, walking our way.

2 *When compassion gives the suff'ring consolation;*
  when expecting brings to birth hope that was lost;
  when a strong love drowns the hatred that surrounds us: Refrain

3 *When our spirits, like a chalice, brim with gladness;*
  when our voices, full and clear, sing out the truth;
  when our longings, free from envy, seek the humble: Refrain

4 *When the goodness poured from heaven fills our dwellings;*
  when the nations work to change war into peace;
  when the stranger is accepted as our neighbor: Refrain

Texto: J. A. Olivar; trad. Martin A. Seltz
Música: Miguel Manzano
Texto en español y música © 1971 J. A. Olivar, Miguel Manzano y San Pablo Internacional—SSP, admin. OCP Publications; texto en inglés © 1998 Augsburg Fortress

Paz, paz, reine la paz 509

Estribillo
Paz, paz, reine la paz,
hermanos, hermanas vivamos en paz.
Paz, paz, reine la paz,
hermanos, hermanas vivamos en paz.

1 Reine en el mundo, reine tu paz,
en nuestras familias deseamos la paz.
Estribillo

2 Que en nuestras vidas reine tu paz,
hermanos y hermanas vivamos en paz.
Estribillo

Texto: Cuco Chávez
Música: Cuco Chávez
Texto y música © 1991 GIA Publications, Inc.

510

Busca la paz y síguela

Estribillo
Busca la paz y síguela
como amante de la vida;
que Jesús, fuente de paz,
nos prepare para amar.

1 Alejémonos de egoísmos;
imitemos al Señor.
Alejémonos de egoísmos,
compartiendo paz y amor.
Estribillo

2 Alegrémonos como hermanos,
compartiendo nuestro amor;
y sembremos hoy la justicia
como fruto de la paz.
Estribillo

Texto: Comunidad cristiana de Giguito
Música: Tito Cevallos
Texto y música con permiso de Seminario Bíblico Latinoamericano

Si la gente dejara sus odios

1 Si la gente dejara sus odios,
   sus falsos orgullos y el miedo de amar,

   Estribillo
   qué bonito sería este mundo
   rodeado de amor, de ternura y bondad;
   qué bonito sería este mundo
   rodeado de amor, de ternura y bondad.

2 Si al caído en vez de aplastarlo,
   le dieran apoyo y nueva dignidad, *Estribillo*

3 Si entre hermanos no hubiera contiendas,
   si todos los pueblos vivieran en paz, *Estribillo*

4 Si en los pueblos, los que nos gobiernan
   promueven con celo el bien del hogar, *Estribillo*

5 Y si el clero en servicio sincero
   entregara el mensaje de amor y de paz, *Estribillo*

Texto: Jaime Reyes
Música: Jaime Reyes
Texto y música con permiso de Luis Olivieri

En medio de la vida

512

Mingled in all our living

Capó 3

1 En me - dio de la vi - da es - tás pre - sen - te, oh Dios,
1 Min - gled in all our liv - ing your pres - ence, Lord, I feel

más cer - ca que mi a - lien - to, sus - ten - to de mi ser.
clos - er than my own sigh - ing, your love sus - tain - ing me.

Tú im - pul - sas en mis ve - nas mi san - gre al pal - pi - tar
You cause the pulse of blood, Lord, to flow in ev - 'ry vein,

y el rit - mo de la vi - da vas dan - do al co - ra - zón.
my heart re - sponds in glad - ness, life's rhy - thm beats with - in.

Estribillo

Oh Dios de cie - lo y tie - rra, te sir - vo des - de a - quí;
O Lord of earth and heav - en, I give my life to you,

te a - mo en mis her - ma - nos, te a - do - ro en la crea - ción.
lov - ing you in my neigh - bor, prais - ing you in the world.

1 En medio de la vida
estás presente, oh Dios,
más cerca que mi aliento,
sustento de mi ser.
Tú impulsas en mis venas
mi sangre al palpitar
y el ritmo de la vida
vas dando al corazón.

Estribillo
Oh Dios de cielo y tierra,
te sirvo desde aquí;
te amo en mis hermanos,
te adoro en la creación.

2 Tú estás en el trabajo
del campo o la ciudad,
y es himno de la vida,
el diario trajinar.
El golpe del martillo,
la tecla al escribir,
entonan su alabanza
al Dios de la creación. *Estribillo*

3 Tú estás en la alegría
y estás en el dolor,
compartes con tu pueblo
la lucha por el bien.
En Cristo tú has venido
la vida a redimir,
y en prenda de tu reino
el mundo a convertir. *Estribillo*

1 *Mingled in all our living*
your presence, Lord, I feel
closer than my own sighing,
your love sustaining me.
You cause the pulse of blood, Lord,
to flow in ev'ry vein,
my heart responds in gladness,
life's rhythm beats within.

Refrain
O Lord of earth and heaven,
I give my life to you,
loving you in my neighbor,
praising you in the world.

2 *You stand beside the worker*
in factory and farm;
daily incessant clamor
sounds out a hymn of life.
In ev'ry hammer's pounding,
the stroke of ev'ry key,
we hear a tune of praising,
creation's melody. Refrain

3 *You're in the sound of laughter*
and in the flow of tears,
sharing with all your people
the fight for human good.
You came in Christ incarnate
that life may be redeemed,
pledging us to your kingdom,
helping the world to change. Refrain

Texto: Mortimer Arias, trad. Len Lythgoe
Música: Antonio Auza
Texto en español © Mortimer Arias; texto en inglés © Len Lythgoe, admin. World Council of Churches; música © la herencia de Antonio Auza

Entre el vaivén de la ciudad

513

Where cross the crowded ways of life

1 En - tre_el vai - vén de la ciu - dad,
1 Where cross the crowd-ed ways of life,

más fuer-te_a - ún que su ru - mor;
where sound the cries of race and clan,

en lid de ra - za_y so - cie - dad,
a - bove the noise of self - ish strife,

tu voz o - í - mos, Sal - va - dor;
we hear your voice, O Son of Man;

en lid de ra - za_y so - cie - dad,
a - bove the noise of self - ish strife,

tu voz o - í - mos, Se - ñor.
we hear your voice, Son of Man.

1 Entre el vaivén de la ciudad,
  más fuerte aún que su rumor;
  en lid de raza y sociedad,
  tu voz oímos, Salvador;
  en lid de raza y sociedad,
  tu voz oímos, Señor.

2 Doquiera impere explotación,
  falte trabajo, no haya pan,
  en los umbrales del terror,
  oh Cristo, vémoste llorar;
  en los umbrales del terror,
  Jesús, te vemos llorar.

3 Un vaso de agua puede ser
  hoy de tu gracia la señal;
  más ya las gentes quieren ver
  tu compasiva y santa faz;
  más ya las gentes quieren ver
  tu compasiva faz.

4. Desciende, oh Cristo, con poder
  a la sufriente humanidad;
  si con amor lo hiciste ayer,
  camina y vive en mi ciudad;
  si con amor lo hiciste ayer,
  camina en mi ciudad.

5 Hasta que triunfe tu amor
  y el mundo pueda oír tu voz,
  y de los cielos, oh Señor,
  descienda la ciudad de Dios;
  y de los cielos, oh Señor,
  venga la ciudad de Dios.

1 *Where cross the crowded ways of life,*
  where sound the cries of race and clan,
  above the noise of selfish strife,
  we hear your voice, O Son of Man;
  above the noise of selfish strife,
  we hear your voice, Son of Man.

2 *In haunts of wretchedness and need,*
  on shadowed thresholds dark with fears,
  from paths where hide the lures of greed,
  we catch the vision of your tears;
  from paths where hide the lures of greed,
  we see, O Jesus, your tears.

3 *The cup of water giv'n for you*
  still holds the freshness of your grace;
  yet long these multitudes to view
  the strong compassion in your face;
  yet long these multitudes to view
  your strong compassionate face.

4 *O Master, from the mountainside*
  make haste to heal these hearts of pain;
  among these restless throngs abide;
  oh, tread the city's streets again;
  among these restless throngs abide;
  come to our cities again;

5 *Till all the world shall learn your love,*
  and follow where your feet have trod;
  till glorious from your heav'n above
  shall come the city of our God;
  till glorious from your heav'n above
  shall come the city of God.

Texto: Frank M. North; trad. anónimo
Música: Santos Dávila
Música © Santos Dávila

514

Desterrados

1 Des-te - rra - dos, muy le - jos de_e-sa tie - rra
que_ha-ce tiem - po nos vio por vez pri - me - ra;
jun-to_al fue - go de_u-nos cuan - tos pa-los se - cos,
en la no - che can - ta-mos nues-tras pe - nas.

Estribillo
¿Dón - de_es - tás? ¿Dón - de_es - tás?

2 So - mos gen - te ca - mi - nan - te por el mun-do,
sin ho - gar, sin me - sa_y ca - sa pro - pia,
y_al pa - sar las fron - te - ras de_o-tras tie - rras
nos es - pí - an con mi - ra - da re - ce - lo - sa.

3 No po - de - mos en - to - nar co - plas del pue - blo,

por - que hay mu - chos que a es - e pue - blo es - tán pi - san - do;

u - nos rí - en y se a - le - gran en sus fies - tas.

Estribillo

O - tros, po - bres, por las ca - lles van llo - ran - do.

4 Si ol - vi - da - mos e - sa i - ma - gen de tu ros - tro,

que se se - que nues - tra len - gua en el ca - mi - no,

por - que tú a - com - pa - ñas nues - tra suer - te,

Estribillo

el va - gar de los po - bres pe - re - gri - nos.

5 Pe - ro un dí - a fe - liz es - tá cer - ca - no,

1 Desterrados, muy lejos de esa tierra
que hace tiempo nos vio por vez primera;
junto al fuego de unos cuantos palos secos,
en la noche cantamos nuestras penas.
¿Dónde estás? ¿Dónde estás?
¿Dónde estás? ¿Dónde estás?

2 Somos gente caminante por el mundo,
sin hogar, sin mesa y casa propia,
y al pasar las fronteras de otras tierras
nos espían con mirada recelosa.
¿Dónde estás? ¿Dónde estás?
¿Dónde estás? ¿Dónde estás?

3 No podemos entonar coplas del pueblo,
porque hay muchos que a ese pueblo están pisando;
unos ríen y se alegran en sus fiestas.
Otros, pobres, por las calles van llorando.
¿Dónde estás? ¿Dónde estás?
¿Dónde estás? ¿Dónde estás?

4 Si olvidamos esa imagen de tu rostro,
que se seque nuestra lengua en el camino,
porque tú acompañas nuestra suerte,
el vagar de los pobres peregrinos.
¿Dónde estás? ¿Dónde estás?
¿Dónde estás? ¿Dónde estás?

5 Pero un día feliz está cercano,
cuando nadie se sienta en tierra extraña;
brotará una tierra para todos,
donde, iguales, vivamos como en casa.
¿Dónde estás? ¿Dónde estás?
¿Dónde estás? ¿Dónde estás?

Texto: Juan A. Espinosa
Música: Juan A. Espinosa
Texto y música © 1976 Juan Espinosa, admin. OCP Publications

Escucha, pueblo, mi canto

1. Escucha, pueblo, mi canto, brota de mi corazón,
no dejes que tu quebranto cierre tu oído a mi voz.
Este mensaje te traigo, la buena nueva de hoy
es para todos los pobres, buena deliberación.

2. Dicen que los poderosos pueden comprar hasta a Dios.
Es porque te han engañado y aceptas tu condición.
Dios no se vende con nadie; pide cuenta al opresor.
Al que acumula riquezas le exige repartición.

3. Ser pobre no es un pecado, vergüenza no has de sentir.
Que se avergüencen aquellos que te privan del vivir.
Tu dignidad es de hijo que vive en casa de Dios.
Has de exigirle a los ricos la justa distribución.

4. Si es que mi canto le ofende no es mi intención ofender.
Mi intención es que comprenda y cumpla con su deber.
Para amar a sus hermanos como lo manda el buen Dios
tiene que ser solidario en bienes y pretensión.

Texto: Hermanas de Jesús Mediador
Música: Hermanas de Jesús Mediador
Texto y música con permiso de Luis Olivieri

516 Somos un pueblo que camina

Estribillo

So-mos un pue-blo que ca-mi-na, y jun-tos ca-mi-nan-do po-dre-mos al-can-zar o-tra ciu-dad que no se_a-ca-ba, sin pe-nas ni tris-te-zas, ciu-dad de_e-ter-ni-dad. *Fin*

Estrofas

1 So-mos un pue-blo que ca-mi-na, que mar-cha por el mun-do bus-can-do_u-na ciu-dad. So-mos e-rran-tes pe-re-gri-nos en bus-ca de_un des-ti-no, des-ti-no de_u-ni-dad. Siem-pre se-re-mos ca-mi-nan-tes, pues só-lo ca-mi-nan-do po-dre-mos al-can-zar o-tra ciu-dad que no se_a-ca-ba, sin pe-nas ni tris-te-zas, ciu-dad de_e-ter-ni-dad.

Estribillo
Somos un pueblo que camina,
y juntos caminando podremos alcanzar
otra ciudad que no se acaba,
sin penas ni tristezas, ciudad de eternidad.

1 Somos un pueblo que camina,
que marcha por el mundo buscando una ciudad.
Somos errantes peregrinos
en busca de un destino, destino de unidad.
Siempre seremos caminantes,
pues sólo caminando podremos alcanzar
otra ciudad que no se acaba,
sin penas ni tristezas, ciudad de eternidad. *Estribillo*

2 Sufren los hombres, mis hermanos,
buscando entre las piedras la parte de su pan.
Sufren las gentes oprimidas,
personas que no tienen ni paz ni libertad.
Sufren mujeres, mis hermanas,
mas tú vienes con ellas y en ti alcanzarán
otra ciudad que no se acaba,
sin penas ni tristezas, ciudad de eternidad. *Estribillo*

3 Danos valor para la lucha,
valor en las tristezas, valor en nuestro afán.
Danos la luz de tu palabra,
que guíe nuestros pasos en este caminar.
Marcha, Señor, junto a nosotros,
pues sólo en tu presencia podremos alcanzar
otra ciudad que no se acaba,
sin penas ni tristezas, ciudad de eternidad. *Estribillo*

Texto: Emilio Vicente Mateu
Música: Emilio Vicente Mateu
Texto y música © 1985 Emilio Mateu y Ediciones Musical PAX, admin. OCP Publications

Su nombre es "El Señor"

517

¿Le conocéis?

1 Su nombre es "El Señor" y pasa hambre, y clama por la boca del hambriento; y muchos que lo ven pasan de largo, acaso por llegar temprano al templo. Su nombre es "El Señor" y sed soporta, y está en quién de justicia va sediento; y muchos que lo ven pasan de largo, a veces ocupados en sus rezos.

Estribillo
Con vosotros está y no le conocéis, con vosotros está, su nombre es "El Señor." Con vosotros está y no le conocéis, con vosotros está, su nombre es "El Señor."

1 Su nombre es "El Señor" y pasa hambre,
y clama por la boca del hambriento;
y muchos que lo ven pasan de largo,
acaso por llegar temprano al templo.
Su nombre es "El Señor" y sed soporta,
y está en quién de justicia va sediento;
y muchos que lo ven pasan de largo,
a veces ocupados en sus rezos.

Estribillo
Con vosotros está
y no le conocéis,
con vosotros está,
su nombre es "El Señor."
Con vosotros está
y no le conocéis,
con vosotros está,
su nombre es "El Señor."

2 Su nombre es "El Señor" y está desnudo,
la ausencia del amor hiela sus huesos;
y muchos que lo ven pasan de largo,
seguros y al calor de su dinero.
Su nombre es "El Señor" y enfermo vive,
y su agonía es la del enfermo;
y muchos que lo saben no hacen caso,
tal vez no frecuentaba mucho el templo.
Estribillo

3 Su nombre es "El Señor" y está en la cárcel,
está en la soledad de cada preso;
y nadie lo visita y hasta dicen:
"Tal vez ése no era de los nuestros."
Su nombre es "El Señor," el que sed tiene;
él pide por la boca del hambriento;
está preso, está enfermo, está desnudo,
pero él nos va a juzgar por todo eso.
Estribillo

1 His name is Christ the Lord, he suffers hunger;
oh, hear him in the pleading of the hungry.
But many hurry past him on the roadway;
they're eager to be early at the temple.
His name is Christ the Lord, and he is thirsty;
oh, see his face in all who thirst for justice.
But many hurry past him on the roadway;
they can't be interrupted while they're praying.

Refrain
Here with you is the one you say you do not know.
Here with you is the one whose name is Jesus Christ.
Here with you is the one you say you do not see.
Here with you is the one whose name is Jesus Christ.

2 His name is Christ the Lord, he trembles, naked;
oh, feel the cold that cloaks the lost and loveless.
But many hurry past him on the roadway;
they're cozy in the warmth of their possessions.
His name is Christ the Lord, he knows our sickness;
oh, see him in a woman, bruised or suffering.
But many hurry past her, never looking;
perhaps she only rarely came to worship. Refrain

3 His name is Christ the Lord, he lies in prison;
oh, hear the lonely silence of the captive.
But no one ever comes to pay a visit;
they say, "He's one of them, not one of our kind."
His name is Christ the Lord! Oh, see him—thirsty,
in pain, in prison, naked, sick, and hungry—
and serve him in the least of these his people,
until the judge of all returns in glory. Refrain

Texto: J. A. Olivar; trad. Martin A. Seltz.
Música: Miguel Manzano
Texto en español y música © 1971 Miguel Manzano Alonso y J. Olivar y San Pablo Internacional—SSP, admin. OCP Publications; texto en inglés © 1998 Augsburg Fortress

518

Vos sos el destazado en la cruz

1   Vos sos el destazado en la cruz
    que has vencido la maldad del mundo
    denunciando al injusto opresor,
    levantando del polvo a los pobres.

    Estribillo
    Te pedimos que nos oigas,
    que escuches el clamor de tu pueblo.
    Te pedimos que nos oigas,
    que escuches el clamor de tu pueblo.

2   Vos sos el destazado en la cruz,
    masacrado por los poderosos.
    Hoy derramas tu sangre también
    en la sangre de nuestros caídos. *Estribillo*

3   Vos sos el destazado en la cruz,
    que construyes la paz con justicia.
    Ayúdanos a no desmayar
    y a luchar por que venga tu reino. *Estribillo final*

    Estribillo final
    Que tu paz llegue a nosotros
    cuando hagamos brotar la justicia.
    Que tu paz llegue a nosotros
    cuando hagamos brotar la justicia.

Texto: *Misa popular salvadoreña*, Guillermo Cuéllar
Música: Guillermo Cuéllar
Texto y música © 1996 GIA Publications

Danos un corazón

Gente nueva

519

Estribillo
Da - nos un co - ra - zón gran - de pa - ra a - mar,
da - nos un co - ra - zón fuer - te pa - ra lu - char.

Estrofas
1 Gen - te nue - va, crea - do - ra de la his - to - ria, cons - truc -
to - ra de nue - va hu - ma - ni - dad; gen - te nue - va que vi - ve la e - xis -
ten - cia co - mo ries - go de un lar - go ca - mi - nar.

Estribillo
Danos un corazón grande para amar,
danos un corazón fuerte para luchar.

1 Gente nueva, creadora de la historia,
constructora de nueva humanidad;
gente nueva que vive la existencia
como riesgo de un largo caminar.
Estribillo

2 Gente nueva, luchando en esperanza,
caminantes sedientos de verdad;
gente nueva sin frenos ni cadenas,
gente libre que exige libertad.
Estribillo

3 Gente nueva, amando sin fronteras
por encima de razas y lugar;
gente nueva al lado de los pobres
compartiendo con ellos techo y pan.
Estribillo

Texto: Juan A. Espinosa
Música: Juan A. Espinosa
Texto y música con permiso de Seminario Bíblico Latinoamericano

Un pueblo que camina
The people walk a weary road together

520

Estribillo

Un pue-blo que ca-mi-na por el mun-do gri-
The peo-ple walk a wea-ry road to-geth-er and

tan-do: "¡Ven, Se-ñor!" Un pue-blo que bus-ca en es-ta
cry out, "Come, O Lord!" The peo-ple who long to claim the

vi-da la gran li-be-ra-ción.
prom-ise, God's lib-er-at-ing Word.

Estrofas

1 Los po-bres siem-pre-es-pe-ran el a-ma-ne-cer de un
1 The poor ones of the world a-wait the dawn of hope, when

dí-a más jus-to y sin o-pre-sión. Los
jus-tice will shine and make op-pres-sion flee. The

po-bres he-mos pues-to la-es-pe-ran-za en ti: ¡Li-ber-ta-dor!
emp-ty hands of all are raised to you, Lord God: oh, set us free!

Estribillo

Un pueblo que camina por el mundo
gritando: "¡Ven, Señor!"
Un pueblo que busca en esta vida
la gran liberación.

1 Los pobres siempre esperan el amanecer
de un día más justo y sin opresión.
Los pobres hemos puesto la esperanza en ti:
¡Libertador! *Estribillo*

2 Salvaste nuestra vida de la esclavitud,
esclavos de la ley, sirviendo en el temor.
Nosotros hemos puesto la esperanza en ti:
¡Dios del amor! *Estribillo*

3 El mundo, por la guerra, sangra sin razón;
familias destrozadas buscan un hogar.
El mundo tiene puesta su esperanza en ti:
¡Dios de la paz! *Estribillo*

Refrain
The people walk a weary road together
and cry out, "Come, O Lord!"
The people who long to claim the promise,
God's liberating Word.

1 *The poor ones of the world await the dawn of hope,*
   when justice will shine and make oppression flee.
   The empty hands of all are raised to you, Lord God:
   oh, set us free! Refrain

2 *You broke the bonds of sin, untied the captive's hands,*
   released us from fear and slav'ry to the law.
   We lift our hands in hope, we put our trust in you,
   O God of love. Refrain

3 *The lifeblood of the world is shed in mindless war;*
   and fam'lies desire a home where conflicts cease.
   With all the world we lift our hands in hope to you,
   O God of peace. Refrain

Texto: Juan A. Espinosa; trad. Martin A. Seltz
Música: Juan A. Espinosa
Texto en español y música © 1972 Juan A. Espinosa, admin. OCP Publications; texto en inglés © 1998 Augsburg Fortress

Esté la paz

521

Es-té la paz en tu lu-gar,
es-té la paz en tu ho-gar;
la paz en ti, la paz en mí,
paz en la tie-rra, paz del Se-ñor.
Ven her-ma-na, ven her-ma-no, a la paz can-te-mos to-dos.

Esté la paz en tu lugar,
esté la paz en tu hogar;
la paz en ti, la paz en mí,
paz en la tierra, paz del Señor.

Ven hermana, ven hermano,
a la paz cantemos todos.
Ven hermana, ven hermano,
a la paz cantemos todos.

Texto: Victor Jortack
Música: Victor Jortack
Texto y música © 1998 Augsburg Fortress

Veo tanta tristeza

Canto por la paz

522

1 Ve-o tan-ta tris-te-za; no me pue-do ca-llar.
De-ja-ré mi son-ri-sa que a o-tro pue-da_a-le-grar.
Ve-o tan-ta vio-len-cia; no la pue-do_i-gno-rar.
Con mis bra-zos a-bier-tos lu-cha-ré por la paz.

Estribillo

Es por la paz que can-to hoy, can-to_a la
Es por la paz que can-to hoy, can-to_a la

vi-da, can-to_al a-mor, pa-ra que_un dí-
vi-da, can-to_al a-mor; siem-bra con mi-

- a po-da-mos ver que la jus-ti-
- go la li-ber-tad y ca-mi-ne-

- cia sí pue-de ser, ma-no con
- mos a la_u-ni-dad; Dios, nues-tro_a-

ma-no jun-tos con fe.
mi-go, nos gui-a-rá.

Última vez al coda ⊕   *D.C.*

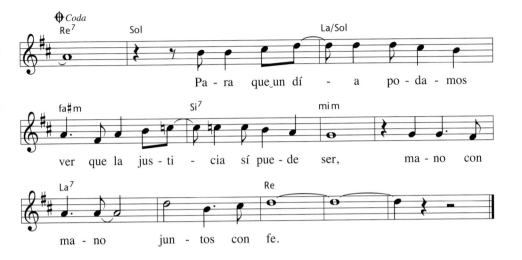

1 Veo tanta tristeza;
no me puedo callar.
Dejaré mi sonrisa
que a otro pueda alegrar.
Veo tanta violencia;
no la puedo ignorar.
Con mis brazos abiertos
lucharé por la paz.

Estribillo
Es por la paz que canto hoy,
canto a la vida, canto al amor,
para que un día podamos ver
que la justicia sí puede ser,
mano con mano juntos con fe.
Es por la paz que canto hoy,
canto a la vida, canto al amor;
siembra conmigo la libertad
y caminemos a la unidad;
Dios, nuestro amigo, nos guiará.

2 Veo tanta injusticia;
no la puedo aceptar,
por eso me levanto
a la gente a ayudar.
Veo tanta esperanza
al juntos trabajar;
aún nos queda camino,
lo podemos lograr. *Estribillo*

Coda
Para que un día podamos ver
que la justicia sí puede ser,
mano con mano juntos con fe.

Texto: Gisela García, Carlos Negrón y Laura Negrón
Música: Gisela García, Carlos Negrón y Laura Negrón
Texto y música © Gisela García, Carlos Negrón Sanchez y Laura Negrón

523

Hemos cubierto la tierra

1 He-mos cu-bier-to la tie-rra de som-bras y de do-lor;
pue-blos en-te-ros que gi-men en mu-da de-so-la-ción.
Ni-ños que mue-ren de ni-ños, po-bres que no ven el sol;
mu-je-res ven-dien-do_el cuer-po en su de-ses-pe-ra-ción.

Estribillo

Tu vo-lun-tad se_ha-ga pres-to, Se-ñor;
ven-ga_a no-so-tros tu rei-no de a-mor.

1 Hemos cubierto la tierra de sombras y de dolor;
pueblos enteros que gimen en muda desolación.
Niños que mueren de niños, pobres que no ven el sol;
mujeres vendiendo el cuerpo en su desesperación.

Estribillo
Tu voluntad se haga presto, Señor;
venga a nosotros tu reino de amor.

2 Hemos cercado la tierra con rejas de una prisión,
para matar al hermano, de hambre, tortura, opresión.
Junto al palacio de mármol casas de lata y cartón;
en vez de amor en las calles, odio, violencia y rencor. *Estribillo*

3 Este, Señor, no es tu reino; tu voluntad no es, Señor,
que divididos vivamos en una cárcel de horror.
Por eso al cielo clamamos, desde nuestra confusión:
"Venga a nosotros tu reino, brille en la tierra tu sol." *Estribillo*

4 Cuando Jesús vino al mundo nos dijo: "La luz yo soy,
si mi verdad les alumbra, verán mi liberación;
y en mí no habrá más barreras, ni sectas, ni división:
he venido a hacerles uno en la verdad y el amor." *Estribillo*

5 Cumple, Señor, tu promesa, venga tu reino de amor
y que el sol de tu justicia vuelva a alumbrarnos, Señor.
Limpia, Jesús, a tu iglesia de toda su corrupción;
y se renueve la tierra por tu presencia y tu amor. *Estribillo*

Texto: Federico Pagura
Música: Pablo Sosa
Texto © Federico J. Pagura; música © Pablo Sosa

Para esta tierra sin luz
Todos los días nace el Señor

524

1 Pa-ra_es-ta tie-rra sin luz, na-ce_el Se-ñor; pa-ra ven-cer las ti-nie-blas, na-ce_el Se-ñor. Pa-ra cam-biar nues-tro mun-do, to-dos los dí-as na-ce_el Se-ñor. Pa-ra cam-biar nues-tro mun-do, to-dos los dí-as na-ce_el Se-ñor.

1 Para esta tierra sin luz, nace el Señor;
  para vencer las tinieblas, nace el Señor.
  Para cambiar nuestro mundo,
  todos los días nace el Señor.
  Para cambiar nuestro mundo,
  todos los días nace el Señor.

2 Para traer libertad, nace el Señor;
  rompiendo nuestras cadenas, nace el Señor.
  En cada uno que es libre,
  todos los días nace el Señor.
  En cada uno que es libre,
  todos los días nace el Señor.

3 Para quitar la opresión, nace el Señor;
  para borrar la injusticia, nace el Señor.
  En cada pueblo que grita,
  todos los días nace el Señor.
  En cada pueblo que grita,
  todos los días nace el Señor.

4 Para vencer la maldad, nace el Señor;
  para los pobres que sufren, nace el Señor.
  Por la igualdad entre todos,
  todos los días nace el Señor.
  Por la igualdad entre todos,
  todos los días nace el Señor.

5 Para traernos paz, nace el Señor;
  para esta tierra que sangra, nace el Señor.
  En cada uno que lucha,
  todos los días nace el Señor.
  En cada uno que lucha,
  todos los días nace el Señor.

6 Para traernos amor, nace el Señor;
  para vencer egoísmos, nace el Señor.
  Al estrechar nuestras manos,
  todos los días nace el Señor.
  Al estrechar nuestras manos,
  todos los días nace el Señor.

7 Para este mundo sin fe, nace el Señor;
  para inquietar nuestras vidas, nace el Señor.
  En cada uno que espera,
  todos los días nace el Señor.
  En cada uno que espera,
  todos los días nace el Señor.

Texto: Juan A. Espinosa y Rafi Escudero
Música: Rafi Escudero
Texto © 1976 Juan Espinosa, admin. OCP Publications; música © Rafi Escudero

Hay un Cristo en la calle

1. Hay un Cristo en la calle con traje de papel,
con sandalias de viento, con anillos de piel,
con cartera de harina y perfume de miel.

   Estribillo
   Hay un Cristo en la calle, te quiere conocer,
   llamarte por tu nombre y darte su sostén.
   Hay un Cristo en la calle, te quiere conocer.

2. Hay un Cristo en la calle con júbilo de sol,
con mirada de cumbres, con presencia de voz,
con oídos de hondura y manos de oración. *Estribillo*

3. Hay un Cristo en la calle con gracia coloquial,
con paciencia infinita, con amor celestial,
con furor por lo justo y pasión por la paz. *Estribillo*

Texto: Alberto B. Giacumbo
Música: Homero Perera
Texto © Alberto Giacumbo; música © Homero R. Perera

Cuando las bases de este mundo tiemblan

526
When all the nations of our world are shaken

1 Cuan-do las ba - ses de_es-te mun - do tiem-blan
2 Los pa - dres crí - en con te-mor sus hi - jos,

y_el mal co - rrom - pe nues-tra so - cie - dad,
sin i - rri - tar - los en a - mor y fe;

nues-tras ple - ga - rias ha - cia ti se_e - le - van
se - an los hi - jos siem - pre_a - gra - de - ci - dos,

por la fa - mi - lia, por la_hu - ma - ni - dad.
nun - ca se_a - par - ten de tu san - ta ley.

3 Que ni_el di - ne - ro ni_el pla - cer se tor - nen
4 Que los ho - ga - res que_a Je - sús con - fie - san

en fal - sa me - ta del mo - der - no_ho - gar;
co - mo la sal al mun - do den sa - bor,

bus - que ser - vir - te y_o - fre - cer sus do - nes
y por sus o - bras y por su be - lle - za

a_un mun - do lle - no de ne - ce - si - dad.
mues - tren los sig - nos de tu san - to_a - mor.

5 Lim - pia tu_i - gle - sia; pres - to pu - ri - fi - ca
nues - tros ho - ga - res, nues - tro mun - do_in - fiel
de Cris - to_a - pu - ra_el vic - to - rio - so dí - a;
nues - tra_es - pe - ran - za pa - ra siem - pre_es él.

1 *When all the nations of our world are shaken,*
   when evil menaces society,
   we pray to you, the Lord of all forsaken,
   for home and family, and community.

2 *Remind our children of the gifts you gave them,*
   of loving service, hope and faith and trust;
   let them give thanks, that on the cross you saved them
   to make them kind, compassionate, and just.

3 *Teach them that power, wealth, and highest station*
   are goals unworthy in our Savior's eyes.
   He prizes servanthood in every nation,
   exalts the poor, and calls the lowly wise.

4 *Let every home that turns to Christ as Savior*
   become the spice, the salt, the light, the yeast.
   Let good pour out in every hue and flavor,
   a foretaste of the glorious heavenly feast.

5 *Renew your church, make holy every dwelling;*
   transform our world, make nations just and true,
   until that day, our blessed hope foretelling,
   when you return, and all are one in you.

Texto: Federico Pagura; trad. Steve Swanson
Música: Ángel Mattos
Texto © Federico J. Pagura; texto en inglés © 1998 Augsburg Fortress; música © 1998 Augsburg Fortress

Hazme un instrumento de tu paz

Oración de San Francisco

527

1 Hazme un instrumento de tu paz:
donde haya odio lleve yo tu amor,
donde haya injuria, tu perdón, Señor,
donde haya duda, fe, Señor, en ti.

2 Hazme un instrumento de tu paz;
que lleve tu esperanza por doquier;
donde haya oscuridad, lleve tu luz,
donde haya pena, tu gozo, Señor.

3 Maestro, ayúdame a nunca buscar
querer ser consolado, sino consolar;
ser entendido como entender,
ser amado como yo amar.

4 Hazme un instrumento de tu paz;
es perdonando que nos das perdón,
es dando a todos que tú nos das;
y muriendo es que volvemos a nacer.

Texto: Francisco de Asís; adap. Sebastian Temple; trad. al español anónimo
Música: Sebastian Temple
Texto y música © 1967 OCP Publications

Rogamos al buen Consolador

1. Rogamos al buen Consolador
   nos conceda gracia, fe y fervor;
   él nos dé su ayuda, su mano fuerte,
   nos ampare en la angustia y en la muerte.

   Estribillo
   ¡Ten piedad, piedad, Señor!
   ¡Ten piedad, piedad, Señor!

2. Lucero de gracia, con tu luz
   guíanos hacia el Señor Jesús.
   Haz que en él quedemos en todo el día
   hasta entrar en su Edén de alegría.
   Estribillo

3. Amor sin par, danos tu favor;
   llénanos de fervoroso amor
   para que hermanado, tu pueblo entero
   marche con tu paz por el mismo sendero.
   Estribillo

4. Consuelo fiel y potente Dios:
   de maldad y afrentas líbranos.
   Contra el enemigo cruel y malvado
   sé por siempre nuestro fuerte abogado.
   Estribillo

Texto: anónimo, estr. 1; Martin Luther, estr. 2-4; trad. Albert Lehenbauer
Música: Santos Dávila
Texto de *Culto Cristiano*, © 1964 Publicaciones "El Escudo"; música © Santos Dávila

529 Necesitado me encuentro, Señor

1 Ne-ce-si-ta-do me_en-cuen-tro, Se-ñor. A-
2 Tú ya vi-ni-ste en-tre no-so-tros; tú

yú-da-me_a ver, yo quie-ro sa-ber lo que de-bo_ha-cer.
sa-bes, Se-ñor, que_hoy es-tá pe-or, es mu-cho_el do-lor.

Mues-tra_el ca-mi-no que de-bo se-guir. Se-
Hay mu-cho_e-goís-mo y mu-cha mal-dad. Se-

ñor, por mi bien yo quie-ro vi-vir un dí-a_a la vez.
ñor, por mi bien, yo quie-ro vi-vir un dí-a_a la vez.

Estribillo

Un dí-a_a la vez, mi Cris-to, es lo que pi-do de

ti. Da-me la fuer-za pa-ra vi-vir un dí-a_a la

vez. A-yer ya pa-só, mi Cris-to,

ma-ña-na qui-zás no ven-drá. A-yú-da-me

hoy. Yo quie-ro vi-vir un dí-a_a la vez.

Texto: tradicional
Música: tradicional

Señor, ten piedad de tu pueblo

530

Estribillo
Señor, ten piedad.
Señor, ten piedad
de tu pueblo; Señor,
Señor, ten piedad.

1 La sangre de Abel escucha el Señor.
   El llanto del pueblo despierta a Moisés.
   El grito que nace de nuestras entrañas,
   con mil artimañas, lo quieren callar.
   Estribillo

2 Señor, la injusticia nos duele y oprime:
   ¡ponte a nuestro lado!, ¡somos humildes!
   Las botas y tanques aplastan con saña
   a quien da la cara por todos, Señor.
   Estribillo

Text: *Misa popular salvadoreña*, Guillermo Cuéllar
Música: Guillermo Cuéllar
Texto y música © 1996 GIA Publications

Por los caminos sedientos de luz

531

El viñador

1 Por los ca-mi-nos se-dien-tos de luz, le-van-
No se de-tie-ne en su ca-mi-nar, no le a-

tán-do-se an-tes que_el sol, ha-cia los cam-pos que
sus-ta la sed ni_el ca-lor. Hay u-na vi-ña que

le-jos es-tán, muy tem-pra-no se va_el vi-ña-dor.
quie-re cui-dar, u-na vi-ña que_es to-do su_a-mor.

Estribillo

Dios es tu_a-mi-go, el vi-ña-dor, el que te cui-da

de sol a sol; el que te pi-de fru-tos de_a-mor.

1 Por los caminos sedientos de luz,
   levantándose antes que el sol,
   hacia los campos que lejos están,
   muy temprano se va el viñador.
   No se detiene en su caminar,
   no le asusta la sed ni el calor.
   Hay una viña que quiere cuidar,
   una viña que es todo su amor.

   Estribillo
   Dios es tu amigo, el viñador,
   el que te cuida de sol a sol;
   Dios es tu amigo, el viñador,
   el que te pide frutos de amor.

2 Él te protege con un valladar
   levantado en tu derredor,
   quita del alma las piedras del mal
   y ha elegido la cepa mejor.
   Limpia los surcos con todo su afán,
   y los riega con sangre y sudor.
   Dime si puede hacer algo más
   por su viña el viñador. *Estribillo*

3 Por los caminos sedientos de luz
   levantándose antes que el sol,
   hacia los campos que lejos están
   muy temprano se va el viñador.
   Sólo racimos de amargo sabor,
   ha encontrado en tu corazón.
   Dime si puede esperar algo más
   de su viña el viñador. *Estribillo*

Texto: Cesáreo Gabarain
Música: Cesáreo Gabarain
Texto y música © 1978 Cesáreo Gabarain, admin. OCP Publications

Jesús es todo para mí

Jesús es todo para mí,
todo para mí, todo para mí.
Jesús es todo para mí,
todo para mí es Jesús.
Si no sale el sol no hay temor;
si hay tempestad Jesús conmigo va.
No temeré, no temeré,
porque Jesús poderoso es.

Texto: Jesús Castillo Peña
Música: Jesús Castillo Peña
Texto y música © Jesús Castillo Peña

533

Día en día Cristo está conmigo

Capó 1

1 Día en día Cristo está conmigo; me consuela en medio del dolor, pues confiando en su poder eterno, no me afano ni me da temor. Sobrepuja todo entendimiento la perfecta paz del Salvador. En su amor tan grande e infinito siempre me dará lo que es mejor.

1 Día en día Cristo está conmigo;
  me consuela en medio del dolor,
  pues confiando en su poder eterno,
  no me afano ni me da temor.
  Sobrepuja todo entendimiento
  la perfecta paz del Salvador.
  En su amor tan grande e infinito
  siempre me dará lo que es mejor.

2 Día en día Cristo me acompaña
  y me brinda la dulce comunión.
  Todos mis cuidados él los lleva,
  a él entrego mi alma y corazón.
  No hay medida del amor supremo
  de mi bondadoso y fiel pastor.
  Él me suple lo que necesito,
  siempre me dará lo que es mejor.

3 Oh Señor, ayúdame este día
  a vivir de tal manera aquí
  que tu nombre esté glorificado
  pues anhelo honrarte sólo a ti.
  Con la diestra de tu gran justicia,
  me sustentas en la turbación.
  Tus promesas son sostén y guía,
  siempre en ellas hay consolación.

Texto: Carolina Sandell Berg; trad. F. S. Cook y R. C. Savage
Música: Oscar Ahnfelt
Texto de *Culto Cristiano*, © 1964 Publicaciones "El Escudo"

Los que confían en Jehová 534

Los que confían en Jehová son como el monte de Sión,
que no se mueve, sino que permanece para siempre.
Como Jerusalén tiene montes alrededor de ella,
así Jehová está alrededor de su pueblo.

Texto: Salmo 125:1–2
Música: tradicional

535 Oh Señor, tú me has examinado

Oh Señor, tú me has examinado y conocido,
has entendido desde lejos mis pensamientos;
pues, aún no está la palabra en mi boca
y he aquí tú la sabes toda.
Por más lejos que fuere, ahí tú estarás,
y aún allí tu mano me guiará.

Texto: Salmo 139, adap. Marisol Díaz
Música: anónimo
Texto © Marisol Díaz, permiso solicitado

No tengas miedo de morir

536

1 No ten-gas mie-do de mo-rir; Cris-to_a lo-tro la-do_es-tá.

No ten-gas mie-do de vi-vir; Cris-to_a ti te_a-yu-da-rá.

2 Si_es-tás en den-sa_os-cu-ri-dad, tu guí-a_y fa-ro él se-rá;

si_es-tás en pe-li-gro mor-tal, él pue-de sal-var-te_y lo_ha-rá.

3 No ten-gas mie-do de vi-vir; Cris-to_a tu la-do_es-ta-rá.

No ten-gas mie-do de mo-rir; quien mue-re_en Cris-to vi-vi-rá.

1 No tengas miedo de morir;
   Cristo al otro lado está.
   No tengas miedo de vivir;
   Cristo a ti te ayudará.

2 Si estás en densa oscuridad,
   tu guía y faro él será;
   si estás en peligro mortal,
   él puede salvarte y lo hará.

3 No tengas miedo de vivir;
   Cristo a tu lado estará.
   No tengas miedo de morir;
   quien muere en Cristo vivirá.

Texto: Esther E. Bertieaux
Música: Esther E. Bertieaux
Texto y música © 1998 Augsburg Fortress

537

El Señor es mi luz

Estribillo

El Se - ñor es mi luz y mi sal - va - ción, el Se - ñor es la de - fen - sa de mi vi - da; si_el Se - ñor es mi luz, ¿a quién te - me - ré? ¿quién me_ha - rá tem - blar?

Estrofas

1 U - na co - sa pi - do_al Se - ñor: ha - bi - tar por siem - pre_en su ca - sa, go - zar de la ter - nu - ra del Se - ñor to - dos los dí - as de mi vi - da.

2 No me_es - con - das tu ros - tro, Se - ñor, bus - ca - ré to - do_el dí - a tu ros - tro; si mi pa - dre_y mi ma - dre me_a - ban - do - nan, el Se - ñor me_a - co - ge - rá.

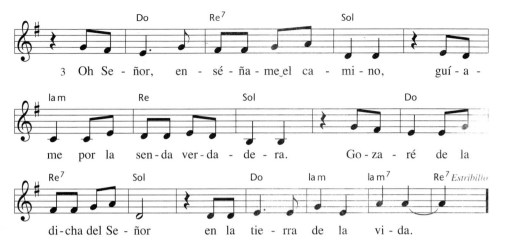

Estribillo
El Señor es mi luz y mi salvación,
el Señor es la defensa de mi vida;
si el Señor es mi luz, ¿a quién temeré?
¿quién me hará temblar?

1 Una cosa pido al Señor:
habitar por siempre en su casa,
gozar de la ternura del Señor
todos los días de mi vida. *Estribillo*

2 No me escondas tu rostro, Señor,
buscaré todo el día tu rostro;
si mi padre y mi madre me abandonan,
el Señor me acogerá. *Estribillo*

3 Oh Señor, enséñame el camino,
guíame por la senda verdadera.
Gozaré de la dicha del Señor
en la tierra de la vida. *Estribillo*

Texto: Salmo 27, adap. Alberto Taulé
Música: Alberto Taulé
Texto y música © 1982 Alberto Taulé, admin. OCP Publications

Te ofrecemos nuestros dones 538

Te ofrecemos nuestros dones,
al servicio de tu reino.
Te ofrecemos nuestra vida,
por tu causa y por tu amor.

Texto: Taller de Música y Liturgia en América Latina, 1988
Música: Edwin Mora y Walter Vivares
Texto y música con permiso de Seminario Bíblico Latinoamericano

En tu andar

Es Jesús el Rey

539

1 En tu an-dar u-na luz te gui-a-rá.
En tu vi-vir u-na voz te ha-bla-rá,
y_en tu co-ra-zón ten-drás la paz del Se-ñor.

Estribillo
Es Je-sús el Rey, el Prín-ci-pe de paz, el
ú-ni-co Ca-mi-no de se-guir. Es Je-sús el Rey, el
Hi-jo de a-mor, el Re-den-tor y Sal-va-dor. dor.

1 En tu andar una luz te guiará.
   En tu vivir una voz te hablará,
   y en tu corazón tendrás la paz del Señor.

   Estribillo
   Es Jesús el Rey, el Príncipe de paz,
   el único Camino de seguir.
   Es Jesús el Rey, el Hijo de amor,
   el Redentor y Salvador.

2 No has de temer, Jesús te guardará,
   y en tu existir él te cuidará.
   La paz encontrarás con Cristo, el Hijo de Dios.
   Estribillo

Texto: Lorenzo Florián
Música: Lorenzo Florián
Texto y música © 1991 GIA Publications, Inc.

Feliz el hombre

1 Feliz el hombre
que no ha puesto su esperanza en el dinero,
ni se instala entre las cosas de esta vida,
ni se deja corromper, aunque le cueste.

Estribillo
Feliz será, feliz será, feliz será.

2 Feliz el hombre
que no inclina su frente al poderoso,
ni traiciona al compañero de trabajo,
ni renuncia a la lucha del presente.
Estribillo

3 Feliz el hombre
que no sigue los caprichos de la moda,
ni hace caso de anuncios engañosos,
ni se deja llevar por charlatanes.
Estribillo

4 Feliz el hombre
que no vende su inquietud ante amenazas,
ni claudica de su rumbo ya trazado,
ni se hunde en el silencio de los cómplices.
Estribillo

5 Feliz el hombre
que encamina sus pasos por tus sendas;
él será como un árbol grande y fuerte,
que da sombra y alegría al caminante.
Estribillo

Texto: Salmo 1, adap. Juan A. Espinosa
Música: Juan A. Espinosa
Texto y música © 1990 Juan Espinosa, admin. OCP Publications

541

Eres uno de los nuestros

Estribillo
Eres uno de los nuestros, tú das fuerza a nuestro andar
al quedarte con nosotros en el vino y en el pan;
al quedarte con nosotros en el vino y en el pan.

1   En la hora en que las sombras van cayendo sobre el mundo;
    no nos queda más consuelo que tu ejemplo y que tu luz.
    Tú has tenido el gran detalle de quedarte en nuestra tierra
    compartiendo con nosotros la alegría y la inquietud. *Estribillo*

2 En la hora en que la duda va sembrando el desencanto;
   eres tú nuestra certeza, nuestra gran seguridad.
   Son tus pasos nuestros pasos, tu valor es nuestra fuerza.
   Hoy queremos ver la vida con tu forma de mirar. *Estribillo*

3 En la hora en que el camino se nos hace cuesta arriba
   tú nos echas una mano y te pones a empujar.
   Tú que arrimas siempre el hombro y que vas a nuestro lado
   eres hoy nuestro alimento hecho vino y hecho pan. *Estribillo*

Texto: J. A. Olivar
Música: Juan A. Espinosa
Texto © 1992 J. A. Olivar y Ediciones Musical PAX, admin. OCP Publications; música © 1992 Juan A. Espinosa, admin. OCP Publications

Roca de la eternidad 542

1 Roca de la eternidad,
   fuiste abierta para mí.
   Sé mi escondedero fiel,
   sólo encuentro paz en ti;
   eres puro manantial
   en el cual lavado fui.

2 Aunque yo aparezca fiel,
   y aunque llore sin cesar,
   del pecado no podré
   justificación lograr;
   sólo en ti, teniendo fe,
   puedo mi perdón hallar.

3 Mientras deba aquí vivir,
   y al instante de expirar;
   cuando vaya a responder
   en tu augusto tribunal,
   sé mi escondedero fiel,
   Roca de la eternidad.

Texto: Augustus M. Toplady; trad. anónimo
Música: Thomas Hastings

543

Firmes y adelante

1 Firmes y adelante, huestes de la fe,
sin temor alguno, que Jesús nos ve.
Jefe soberano, Cristo al frente va,
y la regia enseña tremolando está.

Estribillo
Firmes y adelante, huestes de la fe,
sin temor alguno, que Jesús nos ve.

2 Al sagrado nombre de nuestro adalid,
tiembla el enemigo y huye de la lid.
Nuestra es la victoria, dad a Dios loor,
y óigalo el infierno lleno de terror. *Estribillo*

3 Tronos y coronas pueden perecer;
de Jesús la iglesia siempre habrá de ser.
Nada en contra suya prevalecerá,
porque la promesa nunca faltará. *Estribillo*

4 Muévete potente, pueblo del Señor,
y de triunfo en triunfo marcha con valor.
Eres sólo un cuerpo, y uno es el Señor,
una la esperanza y uno nuestro amor. *Estribillo*

Texto: Sabine Baring-Gould; trad. Juan Bautista Cabrera
Música: Arthur S. Sullivan

Mira, mira

Estribillo
Mira, mira, debes mirar atrás
y verás que en tu camino el Señor siempre está.
Y por eso: mira, mira, debes mirar atrás
y verás que en tu camino el Señor siempre está.

1 Cuando enfrentes mil problemas
te parece que jamás terminarán.
No encuentras la solución
y sufres por aquello que nunca pasará.
Y por eso: *Estribillo*

2 En el medio de una crisis puedes preguntarte:
"mi Dios, ¿dónde estás?"
Pero al mirar al pasado
ves que todo terminó en su lugar.
Y por eso: *Estribillo*

Texto: Victor Jortack
Música: Victor Jortack
Texto y música © 1998 Augsburg Fortress

545

Tú, Señor, eres mi fuerza

Tú, Se-ñor, e-res mi fuer-za. Yo te a-mo. E-res
tú mi pro-tec-tor, mi lu-gar de re-
fu-gio, mi li-ber-ta-dor, mi Dios. La
Ro-ca don-de pue-do o-cul-tar-me; mi_es-
cu-do, el po-der que me sal-va. La sal-va.
Mi más al-to es-con-di-te; tú, Señor, e-res dig-no de_a-la-ban-za;
cuan-do yo lla-mo me res-pon-des y me
sal-vas de mis e-ne-mi-gos.

Tú, Señor, eres mi fuerza.
Yo te amo.
Eres tú mi protector, mi lugar de refugio,
mi libertador, mi Dios.

La Roca donde puedo ocultarme;
mi escudo, el poder que me salva.
La Roca donde puedo ocultarme;
mi escudo, el poder que me salva.

Mi más alto escondite;
tú, Señor, eres digno de alabanza;
cuando yo llamo me respondes
y me salvas de mis enemigos.

Texto: Luis Barrante y Rudy Espinoza, basado en Salmo 18
Música: Rudy Espinoza
Texto y música © 1998 Augsburg Fortress

Alzo a los montes mis ojos 546

1 Al-zo a los mon-tes mis o-jos, ¿dón-de en-con-tra-ré re - fu-gio?
de Dios vie-ne mi con-sué-lo, ha-ce - dor del an - cho mun-do.
No va-ci-la - rá tu pa - so, tu cus-to-dia se - rá él;
pues siem-pre es-tá vi - gi - lan-te el que pro-te - ge a Is - ra - el.

1 Alzo a los montes mis ojos,
¿dónde encontraré mi refugio?
de Dios viene mi consuelo,
hacedor del ancho mundo.
Alzo a los montes mis ojos,
¿dónde encontraré mi refugio?
de Dios viene mi consuelo,
hacedor del ancho mundo.
No vacilará tu paso,
tu custodia será él;
pues siempre está vigilante el
que protege a Israel;
pues siempre está vigilante el
que protege a Israel.

2 Es Yavé quien te protege
y quien conduce tu vida,
te acompañará en la noche
y al sol del radiante día.
Es Yavé quien te protege
y quien conduce tu vida,
te acompañará en la noche
y al sol del radiante día.
Toda pena será extraña,
él auxiliará tus días.
Desde ahora y para siempre
será él tu eterno guía.
Desde ahora y para siempre
será él tu eterno guía.

Texto: anónimo, basado en Salmo 121
Música: anónimo
Texto y música © Plegaria Colombia, permiso solicitado

547 No tengas miedo; hay señal secreta

1 No tengas miedo; hay señal secreta,
un nombre que te ampara cuando vas.
En el camino que lleva a la meta
hay huellas por la senda donde vas.

2 No tengas miedo si es la noche oscura;
tú no estás solo, ya no hay soledad.
Aunque la vida te parezca dura,
hay quien dirige de la eternidad.

3 No tengas miedo, él guía tus pasos;
tu nombre sabe y a tu lado está.
Es el amigo que extiende sus brazos;
no temas nada; él contigo va.

4 No tengas miedo si el camino es duro;
hay quién te guarda siempre con amor.
El te defiende cual seguro escudo
y te acompaña siempre en el dolor.

Texto: Ylva Eggehorn; trad. Samuel Acedo
Música: Lars Moberg
Texto © Samuel Acedo; música © Lars Moberg

548 Hermano, tu mano acerca

1 Hermano, tu mano acerca; hermano, canta conmigo.
¡Aleluya! porque Cristo nos ha marcado el camino.
Hermano, canta conmigo; hermano, canta conmigo.

2 Hermano, su voz escucha, él está en todo sitio,
caminando a nuestro lado y al lado del perseguido.
Hermano, su voz escucha; hermano, su voz escucha.

3 Hermano, no tengas miedo; hermano, canta conmigo.
Cristo vive, ¡aleluya! Hay esperanza en el mundo.
Hermano, canta conmigo; hermano, canta conmigo.

Texto: María B. de Gualdieri
Música: Irene S. de Alvarez
Texto © María B. de Gualdieri, permiso solicitado; música © Irene S. de Alvarez

Es el Señor mi buen pastor 549

1 Es el Señor mi buen pastor y no me faltará;
por verdes prados con amor él me conducirá;
por verdes prados con amor él me conducirá.

2 Junto a aguas frescas con bondad haráme reposar;
por sendas justas y de paz su mano me guiará;
por sendas justas y de paz su mano me guiará.

3 Y cuando el valle de dolor o muerte deba andar,
no sentiré ningún temor pues él me guardará;
no sentiré ningún temor pues él me guardará.

4 Es sabio y fiel mi buen pastor; jamás me dejará;
con su cayado mi Señor aliento me dará;
con su cayado mi Señor aliento me dará.

5 Hasta el final me seguirán misericordia y bien;
y de mi Padre en el hogar por siempre moraré;
y de mi Padre en el hogar por siempre moraré.

Texto: Salmo 23; *Psalter*, Edinburgh 1650; trad. Federico Pagura
Música: J. L. Macbeth Bain
Texto en español © Federico J. Pagura

550

Amarte he, oh Jehová

Amarte he, oh Jehová,
amarte he, oh Jehová;
mi fortaleza y roca mía,
mi castillo y libertador;

amarte he, oh Jehová,
Dios mío, en ti confiaré.
Escudo mío, mi cuerno de salud,
amarte he, oh Jehová.

Texto: Salmo 18:1-2, adap. David M. Surpless
Música: David M. Surpless
Texto y música © 1994 David M. Surpless

Buenos días, Señor

Bue-nos dí - as, Se - ñor, bue-nos dí - as, mi Dios, ven -

go a en - tre - gar - me a ti. Bue-nos dí - as, Se - ñor, bue-nos

dí - as, mi Dios, ven - go a a - do - rar - te a ti.

1 Guí - a - me en el ca - mi - no, siem - pre

cuí - da - me a mí. An - da siem - pre con -

mi - go, es - to te pi - do a ti.

Estribillo
Buenos días, Señor, buenos días, mi Dios,
vengo a entregarme a ti.
Buenos días, Señor, buenos días, mi Dios,
vengo a adorarte a ti.

1 Guíame en el camino,
siempre cuídame a mí.
Anda siempre conmigo,
esto te pido a ti. *Estribillo*

2 Toma, Señor, mi vida,
dame todo tu amor.
Caminando contigo
nunca tengo temor. *Estribillo*

3 Cantaré de tu gloria
por doquiera que voy;
con tu amor y tu gracia,
nunca solo estoy. *Estribillo*

Texto: Arsenio Córdova
Música: Arsenio Córdova
Texto y música © 1982 OCP Publications

552 Con cinco panes y peces

1 Con cinco panes y peces
   dio de comer el Señor.
   A muchos hombres y niños,
   muchas mujeres también.
   Todos comieron de ellos,
   también saciaron su sed.

   Estribillo
   Danos, Señor, de esos panes
   y esos peces de comer,
   como lo hiciste amoroso
   con tus hijos esa vez.

2 Somos nosotros tus hijos,
   que te siguen por doquier:
   por los caminos del mundo
   día tras día con fe.
   A veces nos tropezamos,
   y sentimos desmayar. *Estribillo*

3 Aquel milagro del monte
   se repite sin cesar:
   Cristo a todo su pueblo
   se reparte a manos dar.
   Todos los que tengan hambre
   en él la pueden saciar. *Estribillo*

Texto: Carlos Rosas
Música: Carlos Rosas
Texto y música © 1975 Carlos Rosas, admin. OCP Publications

Dios es nuestro amparo

1 Dios es nuestro amparo, nuestra fortaleza,
   nuestro pronto auxilio en la tribulación;
   aunque se trasladen los montes a la mar,
   aunque la tierra tiemble, tenemos que confiar;
   aunque la tierra tiemble, tenemos que confiar.

   Estribillo
   Cielos y tierra pasarán,
   mas tu palabra no pasará.
   Cielos y tierra pasarán,
   mas tu palabra no pasará.
   ¡No, no, no pasará;
   no, no, no, no, no, no pasará!

2 Hay un río limpio de aguas cristalinas
   en la ciudad santa, morada de Jehová.
   Dios está en ella, y firme estará;
   al clarear la mañana su ayuda traerá;
   al clarear la mañana su ayuda traerá.
   Estribillo

3 Bramaron las naciones, reinos titubearon;
   él dio la palabra; la tierra derritió.
   Con nosotros siempre Jehová está;
   él es nuestro refugio, tenemos que confiar;
   él es nuestro refugio, tenemos que confiar.
   Estribillo

4 Contemplad sus obras, el asolamiento;
   detendrá las guerras, las armas quebrará.
   Será exaltado; todos lo sabrán
   que él es nuestro refugio, tenemos que confiar;
   que él es nuestro refugio, tenemos que confiar.
   Estribillo

Texto: tradicional, basado en Salmo 46
Música: tradicional

554

Maestro, se encrespan las aguas

1 ¡Ma-es-tro, se_en-cres-pan las a-guas, y ru-ge la tem-pes-tad! Los

gran-des a-bis-mos del cie-lo se lle-nan de_os-cu-ri-dad.

¿No ves que_a-quí pe-re-ce-mos? ¿Pue-des dor-mir a-sí, cuan-do_el

mar a-gi-ta-do nos a-bre pro-fun-do se-pul-cro_a-quí?

Estribillo

Los vien-tos, las on-das oi-rán tu voz: "¡Se-a la paz!"

Cal-mas las i-ras del ne-gro mar, las lu-chas del al-ma las ha-ces ce-sar; y_a-

sí, la bar-qui-lla do va_el Se-ñor, hun-dir-se no pue-de_en el mar trai-dor. Do-

quier se cum-ple tu vo-lun-tad, se-a la paz, se-a la paz. Tu

voz re-sue-na_en la_in-men-si-dad: "¡Se-a la paz!"

1 ¡Maestro, se encrespan las aguas,
y ruge la tempestad!
Los grandes abismos del cielo
se llenan de oscuridad.
¿No ves que aquí perecemos?
¿Puedes dormir así,
cuando el mar agitado nos abre
profundo sepulcro aquí?

Estribillo
Los vientos, las ondas oirán tu voz:
"¡Sea la paz!"
Calmas las iras del negro mar,
las luchas del alma las haces cesar;
y así, la barquilla do va el Señor,
hundirse no puede en el mar traidor.
Doquier se cumple tu voluntad,
sea la paz, sea la paz.
Tu voz resuena en la inmensidad:
"¡Sea la paz!"

2 Maestro, mi ser angustiado
te busca con ansiedad.
De mi alma en los antros profundos
se libra cruel tempestad.
Pasa el pecado a torrentes
sobre mi frágil ser.
Y perezco, perezco, Maestro;
¡oh, quiéreme socorrer! *Estribillo*

3 Maestro, pasó la tormenta;
los vientos no rugen ya.
Y sobre el cristal de las aguas
el sol resplandecerá.
Maestro, prolonga esta calma;
no me abandones más.
Cruzaré los abismos contigo,
gozando bendita paz. *Estribillo*

Texto: Mary A. Baker; trad. Vicente Mendoza
Música: Horatio R. Palmer

Testigos 555

Texto: Néstor Míguez
Música: Walter Vivares

556

El nombre de Dios te ampare

1 El nombre de Dios te ampare
   cuando apriete la refriega;
   sobre ti su gracia llueva,
   que su ayuda te defienda;
   reciba el Señor tu ofrenda
   en el día de tu entrega.

2 Que cumpla todos tus sueños,
   que llene tus esperanzas;
   que un día nuestra alabanza
   pueda contar tu victoria;
   festejar de Dios la gloria,
   que ha escuchado tus demandas.

3 Ahora sé que nuestro Dios
   su triunfo te ha otorgado,
   desde su cielo sagrado
   el Señor te ha respondido;
   su fuerza te ha protegido,
   su derecha te ha salvado.

4 Algunos sólo confían
   en sus potros y en sus lanzas,
   nosotros nuestra esperanza
   la ponemos sólo en Dios;
   veremos cual de los dos
   pesa más en la balanza.

Coda
Dále, Señor, la victoria;
respóndele a su llamado.

Texto: Salmo 20; adap. Mamerto Menapace
Música: Homero Perera
Texto © Hermano Mamerto Menapace, permiso solicitado; música © Homero Perera

Jesús yo me postro ante ti

1 Jesús yo me postro ante ti
   al recordar todo lo que hiciste por mí,
   al pasar por el Calvario de dolor
   y en la cruz, oh Jesús,
   me mostraste tu amor.

Estribillo
Oh Jesús, oh Jesús,
hazme ser para ti
y a ti siempre servir.
Oh Jesús, oh Jesús,
dame fuerza y poder
de cargar con mi cruz.

2 Y hoy al contemplarte, Señor,
   con tus brazos extendidos en la cruz,
   y el mirar quebrantado de dolor,
   reconozco, Jesús, que pequé contra ti.
   Estribillo

Texto: L. Vega
Música: Steve Prouse
Texto y música © Charisma in Missions, Inc.

558 Pescador, que al pasar

1 Pescador, que al pasar por la orilla del lago
me viste secando mis redes al sol.
Tu mirar se cruzó con mis ojos cansados
y entraste en mi vida buscando mi amor.

Estribillo
Pescador, en mis manos has puesto otras redes
que puedan ganarte la pesca mejor,
y al llevarme contigo en la barca
me nombraste, Señor, Pescador.

2 Pescador, entre tantos que había en la playa
tus ojos me vieron, tu boca me habló,
y a pesar de sentirse mi cuerpo cansado,
mis pies en la arena siguieron tu voz. *Estribillo*

3 Pescador, manejando mis artes de pesca
   en otras riberas mi vida quedó,
   al querer que por todos los mares del mundo
   trabajen mis fuerzas por ti, Pescador. *Estribillo*

4 Pescador, mi trabajo de toda la noche,
   mi dura faena, hoy nada encontró;
   pero tú, que conoces los mares profundos,
   compensa, si quieres, mi triste labor. *Estribillo*

Texto: Emilio Vicente Mateu
Música: Emilio Vicente Mateu
Texto y música © 1976 Emilio Mateu y Ediciones Musical PAX, admin. OCP Publications

Mi espíritu, alma y cuerpo   559

1 Mi espíritu, alma y cuerpo, mi ser, mi vida entera, cual viva, santa ofrenda entrego a ti, mi Dios.

Estribillo Mi todo a Dios consagro en Cristo, el vivo altar. ¡Descienda el fuego santo, su sello celestial!

1 Mi espíritu, alma y cuerpo,
   mi ser, mi vida entera,
   cual viva, santa ofrenda
   entrego a ti, mi Dios.

   Estribillo
   Mi todo a Dios consagro
   en Cristo, el vivo altar.
   ¡Descienda el fuego santo,
   su sello celestial!

2 Soy tuyo, Jesucristo,
   comprado con tu sangre;
   contigo haz que ande
   en plena comunión. *Estribillo*

3 Espíritu divino,
   del Padre la promesa;
   sedienta, mi alma anhela
   de ti la santa unción. *Estribillo*

Texto: Mary D. James; trad. anónimo
Música: Ira D. Sankey

Tú has venido a la orilla

You have come down to the lakeshore

560

1 Tú has venido a la orilla, / *You have come down to the lakeshore*
ca - do ni a sa - bios ni a ri - cos; / *nei - ther the wise nor the wealth - y,*
tan só - lo quie - res que yo te si - ga. / *but on - ly ask - ing for me to fol - low.*

Estribillo / **Refrain**
Se - ñor, me has mi - ra - do a los o - jos; / *Sweet Lord, you have looked in - to my eyes;*
son - ri - en - do, has di - cho mi nom - bre. / *kind - ly smil - ing, you've called out my name. . . .*
En la a - re - na he de - ja - do mi bar - ca; / *On the sand I have a - ban - doned my small boat;*
jun - to a ti bus - ca - ré o - tro mar. / *now with you, I will seek oth - er seas.*

1 Tú has venido a la orilla,
 no has buscado ni a sabios ni a ricos;
 tan sólo quieres que yo te siga.

 Estribillo
 Señor, me has mirado a los ojos;
 sonriendo, has dicho mi nombre.
 En la arena he dejado mi barca;
 junto a ti buscaré otro mar.

1 *You have come down to the lakeshore*
 seeking neither the wise nor the wealthy,
 but only asking for me to follow.

 Refrain
 Sweet Lord, you have looked into my eyes;
 kindly smiling, you've called out my name.
 On the sand I have abandoned my small boat;
 now with you, I will seek other seas.

2 Tú sabes bien lo que tengo:
  en mi barca no hay oro ni espadas;
  tan sólo redes y mi trabajo.
  Estribillo

3 Tú necesitas mis manos,
  mi cansancio que a otros descanse,
  amor que quiera seguir amando.
  Estribillo

4 Tú, Pescador de otros mares;
  ansia eterna de almas que esperan.
  Amigo bueno, que así me llamas.
  Estribillo

2 *You know full well what I have, Lord:*
  neither treasure nor weapons for conquest;
  just these my fish nets and will for working.
  Refrain

3 *You need my hands, my exhaustion,*
  working love for the rest of the weary—
  a love that's willing to go on loving.
  Refrain

4 *You who have fished other waters;*
  you, the longing of souls that are yearning:
  O loving Friend, you have come to call me.
  Refrain

Texto: Cesáreo Gabarain; trad. Madeleine Forell Marshall
Música: Cesáreo Gabarain
Texto en español y música © 1979, 1987, 1989 Cesáreo Gabarain, admin. OCP Publications; texto en inglés © 1989 Editorial Avance Luterano

Toma, por favor, mi mano 561

Texto: anónimo
Música: anónimo

En el monte Calvario

562

La cruz de Jesús

1 En el monte Calvario estaba una cruz,
   emblema de afrenta y dolor.
   Mas yo amo esa cruz do murió mi Jesús
   por salvar al más vil pecador.

   Estribillo
   Oh, yo siempre amaré esa cruz;
   en sus triunfos mi gloria será;
   y algún día en vez de una cruz,
   mi corona Jesús me dará.

2 Aunque el mundo desprecie la cruz de Jesús,
   para mí tiene suma atracción,
   pues en ella llevó el Cordero de Dios
   de mi alma la condenación. *Estribillo*

3 En la cruz de Jesús do su sangre vertió
   hermosura contemplo sin par;
   pues en ella triunfante a la muerte venció,
   y mi ser puede santificar. *Estribillo*

4 Yo seré siempre fiel a la cruz de Jesús,
   sus desprecios con él llevaré;
   y algún día feliz, con los santos en luz,
   para siempre su gloria veré. *Estribillo*

Texto: George Bennard; trad. S. D. Athans
Música: George Bennard
Texto en español © 1947, ren. 1973 The Rodeheaver Co. (div. de Word, Inc.)

En Cristo, mi vida

563

1 En Cristo, mi vida encontró su sostén.
   En Cristo, consuelo encontró mi dolor.
   Jesús transformó mi flaqueza en vigor.
   Cristo es mi esperanza y mi redención.

2 En densas tinieblas me hallaba, oh Jesús,
   perdido y errante, buscando una luz;
   mas cuando mis ojos miraron tu faz
   nació un nuevo día, el sol de tu paz.

3 Ayúdame, oh Dios, a mostrar tu verdad
   a algún peregrino que busque tu paz;
   que pueda tu luz refulgente brillar
   y eterno descanso en ti pueda hallar.

Texto: Ángel Mattos-Nieves
Música: Ángel Mattos-Nieves
Texto y música © 1998 Augsburg Fortress

564

Anhelo trabajar por el Señor

1 Anhelo trabajar por el Señor;
   confiando en su palabra y en su amor;
   quiero yo cantar y orar,
   y ocupado siempre estar
   en la viña del Señor.

   Estribillo
   Trabajar y orar,
   en la viña, en la viña del Señor;
   pues mi anhelo es orar,
   y ocupado siempre estar
   en la viña del Señor.

2 Anhelo cada día trabajar,
   y esclavos del pecado libertar,
   conducirlos a Jesús,
   nuestro guía, nuestra luz,
   en la viña del Señor. *Estribillo*

3 Anhelo ser obrero de valor,
   confiando en el poder del Salvador.
   El que quiera trabajar
   hallará también lugar
   en la viña del Señor. *Estribillo*

Texto: Isaiah Baltzell; trad. Pedro Grado Valdes
Música: Isaiah Baltzell

Y andaremos por el mundo

565

Y_an-da - re-mos por el mun-do con fe y_es-pe - ran - za

vi-va ce-le-bran-do, can-tan-do, son-rien-do, lu-chan-do por la vi-da.

1 Y va - mos a ce-le - brar a nues - tro Dios de la

vi-da; la me - sa de la_u-ni - dad a to - dos es-tá ser-vi-da.

Estribillo
Y andaremos por el mundo
con fe y esperanza viva
celebrando, cantando, sonriendo,
luchando por la vida.
Y andaremos por el mundo
con fe y esperanza viva
celebrando, cantando, sonriendo,
luchando por la vida.

1 Y vamos a celebrar
a nuestro Dios de la vida;
la mesa de la unidad
a todos está servida.
Y vamos a celebrar
a nuestro Dios de la vida;
la mesa de la unidad
a todos está servida. *Estribillo*

2 Y vamos a sonreír
junto al niño y al hermano
y aquél que nos necesite
vamos a darle la mano.
Y vamos a sonreír
junto al niño y al hermano
y aquél que nos necesite
vamos a darle la mano. *Estribillo*

3 Y ahora vamos a cantar
con toda nuestra garganta
porque le estamos cantando
al Dios de la alabanza.
Y ahora vamos a cantar
con toda nuestra garganta
porque le estamos cantando
al Dios de la alabanza. *Estribillo*

4 Nos vamos a organizar
con fuerza y sabiduría,
y seguiremos cantando
y luchando por la vida.
Nos vamos a organizar
con fuerza y sabiduría,
y seguiremos cantando
y luchando por la vida. *Estribillo*

Texto: Eseario Sosa
Música: Eseario Sosa
Texto y música © Eseario Sosa, permiso solicitado

566 Señor, hoy tengo el corazón inquieto

Se-ñor, hoy ten-go el co-ra-zón in-quie-to para re-co-no-cer tu nom-bre en me-dio de mi her-
ma-no pue-blo; Se-ñor, te can-to, no porque es-toy so-lo, si-no que en-tre tan-tos her-
ma-nos quie-ro to-mar la vi-da en se-rio.
Re-co-noz-co que me has lla-ma-do pa-
ra que ca-mi-ne a tu la-do; tú quie-res que me u-
na a la gen-te que tra-ba-ja con-tra la
muer-te; tú quie-res que me u-na a la gen-te
que tra-ba-ja con-tra la muer-te.

Señor, hoy tengo el corazón inquieto
para reconocer tu nombre
en medio de mi hermano pueblo;
Señor, te canto, no porque estoy solo,
sino que entre tantos hermanos
quiero tomar la vida en serio.

‖ Reconozco que me has llamado
para que camine a tu lado;
tú quieres que me una a la gente
que trabaja contra la muerte;
tú quieres que me una a la gente
que trabaja contra la muerte. ‖

Texto: Tito Cevallos
Música: Tito Cevallos
Texto y música con permiso de Seminario Bíblico Latinoamericano

Tenebrosas eran

Oye el llamado 567

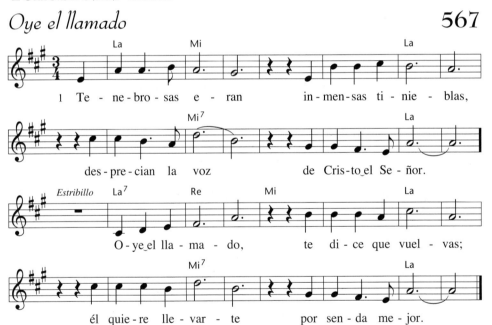

1. Tenebrosas eran inmensas tinieblas,
   desprecian la voz de Cristo el Señor.

   Estribillo
   Oye el llamado, te dice que vuelvas;
   él quiere llevarte por senda mejor.

2. La vida sin Cristo es una quimera;
   tan solo es eterna en Cristo el Señor.
   Estribillo

3. Acéptale a Cristo, Señor de señores;
   también él prepara un lugar para ti.
   Estribillo

Texto: tradicional
Música: tradicional

Este día que amanece

Te ofrecemos, Señor, nuestra juventud

568

1 Este día que amanece en tre cantos y a le grí as, es te
dí a en que sen ti mos tu pre sen cia en nues tras vi das te o fre
ce mos, Se ñor, nues tra ju ven tud, te o fre
ce mos, Se ñor, nues tra ju ven tud. Es te
dí a en que sen ti mos tu pre sen cia en nues tras vi das te o fre
ce mos, Se ñor, nues tra ju ven tud.

1 Este día que amanece
entre cantos y alegrías,
este día en que sentimos
tu presencia en nuestras vidas
te ofrecemos, Señor, nuestra juventud,
te ofrecemos, Señor, nuestra juventud.
Este día en que sentimos
tu presencia en nuestras vidas
te ofrecemos, Señor, nuestra juventud.

2 Ilusiones y esperanzas
de estar juntos como hermanos;
compartiendo nuestras vidas,
caminando de tu mano,
te ofrecemos, Señor, nuestra juventud,
te ofrecemos, Señor, nuestra juventud.
Compartiendo nuestras vidas
caminando de tu mano,
te ofrecemos, Señor, nuestra juventud.

3 El esfuerzo del trabajo,
  el dominio de la tierra,
  porque llegue a nos tu reino
  que nos da la vida eterna,
  te ofrecemos, Señor, nuestra juventud,
  te ofrecemos, Señor, nuestra juventud.
  Porque llegue a nos tu reino
  que nos da la vida eterna,
  te ofrecemos, Señor, nuestra juventud.

4 Ofrecemos todos juntos
  al Señor la vida entera,
  los trabajos y dolores,
  la alegría en tu espera;
  te ofrecemos, Señor, nuestra juventud.
  Te ofrecemos, Señor, nuestra juventud;
  los trabajos y dolores,
  la alegría en tu espera;
  te ofrecemos, Señor, nuestra juventud.

Texto: Juan A. Espinosa
Música: Rafi Escudero

Texto en español © 1971, 1990 Juan Espinosa, admin. OCP Publications; música © Rafi Escudero

Jesús es mi rey soberano   569

1 Je - sús es mi rey so - be - ra - no, mi go - zo_es can - tar su lo-
or; es rey, y me ve cual her - ma - no, es rey, y me_im - par - te su_a-
mor. De - jan - do su tro - no de glo - ria me vi - no_a sa - car de la_es-
co - ria: y yo soy fe - liz, y yo soy fe - liz por él.

1 Jesús es mi rey soberano,
  mi gozo es cantar su loor;
  es rey, y me ve cual hermano,
  es rey, y me imparte su amor.
  Dejando su trono de gloria
  me vino a sacar de la escoria:
  y yo soy feliz, y yo soy feliz por él.

2 Jesús es mi amigo anhelado;
  y en sombras o en luz siempre va
  paciente y constante a mi lado;
  ayuda y consuelo me da.
  Por eso con gozo le sigo,
  porque él es mi rey y mi amigo:
  y yo soy feliz, y yo soy feliz por él.

3 Señor, ¿qué pudiera yo darte
  por tanta bondad para mí?
  ¿Me basta servirte y amarte?
  ¿Es todo entregarme yo a ti?
  Entonces, acepta mi vida
  que a ti sólo queda rendida:
  pues yo soy feliz, pues yo soy feliz por ti.

Texto: Vicente Mendoza
Música: Vicente Mendoza

Texto y música de *Culto Cristiano* © 1964 Publicaciones "El Escudo"

570

Toma, oh Dios, mi voluntad

Estribillo
Toma, oh Dios, mi voluntad,
y hazla tuya, nada más;
toma, sí, mi corazón
y tu trono en el tendrás.

1 Que mi vida entera esté
consagrada a ti, Señor;
que a mis manos pueda guiar
el impulso de tu amor. *Estribillo*

2 Que mis pies tan sólo en pos
de lo santo puedan ir,
y que a ti, Señor, mi voz,
se complazca en bendecir. *Estribillo*

3 Que mis labios al hablar
hablen sólo de tu amor;
que mis bienes dedicar
yo los quiera a tí, Señor. *Estribillo*

4 Que mi tiempo todo esté
consagrado a tu loor;
que mi mente y su poder
sean usados en tu honor. *Estribillo*

Texto: Frances Havergal; trad. Vicente Mendoza
Música: William Dexheimer-Pharris
Música © 1998 Augsburg Fortress

Vea texto en inglés en LBW 406.
Use como estribillo la 1ra estrofa.

Te ofrecemos el esfuerzo

1 Te_o-fre-ce-mos el es-fuer-zo y_el tra-ba-jo.

Te_o-fre-ce-mos el can-san-cio_y la fa-ti-ga.

Te_o-fre-ce-mos la_i-lu-sión que tan-to cues-ta

cuan-do ve-mos la des-ga-na_y la_a-pa-tí-a.

Estribillo
A-quí_es-ta-mos, Se-ñor, tal co-mo so-mos;

en tus ma-nos po-ne-mos nues-tra vi-da.

1 Te ofrecemos el esfuerzo y el trabajo.
   Te ofrecemos el cansancio y la fatiga.
   Te ofrecemos la ilusión que tanto cuesta
   cuando vemos la desgana y la apatía.

   Estribillo
   Aquí estamos, Señor, tal como somos;
   en tus manos ponemos nuestra vida.
   Aquí estamos, Señor, tal como somos;
   en tus manos ponemos nuestra vida.

2 Te ofrecemos las conquistas de la ciencia.
   Te ofrecemos nuestras ansias de justicia.
   Te ofrecemos los trabajos más sencillos,
   pues también hay oro en cosas que no brillan. *Estribillo*

Texto: J. A. Olivar
Música: Juan A. Espinosa
Texto © 1992 J. A. Olivar y Ediciones Musical PAX, admin. OCP Publications; música © 1992 Juan A. Espinosa, admin. OCP Publications

572

Te vengo a decir

Te ven-go_a de-cir, te ven-go_a de-cir, oh mi Sal-va-dor,

que yo te_a-mo_a ti, que yo te_a-mo_a ti con el co-ra-zón.

Te ven-go_a de-cir, te ven-go_a de-cir to-da la ver-dad:

yo te_a-mo Se-ñor, te quie-ro Se-ñor, con el co-ra-zón.

Yo quie-ro can-tar, yo quie-ro can-tar de go-zo_y de paz.
Yo quie-ro ser-vir, yo quie-ro ser-vir, oh mi buen Je-sús.

Yo quie-ro llo-rar, yo quie-ro llo-rar de fe-li-ci-dad.
Yo quie-ro_a-nun-ciar, yo quie-ro_a-nun-ciar a mi re-den-tor.

Te ven-go_a de-cir, te ven-go_a de-cir to-da la ver-dad:

yo te_a-mo Se-ñor, te quie-ro Se-ñor, con el co-ra-zón.

Texto: Juan Isaís, alt.
Música: Juan Isaís, alt.
Texto y música © 1979 Juan Isaís

Alaben al Señor, porque es bueno

Estribillo
Alaben al Señor, porque es bueno,
porque eterno es su amor.

1 Que así digan los rescatados del Señor,
los que él ha rescatado del enemigo.
Estribillo

2 Den gracias al Señor por su bondad
y por sus maravillas en favor nuestro.
Estribillo

3 Que todo el pueblo del Señor lo celebre,
que los ancianos reunidos lo alaben.
Estribillo

574 Cantemos al Señor un canto nuevo

Can - te - mos al Se - ñor un can - to nue - vo. Can -

te - mos, co - mo pue - blo, con so - nes nue - vos. Bai -

le - mos con ma - rim - bas y gui - ta - rro - nes, ma -

ra - cas y gui - ta - rras y_a - cor - de - o - nes, bai -

le - mos nues - tras dan - zas en nues - tra tie - rra; y_el

co - ra - zón al ai - re, que_el go - zo_a - gra - de -

ci - do no sa - be de fron - te - ras.

Y si_al - gu - no de los ri - cos y se - ño - res que_han man -

da - do_a nues - tro pue - blo des - de siem - pre, nos pro -

hi - ben a - le - grar-nos o bai - lar o can - tar co - mo que -

re - mos, e - ché - mos - le un la - zo, a -

té - mos - le las ma - nos mien-tras du - ran los so - nes, mien-tras

du - ra la dan - za, mien - tras can - ta_el pue - blo;

que nues-tro Dios es un Dios de li - ber - tad y no

quie - re ni_es - cla - vos ni_es-cla - vis - tas en su pue - blo. Bai -

Cantemos al Señor un canto nuevo.
Cantemos, como pueblo, con sones nuevos.
Bailemos con marimbas y guitarrones,
maracas y guitarras y acordeones,
bailemos nuestras danzas en nuestra tierra;
y el corazón al aire,
que el gozo agradecido no sabe de fronteras.

Y si alguno de los ricos y señores
que han mandado a nuestro pueblo
desde siempre,
nos prohiben alegrarnos
o bailar o cantar como queremos,

echémosle un lazo, atémosle las manos
mientras duran los sones,
mientras dura la danza,
mientras canta el pueblo;
que nuestro Dios es un Dios de libertad
y no quiere ni esclavos
ni esclavistas en su pueblo.

Bailemos con marimbas y guitarrones,
maracas y guitarras y acordeones
bailemos nuestras danzas en nuestra tierra;
y el corazón al aire,
que el gozo agradecido no sabe de fronteras.

Texto: *La nueva misa mesoamericana*, Guillermo Cuéllar
Música: Guillermo Cuéllar
Texto y música © 1980 Victor Manuel Arbeloa, Guillermo Cuéllar y Jacinto Alegre

El cielo canta alegría
Heaven is singing for joy

575

1 El cielo canta alegría, ¡aleluya!, / Heaven is singing for joy, . . . alelu - ya, / aleluia,
porque en tu vida y la mía brilla la gloria de Dios. / for in your life and in mine is shining the glory of God.

Estribillo
¡Alelu - ya, alelu - ya! / Alleluia, alleluia!
¡Alelu - ya, alelu - ya! / Alleluia, alleluia!

1 El cielo canta alegría, ¡aleluya!,
porque en tu vida y la mía
brilla la gloria de Dios.

Estribillo
¡Aleluya, aleluya!
¡Aleluya, aleluya!

2 El cielo canta alegría, ¡aleluya!,
porque a tu vida y la mía
las une el amor de Dios. *Estribillo*

3 El cielo canta alegría, ¡aleluya!,
porque tu vida y la mía
proclamarán al Señor. *Estribillo*

1 Heaven is singing for joy, alleluia,
for in your life and in mine
is shining the glory of God.

Refrain
Alleluia, alleluia!
Alleluia, alleluia!

2 Heaven is singing for joy, alleluia,
for in your heart and in mine
abides the one love of our God. Refrain

3 Heaven is singing for joy, alleluia,
for in your world and in mine
we tell the good news of our God. Refrain

Texto: Pablo Sosa, alt.
Música: Pablo Sosa
Texto y música © Pablo Sosa

Gloria a Dios en las alturas

Gracias, Señor

Gloria a Dios en las alturas
todo el mundo cantará,
y hasta aquellos que te ignoran,
a tus pies se postrarán;
y hasta aquellos que te ignoran,
a tus pies se postrarán.

Por el pan de cada día, gracias, Señor.
Por la luz y la alegría, gracias, Señor.
Por la vida y el amor, gracias, Señor.
Por la gracia recibida, gracias, Señor.

La ra lai la lai la lai la,
la ra lai la lai la la,
y hasta aquellos que te ignoran,
a tus pies se postrarán.

Texto: tradicional de Bolivia
Música: tradicional de Bolivia

A Dios gloria, alabanza

577

Give praise to God

1 A Dios glo-ria, a-la-ban-za, que to-do lo cre-ó: el
1 Give praise to God, cre-a-tor, who made the earth and heav'n. Give

u-ni-ver-so en-te-ro a-la-be a mi Se-ñor.
praise to God, re-deem-er, from whom all good is giv'n.

Estribillo
¡Que Dios se-a a-la-ba-do por su in-fi-ni-to a-
Sing praise to God who loves us in all e-ter-ni-

mor! Por cuan-to nos ha da-do, ¡lo-a-do mi Se-
ty. Sing prais-es to the Sav-ior whose dy-ing makes us

ñor! da-do, ¡lo-a-do mi Se-ñor!
free. Sav-ior whose dy-ing makes us free.

1 A Dios gloria, alabanza, que todo lo creó:
el universo entero alabe a mi Señor.

Estribillo
¡Que Dios sea alabado por su infinito amor!
Por cuanto nos ha dado, ¡loado mi Señor!
¡Que Dios sea alabado por su infinito amor!
Por cuanto nos ha dado, ¡loado mi Señor!

2 Alaben cielo y tierra a Dios, su creador;
loado sea el Hijo de Dios, que se encarnó. *Estribillo*

3 La cruz que nos redime te alabe, mi Señor,
y el pan que es alimento y tu preciado don. *Estribillo*

4 Loado porque me hablas y a ti yo puedo hablar;
loado porque puedo reír, cantar y amar. *Estribillo*

5 Loado, pues me diste ingenio y libertad;
loado, pues me envuelve tu paz y tu amistad. *Estribillo*

6 Te alaben quienes creen en tu divino amor;
con cielo, mar y tierra también te alabe yo. *Fin*

1 *Give praise to God, creator, who made the earth and heav'n.*
Give praise to God, redeemer, from whom all good is giv'n.

Refrain
Sing praise to God who loves us in all eternity.
Sing praises to the Savior whose dying makes us free.
Sing praise to God who loves us in all eternity.
Sing praises to the Savior whose dying makes us free.

2 *Sing earth, sing starry heavens; sing to the Lord of all,*
whose Son became incarnate and saved us from our fall. Refrain

3 *You bore the cross to save us, O Jesus, Son of God.*
In bread and wine we meet you, your body and your blood. Refrain

4 *I praise you, God, for speaking the Word I need to live.*
I praise you, God, for hearing my laughter which you give. Refrain

5 *I praise you for the freedom that you have given me,*
the peace and godly friendship that come with liberty. Refrain

6 *I praise you, God, the Father, the Spirit, and the Son.*
Let all the people praise you, the earth and heav'n as one. End

Texto: A. Martorell; trad. Gracia Grindal
Música: A. Martorell
Texto en español, inglés y música © Lutheran World Federation

Mil voces para celebrar   578

1 Mil vo-ces pa-ra ce-le-brar a mi Li-ber-ta-dor, las
glo-rias de su ma-jes-tad, los triun-fos de su_a-mor.

1 Mil voces para celebrar a mi Libertador,
las glorias de su majestad, los triunfos de su amor.

2 Mi buen Señor, Maestro y Dios, que pueda divulgar
tu grato nombre y su honor, en cielo, tierra y mar.

3 El dulce nombre de Jesús nos libra del temor;
en las tristezas trae luz, perdón al pecador.

4 Destruye el poder del mal y brinda libertad;
al más impuro puede dar pureza y santidad.

5 En Cristo, pues, conocerán la gracia del perdón
y aquí del cielo gozarán, pues cielo es su amor.

Texto: Charles Wesley; trad. Federico Pagura
Música: Carl Gläser
Texto © The United Methodist Publishing House, admin. Copyright Company

579

Porque hay un mundo

1 Por-que hay un mun - do ple-no de be - lle - za que de la

ma - no del Crea-dor sa - lió y se re - vis - te ca-da pri-ma-

ve - ra de nue-vo en - can - to, fuer-za y es-plen-dor. Por-que a pe-

sar de nues-tro rum-bo in - sa - no, Dios he - cho

car-ne al mun-do des-cen - dió, fue nues-tro a-mi - go, se hi-zo nues-tro her-

ma - no y de la va - ni-dad nos res - ca - tó.

Estribillo

Mi vi-da en - te - ra vi - bra de a - le - grí - a,

mi co - pa re - bo - sa gra - ti - tud

ha - cia el que pu - so en mi e-xis - ten - cia sen -

ti - do_y com - pa - ñí - a   des - de mi   ju - ven - tud.

Mi vi - da_en - te - ra   vi - bra de_a - le - grí - a,

mi   co - pa   re - bo - sa   gra - ti - tud

ha - cia_el que   pu - so   en mi_e - xis - ten - cia   sen -

ti - do_y com - pa - ñí - a   des - de mi   ju - ven - tud.

1 Porque hay un mundo pleno de belleza
   que de la mano del Creador salió
   y se reviste cada primavera
   de nuevo encanto, fuerza y esplendor.
   Porque a pesar de nuestro rumbo insano,
   Dios hecho carne al mundo descendió,
   fue nuestro amigo, se hizo nuestro hermano
   y de la vanidad nos rescató.

Estribillo
Mi vida entera vibra de alegría,
mi copa rebosa gratitud
hacia el que puso en mi existencia
sentido y compañía desde mi juventud.
Mi vida entera vibra de alegría,
mi copa rebosa gratitud
hacia el que puso en mi existencia
sentido y compañía desde mi juventud.

2 Porque no sólo siglos ha la historia
   cobró sentido al paso de Jesús,
   sino que aún brilla su presencia y gloria
   en estos tiempos ávidos de luz.
   Porque en las páginas de su palabra,
   los pensamientos del eterno Dios
   siguen hablando a la conciencia humana
   con el acento cierto de su voz. *Estribillo*

Texto: Federico Pagura
Música: Homero Perera
Texto © Federico J. Pagura; música © Homero Perera

580

Alma, bendice al Señor

1 Alma, bendice al Señor, rey potente de gloria; de sus mercedes esté viva en ti la memoria. Oh, despertad, con voz de gozo cantad himnos de honor y victoria.

1 Alma, bendice al Señor, rey potente de gloria;
   de sus mercedes esté viva en ti la memoria.
   Oh, despertad, con voz de gozo cantad
   himnos de honor y victoria.

2 Alma, bendice al Señor que a los orbes gobierna,
   y que en sus alas te lleva, cual águila tierna;
   él te guardó como mejor le agradó,
   ¿no ves su mano paterna?

3 Alma, bendice al Señor, de tu vida la fuente,
   que te creó, y en salud te sostiene clemente.
   Tu defensor en todo trance y dolor,
   su diestra es omnipotente.

4 Alma, bendice al Señor que prospera tu estado,
   y beneficios sin fin sobre ti ha derramado.
   Piensa en que es él rico, amoroso y muy fiel,
   como mil pruebas te ha dado.

5 Alma, bendice al Señor y su amor infinito;
   con todo el pueblo de Dios su alabanza repito.
   Dios, mi salud, de todo bien plenitud,
   ¡seas por siempre bendito!

Texto: Joachim Neander; trad. Federico Fliedner
Música: *Ernewerten Gesangbuch*, Stralsund, 1665

Hijos de Dios, den gloria al Señor

582

Alabaré a mi Señor

Estribillo
A-la-ba-ré, a-la-ba-ré, a-la-ba-ré a mi Se-ñor.
A-la-ba-ré, a-la-ba-ré, a-la-ba-ré a mi Se-ñor.

Estrofas
1 Juan vio el nú-me-ro de los re-di-mi-dos, y
1 *John saw the num-ber.. of all .. those re-deemed, and*
to-dos a-la-ba-ban al Se-ñor.
all were sing-ing prais-es to the Lord.
U-nos o-ra-ban, o-tros can-ta-ban, mas
Thou-sands were pray-ing, thou-sands re-joic-ing, and
to-dos a-la-ba-ban al Se-ñor.
all were sing-ing prais-es to the Lord.

Estribillo
Alabaré, alabaré, alabaré a mi Señor.
Alabaré, alabaré, alabaré a mi Señor.

1 Juan vio el número de los redimidos,
y todos alababan al Señor.
Unos oraban, otros cantaban,
mas todos alababan al Señor. *Estribillo*

2 Todos unidos, alegres cantemos
gloria y alabanzas al Señor:
gloria al Padre, gloria al Hijo,
y gloria al Espíritu de amor. *Estribillo*

3 Somos tu pueblo, Dios Padre eterno;
tú nos has creado por amor.
Te adoramos, te bendecimos,
y todos cantamos en tu honor. *Estribillo*

Refrain
Alabaré, alabaré, alabaré a mi Señor.
Alabaré, alabaré, alabaré a mi Señor.

2 *Voices united in joy and in singing,*
we offer praise and glory to our God:
to God the Father, to Christ the Savior,
and to the Holy Spirit, three in one.
Refrain

1 *John saw the number of all those redeemed,*
and all were singing praises to the Lord.
Thousands were praying, thousands rejoicing,
and all were singing praises to the Lord.
Refrain

3 *We are your people, O God everlasting,*
the people you created out of love.
Mercy and Justice, Power and Wisdom:
we bless you, we adore you without end.
Refrain

Texto: Manuel José Alonso y José Pagán; trad. compuesta
Música: Manuel José Alonso y José Pagán

Texto en español y música © 1979 Manuel José Alonso, José Pagán y Ediciones Musical PAX, admin. OCP Publications; texto en inglés © 1998 Augsburg Fortress

De boca y corazón 583

1 De boca y corazón
load al Dios del cielo,
pues dionos bendición,
salud, paz y consuelo.
Tan sólo a su bondad
debemos nuestro ser;
su santa voluntad
nos guía por doquier.

2 Oh Padre celestial,
danos en este día
un corazón filial
y lleno de alegría.
Consérvanos la paz;
tu brazo protector
nos lleve a ver su faz
en tu ciudad, Señor.

3 Dios Padre, Creador,
con gozo te adoramos.
Dios Hijo, Redentor,
tu salvación cantamos.
Dios Santificador,
te honramos en verdad.
Te ensalza nuestra voz,
bendita Trinidad.

Texto: Martin Rinkhart; trad. Federico Fliedner
Música: Johann Crüger

584

Oh criaturas del Señor

1 Oh cri-a-tu-ras del Se-ñor, can-tad con me-lo-dio-sa voz: ¡A-la-bad-le, a-le-lu-ya! Ar-dien-te sol con tu ful-gor; oh lu-na de sua-ve_es-plen-dor:

Estribillo
¡A-la-bad-le, a-la-bad-le! ¡A-le-lu-ya, a-le-lu-ya, a-le-lu-ya!

1 Oh criaturas del Señor,
   cantad con melodiosa voz:
   ¡Alabadle, aleluya!
   Ardiente sol con tu fulgor;
   oh luna de suave esplendor:

   Estribillo
   ¡Alabadle, alabadle!
   ¡Aleluya, aleluya, aleluya!

2 Viento veloz, potente alud,
   nubes en claro cielo azul:
   ¡Alabadle, aleluya!
   Suave dorado amanecer;
   tu manto, noche al extender: *Estribillo*

3 Fuentes de agua de cristal,
   a vuestro creador cantad:
   ¡Alabadle, aleluya!
   Oh fuego eleva tu loor,
   tú que nos das luz y calor: *Estribillo*

4 Pródiga tierra maternal,
   que frutos brindas sin cesar:
   ¡Alabadle, aleluya!
   Rica cosecha, bella flor,
   magnificad al Creador: *Estribillo*

5 Gentes de tierno corazón,
   que paz buscáis y dais amor:
   ¡Alabadle, aleluya!
   Los que sufrís de pena cruel,
   vuestro dolor confiad a él: *Estribillo*

6 Muerte, tan dulce y sin temor
para quien sigue al Salvador:
¡Alabadle, aleluya!
Hacia el hogar nos llevas tú,

7 Con humildad y con amor
cante la entera creación:
¡Alabadle, aleluya!
Al Padre, al Hijo Redentor

Texto: Francisco de Asís; trad. J. Miguez Bonino
Música: *Geistliche Kirchengesänge*, 1623
Texto de *Culto Cristiano* © 1964 Publicaciones "El Escudo"

Jubilosos te adoramos 585

1 Ju - bi - lo - sos te_a - do - ra - mos, Dios de glo - ria_y Sal - va - dor;

nues - tras vi - das te_en - tre - ga - mos co - mo se_a - bre_al sol la flor.

A - hu - yen - ta nues - tros ma - les y tris - te - zas, oh Je - sús;

da - nos bie - nes ce - les - tia - les, llé - na - nos de go - zo_y luz.

1 Jubilosos te adoramos,
Dios de gloria y Salvador;
nuestras vidas te entregamos
como se abre al sol la flor.
Ahuyenta nuestros males
y tristezas, oh, Jesús;
danos bienes celestiales,
llénanos de gozo y luz.

2 Tierra y cielo están gozosos,
reflejando así tu amor;
ángeles y estrellas todos
cantan siempre tu loor.
Monte, valle, río y fuente,
campo, selva y ancho mar
nos recuerdan que constante
te debemos alabar.

3 Tú, que siempre nos perdonas,
danos hoy tu bendición;
tú, que todo proporcionas,
da tu paz al corazón.
Padre, y Cristo, nuestro hermano:
para siempre tuyos son
los que en todo trato humano
buscan tu alta aprobación.

Texto: Henry Van Dyke; trad. George P. Simmonds
Música: Ludwig van Beethoven
Texto en español © 1950, ren. 1978, Elizabeth R. Donaldson

586

No hay Dios tan grande

Estribillo

No hay Dios tan gran-de co-mo tú, no lo hay, no lo hay. No hay Dios que pue-da_ha-cer las o-bras co-mo las que ha-ces tú. No hay Dios que pue-da_ha-cer las o-bras co-mo las que ha-ces tú. No_es con es - pa - da ni con e - jér-ci-tos, mas con tu San - to_Es-pí - ri - tu. No_es con es - pa - da ni con e - jér - ci - tos, mas con tu San - to_Es-pí - ri - tu.

Estrofas

1 Y e-sos mon-tes se mo-ve - rán, y e-sos mon-tes se mo-ve-rán, y los en-fer - mos se sa-na-rán, por tu San-to_Es-pí - ri - tu.

2 Y_es-ta i - gle - sia se mo-ve - rá, y_es-ta i - gle - sia se mo-ve-rá, y_es-ta i - gle - sia se mo-ve-rá, mas con tu San-to_Es-pí - ri - tu.

Texto: tradicional
Música: tradicional

¡Aleluya! Alabad al Señor

587

Estribillo

¡A - le - lu - ya, a - le - lu - ya, a - le - lu - ya! ¡A - le - lu - ya, a - le - lu - ya, a - le - lu - ya, a - le - lu - ya! le - lu - ya!

Estrofas

1 A - la - bad al Se - ñor en su tem - plo,
2 A - la - bad - lo to - can - do trom - pe - tas,
3 A - la - bad - lo con pla - ti - llos so - no - ros,

a - la - bad - lo en su fuer - te fir - ma - men - to,
a - la - bad - lo . . . con ar - pa_y . . . gui - ta - rra,
a - la - bad - lo con pla - ti - llos . . . vi - bran - tes.

a - la - bad - lo por sus gran - des ha - za - ñas,
a - la - bad - lo con tam - bo - res y dan - zas,
To - do_a - que - llo que ex - is - te_y res - pi - ra,

a - la - bad - lo por su_in - men - sa gran - de - za.
a - la - bad - lo . . . con trom - pas y con flau - tas.
to - do ser vi - vo . . . a - la - be al Se - ñor. . . .

Texto: Salmo 150; adap. Juan A. Espinosa
Música: Juan A. Espinosa
Texto y música © 1996 Juan A. Espinosa, admin. OCP Publications

Ven, te invito a cantar

Come, I invite you to sing praises

588

Ven, te_in-vi-to a can-tar al Se-ñor;
Come, I_in-vite you to sing prais-es to God;

ven, te_in-vi-to_a de-lei-tar-te en él;
come, I_in-vite you to re-joice in our Lord;

ven, te_in-vi-to a can-tar al Se-ñor con
come, I_in-vite you to give glo-ry to God with

to-da tu voz, con to-do tu_a-mor.
all . . . your voice and all . . . your heart.

Sue-nen vio-li-nes, to-quen trom-pe-tas;
Strike up the high strings, sound all the trum-pets,

al-zad las vo-ces, ¡a-la-bad a Dios!
lift up your voi-ces, make a joy-ful noise.

Hom-bres y mu-je-res, ni-ños y an-cia-nos,
Young men and young mai-dens, chil-dren and all a-ges

to-dos muy a-le-gres, ¡a-la-bad a Dios! Ey!
join as one in sing-ing prais-es to our God.

Texto: anónimo de España; trad. Gerhard Cartford
Música: anónimo
Texto en inglés © 1998 Augsburg Fortress

Te exaltaré

I will extol you

Te_e - xal - ta - ré, mi Dios, mi rey, y ben - de - ci -
I will ex - tol you, God, my king, and for - ev - er

ré tu nom - bre e - ter - na - men - te_y pa - ra
bless your ho - ly name. Now and for - ev - er I will

siem - pre. Ca - da dí - a te ben - de - ci - ré,
bless you, I will sing your prais - es ev - 'ry day.

y_a - la - ba - ré tu nom - bre e - ter - na -
I will bless your name for - ev - er and sing your

men - te_y pa - ra siem - pre. Gran - de es el Se -
prais - es now and al - ways. God is great, Lord of

ñor, y di - gno de su - pre - ma a - la - ban -
all, and wor - thy of all praise and ad - o - ra -

za; y su gran - de - za_es i - nes - cru -
tion. God's glo - ry reach - es the far - thest

ta - ble; ca - da dí - a te ben - de - ci - ré.
heav - ens. I will sing your prais - es ev - 'ry day.

Texto: Salmo 145:1-3
Música: Casiodoro Cárdenas
Música © Casiodoro Cárdenas

590 Mientras tenga yo voz para cantar

1 Mien-tras ten-ga yo voz pa-ra can-tar
al Se-ñor e-le-vo mi can-ción.
Al sa-lir el sol, al a-no-che-cer
al Se-ñor por siem-pre_a-la-ba-ré.

Estribillo
San-to_es el Se-ñor, ¡a-le-lu-ya! Ha-ce ma-ra-vi-llas cuan-do_es-tá a-quí; san-to_es el Se-ñor, ¡a-le-lu-ya! quie-ro a su nom-bre a-la-bar.

1 Mientras tenga yo voz para cantar
   al Señor elevo mi canción.
   Al salir el sol, al anochecer
   al Señor por siempre alabaré.

Estribillo
Santo es el Señor, ¡aleluya!
Hace maravillas cuando está aquí;
santo es el Señor, ¡aleluya!,
quiero a su nombre alabar.

2 ¿Quieres tú también alabar a mi Señor?
   Ven acude pronto hermano aquí.
   Todos juntos hoy elevemos a una voz.
   Ven, cantemos pronto esta canción.
   Estribillo

Texto: tradicional de Chile
Música: tradicional de Chile

Grande es Dios

1 Grande es Dios; inmenso en gloria, potestad y amor.
  El universo cuenta su labor,
  ¡pues grande es, pues grande es, pues grande es mi Dios!

2 Oh Dios, mi espíritu se colma de tu amor,
  y mi tristeza en gozo se tornó.
  ¡Bendito es, bendito es, bendito es mi Dios!

3 Oh Jehová, con tu presencia nada faltará;
  en tus moradas mi alma vivirá.
  ¡Cuán grande es, cuán grande es, cuán grande es Jehová!

4 ¡Cristo Rey! Castillo fuerte, santo protector,
  defensa y buen escudo, oh Señor:
  ¡Grande eres tú, grande eres tú, grande eres tú, mi Dios!

Texto: Santos Dávila
Música: Santos Dávila
Texto y música © Santos Dávila

Señor, mi Dios
Cuán grande es él

592

1. Señor, mi Dios, al contemplar los cielos
el firmamento y las estrellas mil,
al oír tu voz en los potentes truenos
y ver brillar al sol en su cenit:

Estribillo
Mi corazón se llena de emoción.
¡Cuán grande es él! ¡Cuán grande es él!
Mi corazón se llena de emoción.
¡Cuán grande es él! ¡Cuán grande es él!

2. Al recorrer los montes y los valles
y ver las bellas flores al pasar,
al escuchar el canto de las aves
y el murmurar del claro manantial: *Estribillo*

3. Cuando recuerdo del amor divino
que desde el cielo al Salvador envió,
aquel Jesús que por salvarme vino
y en una cruz sufrió por mí y murió: *Estribillo*

4. Cuando el Señor me llame a su presencia
al dulce hogar, al cielo de esplendor,
le adoraré, cantando la grandeza
de su poder y su infinito amor. *Estribillo*

Texto: Carl G. Boberg, adap. Stuart K. Hine; trad. A. W. Hotton
Música: tradicional de Suecia, arr. Stuart K. Hine
Texto y música © 1953 Stuart K. Hine, admin. Manna Music, ren. 1981

¿Quién es ese?

593

¿Quién es e - se que ca - mi - na en las a - guas?

¿Quién es e - se que_a los sor - dos ha - ce_o - ír?

¿Quién es e - se que_a los muer - tos re - su - ci - ta?

¿Quién es e - se que su nom - bre quie - ro_o - ír?

Estribillo

Es Je - sús, es Je - sús, Dios y

hom - bre que nos guí - a con su luz. luz.

1 ¿Quién es ese que camina en las aguas?
   ¿Quién es ese que a los sordos hace oír?
   ¿Quién es ese que a los muertos resucita?
   ¿Quién es ese que su nombre quiero oír?

Estribillo
Es Jesús, es Jesús,
Dios y hombre que nos guía con su luz.
Es Jesús, es Jesús,
Dios y hombre que nos guía con su luz.

2 ¿Quién es ese que los mares obedecen?
   ¿Quién es ese que a los mudos hace hablar?
   ¿Quién es ese que da paz al alma herida
   y pecados con su muerte perdonó?
   Estribillo

3 ¿Quién es ese que a nosotros ha llegado?
   ¿Quién es ese, Salvador y Redentor?
   ¿Quién es ese que su Espíritu nos deja
   y transforma nuestra vida con su amor?
   Estribillo

Texto: tradicional
Música: tradicional

594

Que todo lo que respira

Que to - do lo que res - pi - ra a -
lá - be al Se - ñor Je - sús; que to - do lo que res -
pi - ra a - la - be al Se - ñor Je - sús.

1 Di - gno es el Cor - de - ro que fue in - mo - la - do de re - ci - bir
la fuer - za y el ho - nor. A - la - ban - za y glo - ria se - an a él.

Estribillo
Que todo lo que respira alabe al Señor Jesús;
que todo lo que respira alabe al Señor Jesús.

1 Digno es el Cordero que fue inmolado de recibir
la fuerza y el honor. Alabanza y gloria sean a él. *Estribillo*

2 Con su cuerpo y su sangre nos libra y salva de esclavitud;
cuando le recibimos también perdona nuestro pecar. *Estribillo*

3 Hijo de Dios es Cristo, el Unigénito celestial;
pero también es hijo de María y de José. *Estribillo*

4 Habita entre el pueblo. Salva a los pobres de la aflicción;
camina con la gente y va al frente guiándoles. *Estribillo*

Texto: Rudy Espinoza
Música: Rudy Espinoza
Texto y música © 1998 Augsburg Fortress

Venimos aquí con gozo

Cantémosle al Señor

1 Ve - ni - mos a - quí con go - zo a_a - la - bar a nues - tro Dios,
y_a su Hi - jo Je - su - cris - to, que su san - gre de - rra - mó;

y al Es - pí - ri - tu San - to con mu - cha de - vo - ción,
pa - ra_el per - dón de pe - ca - dos cru - ci - fi - ca - do, mu - rió.

Estribillo Can - te - mos, can - te - mos, can - te - mos - le_al Se - ñor. Can -

te - mos, can - te - mos, can - te - mos - le_al Crea - dor.

1 Venimos aquí con gozo
   a alabar a nuestro Dios,
   y al Espíritu Santo
   con mucha devoción,
   y a su Hijo Jesucristo,
   que su sangre derramó;
   para el perdón de pecados
   crucificado, murió.

Estribillo
Cantemos, cantemos,
cantémosle al Señor.
Cantemos, cantemos,
cantémosle al Creador.

2 A la iglesia, todos juntos,
   le venimos a adorar,
   hombres, mujeres y niños
   aquí frente al altar.
   Cantemos todos unidos
   al Padre celestial
   con panderos y guitarras
   y el coro angelical. *Estribillo*

Texto: Rolando Álvarez
Música: Rolando Álvarez
Texto y música © Rolando Álvarez

Si tú puedes, cántalo

Cántalo

Estribillo

Si tú pue-des, cán-ta-lo, cán-ta-lo,
Ev-'ry-bod-y, sing it out, sing it out,

cán-ta-lo. Si tú pue-des, cán-ta-lo,
sing it out. Ev-'ry-bod-y, sing it out,

cán-ta-lo, cán-ta-lo al Se-ñor. ñor.
sing it out, sing it out . . .to the Lord. Lord.

Estrofas

1 Si des-cu-bres en la ma-ña-na los mil co-
1 When the first new light of the ris-ing sun comes to

lo-res de la crea-ción, te das cuen-ta de la_ar-mo-
wake the col-ors of dawn, as you stand in beau-ty may

ní - a_y que tú_e - res par-te de la can-ción.
you be shown you're a part of that an-cient song.

Estribillo
Si tú puedes, cántalo, cántalo, cántalo.
Si tú puedes, cántalo, cántalo, cántalo al Señor.
Si tú puedes, cántalo, cántalo, cántalo.
Si tú puedes, cántalo, cántalo, cántalo al Señor.

1 Si descubres en la mañana los mil colores de la creación,
  te das cuenta de la armonía y que tú eres parte de la canción. *Estribillo*

2 Si en un niño ves la sonrisa y en sus ojitos ves la ilusión,
  te sorprende que la inocencia ponga alegría en tu corazón. *Estribillo*

3 Si en el silencio tú te das cuenta que no estás solo — en tu canción,
  que en tu camino en la vida la melodía — es el amor de Dios. *Estribillo*

Refrain
Everybody, sing it out, sing it out, sing it out.
Everybody, sing it out, sing it out, sing it out to the Lord.
Everybody, sing it out, sing it out, sing it out.
Everybody, sing it out, sing it out, sing it out to the Lord.

1   *When the first new light of the rising sun comes to wake the colors of dawn,*
    as you stand in beauty may you be shown you're a part of that ancient song. Refrain

2   *When your heart is heavy may you discover new hope in every child,*
    and may you be filled with unexpected joy in the miracle of their smiles. Refrain

3   *May you pause to listen enough to hear you are not alone in your song,*
    and may you learn to follow the melody of our God's creative love. Refrain

Texto: Victor Jortack; trad. Bret Hesla y William Dexheimer-Pharris
Música: Victor Jortack

Texto en español y música © 1992 Victor Jortack
Texto en inglés © 1998 Augsburg Fortress

Alabad al Señor, naciones todas   597

Alabad al Señor, naciones todas;
pueblos todos, alabadle;
porque ha engrandecido
sobre nosotros su misericordia.

La bondad del Señor
es para siempre. ¡Aleluya, amén!
La bondad del Señor
es para siempre. ¡Aleluya, amén!

Texto: Salmo 117
Música: tradicional

Cantad al Señor
Oh, sing to the Lord

598

1 Can-tad al Se-ñor un cán-ti-co nue-vo. Can-
1 Oh, sing to the Lord, oh, sing God a new song. Oh,

tad al Se-ñor un cán-ti-co nue-vo. Can-
sing to the Lord, oh, sing God a new song. Oh,

tad al Se-ñor un cán-ti-co nue-vo. ¡Can-
sing to the Lord, oh, sing God a new song. Oh,

tad al Se-ñor, can-tad al Se-ñor!
sing to our God, oh, sing to our God.

1 Cantad al Señor un cántico nuevo.
Cantad al Señor un cántico nuevo.
Cantad al Señor un cántico nuevo.
¡Cantad al Señor, cantad al Señor!

2 Pues nuestro Señor ha hecho prodigios.
Pues nuestro Señor ha hecho prodigios.
Pues nuestro Señor ha hecho prodigios.
¡Cantad al Señor, cantad al Señor!

3 Cantad al Señor, alabadle con arpa.
Cantad al Señor, alabadle con arpa.
Cantad al Señor, alabadle con arpa.
¡Cantad al Señor, cantad al Señor!

4 Es él que nos da el Espíritu Santo.
Es él que nos da el Espíritu Santo.
Es él que nos da el Espíritu Santo.
¡Cantad al Señor, cantad al Señor!

5 ¡Jesús es Señor! ¡Amén, aleluya!
¡Jesus es Señor! ¡Amén, aleluya!
¡Jesús es Señor! ¡Amén, aleluya!
¡Cantad al Señor, cantad al Señor!

1 Oh, sing to the Lord, oh, sing God a new song.
Oh, sing to the Lord, oh, sing God a new song.
Oh, sing to the Lord, oh, sing God a new song.
Oh, sing to our God, oh, sing to our God.

2 For God is the Lord, and God has done wonders.
For God is the Lord, and God has done wonders.
For God is the Lord, and God has done wonders.
Oh, sing to our God, oh, sing to our God.

3 So dance for our God and blow all the trumpets.
So dance for our God and blow all the trumpets.
So dance for our God and blow all the trumpets,
and sing to our God, and sing to our God.

4 Oh, shout to our God, who gave us the Spirit.
Oh, shout to our God, who gave us the Spirit.
Oh, shout to our God, who gave us the Spirit.
Oh, sing to our God, oh, sing to our God.

5 For Jesus is Lord! Amen, alleluia!
For Jesus is Lord! Amen, alleluia!
For Jesus is Lord! Amen, alleluia!
Oh, sing to our God, oh, sing to our God.

Texto: tradicional de Brasil; trad. Gerhard Cartford (español e inglés)
Música: tradicional de Brasil
Texto en inglés © Gerhard Cartford

Te alabarán, oh Señor

599

Te alabarán, oh Señor, todos los reyes,
todos los reyes de la tierra,
porque han oído los dichos de tu boca
y cantarán de los caminos del Señor.
Te alabarán, oh Señor, todos los reyes,
todos los reyes de la tierra,
porque han oído los dichos de tu boca
y cantarán de los caminos del Señor.

Porque la gloria del Señor es grande,
porque el Señor es perfecto en sus caminos,
porque el Señor atiende al humilde,
mas mira de lejos al altivo.
Porque la gloria del Señor es grande,
porque el Señor es perfecto en sus caminos,
porque el Señor atiende al humilde,
mas mira de lejos al altivo.

Texto: basado en Salmo 138:4-6
Música: tradicional

Cantemos al Señor

600

Oh, sing to God above

1 Can - te - mos al Se - ñor un him - no de_a - le - grí - a, un
1 Oh, sing to God a - bove a hymn of joy - ful greet - ing, a

cán - ti - co de_a - mor al na - cer el nue - vo dí - a. Él
song of grate - ful love in the new day's light re - peat - ing: you

hi - zo_el cie - lo, el mar, el sol y las es - tre - llas, y
made the sea and sky, the sun and stars in splen - dor; de -

vio en e - llas bon - dad, pues sus o - bras e - ran be - llas.
light shone in . . your eye— all your works were filled with won - der.

Estribillo

¡A - le - lu - ya, a - le - lu - ya! Can -
Al - le - lu - ia, al - le - lu - ia! Oh,

te - mos al Se - ñor: ¡a - le - lu - ya!
sing to God a - bove: al - le - lu - ia!

ya! Can - te - mos al Se - ñor: ¡a - le - lu - ya!
ia! Oh, sing to God a - bove: al - le - lu - ia!

1 Cantemos al Señor un himno de alegría,
   un cántico de amor al nacer el nuevo día.
   Él hizo el cielo, el mar, el sol y las estrellas,
   y vio en ellas bondad, pues sus obras eran bellas.

   Estribillo
   ¡Aleluya, aleluya!
   Cantemos al Señor: ¡aleluya!
   ¡Aleluya, aleluya!
   Cantemos al Señor: ¡aleluya!

2 Cantemos al Señor un himno de alabanza
   que exprese nuestro amor, nuestra fe y nuestra esperanza.
   En toda la creación pregona su grandeza;
   así nuestro cantar va anunciando su belleza. *Estribillo*

1 *Oh, sing to God above a hymn of joyful greeting,*
   a song of grateful love in the new day's light repeating:
   you made the sea and sky, the sun and stars in splendor;
   delight shone in your eye—all your works were filled with wonder.

   Refrain
   Alleluia, alleluia!
   Oh, sing to God above: alleluia!
   Alleluia, alleluia!
   Oh, sing to God above: alleluia!

2 *Oh, sing to God above a hymn of praise and blessing,*
   a song of grateful love; hope and faith our hearts expressing.
   Creation lifts its voice to tell your might and glory,
   and we, too, will rejoice to proclaim the saving story. Refrain

Texto: Carlos Rosas; trad. Martin A. Seltz
Música: Carlos Rosas
Texto en español y música © 1976 Resource Publications; texto en inglés © 1995 Augsburg Fortress

A Dios el Padre celestial 601

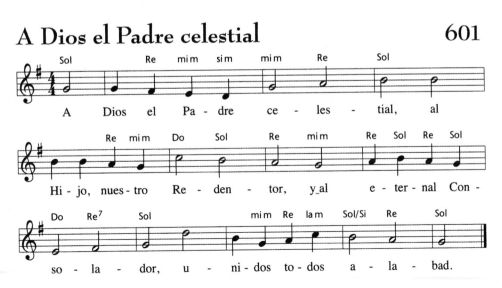

Texto: Thomas Ken, trad. anónimo
Música: Louis Bourgeois

602

Yo puedo cantar canciones

1 Yo pue-do cantar can-cio-nes con mu-cha a-le-grí - a.

Yo sue-ño que el ham-bre nun-ca nos ha - ga su-frir.

Yo es-pe-ro un mun-do lle-no de rí - os y flo - res,

y to-do por-que va-le la pe - na vi-vir.

Estribillo

Sí, va-le la pe-na vi - vir: en es - te
Sí, va-le la pe-na vi - vir: con mi es-pe-

mun-do que Dios hi - zo por mí. Vi - vir ro-
ran-za ha-cien-do al mun-do fe - liz. Es con Je-

dea - do de a-mor, de gen - te bue - na y en paz;
sús mi can - ción, y por su a - mor es mi a-mor

sí, va-le la pe-na vi - vir.

sí, va-le la pe-na, va-

- le la pe - na, sí, va-le la pe-na vi-vir.

1 Yo puedo cantar canciones con mucha alegría.
Yo sueño que el hambre nunca nos haga sufrir.
Yo espero un mundo lleno de ríos y flores,
y todo porque vale la pena vivir.

Estribillo
Sí, vale la pena vivir:
en este mundo que Dios hizo por mí.
Vivir rodeado de amor, de gente buena y en paz;
sí, vale la pena vivir.
Sí, vale la pena vivir:
con mi esperanza haciendo al mundo feliz.
Es con Jesús mi canción, y por su amor es mi amor
sí, vale la pena, vale la pena,
sí, vale la pena vivir.

2 Yo puedo cuidar el mundo que Dios nos ha dado.
Yo sueño que no haya guerras y luchas sin fin.
Yo quiero todo mi pueblo unido de manos,
y todo, porque vale la pena vivir. *Estribillo*

Texto: Elga García y Rubis M. Camacho
Música: Elga García y Rubis M. Camacho
Texto y música © Elga E. García Casillas y Rubis M. Camacho

Yo te alabo, Señor 603

1 Yo te a-la-bo, Se-ñor, yo te a-do-ro, mi Dios; tu nom-bre
siem-pre en-sal-za-ré. Pues de-rra-mas-te tu gra-cia so-bre
mí, pe-ca-dor, por e-so_a-la-bo tu nom-bre, Se-ñor.

1 Yo te alabo, Señor, yo te adoro, mi Dios;
tu nombre siempre ensalzaré.
Pues derramaste tu gracia sobre mí, pecador,
por eso alabo tu nombre, Señor.

2 Tu pueblo canta, Señor, tus alabanzas, oh Dios,
proclama al mundo tu inmenso amor;
por tu Hijo amado en la cruz tenemos la redención,
bendito sea tu nombre, Señor.

Texto: David M. Surpless, estr. 1; Ángel Mattos, estr. 2
Música: David M. Surpless
Texto estr. 1 y música © 1994 David M. Surpless; texto estr. 2 © 1998 Augsburg Fortress

604

Cante al Señor toda la tierra

1 Can - te al Se - ñor to - da la tie - rra,
2 Se - pan que el Se - ñor es ..... Dios, ...

sir - van al Se - ñor con a - le - grí - a,
él es quien nos hi - zo, su - yos so - mos,

llé - guen - se_an - te él con re - go - ci - jo.
pue - blo su - yo_y grey de su re - dil. ...

El Se - ñor es bue - no y su_a - mor es e - ter - no.

3 Por sus puer - tas pe - ne - tren con ac - cio - nes de gra - cias,
4 Por - que_es bue - no_el Se - ñor, ... pa - ra siem - pre su_a - mor ...

a sus a - trios can - tan - do_a la - ban - zas.
y de_e - dad en e - dad su le - al - tad. ....

El Se - ñor es bue - no y su_a - mor es e - ter - no.

El Se_ñor es bue - no y su_a - mor es e - ter - no.

1 Cante al Señor toda la tierra,
sirvan al Señor con alegría,
lléguense ante él con regocijo.
El Señor es bueno
y su amor es eterno.

2 Sepan que el Señor es Dios,
él es quien nos hizo, suyos somos,
pueblo suyo y grey de su redil.
El Señor es bueno
y su amor es eterno.

3 Por sus puertas penetren
con acciones de gracias,
a sus atrios cantando alabanzas.
El Señor es bueno
y su amor es eterno.

4 Porque es bueno el Señor,
para siempre su amor
y de edad en edad su lealtad.
El Señor es bueno
y su amor es eterno.
El Señor es bueno
y su amor es eterno.

Texto: Salmo 100
Música: Alfredo Morales
Música © 1989 Alfredo Morales, admin. OCP Publications

Tuya es la gloria
Yours, Lord, is the glory

605

Tu - ya es la glo - ria, la hon - ra tam - bién;
Yours, Lord, is the glo - ry, and hon - or as well;

tu - ya pa - ra siem - pre. A - mén, a - mén.
yours, Lord, now and al - ways. A - men, a - men.

1 Tuya es la gloria,
la honra también;
tuya para siempre.
Amén, amén.

2 Tuyos los dominios,
los tronos también;
tuyos para siempre.
Amén, amén.

3 A ti yo me rindo,
te adoro también,
amo absoluto.
Amén, amén.

4 Gloria en las alturas
y en la tierra también;
gloria aleluya.
Amén, amén.

1 *Yours, Lord, is the glory,
and honor as well;
yours, Lord, now and always.
Amen, amen.*

2 *Yours, Lord, the dominions,
the power as well;
yours, Lord, now and always.
Amen, amen.*

3 *To you I surrender
my being, my life;
all, Lord, I surrender.
Amen, amen.*

4 *Glory in the highest,
and on earth as well.
Glory, alleluia.
Amen, amen.*

Texto: tradicional; trad. Gerhard Cartford
Música: tradicional
Texto en inglés © 1998 Augsburg Fortress

Canten al Señor: Gloria a Dios

606

Canten todos sin distinciones

Estribillo
Canten al Señor, cantos de alabanza.

1 Canten todos sin distinciones
   entonándole mil canciones;
   con guitarras, bombos y a viva voz,
   que todo suene dando gloria a Dios.
   Pues, él nos dio aliento para cantar.
   ¡Gloria a Dios!

2 Canten todos sin distinciones,
   entonándole mil canciones:
   el rumbo del viento, el bosque, las olas;
   las cornetas, flautas, pianos y violas.
   A él le gusta el rock y las sinfonías.
   ¡Gloria a Dios! *Estribillo*

3 Canten todos sin distinciones
   entonándole mil canciones.
   Él nos dio sentidos para captar
   luces, sonidos, la frescura del mar,
   y construir un futuro lleno de amor.
   ¡Gloria a Dios! *Estribillo*

4 Canten todos sin distinciones,
   entonándole mil canciones.
   La armonía, el canto de su creación,
   sin disonancias de odio y destrucción
   es nuestra entera responsabilidad.
   ¡Gloria a Dios! *Estribillo*

Los primeros 4 compases pueden servir de ostinato para toda la pieza.

Texto: Alejandro Zorzin
Música: "Messengers" de Alemania
Texto © Alejandro Zorzin; música reimpreso con permiso de ISEDET

Jesucristo reina ya 607

¡Je-su-cris-to rei-na, rei-na ya! ¡Je-su-cris-to
rei-na, rei-na ya! ¡Je-su-cris-to rei-na, rei-na
ya! ¡A-le-lu-ya_a-mén, a-le-lu-ya_a-mén, a-le-lu-ya_a-mén!

1 ¡Jesucristo reina, reina ya!
¡Jesucristo reina, reina ya!
¡Jesucristo reina, reina ya!
¡Aleluya amén, aleluya amén,
aleluya amén!

2 ¡Jesucristo viene, viene ya!
¡Jesucristo viene, viene ya!
¡Jesucristo viene, viene ya!
¡Aleluya amén, aleluya amén,
aleluya amén!

3 ¡Jesucristo salva, salva ya!
¡Jesucristo salva, salva ya!
¡Jesucristo salva, salva ya!
¡Aleluya amén, aleluya amén,
aleluya amén!

4 ¡Jesucristo reina, reina ya!
¡Jesucristo viene, viene ya!
¡Jesucristo salva, salva ya!
¡Aleluya amén, aleluya amén,
aleluya amén!

Texto y música: Rudy Espinoza © 1998 Augsburg Fortress

Qué bueno es pasar por el mundo 608

Qué bue-no_es pa-sar por el mun-do can-tan-do mi fe. Qué
bue-no_es pa-sar por el mun-do can-tan-do mi fe.
Can-te-mos con go-zo_al Dios bue-no, al Dios que nos
sal-va, y dé-mos-le siem-pre las gra-cias por su gran a-mor.

Texto: P. V. Disla
Música: Alfredo Morales
Música © 1979 Pueblo Publishing Co.

609 Jesús trae una noticia

Jesús trae una noticia.
Todo el mundo se debe enterar.
Viene un tiempo de paz y justicia.
¿Quién le ayuda a proclamar?

Vamos Simón, vamos Andrés,
vamos Santiago y Juan también,
dejen todo y síganme,
vamos, sígueme tú también.

Texto: Alejandro Zorzin
Música: Alejandro Zorzin
Texto y música © Alejandro Zorzin

610 Zaqueo, el pobre rico

1 Zaqueo, el pobre rico
   ni un solo amigo se hizo.
   Cobrando de más en la aduana,
   ¡ay! miren la plata que gana.
   Cobrando de más en la aduana,
   ¡ay! miren la plata que gana.

2 Zaqueo un día escuchó:
   "Jesús viene a Jericó."
   Por ser muy pequeño y curioso,
   a un árbol subió muy ansioso.
   Por ser muy pequeño y curioso,
   a un árbol subió muy ansioso

3 Zaqueo, petiso con suerte,
   ¿qué dijo Jesús al verte?:
   "Bájate de ahí con cuidado
   que quiero ser hoy tu invitado."
   "Bájate de ahí con cuidado
   que quiero ser hoy tu invitado."

4 Zaqueo saltó de alegría,
   la gente con bronca decía:
   "Jesús va a comer con Zaqueo,
   ¡caramba, eso queda muy feo!"
   "Jesús va a comer con Zaqueo,
   ¡caramba, eso queda muy feo!"

5 A toda esa gente envidiosa,
   Jesús le dijo una cosa:
   "Aquél que está equivocado
   no hay que dejarlo de lado."
   "Aquél que está equivocado
   no hay que dejarlo de lado."

petiso = de pequeña estatura

Texto: Inke Frosch y Alejandro Zorzin
Música: Inke Frosch y Alejandro Zorzin
Texto y música © Inke Frosch y Alejeandro Zorzin

El niño Jesús 611

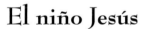

1 El niño Jesús,
   es Hijo de Dios:
   Dios y hombre, ¡qué milagro!
   Milagro de amor,
   ya que por amor
   nació pobre en un establo.

2 Fue el niño Jesús
   niño como yo,
   que crecía y estudiaba.
   Era su lección
   como una canción
   de la tierra que habitaba.

3 Fue el niño Jesús
   niño como yo,
   como yo también jugaba.
   Toda su ilusión
   era un gran balón
   que su mano acariciaba.

4 Y era su ilusión
   llevar su balón
   a la patria prometida,
   y empezó a soñar
   y empezó a pensar
   dar por él toda su vida.

Texto: Rosa Font de Fuster
Música: Rosa Font de Fuster
Texto y música © 1984 Rosa Font de Fuster y San Pablo Internacional—SSP, admin. OCP Publications

612

Gracias, muchas gracias

Estribillo
Gracias, muchas gracias, Padre Dios te doy
porque tú, solo tú
eres creador de todo lo que soy.
¡Muchas gracias por todo tu amor!

1 Las gotitas de la lluvia
   con el río conversaron,
   luego tú enviaste un pajarito cantor
   y un concierto de alegría se escuchó.
   Estribillo

2 Y tu gran farol, el sol,
   puso luz en los jardines,
   y todas las flores se vistieron así,
   adornando nuestros días con color.
   Estribillo

3 Como tú me amas a mí,
   me rodeas de cuidados
   y me indicas bien mi caminito aquí
   a través de mi mamita y mi papá.
   Estribillo

4 Muchas veces yo te olvido
   y me alejo de tu amor,
   pero tú me invitas a volver, Señor.
   Gracias por el don de tu perdón.
   Estribillo

5 En tu plan de amor, Señor,
   tú me dejas trabajar,
   y una linda forma de participar
   es tratar de amar como nos amas tú.
   Estribillo

Texto: Betty Sainz de Rodriguez
Música: Betty Sainz de Rodriguez
Texto y música © Betty Sainz de Rodriguez

Miren el camino

1 Mi-ren el ca-mi-no pol-vo-rien-to vie-ne_un hom-bre_en un bu-rri-to mu-cha gen-te si-gue su ca-mi-no quie-ren o-ír-le_ha-blar. Pres-ten to-dos a-ten-ción pues se_es-cu-cha_u-na can-ción. A-le-lu-ya al Se-ñor, al Hi-jo de Dios.

1 Miren el camino polvoriento
viene un hombre en un burrito
mucha gente sigue su camino
quieren oírle hablar.
Presten todos atención
pues se escucha una canción.
Aleluya al Señor,
al Hijo de Dios.

2 ¿Quién vendrá sentado en el burrito?
¿Será un rey o un gran Señor?
En sus ropas sólo hay pobreza
y en su rostro amor.
No trae corona, no,
ni siquiera un manto real,
pero todos quieren ver
al Hijo de Dios.

3 Tu conoces mucho esta historia
porque ya te la han contado:
el Señor iba de pueblo en pueblo
hablando de Dios.
Un amigo lo engañó
y en la cruz debió morir,
mas después resucitó
el Hijo de Dios.

Texto: Leyla Rivoir
Música: Leyla Rivoir
Texto y música © Leyla Rivoir

614

Cristo me ama

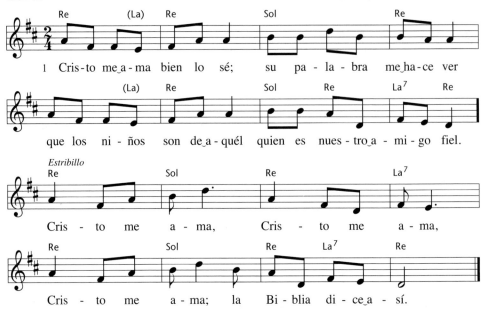

1 Cris-to me_a-ma bien lo sé; su pa-la-bra me_ha-ce ver
que los ni-ños son de_a-quél quien es nues-tro_a-mi-go fiel.

Estribillo

Cris - to me a - ma, Cris - to me a - ma,

Cris - to me a - ma; la Bi - blia di - ce_a - sí.

1 Cristo me ama bien lo sé;
su palabra me hace ver
que los niños son de aquél
quien es nuestro amigo fiel.

Estribillo
Cristo me ama, Cristo me ama,
Cristo me ama; la Biblia dice así.

2 Cristo me ama, me salvó,
y en la cruz por mi murió;
mi pecado perdonó;
vida eterna me donó. *Estribillo*

3 Cristo me ama, es verdad,
y me cuida en su bondad;
Me conduce el Buen Pastor,
es mi guía y protector. *Estribillo*

Texto: Anna D. Warner; trad. anónimo
Música: William Bradbury

615

Jesucito de mi vida

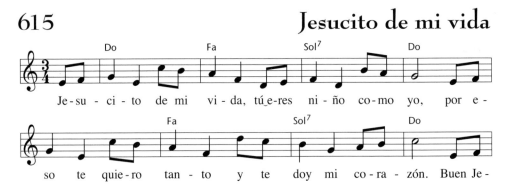

Je-su-ci-to de mi vi-da, tú_e-res ni-ño co-mo yo, por e-

so te quie-ro tan-to y te doy mi co-ra-zón. Buen Je-

sús: tó - ma - lo; tu - yo es, mí - o no. Buen Je -

sús: tó - ma - lo; tu - yo es, mí - o no.

Jesucito de mi vida,
tú eres niño como yo,
por eso te quiero tanto
y te doy mi corazón.

Buen Jesús: tómalo;
tuyo es, mío no.
Buen Jesús: tómalo;
tuyo es, mío no.

Texto: tradicional
Música: tradicional

Gracias, Tata Dios 616

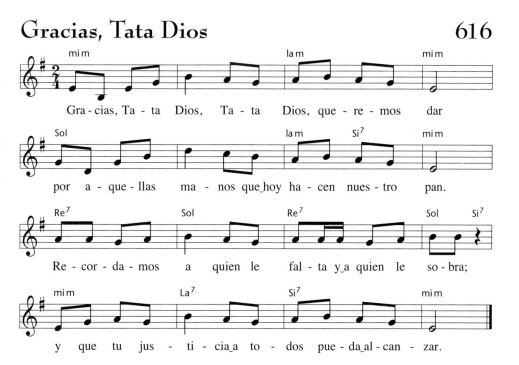

Gra - cias, Ta - ta Dios, Ta - ta Dios, que - re - mos dar

por a - que - llas ma - nos que hoy ha - cen nues - tro pan.

Re - cor - da - mos a quien le fal - ta y a quien le so - bra;

y que tu jus - ti - cia a to - dos pue - da al - can - zar.

Gracias, Tata Dios, Tata Dios, queremos dar
por aquellas manos que hoy hacen nuestro pan.
Recordamos a quien le falta y a quien le sobra;
y que tu justicia a todos pueda alcanzar.

Tata = Papá

Texto: Campamento de jóvenes metodistas
Música: Rosario de Tala
Texto y música con permiso de Seminario Bíblico Latinoamericano

617   Dios creó la tierra

1. Dios creó la tierra, el mar,
   el cielo y las estrellas,
   y tantas cosas bellas
   que me hacen exclamar:

   Estribillo
   ¡Gracias doy a Dios
   porque por su amor
   todo lo que él creó
   me favoreció!

2. Dios habló y brilló la luz
   y así creó la vida,
   y tan hermoso día
   que yo canto en gratitud: *Estribillo*

3. Dios creó la brisa que hoy
   el rostro me acaricia,
   enciende mi sonrisa
   y me inspira esta canción: *Estribillo*

Texto: Ángel Mattos-Nieves
Música: Ángel Mattos-Nieves
Texto y música © 1998 Augsburg Fortress

618   Unos ojitos que miran a Dios

ha-blan de_a-mor: dos ma-ne - ci-tas doy al Se - ñor.

1 Unos ojitos que miran a Dios,
   unos oídos que oyen su voz,
   dos puros labios que hablan de amor:
   dos manecitas doy al Señor.

2 Dos pies pequeños que andan con él,
   un corazón consagrado y muy fiel,
   un alma llena de gozo y de luz:
   cuanto yo tengo doy a Jesús.

Texto: anónimo; trad. compuesta
Música: S. V. R. Ford

Jesús bendice a los niños   619

1 Jesús bendice a los niños
   con tierno querer.
   Escucha bien con cariño
   lo que te dice él:

   Estribillo
   "Dejad a los niños venir a mí,
   venir a mí, venir a mí;
   dejad a los niños venir a mí,
   que es de ellos el reino de los cielos."

2 "No impidan que ellos se acerquen,
   que vengan a mí;
   los amo muy tiernamente"
   se le oye a él decir. *Estribillo*

3 Que vengan todos los niños
   de tierno querer;
   Jesús llamándoles dijo
   que vengan pronto a él. *Estribillo*

Texto: Pablo Fernández-Badillo
Música: Pablo Fernández-Badillo
Texto y música © Pablo Fernández-Badillo

Goliat, el filisteo

David y Goliat

620

1 Go - liat, el fi - lis - te - o, ar - ma - do_y bra - vu - cón, ven -
cer qui - so,_en un hom - bre, al pue - blo del Se - ñor.

3ra estrofa comienza aquí

Cua - ren - ta lar - gos dí - as pa - seó pro - vo - ca - dor, a -
me - dren - tan - do_al pue - blo con su fuer - za_y va - lor.

Estribillo

Y Da - vid i - ba con Dios, y Dios i - ba con Da - vid; y Da -

vid con - fia - ba_en Dios, y lu - cha - ba Dios por él.

1 Goliat, el filisteo,
armado y bravucón,
vencer quiso, en un hombre,
al pueblo del Señor.
Cuarenta largos días
paseó provocador,
amedrentando al pueblo
con su fuerza y valor.

Estribillo
Y David iba con Dios,
y Dios iba con David;
y David confiaba en Dios,
y luchaba Dios por él.

2 Con su honda y cinco piedras,
David salió a luchar,
sin lanza y sin escudo
como un simple pastor.
Valiente, decidido,
al enemigo habló:
"Tu fuerza no me asusta,
mi fuerza es la de Dios." *Estribillo*

3 Goliat, el engreído
fue muerto por David,
librando de amenazas
al pueblo de Israel. *Estribillo*

Hizo Dios los cielos

Estribillo
Hizo Dios los cielos y la tierra.
Hizo Dios la luna y las estrellas.

1 Hace mucho, mucho tiempo,
cuando nada, nada había,
Dios estaba, no lo vimos
porque el mundo no existía. *Estribillo*

2 Hace mucho, mucho tiempo,
cuando yo no lo sabía,
Dios estaba dibujando
este mundo que él haría. *Estribillo*

3 Y fue entonces, hace tanto
como un largo, largo día
cuando Dios fabricó un cielo,
una tierra y mi alegría. *Estribillo*

Texto: Odila Jacob
Música: Raúl Iriarte
Texto © Odila Jacob, permiso solicitado; música © Raúl Iriarte, permiso solicitado

622
Por mi niñez bendecida

1 Por mi ni-ñez ben-de-ci-da mil gra-cias siem-pre te doy, buen Dios;

y te ben-di-go y te quie-ro por ha-ber cre-a-do_el be-llo sol, la

llu-via que nos re-fres-ca, la fuen-te, el a-ve_y la flor.

1 Por mi niñez bendecida
mil gracias siempre te doy, buen Dios;
y te bendigo y te quiero
por haber creado el bello sol,
la lluvia que nos refresca,
la fuente, el ave y la flor.

2 Gracias te doy por la luna,
también mil gracias te doy, buen Dios,
por las estrellas del cielo,
que en sus vivos resplandores son
cual bellos ojos de un ángel
de tu celestial mansión.

3 Gracias te doy por mis padres,
maestros y amigos, oh buen Dios,
y por la escuela y los libros
en que estudio atento la lección.
Te doy mil gracias por todos
tus dones benditos, buen Dios.

Texto: Kate L. Brown
Música: Braulio Dueño Colón

623
Aunque soy pequeñuelo

1 Aun-que soy pe-que-ñue-lo, me mi-ra_el san-to Dios; él

o-ye des-de_el cie-lo mi_hu-mil-de_y tier-na voz.

1 Aunque soy pequeñuelo,
me mira el santo Dios;
él oye desde el cielo
mi humilde y tierna voz.

2 Me ve de su alto asiento,
mi nombre sabe, sí,
y cuanto pienso y siento
conoce desde allí.

3 Él mira a cada instante
lo que hago, bien o mal,
pues todo está delante
de su ojo paternal.

Texto: Federico Fliedner
Música: John Adcock

El Señor es mi pastor

624

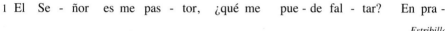

Estribillo
El Señor es mi pastor;
nada me puede faltar.
El Señor es mi pastor;
nada me puede faltar.

1 El Señor es me pastor,
   ¿qué me puede faltar?
   En praderas descubiertas
   él me lleva a descansar. *Estribillo*

2 Él me guía en sus senderos
   por amor de su nombre;
   aunque cruce a oscuras
   ningún mal temeré. *Estribillo*

3 Tu preparas una mesa
   frente a mis enemigos;
   tú perfumas mi cabeza
   y mi copa rebosa. *Estribillo*

4 Demos gloria al Padre
   a Jesús el Señor,
   y al Espíritu Santo,
   por los siglos. Amén *Estribillo*

Texto: Salmo 23, adap. Ricardo Villarroel
Música: Ricardo Villarroel
Texto y música © Ricardo Villarroel, permiso solicitado

APENDICES

El material en la Sección de Liturgia está protegido por los derechos de autor de este libro, propiedad literaria de Augsburg Fortress, Publishers.

Reconocemos las siguientes fuentes de material utilizado, con el debido permiso, en este libro:

Liturgia Luterana, © 1983 por la Lutheran Church in America y The American Lutheran Church, una traducción de *Lutheran Book of Worship,* © 1978 Lutheran Church in America, The American Lutheran Church, The Evangelical Lutheran Church of Canada y The Lutheran Church— Missouri Synod.

Rituales para Servicios Especiales, © 1995 Iglesia Evangélica Luterana en América, una traducción de *Occasional Services,* © 1982 Association of Evangelical Lutheran Churches, Lutheran Church in America, The American Lutheran Church y The Evangelical Lutheran Church of Canada.

With One Voice: A Lutheran Resource for Worship, © 1995 Augsburg Fortress.

El Libro de Oración Común (1979, español 1981) de La Iglesia Episcopal, © 1989 The Church Pension Fund.

Biblia del Peregrino, ©1995 Ediciones Mensajero, Bilbao.

La Santa Biblia, Reina-Valera Revisión de 1995, © 1995 Sociedades Bíblicas Unidas.

Misal Romano, © 1993 Conferencia Episcopal Mexicana, derechos reservados a favor de Obra Nacional de la Buena Prensa, A. C.

The Revised Common Lectionary, © 1992 Consultation on Common Texts.

Praying Together, © 1988 English Language Liturgical Consultation.

The United Methodist Book of Worship, © 1992 The United Methodist Publishing House.

Autores y traductores de los textos litúrgicos:
Áureo Andino, Eduardo Cabrera, Gerhard Cartford, Ismael de la Tejera, Arelys Escabí, Ángel M. Mattos, Alberto Pereyra, Dimas Planas-Belfort, Martin A. Seltz, Pedro Suárez

Compositores de los cánticos litúrgicos:
Gerhard Cartford, Rudy Espinoza, Victor Jortack, Orlando Laureano, Ángel M. Mattos, José Ruiz

Personal de la ELCA; de Augsburg Fortress, casa publicadora de la ELCA; y del proyecto:
Becky Brantner-Christianson, Gerhard Cartford, Ann Delgehausen, Ryan French, Lynn Joyce Hunter, Evelyn Maisonet, Ángel M. Mattos, Sol Y. Mattos, David Meyer, Paul R. Nelson, Karen Olson, Linda Parriott, Sureya Pérez, Carmen Rabell-Freire, Melissa Ramírez, Wanda Rosado, Evelyn B. Soto, Martin A. Seltz, Frank Stoldt, Samuel Torvend, María Valenzuela, Eric Vollen, Karen Ward, Lani Willis

Arte y diseño: Jane Pitz, Ellen Maly

Transcripción musical computadorizada: Jürgen Selk, Music Graphics International

Derechos de autor y permiso:

Reconocemos con gratitud a todos los autores y compositores que nos han cedido su permiso para publicar sus materiales protegidos por sus derechos de autor. Peticiones de permiso para reproducir material en este libro deben ser dirigidas a los autores y compositores mismos, identificados al pie de la página donde se encuentra la música.

La siguiente lista incluye a las principales empresas que representan los derechos de autor para autores y compositores de América Latina, Europa y los Estados Unidos. Para empresas o personas no incluidas en esta lista, o para pedir más información sobre los derechos de autor, favor de comunicarse con Augsburg Fortress.

The publisher gratefully acknowledges all copyright holders who have granted permission to reproduce copyrighted materials in this book. Permission to reproduce copyrighted words or music contained in this book must be obtained from the copyright holder(s) of that material, identified in the credits attached to each item. Listed below are principal copyright administrators representing many composers from Latin America, Europe, and the United States. For addresses of copyright holders not listed here or for further copyright information, please contact Augsburg Fortress.

Augsburg Fortress Publishers
100 S. Fifth Street Suite 700
P. O. Box 1209
Minneapolis, MN 55440-1209 USA
800/421-0239
FAX: 612/330-3252

Copyright Company
40 Music Square East
Nashville, TN 37203 USA
615/244-5588
FAX: 615/244-5591

GIA Publications
7404 South Mason Avenue
Chicago, IL 60638 USA
708/496-3800
FAX: 708/496-3828

OCP Publications
5536 NE Hassalo
P. O. Box 18030
Portland, OR 97213 USA
503/281-1191
FAX: 503/282-3486
email: liturgy@ocp.org

La siguiente tabla muestra la combinación sugerida de cánticos litúrgicos para celebrar la Santa Comunión en diferentes estilos.

	Sud-americana	Centro-americana	Tropical	Frontera Mexicana	Ecléctica	Conservadora	Pop
Señor, ten piedad	185	186	188	187	188	184	188
Señor, ten piedad (letanía)	182	183	183	183	183	181	
Gloria	189	192, 270	190, 193	270	189	191	587
Celebremos la victoria	196	196	194	194, 196	196	195	
Aleluya ¿a quién iríamos?	198	207	200	197	197, 200	199	
Vuelve al Señor	201	201	201, 202	202	201	201	
Aleluya	203, 204	204	205, 206	204	203		206
Gloria y alabanza (al Evangelio)	209	210, 211	210, 211	210, 211	209	211	
Sean abundantes	213	214	212	213	214		
¿Qué daré yo?	217	218	216, 217	218	216	215	217
Diálogo al prefacio	219	219	223	219	219	221, 223	
Santo	228	273	224, 225	220, 225, 227	224	222, 225	226
Cristo ha muerto	231	231	231, 232	230	230	232	
Por él	233	233	234	233	233	234	
Cordero de Dios	236, 240	236	239	236	236	237	238
Cántale alabanzas	241	243	242	243	242		414
Ahora, Señor Has complido	245	246 248	245, 246 248	246 248	246	244, 247	
Dios todopoderoso	250	250	250	250	250		
El Señor te bendiga	249	249	251	249	249	251	

◆APENDICE DE RITMOS◆

Introducción

La siguiente información se ofrece solamente como una guía y ayuda que pueda servir para proveer acompañamiento a los cánticos de este libro. Hemos tratado de mantener la información muy sencilla, y a la misma vez útil. No pretendemos sugerir que esta información sea dogmática en ningún sentido, ya que comprendemos las muchas variantes que pueden existir de cada estilo ó ritmo, a menudo dependiendo del contexto de la región geográfica que esté influenciando la pieza en cuestión.

Identificación de estilos

La identificación que hemos hecho de un ritmo o estilo particular tampoco es infalible. Muchas veces lo único que hemos tenido para trabajar ha sido la línea melódica y los símbolos de acordes. Así que el músico debe entender que puede usar su libertad de discrepar y de utilizar aquellos ritmos que crea más convenientes. (De todos modos usualmente hacemos este tipo de ajustes en la música que usamos localmente.)

Por eso no hemos escrito el estilo de la pieza en la página donde aparece su música, y sí en los apéndices. Entendemos que para algunas personas la clasificación estilística que sugerimos no sea exactamente correcta, así que queremos dejar claro que el propósito de este apéndice se circunscribe sólo a proveer alguna ayuda, guía y orientación para el acompañamiento de las canciones.

Una persona sudamericana, por ejemplo, podrá utilizar los ritmos sudamericanos con más soltura, más creatividad, y más conocimiento que una persona de la región del Caribe, quien quizá no podrá distinguir fácilmente entre el aire de una zamba y una baguala. Por eso hemos agrupado algunos ritmos, de modo que cada cual pueda encontrar aquél ritmo que pueda dominar y comprender adecuadamente, y que prefiera.

Hay una serie de ritmos que aunque usualmente están transcritos en compás de 6/8, son realmente una combinación de 6/8 y 3/4: la melodía mayormente en 6/8 y el acompañamiento en 3/4. Hemos agrupado estos ritmos, de modo que se pueda utilizar aquél que mejor resulte. Lo mismo hemos hecho con los ritmos tropicales, a menudo

Introduction

The following information is offered only as a guide and help toward providing accompaniments for the songs in this book. We have tried to keep the information simple and useful. We do not claim that what we propose here is the only way to accompany these musical pieces. We know there are many variants possible for each of the styles and rhythms, often depending on geographical or regional differences.

Identification of styles

The identification we have made of particular styles or rhythms is not the only one possible. Often the only factors we have had available on which to base our judgment have been the melody and the chord symbols. Thus, the musician should feel free to disagree with what is indicated and substitute other rhythms with which he or she will feel more at ease. (We often make these kinds of changes ourselves when we play in our communities.)

We have not indicated the style of a song on the page where it appears, but rather done so here in the appendixes. We understand that some people will disagree with our choice of style or rhythm, and we want to make it clear that the purpose of this appendix is only to provide a kind of help or guide for accompanying the songs.

A South American musician may be able to use South American rhythms with greater ease, creativity, and knowledge than, say, a person from the Caribbean basin, who might not be able to distinguish as easily between a zamba and a baguala. For this reason we have put rhythms into groups so that each person can find the rhythm or rhythms that he or she can lead with confidence, and would prefer.

There is a series of rhythms, which, although usually notated in 6/8, is really a combination of 6/8 and 3/4, the melody usually in 6/8, and the accompaniment in 3/4. We have put these rhythms into groups and one may use those that yield the best result. We have done the same with the tropical rhythms, which are often syncopated. (Note that tropical rhythms are often in 2/2, whereas the piece might be written in 4/4, or

sincopados. (Nótese que algunos ritmos tropicales están en 2/2, mientras que la pieza puede estar escrita en 4/4 y viceversa. El músico debe tener esto presente para hacer los ajustes necesarios al aplicar el ritmo del acompañamiento.)

Además hemos incluido en algunos ritmos otros muy parecidos. Por ejemplo, para tamborera hemos escrito cumbia(tamborera) por el parecido entre ambos. Aquella persona que pueda distinguir la diferencia entre estos ritmos automáticamente podrá utilizar su conocimiento al acompañar una tamborera.

Notación de los patrones sugeridos

Algunos de los ritmos están escritos para guitarra porque pudieran ser especialmente adecuados para tocarse en ese instrumento. (Eso no significa que no se puede tocar en teclado ú otro instrumento.) Otros ritmos están escritos en clave de fa para teclado. Sin embargo, el músico podrá aplicar el mismo patrón de la guitarra al teclado y viceversa. Sugerencias sobre el uso del bajo también pueden ser adaptadas a la guitarra y/o al teclado. Nótese que el bajo también puede ser opcional.

Percusión

Las indicaciones sobre los instrumentos de percusión también son sugerencias. Es importante subrayar que no es imprescindiblemente necesario usar los instrumentos de percusión indicados. Todo dependerá de la facilidad de comprensión del ritmo, de la disponibilidad del instrumento y de la disponibilidad del percusionista adecuado.

Cánticos sin identificación estilística

Notarán que hay un número de himnos para los que no hemos sugerido una clasificación estilística en el índice general. Algunos son himnos clásicos anglos o europeos que hemos incluido en nuestro libro, y otros sencillamente cuyo estilo no nos parece particularmente determinado (aunque algunas personas puedan identificar alguno). Sin embargo, esperamos que los usuarios de este recurso se sientan libres de adaptar cualquier ritmo a estas canciones.

Resúmen

Sin poner restricciones estilísticas de cómo se tiene que tocar tal o cual pieza, esperamos que este apéndice sirva de ayuda. Lo importante es que a través del cántico podamos ser expresivos y auténticos en nuestra adoración y alabanza.

vice versa. The musician needs to bear this in mind and make necessary adjustments in creating the accompaniment.)

With some rhythms we have included others that are similar. For example, for tamborera we have written cumbia (tamborera) because of their similarity. The person who can distinguish the difference between these rhythms will immediately be able to use this knowledge to advantage in accompanying the tamborera.

Notation of the suggested rhythms

Some of the rhythms are written for the guitar because they lend themselves to being played on that instrument. (This is not to say that they may not be played on a keyboard, or any other instrument, for that matter.) Other rhythms are written in the key of F for the keyboard. However, the musician may apply the rhythm for the guitar to the keyboard, and vice versa. Suggestions for the use of the bass also may be adapted to guitar or keyboard. Note also that the bass is optional.

Percussion

Indications for the use of specific percussion instruments are also to be taken as suggestions. It is not necessary to use precisely the instruments indicated. This will depend on one's understanding of the rhythm, on the availability of the instruments called for as well as someone who knows how to play them.

Songs without stylistic identification

You will note a number of hymns for which we have not provided a stylistic classification in the *índice general.* Some are classic Anglo or European pieces belonging to our tradition which we have included in the book. Others do not appear to us to possess a particularly identifiable style, although some people might think otherwise. We encourage users of this resource to use whatever rhythm suits them.

Summary

We have provided an appendix of stylistic rhythms as a guide in the performance of the music in this book. It is a guide to be followed, not a law to be observed. We hope that it is of help. What is important is that by means of song we can give authentic voice to our worship and praise of God.

—Subcomité de música

NOTAS SOBRE EL CIFRADO DE LOS ACORDES

Cuando los acordes están entre parentesis, significa que son opcionales. Es decir, que para simplificar el acompañamiento de guitarra pueden ser ignorados.

Cuando el cifrado tiene una diagonal con otro cifrado debajo [Do/Mi] significa que se toca el acorde que está sobre la diagonal con el bajo que indique el cifrado debajo de la diagonal. Sin embargo, en prácticamente todas las ocasiones se puede ignorar este bajo y tocar el acorde en posición natural.

El cifrado de los acordes, aunque en ocasiones simplificado, está preparado de manera que coincida con el acompañamiento escrito de referencia. Esto es, que pueda tocarse a la vez con el teclado que utilice el acompañamiento de referencia. Sin embargo es bueno señalar que siempre estará la opción de que el o los músicos puedan alterar o enriquecer la progresión de acordes indicada.

Cuando aparece un 6 en el cifrado [Do⁶], indica que se le añade la 6ta. por encima de la fundamental. Sin embargo, prácticamente en todas la ocasiones se podría ignorar esta 6ta.

REGARDING THE USE OF CHORD SYMBOLS

Chord symbols within parentheses signify that they are optional—that is, to simplify the guitar accompaniment, omit the chord symbols.

When a diagonal line appears below a chord symbol with another chord indicated there [Do/Mi], play the chord above the diagonal with the bass of the chord below. However, in most cases the bass may be ignored; the chord can be played in its natural position.

The chord symbol, although occasionally simplified, is written to coincide with the written accompaniment in the reference copy of the piece. In other words, the chord may be played at the same time as it is played on the keyboard. However, one should note here that it is always an option for the musician(s) to alter or enrich a given chord progression.

When a 6 appears in the chord symbol [Do⁶], it is an indication to add the 6th above tonic to the chord, though in practice the 6th can usually be ignored.

TABLA DE CLASIFICACION DE RITMOS

A Ritmos 6/8, 3/4	B Ritmos tropicales	C Otros latino-americanos	D Otros
1 baguala	11 aguinaldo	23 marcha	32 pop *básico*
2 cueca	12 danza	24 corrido	33 pop *blues*
3 chacarera	13 guaracha *simplificada*	25 bolero *rítmico*	34 pop *swing*
4 zamba		26 bolero *arpegiado*	35 balada
5 joropo	14 guaracha *sincopada*	27 bolero *ranchero/norteño*	
6 pasillo ó criolla	15 bomba		
7 son centro-americano	16 merengue		
	17 calypso	**Otros de sudamérica**	
8 huapango	18 cumbia	28 carnavalito	
	19 guajira	29 bossa nova	
Otros a 3 tiempos	20 plena	30 milonga	
9 mazurca	21 danzón	31 tango	
10 vals	22 habanera		

629   ◆   *Apéndice de ritmos*

Baguala   1

Cueca   2

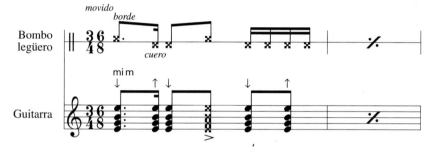

Chacarera   3

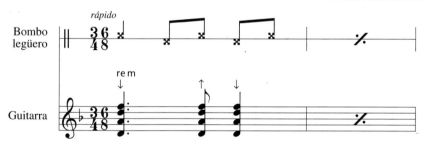

Zamba   4

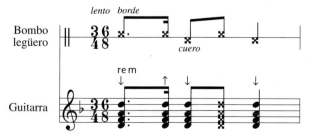

5 Joropo

o bien:

6 Pasillo ó Criolla

7 Son centroamericano

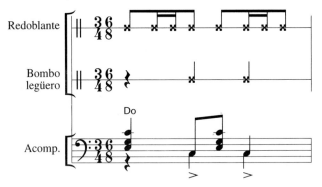

Redoblante

Bombo legüero

Acomp.

8 Huapango

Mazurca 9

Vals 10

Aguinaldo 11

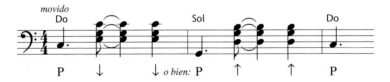

Danza 12

13 Guaracha *simplificada*

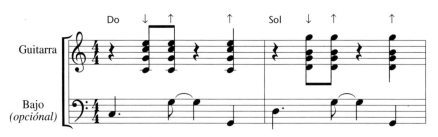

14 Guaracha *sincopada*

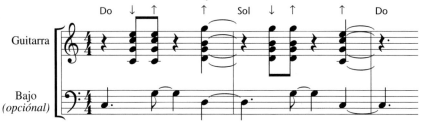

15 Bomba

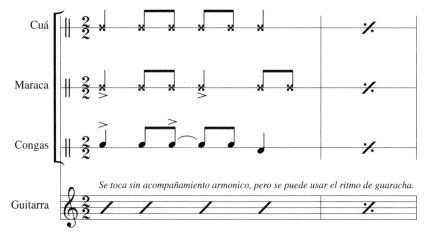

Merengue 16

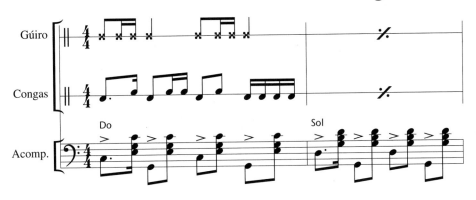

Góiro
Congas
Acomp.

Calypso 17

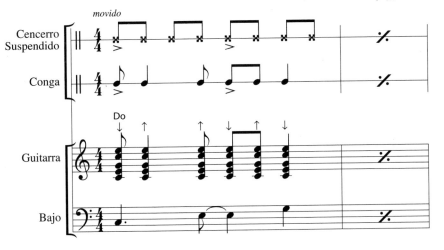

movido

Cencerro
Suspendido
Conga
Guitarra
Bajo

Cumbia
Tamborera 18

La

19   Guajira

Guitarra

Bajo
(opciónal)

20   Plena

Guiro

Ritmo

Congas

Opción A
Guitarra

Bajo

Opción B
Guitarra

Se puede usar los ritmos de guaracha

Danzón   21

Habanera   22

Marcha   23

Corrido   24

25 Bolero *rítmico*

26 Bolero *arpegiado*

27 Bolero *ranchero/norteño*

28 Carnavalito

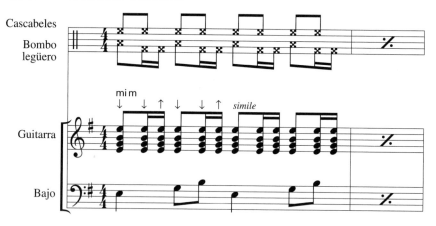

Bossa nova 29

Milonga 30

Tango 31

32 Pop *básico*

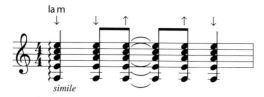

33 Pop *blues*

34 Pop *swing*

35 Balada

◆INDICE DE FUENTES
DE TEXTO Y MUSICA◆

Explicación del índice general

Primera línea: Primera línea del texto de la pieza (himno, canción, cántico) en tipo de letra normal.

Título: Título de la pieza en bastardilla, cuando la primera línea y el título no son iguales.

Título en inglés: Título en inglés en bastardilla.

Ref. de acomp.   Se refiere al libro donde se puede encontrar un acompañamiento para el teclado (véase la lista de abreviaciones al fin del índice). Este acompañamiento no necesariamente coincide con la clasificación rítmica que sugerimos.

Ritmo: Se refiere por número a los ejemplos rítmicos en las páginas 630–639, como sugerencias para la realización de la música.

◆ ABREVIATURAS ◆

CA	*Cancionero Abierto*
CC	*Culto Cristiano*
Cel	*Celebremos — Primera Parte*
CG	*Celebremos Su Gloria*
CN	*Cántico Nuevo*
CS	*Cantad al Señor*
EH	*El Himnario*
FC	*Flor y Canto*
HB	*Himnario Bautista*
HFA	*Himnos de Fe y Alabanza*
HG	*Himnos de Gloria*
LL	*Liturgia Luterana*
LBW	*Lutheran Book of Worship*
MV	*Mil Voces Para Celebrar*
PDC	*El Pueblo de Dios Canta*
WOV	*With One Voice*

ISBN-13: 978-0-8066-1128-0
ISBN-10: 0-8066-1128-6

9 780806 611280   90000

Augsburg Fortress